# ESTADO E TRANSPORTES NO BRASIL
## Direito Econômico, planejamento e integração

FÁBIO SAMPAIO MASCARENHAS

*Prefácios*
Gilberto Bercovici
André Ramos Tavares

# ESTADO E TRANSPORTES NO BRASIL
## Direito Econômico, planejamento e integração

Belo Horizonte

2023

© 2023 Editora Fórum Ltda.

É proibida a reprodução total ou parcial desta obra, por qualquer meio eletrônico, inclusive por processos xerográficos, sem autorização expressa do Editor.

## Conselho Editorial

Adilson Abreu Dallari
Alécia Paolucci Nogueira Bicalho
Alexandre Coutinho Pagliarini
André Ramos Tavares
Carlos Ayres Britto
Carlos Mário da Silva Velloso
Cármen Lúcia Antunes Rocha
Cesar Augusto Guimarães Pereira
Clovis Beznos
Cristiana Fortini
Dinorá Adelaide Musetti Grotti
Diogo de Figueiredo Moreira Neto (in memoriam)
Egon Bockmann Moreira
Emerson Gabardo
Fabrício Motta
Fernando Rossi
Flávio Henrique Unes Pereira

Floriano de Azevedo Marques Neto
Gustavo Justino de Oliveira
Inês Virgínia Prado Soares
Jorge Ulisses Jacoby Fernandes
Juarez Freitas
Luciano Ferraz
Lúcio Delfino
Marcia Carla Pereira Ribeiro
Márcio Cammarosano
Marcos Ehrhardt Jr.
Maria Sylvia Zanella Di Pietro
Ney José de Freitas
Oswaldo Othon de Pontes Saraiva Filho
Paulo Modesto
Romeu Felipe Bacellar Filho
Sérgio Guerra
Walber de Moura Agra

## FÓRUM
CONHECIMENTO JURÍDICO

Luís Cláudio Rodrigues Ferreira
Presidente e Editor

Coordenação editorial: Leonardo Eustáquio Siqueira Araújo
Aline Sobreira de Oliveira

Rua Paulo Ribeiro Bastos, 211 – Jardim Atlântico – CEP 31710-430
Belo Horizonte – Minas Gerais – Tel.: (31) 99412.0131
www.editoraforum.com.br – editoraforum@editoraforum.com.br

Técnica. Empenho. Zelo. Esses foram alguns dos cuidados aplicados na edição desta obra. No entanto, podem ocorrer erros de impressão, digitação ou mesmo restar alguma dúvida conceitual. Caso se constate algo assim, solicitamos a gentileza de nos comunicar através do *e-mail* editorial@editoraforum.com.br para que possamos esclarecer, no que couber. A sua contribuição é muito importante para mantermos a excelência editorial. A Editora Fórum agradece a sua contribuição.

Dados Internacionais de Catalogação na Publicação (CIP) de acordo com ISBD

| F395e | Mascarenhas, Fábio Sampaio |
| --- | --- |
| | Estado e transportes no Brasil: Direito Econômico, planejamento e integração / Fábio Sampaio Mascarenhas. - Belo Horizonte : Fórum, 2023. |
| | 294 p. ; 14,5cm x 21,5cm |
| | |
| | Inclui bibliografia. |
| | ISBN: 978-65-5518-478-5 |
| | |
| | 1. Direito Econômico. 2. Direito Constitucional. 3. Direito Administrativo. 4. Direito Financeiro. 5. Direito Tributário. 6. Direito dos Transportes. 7. Direito Marítimo. 8. Direito Aduaneiro. I. Título. |
| 2022-2527 | CDD: 341.378 |
| | CDU: 34:33 |

Elaborado por Odilio Hilario Moreira Junior – CRB-8/9949

Informação bibliográfica deste livro, conforme a NBR 6023:2018 da Associação Brasileira de Normas Técnicas (ABNT):

MASCARENHAS, Fábio Sampaio. *Estado e transportes no Brasil*: Direito Econômico, planejamento e integração. Belo Horizonte: Fórum, 2023. 294 p. ISBN 978-65-5518-478-5.

*A Nei Sampaio e José Mascarenhas, que com pedras e poeira desenharam o caminho que me levou a este livro.*

## AGRADECIMENTOS

Este livro é fruto de um caminho que contou com a contribuição direta e indireta de muitas pessoas, as quais imensamente agradeço:

Ao professor Gilberto Bercovici, como orientador pela oportunidade e a atenção que me concedeu durante os últimos anos, no TCC e no mestrado, e, como autor, pela substancial contribuição à área que escolhi para a vida.

Aos professores membros da banca de defesa do presente trabalho no Mestrado em Direito da Universidade de São Paulo, André Ramos Tavares, Irene Nohara e Rodrigo Oliveira Salgado, por todas as sugestões absolutamente relevantes à versão final deste livro.

À minha mãe Nei, ao meu pai José e à minha irmã Jordana por sempre estarem ao meu lado.

A todos (as) os (as) meus (minhas) familiares, em nome da minha madrinha Maria Ferreira Mascarenhas e da minha avó Maria Baldoíno Sampaio.

À Edilene (Dika) e ao Vinícius (Vini), pelo incondicional suporte.

Aos (às) meus (minhas) colegas do Reis, Varrichio e Carrer Sociedade de Advogados, pela companhia diária.

Aos (às) meus (minhas) demais orientadores (as) de pesquisa durante minha jornada acadêmica, Adilson José Moreira, Hélcio Ribeiro e Cláudia Costa, que muito contribuíram para o pesquisador que me tornei.

Aos professores Danilo Tavares da Silva e Alcides Goularti Filho que, respectivamente, com seus trabalhos a respeito da desestatização da infraestrutura federal dos transportes e sobre a atuação do Estado no setor de transportes por meio das políticas públicas formuladas pela Empresa Brasileira de Planejamento de Transporte (GEIPOT) foram as primeiras análises a partir das quais surgiram a dissertação que deu vida a este livro.

Ao Grupo de Pesquisa Direito e Subdesenvolvimento: o desafio furtadiano, que me foi de grande estímulo para pensar os transportes sob uma perspectiva nacional, em nome de seu Coordenador à época da minha participação Alessandro Serafin Octaviani Luis.

Aos (às) amigos (as) do mundo acadêmico Adilson José Moreira, Alessandro Soares, Clarice Seixas Duarte, Claudia Costa, Daniel Francisco Nagao Menezes, Edmundo Emerson Medeiros, José Francisco Siqueira Neto, Marcelo Romão Marineli, Marco Polo Levorin, Mário André Machado Cabral, Michelle Asato Junqueira, Rodrigo Oliveira Salgado e Susana Barbosa, por todo o companheirismo.

Aos professores André Ramos Tavares, Alexandre Freitas Barbosa, Orlando Villas Bôas Filho, José Maria Arruda de Andrade e César Ricardo Simoni Santos pelas valiosas aulas de mestrado, que muito contribuíram para a elaboração do presente trabalho.

A todos (as) os (as) professores (as) da USP e do Mackenzie, que desenvolveram este ser humano que se propõe a lutar por uma sociedade contra qualquer espécie de desigualdade.

Ao professor Adolfo Fontan, em nome dos demais professores do ensino médio e fundamental, que, desde a minha tenra idade, me estimulou à paixão pela história e pela economia.

Aos meus amigos e amigas, que estiveram comigo nos melhores e nos piores momentos desta jornada.

*Quem anda nos trilhos é trem de ferro. Sou água que corre entre as pedras – liberdade caça jeito.*
(Manoel de Barros)

# LISTA DE TABELAS

Tabela 1 – Histórico dos planos de transporte no Império e República Velha .................................................................................. 67

# LISTA DE QUADROS

Quadro 1 – Parâmetros e critérios para a utilização dos dados da pesquisa .................................................................................. 52

Quadro 2 – Frota nacional de veículos cadastrados entre 1946 e 1951 ...... 98

Quadro 3 – Extensão em quilômetros da malha ferroviária entre 1930 e 1949 .................................................................................. 99

Quadro 4 – Movimento das embarcações entre 1930 e 1949 .................... 100

Quadro 5 – Aspectos gerais do tráfego aéreo, doméstico e internacional das empresas regulares nacionais entre 1930 e 1949 ............... 101

Quadro 6 – Aportes humanos na configuração territorial dos modais rodoviário, ferroviário, hidroviário e aeroviário entre 1952 e 1960 .................................................................................. 117

Quadro 7 – Relação absoluta de mercadorias por modal de transportes entre 1953 e 1960 .................................................................. 118

Quadro 8 – Relação entre o aumento dos passageiros por quilômetro em todos os modais e o aumento da população brasileira entre 1953 e 1960 .................................................................. 120

Quadro 9 – Distribuição dos dispêndios do governo federal em transportes de 1956 a 1962 .................................................................. 130

Quadro 10 – Aportes humanos na configuração territorial dos modais rodoviário, ferroviário, hidroviário e aeroviário de 1961 a 1964 .................................................................................. 135

Quadro 11 – Relação absoluta de mercadorias por modal de transportes de 1961 a 1964 .................................................................. 136

Quadro 12 – Relação entre o aumento dos passageiros por quilômetro em todos os modais e o aumento da população brasileira de 1961 a 1964 .................................................................. 138

Quadro 13 – Aportes humanos na configuração territorial dos modais rodoviário, ferroviário, hidroviário e aeroviário de 1965 a 1972 .................................................................................. 163

Quadro 14 – Relação absoluta de mercadorias por modal de transportes de 1965 a 1972 .................................................................. 164

Quadro 15 – Relação entre o aumento dos passageiros por quilômetro em todos os modais e o aumento da população brasileira de 1965 a 1972 ................................................................................. 166

Quadro 16 – Aportes humanos na configuração territorial dos modais rodoviário, ferroviário, hidroviário e aeroviário de 1973 a 1985 ............................................................................................... 188

Quadro 17 – Relação absoluta de mercadorias por modal de transportes de 1973 a 1985 ....................................................................... 189

Quadro 18 – Relação entre o aumento da relação de passageiros por quilômetro em todos os modais e o aumento da população brasileira de 1973 a 1985 ................................................... 191

Quadro 19 – Aportes humanos na configuração territorial dos modais rodoviário, ferroviário, hidroviário e aeroviário de 1996 a 2000 ............................................................................................... 211

Quadro 20 – Quantidade da carga transportada em toneladas-quilômetro, por modo ............................................................................ 213

Quadro 21 – Relação entre o aumento dos passageiros por quilômetro em todos os modais e o aumento da população brasileira de 1996 a 2000 ................................................................................. 215

Quadro 22 – Aportes humanos na configuração territorial dos modais rodoviário, ferroviário, hidroviário e aeroviário de 2002 a 2008 ............................................................................................... 237

Quadro 23 – Taxas de crescimento médias anuais do PIB real (1999-2014) – em percentual) ................................................................ 246

## LISTA DE GRÁFICOS

Gráfico 1 – Demonstração gráfica da relação entre o aumento dos passageiros por quilômetro em todos os modais e o aumento da população brasileira entre 1953 e 1960 ................................ 121

Gráfico 2 – Demonstração gráfica da relação entre o aumento dos passageiros por quilômetro em todos os modais e o aumento da população brasileira de 1961 a 1964 ..................................... 139

Gráfico 3 – Demonstração gráfica da relação dos passageiros por quilômetro em todos os modais e o aumento da população brasileira de 1965 a 1972 ................................................................................. 167

Gráfico 4 – Demonstração gráfica da relação dos passageiros por quilômetro em todos os modais e o aumento da população brasileira de 1973 a 1985 ................................................................................. 192

# LISTA DE IMAGENS

Imagem 1 – Quantidade de passageiros transportados por quilômetro nos modais rodoviário, ferroviário, aeroviário e hidroviário entre 1953 e 1960 .................................................................. 119

Imagem 2 – Relação relativa de passageiros por modal de transporte entre 1953 e 1960 .................................................................. 122

Imagem 3 – Quantidade de passageiros transportados por quilômetro nos modais rodoviário, ferroviário, aeroviário e hidroviário de 1961 a 1964 .................................................................. 137

Imagem 4 – Relação relativa de passageiros por modal de transporte de 1961 a 1964 .................................................................. 140

Imagem 5 – Quantidade de passageiros transportados por quilômetro nos modais rodoviário, ferroviário, aeroviário e hidroviário de 1965 a 1972 .................................................................. 165

Imagem 6 – Relação relativa de passageiros por modal de transporte de 1965 a 1972 .................................................................. 168

Imagem 7 – Quantidade de passageiros transportados por quilômetro nos modais rodoviário, ferroviário, aeroviário e hidroviário de 1973 a 1985 .................................................................. 190

Imagem 8 – Relação relativa de passageiros por modal de transporte de 1973 a 1985 .................................................................. 193

Imagem 9 – Relação relativa de passageiros por modal de transporte de 1996 a 2000 .................................................................. 212

Imagem 10 – Quantidade de passageiros transportados por quilômetro nos modais rodoviário, ferroviário, aeroviário e hidroviário de 1996 a 2000 .................................................................. 214

# SUMÁRIO

PREFÁCIO
Gilberto Bercovici ........................................................................................ 19

PREFÁCIO
André Ramos Tavares ................................................................................. 21

INTRODUÇÃO .............................................................................................. 23

CAPÍTULO 1
O SENTIDO DOS TRANSPORTES NO BRASIL E A SUA RELAÇÃO
AO DESENVOLVIMENTO, À INFRAESTRUTURA E AO
PLANEJAMENTO ........................................................................................ 29

1.1     O sentido da colonização, a relação centro-periferia e o modelo
primário-exportador: o sentido dos transportes no Brasil. ......... 29

1.2     A infraestrutura dos transportes, o direito econômico e o
desenvolvimento ............................................................................. 38

1.3     O planejamento, a integração e as suas convergências ............... 47

CAPÍTULO 2
PRIMÓRDIOS DO PLANEJAMENTO DOS TRANSPORTES: AS
TENTATIVAS DE PLANOS NO IMPÉRIO E NA REPÚBLICA VELHA .. 55

2.1     Os planos de transportes no período imperial (1822-1889) ........ 55

2.2     Os planos de transportes na República Velha (1889-1930) ......... 64

CAPÍTULO 3
AS POLÍTICAS DE PLANEJAMENTO INTEGRADO DO SETOR DE
TRANSPORTES NO BRASIL DE 1930 A 1964 ........................................ 69

3.1     As políticas de integração do sistema de transportes no
primeiro mandato do governo Getúlio Vargas. ............................ 69

3.1.1     O Plano Geral de Viação Nacional ................................................. 77

3.1.2     O Estado Novo e o Plano Rodoviário Nacional ............................ 84

3.1.2.1     O Plano Rodoviário Nacional ....................................................... 87

| | | |
|---|---|---|
| 3.2 | O governo de Eurico Gaspar Dutra e o I Plano Nacional de Viação ............................................................................................... | 91 |
| 3.2.1 | O I Plano Nacional de Viação ........................................................ | 93 |
| 3.2.2 | A Comissão Mista Brasil-Estados Unidos (CMBEU) e os Transportes ...................................................................................... | 102 |
| 3.3 | Os transportes no Plano de Metas de Juscelino Kubitschek ........ | 105 |
| 3.4 | O planejamento integrado dos transportes em João Goulart ...... | 124 |
| 3.4.1 | O Decreto nº 51.201, de 17 de agosto de 1961 e a criação do Grupo Executivo de Coordenação dos Transportes – GET ........ | 125 |
| 3.4.2 | O Decreto nº 430, de 28 de dezembro de 1961 e a criação do Conselho Nacional de Transportes – CNT ................................... | 126 |
| 3.4.3 | Os transportes no Plano Trienal ..................................................... | 128 |

CAPÍTULO 4
O REGIME DITATORIAL: A RUPTURA DE UM PROJETO DE
INTEGRAÇÃO PARA O MERCADO INTERNO – 1964 A 1985 ................ 143

| | | |
|---|---|---|
| 4.1 | Linhas gerais sobre o golpe de 1964, o Programa de Ação Econômica do Governo (PAEG) e o II Plano Nacional de Viação. ................................................................................................. | 143 |
| 4.1.1 | O II Plano Nacional de Viação ....................................................... | 148 |
| 4.2 | O Decreto nº 57.003, de 11 de outubro de 1965 e a criação do Grupo Executivo para Integração da Política de Transportes (GEIPOT) e do Fundo de Pesquisas de Transportes.................. | 150 |
| 4.3 | De Costa e Silva a Médici: o planejamento dos transportes de 1967 a 1974 ......................................................................................... | 154 |
| 4.3.1 | Os transportes no Programa de Integração Nacional. ................ | 160 |
| 4.3.2 | Os transportes no I Plano Nacional de Desenvolvimento (I PND) ................................................................................................... | 162 |
| 4.3.3 | O III Plano Nacional de Viação ...................................................... | 169 |
| 4.4 | O planejamento dos transportes nos governos Geisel e Figueiredo: o II Plano Nacional de Desenvolvimento (II PND) e a transformação do GEIPOT ........................................................ | 178 |

CAPÍTULO 5
DO PLANEJAMENTO DOS TRANSPORTES NA CONSTITUIÇÃO
FEDERAL DE 1988 À LEI Nº 12.379, DE 6 DE JANEIRO DE 2011: O
RETORNO AO MODELO PRIMÁRIO-EXPORTADOR ............................. 195

| | | |
|---|---|---|
| 5.1 | O planejamento dos transportes e o Sistema Nacional de Viação na Constituição de 1988 ...................................................... | 195 |
| 5.2 | O governo Fernando Collor e o desmonte dos ministérios ......... | 198 |

| | | |
|---|---|---|
| 5.3 | O governo Fernando Henrique Cardoso e a intensificação do impacto do neoliberalismo no setor dos transportes............ | 203 |
| 5.4 | Os reflexos do governo Lula na integração dos modais de transporte............ | 215 |
| 5.4.1 | Os transportes no PPA 2004-2007: Programa "Brasil para Todos"............ | 221 |
| 5.4.2 | Os transportes na Política Nacional de Ordenamento Territorial (PNOT)............ | 223 |
| 5.4.3 | Os transportes no Programa de Aceleração do Crescimento (PAC)............ | 230 |
| 5.4.4 | A extinção do GEIPOT............ | 238 |
| 5.4.5 | O Plano Nacional de Logística e Transportes (PNLT)............ | 240 |
| 5.5 | O governo Dilma Rousseff, a manutenção da financeirização e o Sistema Nacional de Viação............ | 244 |
| 5.5.1 | Lei nº 12.379 de 06 de janeiro de 2011: O novo Sistema Nacional de Viação............ | 248 |
| 5.5.2 | Cenário atual, desafios estruturais e prospecções: a Política Nacional dos Transportes, o Planejamento Integrado de Transportes e o Plano Nacional de Logística............ | 250 |

CAPÍTULO 6
CONCLUSÃO............ 255

REFERÊNCIAS............ 273

# PREFÁCIO

No Brasil, o processo de industrialização por substituição de importações procurou industrializar aceleradamente o país, em condições bem distintas das ocorridas nos países desenvolvidos, como resposta às restrições do comércio exterior iniciadas com a crise de 1929. O fundamento que justificaria, posteriormente, esta política era a concepção centro-periferia da CEPAL (Comisión Económica para América Latina). Os países latino-americanos cresceram impulsionados desde fora (*desarrollo hacia afuera*) pelo crescimento persistente das exportações. No entanto, não haveria mais para a América Latina a alternativa entre continuar crescendo vigorosamente por meio do aumento das exportações ou crescer voltando-se para o mercado interno (*desarrollo hacia adentro*), mediante a industrialização.

Para que os países periféricos pudessem adquirir um ritmo de crescimento da produção e da renda maior que o dos países centrais, tentando superar o subdesenvolvimento, seria necessário que se industrializassem. Esta industrialização seria característica das fases de "desenvolvimento para dentro" (*desarrollo hacia adentro*), devendo ser orientada por meio de uma política deliberada de desenvolvimento. O planejamento e o Estado desempenham um papel preponderante na industrialização por substituição de importações, bem como a proteção alfandegária do mercado interno.

A industrialização brasileira significou a criação de um mercado nacional articulado. A partir da crise de 1929, as barreiras ao comércio internacional deslocaram o centro dinâmico da economia brasileira do setor exportador para o mercado interno. Dentre as principais políticas estava a criação de uma infraestrutura de transportes para que o país pudesse se desenvolver de forma integrada.

Além de serviço público e direito social, os transportes são também elemento central da nossa infraestrutura, ou seja, são um *"fundamento da atividade econômica"*, o que implica dizer que consistem em uma pré-condição para que as demais atividades possam se desenvolver. Como toda infraestrutura e todo serviço público, os transportes devem ser compreendidos sob a perspectiva do Estado. Afinal, toda e qualquer decisão sobre infraestrutura e sobre serviço público é uma decisão política, inserida na estratégia estatal de promoção do desenvolvimento e da integração social.

Dentro deste contexto, o presente livro traz uma contribuição essencial ao debate sobre os transportes no Brasil. Fruto de sua dissertação de mestrado defendida na Faculdade de Direito da Universidade de São Paulo, Fábio Sampaio Mascarenhas nos mostra de forma profunda e bem estruturada as várias propostas de planos nacionais de viação, desde o século XIX até os dias atuais, suas concepções de ocupação e integração do território e sua perspectiva de promover o chamado "desenvolvimento para fora", dependente e associado, subordinado aos imperativos dos mercados internacionais, ou o "desenvolvimento para dentro", promotor das transformações estruturais e da integração física do território nacional com o objetivo de melhorar as condições de vida da maioria da população. A pesquisa de Fábio certamente será referência para todos aqueles que se preocupam com o papel da infraestrutura de transportes na integração nacional e na superação do subdesenvolvimento.

São Paulo, fevereiro de 2022.

**Gilberto Bercovici**
Professor Titular de Direito Econômico e Economia Política
da Faculdade de Direito da Universidade de São Paulo.

# PREFÁCIO

O setor de transportes é essencial para a logística de movimentação de pessoas, produtos e insumos em geral pelas mais diversas regiões do país. Pensar esse tema em termos de planejamento não é tarefa simples. Vivemos em um país com dimensões continentais e "complexa morfologia" geográfica que contou, ao longo da história, com "planos ambiciosos" para tornar possível, e economicamente viável, os transportes de um ponto ao outro.

Há, por certo, muito a ser feito em termos de eficiência e qualidade na integração dos modais de transporte nacionais. Como adverte Fábio Sampaio Mascarenhas, nesta obra que agora vem a público, "integrar demanda planejar". Planejamento é um dos aspectos mais relevantes para uma sociedade preocupada com seu futuro, mais ainda se o desenvolvimento nacional constituir um objetivo realmente pretendido.

Com uma pesquisa de fôlego, detalhista e com referenciais teóricos sólidos que se consolidam com o tema central ao longo do encadeamento das ideias, o autor oferece uma obra completa sobre a história do planejamento e da normatividade dos transportes no país, desde seus primórdios, com uma reflexão verticalizada e interdisciplinar sobre esse relevante assunto.

A obra apresenta os primeiros esboços de integração entre os modais de transporte no Brasil, narrando a evolução histórica dos projetos e tentativas de desenhar os caminhos e as linhas que conectam todas as regiões do país, como foi o caso do Plano Catrambi, conhecido "processo primitivo de transição ao rodoviarismo no Brasil".

A obra, pois, permite compreender amplamente a posição dos transportes como parte do marco infraestrutural e também como determinante para a integração nacional e para uma economia desenvolvida de caráter nacional, ocupam também posição importante.

O autor demarca bem os períodos históricos, com especial atenção para o período entre 1930 e 1964, no qual o modelo de desenvolvimento brasileiro atingiu o ápice da busca por um sentido de nação em prol do desenvolvimento pleno. Na promulgação da Constituição de 1934, fixou-se um importante marco na evolução no setor de transportes, com a instauração de um novo modelo federalista e a previsão constitucional de competência privativa da União para estabelecer um plano nacional de viação férrea, de estradas de rodagem e regulamentar o tráfego rodoviário interestadual (art. 5º, inciso IX) que possibilitou a criação do primeiro plano nacional de viação. O Plano Geral de Viação Nacional deu precedência à navegação de cabotagem e prioridade às ferrovias, especialmente atrelado às condições da Segunda Guerra Mundial.

Nesta obra, dúvidas gerais sobre a razão de a malha ferroviária não ter sido escolhida como o principal modal de transporte também são devidamente endereçadas. A partir do Plano Rodoviário Nacional (1944) tem-se o "fim do pêndulo entre a lógica que defende o rodoviarismo e a lógica que prevê o modal rodoviário de forma subsidiária". Conforme apontado pelo autor, no contexto econômico pós-guerra "era inviável a proposição das ferrovias como o principal modal a ser privilegiado".

É com esta profusão contextual que o Brasil chega ao Plano de Metas do Juscelino Kubitschek. A partir de 1950, como bem observa Fábio Sampaio Mascarenhas, com o Plano de Metas "surge um projeto de país visto de forma concatenada, em que os transportes cumpriam uma função ao todo", tendo se tornado referência no planejamento dos transportes, sem, no entanto, construir a almejada logística integrada.

O autor oferece uma detalhada análise dos instrumentos criados e operados no final do século XX até o inicio do século XXI, observando uma mudança de tom, menos focada no desenvolvimento: "não se pode esperar mudanças estruturais substanciais no setor mantendo uma ideologia que preconiza austeridade".

Com aporte metodológico robusto e dados objetivos sobre a evolução do sistema de transportes no país, a obra deve se tornar referência para os estudiosos nos temas do desenvolvimento, planejamento e infraestrutura. O atual sentido dos transportes no Brasil é, ainda, uma reiteração de seu papel histórico em uma economia periférica primário-exportadora? Com esta obra, temos uma resposta.

**André Ramos Tavares**
Professor Titular de Direito Econômico e Economia Política da Faculdade de Direito da USP. Coordenador e Professor do Núcleo de Direito Econômico do Programa de Doutorado e Mestrado em Direito da PUC-SP. Ministro do Tribunal Superior Eleitoral.

# INTRODUÇÃO

O presente trabalho tem como objeto a análise do Estado como promotor do planejamento integrado do setor dos transportes no Brasil. A fim de desdobrar esse objeto, tem-se como método o direito econômico em suas quatro dimensões de análise, que refletem os questionamentos propostos pela pesquisa. A primeira dimensão é a histórica, que buscará responder quais iniciativas levaram à atual estruturação do planejamento integrado do setor dos transportes no Brasil, com o Sistema Nacional de Viação. Nela, trar-se-á como recorte temporal central o período entre 1930 e 2011. Esse recorte será visualizado dentro de um panorama maior, que analisa, por meio de um diálogo entre o sentido da colonização de Caio Prado Jr. e a relação centro-periferia da Comisión Económica para América Latina y el Caribe (CEPAL), qual é o sentido dos transportes no Brasil. A segunda dimensão é a dogmática, que buscará responder de que forma o direito se colocou como fator de inteligibilidade desse planejamento integrado no mesmo lapso temporal. A terceira dimensão é a da eficácia social, que buscará compreender dois pontos. O primeiro é referente à eficácia histórica do planejamento integrado dos transportes como parcela do processo de integração nacional. Nesse sentido, utilizar-se-á do conceito de integração de Milton Santos como parâmetro para mensuração dessa eficácia. O segundo busca responder o motivo pelo qual, mesmo com o histórico de instrumentos globais, regionais e setoriais (estes, no âmbito dos transportes) de planejamento brasileiros, ainda não é possível verificar eficiência no setor de transportes. A quarta dimensão é a prospectiva, que questiona como a discussão do planejamento integrado dos transportes deve se inserir na conjuntura político-econômica atual e qual a função do direito econômico nesse processo.

Essa abordagem metodológica tem como objetivo investigar o objeto de estudo de modo a romper com propostas meramente circunstanciais,[1] além de ir em direção contrária ao formato dos ensaios normativos positivistas que se retraem à avaliação do diploma legislativo, das decisões judiciais e do corpo de doutrinas jurídicas.[2]

Para que se possa responder a tais questionamentos, não se pode ignorar o diálogo existente entre a economia e a história. Isso pois, conforme nos ensina Fernand Braudel: "os resultados obtidos pelas pesquisas de história econômica já são bastante densos para que seja lícito ultrapassá-los".[3] Sobre a importância desse diálogo, Eric Hobsbawm destaca o período pós-crise de 1929, e as novas configurações mundiais a partir dali, afirmando que: "de vez em quando, a história surpreende os economistas em suas ginásticas brilhantes e leva embora os seus roupões. O início dos anos 30 foi um desses períodos".[4]

---

[1] Em sua obra *A Natureza do Espaço*, Milton Santos afirma que, na interpretação da atualidade dos tempos acelerados do presente, o tropel dos eventos desmente verdades estabelecidas e desmancha o saber. Sublinha, nesse sentido, o autor que a moda avassaladora das citações frescas não pode eliminar os debates que se inspiram em lições não circunstanciais". (SANTOS, Milton. *A natureza do espaço*: técnica e tempo, Razão e Emoção. 4. ed. 2. reimpr. São Paulo: Editora da Universidade de São Paulo, 2006, p. 9).

[2] Nesse sentido, não é forçoso relembrar a afirmação de Pierre Bourdieu de que a reivindicação da autonomia absoluta do pensamento e da ação jurídicos afirma-se na constituição de um modo de pensamento específico, totalmente liberto do peso social, e a tentativa positivista de criar uma teoria pura do direito que não passa do esforço de engendrar um corpo de doutrinas e de regras completamente independentes dos constrangimentos e pressões sociais. (BOURDIEU, Pierre. *O poder simbólico*. Trad. Fernando Tomaz. 2. ed. Rio de Janeiro: Bertrand Brasil, 1998. p. 209). Diante disso, não há que se pensar uma ciência jurídica que abandone tais pressões, ao invés disso, deve-se visualizar, como afirma Gilberto Bercovici, junto à dogmática, as delineações históricas, a eficácia social e as prospecções do objeto em estudo. (BERCOVICI, Gilberto. *Direito econômico do petróleo e dos recursos minerais*. São Paulo: Quartier Latin. 2011. p. 13-14). Ou como propõe Rodrigo Salgado, deve-se passar pela avaliação dos interesses políticos e econômicos que circundam a criação de uma norma. (SALGADO, Rodrigo. De volta à Frankfurt: notas sobre a criação do zoneamento urbano. *Revista Culturas Jurídicas*, Rio de Janeiro, v. 4, n. 8, mai./ago. 2017, p. 221-222). Ao contexto brasileiro, diante de sua inserção em um panorama maior de economia-mundo, nos termos de BRAUDEL, Fernand. *Escritos sobre a história*. Trad. Jacó Guinsburg e Tereza da Mota. 2. ed. São Paulo: Perspectiva, 2005, p. 110-115, os interesses políticos e econômicos possuem um direcionamento. Eles vão do centro à periferia.

[3] BRAUDEL, Fernand. *Escritos sobre a história*. Trad. Jacó Guinsburg e Tereza da Mota. 2. ed. São Paulo: Perspectiva, 2005. p. 115.

[4] A importância desse diálogo é também trazida por Eric Hobsbawm ao afirmar que: "a economia, ou melhor, aquela parte dela que de vez em quando se arroga o monopólio de definir o objeto, sempre foi vítima da história. Durante longos períodos, quando a economia mundial parece estar transcorrendo muito feliz, com ou sem aconselhamento, a história estimula uma grande dose de presunção. A economia correta tem a palavra, a economia

Esse momento destacado por Hobsbawn na história mundial é diretamente influente à análise que o presente trabalho, no primeiro capítulo, busca sobre o desenvolvimento brasileiro e a alteração da dinâmica nacional característica do período. Para explicar os fatores históricos que levaram a essa dinâmica e os desdobramentos dela decorrentes, embora reconheçamos a existência de diversas teorias relevantes que buscam analisar o desenvolvimento brasileiro, ou que foram no século XX cruciais para a evolução das teorias desenvolvimentistas aplicáveis ao Brasil,[5] utilizaremos de um diálogo entre a teoria do subdesenvolvimento da CEPAL (*Comisión Económica para América Latina*) que segundo Bercovici: "fundamentou, efetivamente, a política brasileira de desenvolvimento",[6] com o pensamento de Caio Prado Jr., no que se refere ao sentido da colonização, que é uma reflexão ao nosso ver relevante para a compreensão da função histórica dos transportes no Brasil. O objetivo desse diálogo é compreender a dinâmica dos transportes tanto sob a ótica da relação centro periferia, quanto como instrumento para a manutenção do modelo primário-exportador.

No tópico seguinte, ainda neste capítulo, traremos de forma cotejada a noção de infraestrutura e de direito econômico, demonstrando a sua relevância para o desenvolvimento econômico nacional, ou para a superação do subdesenvolvimento. Em seguida, no último tópico do primeiro capítulo, a pesquisa versará sobre a lógica de planejamento e sua intersecção à integração, a fim de inserir de maneira contextualizada a importância do planejamento integrado do setor dos transportes como mecanismo para integração nacional, no debate do desenvolvimento nacional, finalizando, assim, o balizamento teórico propedêutico à presente pesquisa.

O segundo capítulo focalizará seus esforços em trazer os planos que representaram as primeiras iniciativas no sentido de visualizar o setor dos transportes de maneira integrada, dentre a metade do século XIX e a década de 30 do século XX. Objetiva-se por meio dele conceder

---

incorreta é tacitamente excluída, ou despachada para a zona crepuscular da heterodoxia passada e presente". (HOBSBAWM, Eric. *Sobre história*. São Paulo, Companhia das Letras, 1998, p. 106-121).

[5] Vide: PERROUX, François. *L'Économie du XXe Siècle*. 4. ed. Grenoble: Presses Universitaires de Grenoble, 1991; MYRDAL, Gunnar. *Teoria Econômica e Regiões Subdesenvolvidas*. Rio de Janeiro: ISEB, 1960; HIRCHMAN, Albert. *La Estrategia del Desarollo Económico*. México: Fondo de Cultura Económica, 1973.

[6] BERCOVICI, Gilberto. *Constituição Econômica e Desenvolvimento*: uma leitura a partir da Constituição de 1988. São Paulo: Malheiros, 2005, p. 47-48.

um breve panorama dos instrumentos que buscaram o planejamento dos transportes antes da década de 1930, recorte histórico do presente trabalho. A relevância da explicação de tais planos se dá, pois muito da lógica de se utilizar de um modal em detrimento de outro nos planos pós-1930 seguem os caminhos desses planos. Para tal, dividir-se-á o período em dois tópicos. O primeiro referente ao Império, até o ano de 1889, no qual serão expostos sete planos: (i) o Plano Rebelo (1838); (ii) o Plano Moraes (1869); (iii) o Plano Queiroz (1874); (iv) o Plano Rebouças (1874); (v) o Plano Bicalho (1881); (vi) o Plano Bulhões (1882); e (vii) o Plano Geral de Viação (1886). O segundo referente à República Velha, até o ano de 1930, no qual serão expostos três planos: (i) o Plano da Comissão (1890); (ii) o Plano de Viação Férrea (1912); e (iii) o Plano Catrambi (1926).

No terceiro capítulo trar-se-á a nova lógica do planejamento dos transportes instaurada no período dentre 1930 e 1964. Nos dois primeiros tópicos será tratado o lapso temporal dentre 1930 e 1955, momento em que o Estado toma a frente e se coloca como principal realizador das obras públicas, por meio da estatização da contratação das obras de construção pesada, dentre elas: a infraestrutura energética, os serviços urbanos, e, também, o setor de transportes. Nesse período serão destacados três planos: (i) o Plano Geral de Viação Nacional (1934); (ii) o Plano Rodoviário Nacional (1944); e (iii) o Plano Nacional de Viação (1946). Em seguida o período dentre 1955 e 1964, no qual verifica-se mais facilmente uma divisão de tarefas entre o Estado e as empresas privadas no que tange à contratação e realização das obras de infraestrutura, sobretudo por meio de capital nacional.[7] Aqui, serão desdobrados os transportes em quatro instrumentos: (i) Plano de Metas (1955-1960); (ii) o Grupo Executivo de Coordenação dos Transportes – GET (1961); o Conselho Nacional dos Transportes – CNT (1961); e o Plano Trienal (1962).

O quarto capítulo focará na análise dos instrumentos de planejamento integrado dos transportes durante os governos militares (1964-1985). Focaremos a análise na disposição dos transportes nos seguintes pontos: (i) o Programa de Ação Econômica do Governo (1964); (ii) o II Plano Nacional de Viação (1964); (iii) o Grupo de Estudos para a Integração da Política de Transportes (1965), posteriormente

---

[7] CAMPOS, Pedro Henrique Pedreira. *"Estranhas Catedrais":* as empreiteiras brasileiras e a ditadura civil-militar, 1964-1988. Niterói: EdUFF, 2014, p.32-33 e 60-65.

transformado em Empresa Brasileira de Planejamento dos Transportes (1969); (iv) o Ministério dos Transportes (1969); (v) o Programa de Integração Nacional (1971); (vi) o I Plano Nacional de Desenvolvimento (1972); (vii) III Plano Nacional de Viação (1973) e (viii) o II Plano Nacional de Desenvolvimento (1974).

O quinto capítulo traz o debate dos transportes da Constituição Federal de 1988 à Lei nº 12.379, de 6 de janeiro de 2011, que regulamenta o Sistema Nacional de Viação. Parte-se de forma dedutiva da discussão sobre o dirigismo da Constituição, de uma ordem econômica cotejada aos objetivos da República (artigo 3º), do mercado interno como patrimônio nacional (artigo 219) e do planejamento dos transportes frente à essa lógica. Além disso, abordará a nova configuração nacional dos transportes, após o advento do neoliberalismo, e a adequação do governo brasileiro às políticas de austeridade decorrentes do processo de financeirização. Nesse momento, destacar-se-ão seis pontos: (i) o Programa Brasil em Ação (1996); (ii) o Programa Avança Brasil (2000); (iii) a Política Nacional de Ordenamento Territorial (2006); (iv) o Programa de Aceleração do Crescimento (2007); (v) o Plano Nacional de Logística e Transportes (2009) e (vi) o Sistema Nacional de Viação (2011).

CAPÍTULO 1

# O SENTIDO DOS TRANSPORTES NO BRASIL E A SUA RELAÇÃO AO DESENVOLVIMENTO, À INFRAESTRUTURA E AO PLANEJAMENTO

**1.1 O sentido da colonização, a relação centro-periferia e o modelo primário-exportador: o sentido dos transportes no Brasil.**

Em sua obra *Formação do Brasil contemporâneo*, Caio Prado Jr. indica um "sentido da colonização" ao ver um direcionamento do organismo colonial para o mercado externo, sobretudo no fornecimento de produtos tropicais e metais preciosos para a Europa.[8] O Brasil mostra-se como um espaço para extração de bens destinados a mercados e consumo estrangeiros, não às necessidades internas. Ao estudar a vida material da colônia, Prado Jr. destaca três elementos que davam condições para esse fornecimento: a lavoura, a monocultura e o trabalho escravo.[9]

---

[8] É importante destacarmos que a presente pesquisa, neste tópico, não tem qualquer pretensão de desdobrar detalhes geográficos sobre o transporte nacional. O foco aqui é compreender de que forma o transporte se colocou no sentido da colonização. Isso é crucial, pois nos ajuda a visualizar a enorme relevância da internalização dos centros decisórios para que o planejamento integrado do setor dos transportes não seja um mero instrumento de facilitação logística da acumulação pelos países de centro, e sim um ponto crucial para o desenvolvimento de um projeto integrado de nação.

[9] PRADO JÚNIOR, Caio. *Formação do Brasil contemporâneo*: Colônia. São Paulo. Companhia das Letras, 2011, p 15-32 e p. 123-125. Vide também Fernando Novais, que em seu livro *Portugal e Brasil na crise do antigo sistema colonial*, aprofunda o conceito de Caio Prado Jr., com o que chama de "sentido profundo da colonização". O autor utiliza-se dos conceitos de antigo sistema colonial e antigo regime com a finalidade de inserir o sistema colonial no contexto da acumulação primitiva de capital na Europa – que se baseava na extração do excedente colonial – conforme demonstra o trecho abaixo de sua obra: "O regime do comércio colonial – isto é, o exclusivo metropolitano no comércio colonial – constituiu-se, ao longo dos séculos XVI, XVII e XVIII, no mecanismo através do qual se processava a

Sérgio Buarque de Holanda, em *Monções*, bem demonstra essa dinâmica ao ensinar que nos primeiros momentos da colonização brasileira os locais povoados não passavam de pontos dispersos no vasto litoral, destinados sobretudo ao aportamento de navios, que, em geral, se voltavam ao outro lado do oceano. Cuidava ali o português de suscitar um ambiente adequado à sua conveniência mercantil e à sua experiência africana e asiática. Cenário agravado com a introdução da lavoura açucareira que buscava atender a mercados distantes.[10]

Nesse momento inicial do período colonial os transportes e as comunicações exerciam considerável influência para a formação do país. O desenvolvimento do sistema de comunicações acompanhava a progressão do povoamento, instalando-se primeiramente no litoral e penetrando progressivamente o interior, por meio de núcleos não tão próximos e não tão distantes do mar. Suas vias se iniciavam nessa mesma direção e posteriormente ganhavam sentido inverso, partindo dos mesmos núcleos já constituídos no interior e irradiando-se para a saída mais cômoda no litoral. Destacavam-se, para essa circunstância, fatores geográficos como as grandes distâncias, os obstáculos opostos ao trânsito no território, o relevo acidentado, as coberturas florestais, a linha costeira mal endentada, os rios acidentados e com traçados problemáticos. Nesse cenário, eram exceções altamente fragmentadas as vias que tinham eficácia na busca por articulação entre o litoral e o interior. Não havia qualquer visão sistemática em nível amplo, apenas pequenos sistemas autônomos formados pelos extremos do interior e do litoral, cujos núcleos eram parcialmente ligados entre si e as irradiações perpassavam por toda costa brasileira, do Norte ao Sul.[11]

Inicialmente, essa articulação se dava exclusivamente por via marítima, porém, conforme aprofundava-se a penetração, as vias acompanhavam, de modo que partiam de territórios litorâneos e alcançavam

---

apropriação por parte dos mercadores das metrópoles, dos lucros excedentes gerados nas economias coloniais: assim, pois, o sistema colonial em funcionamento, configurava uma peça da acumulação primitiva de capitais nos quadros do desenvolvimento do capitalismo mercantil europeu". Entretanto, não apenas esse momento histórico brasileiro tem para ele uma explicação por meio da acumulação primitiva de capital. O autor aponta que não é a escravidão em si que explica o surgimento do tráfico negreiro, e sim o fato de o tráfico negreiro ter contribuído para essa acumulação, o que fez com que Portugal optasse pela mão-de-obra africana. (NOVAIS, Fernando. *Portugal e Brasil na crise do antigo sistema colonial (1777-1808)*. São Paulo: Hucitec, 1979, p. 92).

[10] BUARQUE DE HOLANDA. Sérgio. *Monções*. 3. ed. São Paulo: Brasiliense, 1990, p. 14.
[11] PRADO JÚNIOR, Caio. *Formação do Brasil contemporâneo*: Colônia. São Paulo. Companhia das Letras, 2011, p. 251-252.

convergência no interior do país. Para essa dinâmica, destacavam-se duas circunstâncias geográficas particulares: a primeira referente à forma pela qual está configurado, de modo geral, o território nacional, que se limita por uma linha costeira que se altera de direcionamento de forma abrupta, passando de Noroeste à Nordeste; a segunda, é a orientação do relevo no curso dos rios, que se aproximam das cabeceiras das bacias, dirigindo, assim, a marcha do povoamento.[12] Entre os séculos XVII e XVIII as comunicações brasileiras se compunham, em síntese, da grande via marítima que perlongava todo o litoral, assim como desses pequenos sistemas autônomos mencionados que, nesse momento, embora guardassem relativa independência, já eram mais articulados entre si tanto pela via marítima, quanto por vias que posteriormente cruzariam o interior. E que guardavam como característica comum o direcionamento voltado ao núcleo de povoamento que servia as terras além-mar. O fator essencial de cada um desses sistemas era a via que escolhiam para se desenvolverem, que eram, naquele momento: por água, baías, estuários e rios, restando às vias terrestres um papel subsidiário.[13]

Essa dinâmica de centralidade da via marítima fez com que tomasse destaque, à época, a navegação de cabotagem. Este sistema representou a espinha dorsal de toda a dinâmica dos transportes. Nesse sentido, é interessante remeter à visão de Antônio Moraes ao afirmar que essa centralização da ocupação dos espaços brasileiros na parcela litorânea da colônia foi a grande responsável a uma priorização dos espaços costeiros, que, em corolário, deu condições favoráveis ao desenvolvimento dos portos, ao fato de que Portugal também possuía similar lógica na ocupação de seu território.[14]

Rita de Cruz, por sua vez, visualiza a formação urbana no Brasil como uma sucessão de núcleos litorâneos que estruturavam eixos de penetração no interior.[15]

---

[12] PRADO JÚNIOR, Caio. *Formação do Brasil contemporâneo*: Colônia. São Paulo. Companhia das Letras, 2011, p. 252-253.

[13] PRADO JÚNIOR, Caio. *Formação do Brasil contemporâneo*: Colônia. São Paulo. Companhia das Letras, 2011, p. 253-257.

[14] MORAES, Antônio C. R. Bases da formação territorial do Brasil. *Geografares*, Vitória, n. 2, jun. 2001, p. 105-113.

[15] CRUZ, Rita de Cássia Ariza da. Os portos do mundo de hoje – Breve análise geográfica. *In*: LIMA, Cruz Luiz. (Org.). *Reestruturação socioespacial*: do espaço banal ao espaço da racionalidade técnica. São Paulo: Annablume, 2006, p. 153-155.

Já Rafael Fonseca destaca que essa prevalência da ocupação litorânea deu azo à fluidez hidroviária durante a colônia. Essa característica da ocupação brasileira fez com que o Atlântico fosse o grande responsável por promover tanto a migração de mercadorias quanto a de ideias para o território brasileiro.[16]

Embora essa prevalência das vias marítimas seja crucial à compreensão dos transportes na colônia, as comunicações interiores também possuíam sua relevância como eixo e escoadouro geral do sistema. As estradas eram problemáticas, só podiam ser transitadas por pedestres e animais, ainda assim em tempo seco, visto que na chuva prevaleciam os atoleiros. No que se refere à técnica utilizada para sua construção, tratava-se de algo sumário e rudimentar, o que fazia com que sua trafegabilidade estivesse entregue mais a fatores naturais que aos fatores humanos. Para explicar o fenômeno Prado Jr. escreve um trecho que, de tão vivo, melhor não parafraseado:

> Estradas calçadas de pedra são na colônia verdadeiros prodígios de tão raras; podemos contar os trechos calçados nos dedos de uma só mão, e medi-los a palmo. Neste assunto de calçamento, o mais que se fazia, nos trajetos muito trafegados e sujeitos a chuvas grossas, era revesti-los nos pontos excessivamente atoladiços de paus atravessados no caminho – o que, se consolida um pouco o leito, torna a marcha sobremaneira penosa, em particular para os animais. O melhor combate à lama, e o mais empregado, era ainda contar com o sol, e, para facilitar-lhe a tarefa, davam-se os construtores e conservadores de estradas às vezes ao luxo de desbastar um pouco a vegetação marginal. Mas nem isto era muito frequente.[17]

Já as comunicações fluviais internas passavam exatamente pelo problema inverso. Nas secas, os leitos dos rios ficavam descobertos e as rochas afloravam gerando aos percursos obstáculos perigosos, muitas vezes intransponíveis, e as águas não davam calado às embarcações. Seu cuidado era precário. Ainda mais que as estradas. Sua manutenção,

---

[16] FONSECA, Rafael Oliveira. A navegação de cabotagem de carga no brasil. *Mercator*, Fortaleza, v. 14, n. 1, p. 22, 2015.
[17] PRADO JÚNIOR, Caio. *Formação do Brasil Contemporâneo*: Colônia. São Paulo. Companhia das Letras, 2011, p. 271.

mesmo em vias de grande relevância, dependia exclusivamente da natureza.[18] Os rios, no período, se demonstravam como um empecilho comparável às florestas espessas, aos pantanais e às montanhas. Em determinados casos, a fim de superar os obstáculos formados nos trajetos fluviais, construíam-se estivas ou pinguelas improvisadas, geralmente elaboradas a partir de um tronco único. As pontes "menos toscas", limitavam-se às zonas habitadas, que, embora mais evoluídas, não estavam livres dos problemas relacionados às chuvas, à deterioração ocasionada pelos gados e às queimadas.[19]

Esse cenário só passou a ter novos contornos a partir do final do século XVII, momento em que se iniciou a pensar a utilização dos rios como vias de comunicação em larga escala a fim de conceder facilidades à navegação. Esses contornos só passaram a ser pensados de forma articulada em busca de um sistema geral de circulação no século XIX.[20] No entanto, o grande marco divisório na forma de se pensar o transporte no Brasil se deu na década de 1930.

Para a explicação dessa dinâmica é imprescindível a avaliação de suas causas e reverberações econômicas. Nesse sentido, a linha de pensamento mais apropriada para explicar os fatores históricos que geraram essa alteração da dinâmica que reverberou no planejamento dos transportes na década de 1930 é a escola cepalina, nas vozes de seus dois mais importantes membros: Raul Prebisch e Celso Furtado.[21]

A influência do pensamento cepalino no debate brasileiro atingiu grandes patamares entre 1949 e 1964 e tinham grande receptividade no cenário brasileiro, pois traziam fundamentação científica para tradição intervencionista e industrialista brasileira, que vigorava desde 1930 e

---

[18] PRADO JÚNIOR, Caio. *Formação do Brasil Contemporâneo*: Colônia. São Paulo. Companhia das Letras, 2011, p. 273-274.
[19] BUARQUE DE HOLANDA. Sérgio. *Monções*. 3. ed. São Paulo: Brasiliense, 1990, p. 20-21.
[20] PRADO JÚNIOR, Caio. *Formação do Brasil Contemporâneo*: Colônia. São Paulo. Companhia das Letras, 2011, p. 273-274.
[21] Aqui vale ressaltar a percepção de Francisco de Oliveira que ao comparar os dois autores da escola cepalina, afirma que embora Prebisch seja o predecessor mais importante de Furtado, não alcançou a sua dimensão como cientista social, tendo se limitado à ciência econômica. Nesse sentido ele aduz que a contribuição de Furtado mais evidente foi a inauguração de um método "histórico-estrutural" que explica a formação das economias subdesenvolvidas no sistema capitalista, para além da dominação colonial e superando o método neoclássico a-histórico que era soberano na análise econômica, além de superar também o velho esquema da divisão internacional do trabalho comandada pelas "vantagens comparativas" de inspiração ricardiana. (OLIVEIRA, Francisco de. *A navegação venturosa*: ensaios sobre Celso Furtado. São Paulo. Editora Boitempo, 2003, p. 12-76).

consolidou-se a partir da criação do Grupo Misto CEPAL-BNDE.[22] A teoria do subdesenvolvimento é o pensamento econômico desenvolvido pelo estruturalismo latino-americano.[23] A teoria foi desenvolvida no bojo da Comissão Econômica para a América Latina (CEPAL), criada pelas Nações Unidas na década de 1950 para analisar a situação da região e apontar soluções para suas questões econômicas e sociais. Dentre outros aspectos, a teoria busca explicar como o desenvolvimento econômico das nações ocorre a partir do advento do capitalismo, sistema econômico surgido na Europa entre os séculos XVI e XIX.[24]

Seu elemento fundamental é a ideia de que o desenvolvimento é um processo histórico ocorrido de maneira distinta em cada país e que contém especificidades que impedem uma análise padronizada, de forma que cada caso deva ser analisado individualmente.[25] Assim, explicar a atual ordem econômica mundial precede de uma análise da história de cada país. Um dos principais trabalhos desenvolvidos por Furtado foi o livro *Desenvolvimento e subdesenvolvimento*, no qual o autor

---

[22] BERCOVICI, Gilberto. *Constituição Econômica e desenvolvimento*: uma leitura a partir da Constituição de 1988. São Paulo: Malheiros, 2005, p. 48.

[23] O pensamento de Furtado, muito mais do que o de Prebisch, se altera substancialmente conforme a conjuntura social vai se alterando. Portanto, compreender o estruturalismo latino-americano na voz de Furtado demanda muita atenção, pois devemos nos perguntar, primeiramente, de que Furtado estamos falando. Isso faz com que o leitor, ao ler esse pequeno excerto, deva ter em mente dois pontos. O primeiro é que a proposta do presente trabalho é contextualizar a lógica dos transportes no Brasil, dentro do pensamento econômico mais aplicável ao país, e não sintetizar todo o pensamento cepalino, ou mesmo furtadiano, o que estaria fora do nosso problema de pesquisa. O segundo ponto é que por ser a proposta do trabalho trazer uma aproximação entre o pensamento de Caio Prado Jr. e Celso Furtado, o foco da síntese será nas primeiras obras do autor, isso pois, conforme me ensinou Alexandre Freitas Barbosa em suas valiosas aulas no Instituto de Estudos Brasileiros da Universidade de São Paulo (IEB-USP), é nesse momento que, muitas vezes sem mencionar, Furtado bebe das águas de Caio Prado Jr.

[24] Sobre os séculos XVI e XVII, vide a tese de doutorado de Furtado: FURTADO, Celso (1954). *A economia colonial do Brasil nos séculos XVI e XVII. La economia colonial brasileña.* México DF, Universidad de la Ciudad de México, 2003. Para uma visão mais ampla, ou um 'afresco' introdutório para a história econômica, como humildemente propôs Furtado, trazendo desde o século XVI ao início do século XX, vide: FURTADO, Celso. *Formação econômica do Brasil*. São Paulo: Editora Nacional, 1959.

[25] Vide: FURTADO, Celso. *Prefácio a nova Economia Política*. 3. ed. Rio de Janeiro, Paz e Terra, 1977, p. 90-99. FURTADO, Celso. *A hegemonia dos Estados Unidos e o subdesenvolvimento da América Latina*. 3. ed. Rio de Janeiro: Civilização Brasileira, 1972, p. 5-18; 89-110; 127-192; FURTADO. Celso. *Los Vientos del Cambio*. Mexico. Ed. Fondo de Cultura Económica, 1993, p. 82-86. FURTADO, Celso. *O Mito do Desenvolvimento Econômico*. 3. ed. Rio de Janeiro: Paz e Terra, 1974, p. 95-110. FURTADO. Celso. *Criatividade e dependência na civilização industrial*. Rio de Janeiro: Paz e Terra, 1978, p. 93-126. FURTADO, Celso. *Desenvolvimento e subdesenvolvimento*. Rio de Janeiro: Contraponto. Centro Internacional Celso Furtado de Políticas para o Desenvolvimento, 2009, p. 85.

elabora um histórico do desenvolvimento do capitalismo. No continente europeu, o sistema capitalista surgiu diante da decadência do capitalismo comercial, quando não existiam novas fronteiras e produtos a serem explorados. Nesse contexto, o sucesso dos agentes econômicos passou a ser determinado por seu sucesso em alocar os recursos de forma mais eficiente. Portanto, pode-se conceituar desenvolvimento, de acordo com Furtado, como o processo pelo qual o excedente gerado pela economia é invertido na produção, resultando em uma utilização mais eficiente dos fatores de produção a partir da introdução de novas técnicas e de uma nova combinação dos fatores já existentes.[26] Furtado aponta, em sua obra *Formação econômica do Brasil*, assim como o fez Caio Prado Jr., uma dependência no sistema econômico da colônia à Europa: "a Colônia estava integrada às economias europeias, das quais dependia. Não constituía, portanto, um sistema autônomo, sendo simples prolongamento de outros maiores".[27]

A compreensão desses fatores é crucial para a contextualização do sistema centro-periferia de Furtado. Isso porque, no centro, o crescimento do capitalismo deu-se a partir de um processo no qual a produção mais eficiente de bens gerou um excedente que se reverteu em maiores salários para os operários, o que gerou um aumento na demanda por bens de consumo e uma necessidade da construção de mais indústrias e, consequentemente, resultou em um aumento da oferta de bens de produção e da atividade industrial. Esse processo é endógeno: sua formulação parte de um maior dinamismo do mercado interno, pois aumenta a demanda e gera necessidade de expansão da oferta e incremento dos fatores de produção. Em contrapartida, o subdesenvolvimento é um processo histórico autônomo, e não uma etapa pela qual passam os países desenvolvidos. Nele há uma imperfeição na implementação da economia industrial, pois essa implementação ocorre pela introdução via agentes externos. Há, assim, um anacronismo tecnológico entre setores ou departamentos da economia.[28]

---

[26] FURTADO, Celso. *Desenvolvimento e subdesenvolvimento*. Rio de Janeiro: Contraponto. Centro Internacional Celso Furtado de Políticas para o Desenvolvimento, 2009, p. 106.

[27] FURTADO, Celso. *Formação econômica do Brasil*. São Paulo: Editora Nacional, 1959, p. 95. Sobre esse diálogo entre os autores vide: TEIXEIRA, Rodrigo Alves. Capital e colonização: a constituição da periferia do sistema capitalista mundial. *Estud. Econ.*, São Paulo, v. 36, n. 3, 2006, p. 542-550; RICUPERO, Bernardo. Celso Furtado e o pensamento social brasileiro. *Estud. av.*, São Paulo, v. 19, n. 53, p. 371-377, 2005.

[28] FURTADO, Celso. *Desenvolvimento e subdesenvolvimento*. Rio de Janeiro: Contraponto. Centro Internacional Celso Furtado de Políticas para o Desenvolvimento, 2009, p. 117-120;

O desenvolvimento do capitalismo industrial levou os países nos quais esse sistema consolidou-se de forma endógena (os chamados países de centro) a buscarem novas fontes de matérias-primas e, ao mesmo tempo, novos mercados para seus produtos. A consequência disso foi a expansão das empresas desses países para outros locais onde não havia desenvolvimento industrial prévio.[29] Nos países subdesenvolvidos, as indústrias instalaram-se com o capital dos países centrais e de forma não integrada ao restante das suas economias. As suas atividades eram voltadas a satisfazer as necessidades de mercados externos. Trata-se de um desenvolvimento exógeno. Por essa formação exógena, a instalação das indústrias não levou a um desenvolvimento nesses países, pois os focos industriais não acarretavam um aumento da demanda. Esses focos eram minoritários em relação ao todo da economia, além de os salários pagos aos trabalhadores dessas indústrias serem extremamente baixos em relação aos pagos nos países centrais.[30] Os países subdesenvolvidos estruturaram sua economia a partir das necessidades e do mercado dos países de centro. De acordo com Furtado, isso é consequência da rápida propagação de novas formas de produção, a partir de um número limitado de centros irradiadores de inovações tecnológicas, em um processo que tendeu à criação de um sistema econômico de âmbito planetário. Isso faz com que sejam denominados como periféricos no sistema da divisão internacional do trabalho. O autor analisa o subdesenvolvimento como uma criação do desenvolvimento, ou, como ele destaca:

> Consequência do impacto, em um grande número de sociedades, de processos técnicos e de formas de divisão do trabalho irradiados do pequeno número de sociedades que se haviam inserido na revolução industrial na fase inicial desta, ou seja, até fins do século passado.[31]

A disparidade entre os departamentos das economias subdesenvolvidas voltados para o exterior e o restante de suas economias acarreta

---

PREBISCH, Raul. *Capitalismo periferico:* crisis y transformación. Madrid: Medio Siglo, 1984, p. 36-40.

[29] FURTADO, Celso. *O Mito do Desenvolvimento Econômico*. 3. ed. Rio de Janeiro: Paz e Terra, 1974, p. 21-59.

[30] FURTADO, Celso. *Desenvolvimento e subdesenvolvimento*. Rio de Janeiro: Contraponto. Centro Internacional Celso Furtado de Políticas para o Desenvolvimento, 2009, p. 120-123; FURTADO, Celso. *Teoria e Política do Desenvolvimento Econômico*. São Paulo: Abril Cultural. 1983, p. 11-12.

[31] FURTADO, Celso. *Análise do "modelo" brasileiro*. 3. ed. Rio de Janeiro: Civilização Brasileira, 1972, p. 8.

uma série de desequilíbrios estruturais, tais como o desequilíbrio entre os salários dos trabalhadores dos departamentos industrializados com a oferta interna e o desequilíbrio externo das contas desses países. Além disso, o subdesenvolvimento impediu esses países de desfrutarem dos avanços civilizatórios do desenvolvimento, como o incremento na qualidade de vida e o acesso a novos bens e tecnologias.

Ainda no que se refere às características do subdesenvolvimento, Furtado destaca que este não pode ser visualizado como mera fase que deveria ser superada para alcançar o desenvolvimento. Dessa forma, sintetiza que o "desenvolvimento e subdesenvolvimento devem ser considerados como dois aspectos de um mesmo processo histórico, ligado à criação e à forma de difusão da tecnologia moderna".[32] Nesse sentido, ressalta Raul Prebisch que: *"el desarrollo periférico es parte integrante del sistema mundial del capitalismo, pero se desenvuelve en condiciones muy diferentes a las de los centros, de donde surge la especificidad del capitalismo periférico"*.[33] Esse desenvolvimento periférico diferente das condições dos países de centro é lembrado por Raul Prebisch ao adentrar em uma análise da dinâmica interna do capitalismo periférico, a qual denomina como *"dinâmica limitada"*, que se configura pela não penetração profunda da dinâmica dos países centrais na estrutura social da periferia. Desdobrando as relações entre centro e periferia no sistema capitalista, aduz o autor: *"En contraste con todo ello, los centros propagan e irradian en la periferia sus técnicas, formas de consumo y existencia, sus instituciones, ideas e ideologías. El capitalismo periférico se inspira cada vez más en los centros y tiende a desenvolverse a su imagen y semejanza"*.[34]

Essa condição de inspiração da periferia à imagem e semelhança do centro demonstra características de um desenvolvimento tardio marcado pelas disparidades sociais e pela acumulação de capital. Nesse sentido, continua Raul Prebisch:

> Este desarrollo imitativo se desenvuelve tardíamente en una estructura social que presenta importantes disparidades con la estructura evolucionada de los centros. La técnica penetra gracias a la acumulación de capital, así en medios físicos como en formación humana. A medida que

---

[32] FURTADO, Celso. *Análise do "modelo" brasileiro*. 3. ed. Rio de Janeiro: Civilização Brasileira, 1972, p. 8-9.
[33] PREBISCH, Raul. *Capitalismo periferico*: crisis y transformación. Madrid: Medio Siglo, 1984, p. 37.
[34] PREBISCH, Raul. *Capitalismo periferico*: crisis y transformación. Madrid: Medio Siglo, 1984, p. 38.

se desenvuelve este proceso se operan continuas mutaciones en dicha estructura, la cual abarca una serie de estructuras parciales vinculadas entre sí por estrechas relaciones de interdependencia; las estructuras técnicas, productivas y ocupacionales, la estructura de poder y la estructura distributiva. El análisis de esas mutaciones es indispensable para desentrañar la compleja dinámica interna del capitalismo periférico.[35]

A industrialização tardia, de acordo com Celso Furtado, não resultou de uma ação deliberada que visava romper com os esquemas tradicionais de divisão internacional do trabalho, e sim, tomou impulso durante o longo período de depressão nos mercados internacionais de produtos primários, iniciado em 1929.[36] Esse cenário de depressão fez com que houvesse uma internalização dos centros decisórios e abrisse caminho para a industrialização. O Estado nacional entra em crise e as forças regionais que o apoiavam se desequilibram. A antiga oligarquia cafeeira desloca-se e cria forças para a centralização do poder.[37]

Diante disso, o presente trabalho, frente a esse sentido da colonização e o direcionamento da economia nacional para o mercado externo, que determina o cenário macroeconômico a que se submete a compreensão do papel histórico do setor dos transportes no Brasil, trará uma análise do que vem a ser a infraestrutura dos transportes e como o direito econômico dialoga com tal infraestrutura.

## 1.2 A infraestrutura dos transportes, o direito econômico e o desenvolvimento

A infraestrutura é uma expressão maleável e polissêmica. Comporta abordagens filosóficas, sociológicas, econômicas, antropológicas. No entanto, para não recairmos nos males dessa maleabilidade e dessa polissemia, delimitaremos a abordagem para evitarmos um desfoque do nosso escopo e aplicarmos interpretações que transcendam

---

[35] PREBISCH, Raul. *Capitalismo periferico*: crisis y transformación. Madrid: Medio Siglo, 1984, p. 39.
[36] FURTADO, Celso. *A hegemonia dos Estados Unidos e o subdesenvolvimento da América Latina*. 3. ed. Rio de Janeiro: Civilização Brasileira, 1972, p. 9.
[37] FURTADO, Celso. *Análise do "modelo" brasileiro*. 3. ed. Rio de Janeiro: Civilização Brasileira, 1972, p. 9.

o objeto de nosso estudo:[38] o direito econômico, como método,[39] aplicado aos transportes. Para que haja essa restrição do diálogo da infraestrutura ao direito econômico, primeiro é necessário compreender o objeto deste último. No Brasil, conforme nos explica Alessandro Octaviani, há uma tradição jurídica que compreende o direito econômico de forma interligada ao pensamento econômico do estruturalismo latino-americano. Essa visão, por identificar no direito econômico a possibilidade de possuir o Estado instrumentos jurídicos capazes de transformar as estruturas socioeconômicas, é a que mais se harmoniza com a ordem constitucional inaugurada em 1988.[40] Diante disso, Octaviani traça uma linha de autores que perpassa por Fábio Konder Comparato, Eros Roberto Grau e Gilberto Bercovici, como os responsáveis por essa visão do direito econômico brasileiro.[41] No entanto, visto a sua influência para o surgimento da área no Brasil, adiciona-se aqui também, em primeiro plano, a visão de Washington Peluso Albino de Souza.

Washington Peluso visualiza o direito econômico como a política econômica prevista constitucionalmente e defende a autonomia do direito econômico como ramo do direito com base na qualidade econômica da norma (Princípio da Economicidade).[42] Segundo o autor: "o direito econômico integra-se nas preocupações para com a "ordem jurídica", porém o faz voltado para a conotação político-econômica.

---

[38] Para uma análise aprofundada dos autores que remontam o caminho teórico percorrido pela infraestrutura, vide: BERCOVICI, Gilberto. Infraestrutura e Desenvolvimento. *In*: BERCOVICI, Gilberto; VALIM, Rafael. *Elementos de Direito da Infraestrutura*. São Paulo: Contracorrente, 2015, p. 17-26.

[39] GRAU, Eros Roberto. *Elementos de Direito Econômico*. São Paulo: Revista dos Tribunais, 1981, p. 39.

[40] OCTAVIANI, Alessandro. *Recursos genéticos e desenvolvimento*: os desafios furtadiano e gramsciano. São Paulo: Saraiva, 2013, p. 61-81.

[41] OCTAVIANI, Alessandro. *Recursos genéticos e desenvolvimento*: os desafios furtadiano e gramsciano. São Paulo: Saraiva, 2013, p. 65-79. Sobre essa visualização do direito econômico como uma alternativa teórica vide: CABRAL, Mário André Machado; MASCARENHAS, Fábio. Meio ambiente, constituição e direito econômico: Argumentos econômicos versus proteção animal. *Revista Brasileira de Direito Animal*, Salvador, v. 13, p. 77-89, 2018.

[42] SOUZA, Washington Peluso Albino de. *Direito Econômico*. São Paulo: Saraiva, 1980, p. 3-7. Vide também sobre a influência de Washington Peluso para o direito econômico brasileiro BERCOVICI, Gilberto. O Ainda Indispensável Direito Econômico. *In*: BENEVIDES, Maria Victoria de Mesquita; BERCOVICI, Gilberto; MELO, Claudineu de (Orgs.). *Direitos Humanos, Democracia e República*: Homenagem a Fábio Konder Comparato, São Paulo, Quartier Latin, 2009, p. 513.

Cuida, pois de uma 'ordem jurídico-econômica' que lhe dará os elementos de caracterização, enquanto direito positivo".[43]

Comparato define o direito econômico como o conjunto de técnicas de que se utiliza o Estado para realizar sua política econômica, constituindo, assim, uma disciplina da ação estatal sobre as estruturas econômicas. O fundamento do direito econômico é a Constituição, mais especificamente os dispositivos de natureza econômica previstos na Constituição, que estabelecem um verdadeiro programa de transformações das estruturas socioeconômicas que conformam a realidade brasileira. Em síntese, Comparato traz que

> O novo direito econômico surge como o conjunto das técnicas jurídicas de que lança mão o Estado contemporâneo na realização de sua política econômica. Ele constitui assim a disciplina normativa da ação estatal sobre as estruturas do sistema econômico, seja este centralizado ou descentralizado.[44]

Eros Grau também contribui para a discussão do direito econômico, na medida em que o estabelece não apenas como um ramo do direito apartado da realidade social, mas também como um método de análise do direito, compreendendo-o como uma parcela da realidade social que o incorpora.[45] Em síntese, Grau define o direito econômico

---

[43] SOUZA, Washington Peluso Albino de. *Primeiras linhas de Direito Econômico*. Belo Horizonte: Editora LTr, 2005, p. 209.

[44] COMPARATO, Fábio Konder. O indispensável Direito Econômico. Revista dos Tribunais, n. 353, mar, p. 22-24, 1965.

[45] GRAU, Eros Roberto. O direito posto e o direito pressuposto. 7. ed. São Paulo: Malheiros, 2008, p. 47-48; 62. Alessandro Octaviani estabelece cinco pontos relevantes para a compreensão do pensamento de Grau: "(i) partindo do marxismo, o autor divisa que, no modo capitalista de produção, o direito cumpre a função de conservar o sistema, repondo a correlação de forças que deu origem ao corpo normativo; (ii) o direito assume uma específica forma que o torna mais apto a cumprir a sua função de conservação: a forma do direito moderno; (iii) entretanto, ainda que cumprindo essa função, o direito não é um espaço isento de conflitos, ao contrário, passa a ser uma arena de disputas, em diversos níveis de sua operação; (iv) um dos eixos dessa disputa é a interpretação, espaço aberto aos princípios; (v) o direito econômico e suas formas de organização da atuação estatal em relação à economia é uma das arenas do conflito; a superação do subdesenvolvimento é um dos jogos realizados nessa arena". (LUÍS, Alessandro Octaviani. *Recursos genéticos e desenvolvimento*: os desafios furtadiano e gramsciano. Tese. (Doutorado em Direito Econômico e Financeiro) – Nome da Faculdade, Nome da Universidade, São Paulo: FDUSP, 2008, p. 48. Em sua obra *Direito posto e direito pressuposto*, Grau trabalha o conceito de modo de produção mencionado por Octaviani, como uma totalidade das estruturas sociais, constituído por uma estrutura global que é integrada por três estruturas regionais: a estrutura econômica, estrutura jurídico-política e a estrutura ideológica: "O conceito de modo de produção – modo de produção da vida social – refere-se à totalidade das estruturas sociais. Não se o deve confundir, assim, com

como o: "sistema normativo voltado à ordenação do processo econômico, mediante a regulação, sob o ponto de vista macrojurídico, da atividade econômica, de sorte a definir uma disciplina destinada à efetivação da política econômica estatal".[46]

Bercovici ensina que o elemento característico dessa tradição de direito econômico é o reconhecimento de que cabe ao Estado e, também, à sociedade a busca da superação da condição de subdesenvolvimento que ainda marca nosso país. Diante dessa finalidade de superação do subdesenvolvimento, o autor vincula a análise do direito econômico à racionalidade macroeconômica. Pois ele tem como objeto a apropriação do excedente econômico, ordenando juridicamente os espaços de acumulação e atuando diretamente nas questões de estratificação social. Em síntese, Bercovici, elabora a conceituação que é o atual "estado da arte" do direito econômico brasileiro:

> O direito econômico, cuja racionalidade é, essencialmente, macroeconômica, pois trata da ordenação dos processos econômicos ou da organização jurídica dos espaços de acumulação, atua de maneira direta nas questões referentes à estratificação social. O direito econômico tem como objeto, assim, também as formas e meios de apropriação do excedente, seus reflexos na organização da dominação social e as possibilidades de redução ou ampliação das desigualdades. A preocupação com a geração, disputa, apropriação e destinação do excedente é o que diferencia o direito econômico de outras disciplinas jurídicas que também regulam comportamentos econômicos. O fundamento da regulação proporcionada pelo direito econômico não é, portanto, a escassez, mas o excedente. A

---

a noção de modo de produção dos bens materiais, paralela à de modo de troca, modo de circulação, modo de consumo. Todas essas noções referem-se não à globalidade social, mas sim à estrutura econômica da sociedade. Todo modo de produção está constituído por uma estrutura global integrada por três estruturas regionais: a estrutura econômica, a estrutura jurídico-política e a estrutura ideológica. Nesta estrutura global, uma das estruturas regionais domina as demais. Assim, o que Marx sustenta é que no capitalismo domina a estrutura econômica, assim como na Idade Média dominava o catolicismo (uma estrutura ideológica) e em Atenas e Roma dominava a política". (GRAU, Eros Roberto. *O direito posto e o direito pressuposto*. 7. ed. São Paulo: Malheiros, 2008, p. 47-48. Uma outra aproximação relevante entre o direito e a economia é feita por Grau na mesma obra: "A compreensão de que o direito já está no econômico – mas também não está – permite-nos compreender que nem a economia determina o direito, nem o direito pode determinar arbitrariamente a economia; permite-nos, ainda, verificar que o direito pode funcionar como instrumento de mudança social" (GRAU, Eros Roberto. *O direito posto e o direito pressuposto*. 7. ed. São Paulo: Malheiros, 2008, p. 62).

[46] GRAU, Eros Roberto. *Elementos de Direito Econômico*. São Paulo: Revista dos Tribunais, 1981, p. 39.

possibilidade de análise das estruturas sociais que o direito econômico possui decorre justamente desta característica.[47]

Por agir sobre as estruturas que conformam a realidade brasileira, ou seja, por não aceitar a realidade fática posta, diz-se que o direito econômico tem um caráter contrafático, sob inspiração do tal programa de transformações estruturais estabelecido na Constituição, que tem como norte maior o art. 3º da Carta. Destacando esse "caráter contrafático" do direito econômico, ou seja, a capacidade de alterar a realidade socioeconômica, Bercovici assinala que esse ramo do direito não tem como função somente ordenar as relações econômicas, mas também transformá-las.[48] Norbert Reich, em seu livro *Markt und Recht*, tornou conhecida a teoria da "dupla instrumentalidade do direito econômico" (*doppelte Instrumentalität des Wirtschaftsrechts*), que reconhece o "duplo caráter do direito" (*doppelcharakter des Rechtes*). Segundo Reich, por um lado, o direito organiza o funcionamento dos processos econômicos do mercado, através de normas e instituições jurídicas, como o contrato, a propriedade privada e o direito de propriedade intelectual; por outro lado, o direito é um meio e um instrumento do Estado para influir nos processos de mercado e, assim, concretizar objetivos sociais caros ao Estado Social (*Sozialstaat*).[49]

Esse Estado Social tão caro ao direito econômico, é ressaltado por Bercovici, ao asseverar o seu papel para a garantia e atuação na infraestrutura, afirmando que sem a intervenção estatal, a economia não se expande e regiões podem ficar abandonadas, restringindo o acesso de diversos agentes econômicos ao mercado. Nesse sentido, aduz que é função da infraestrutura produzir e informar as identidades e divisões políticas modernas. Assim, apenas um governo que representasse os interesses dos cidadãos conseguiria efetivamente elaborar uma infraestrutura que servisse à totalidade da população. E, além disso, faria a infraestrutura parte do imaginário nacional, tendo em vista que os lugares costumam ser imaginados da forma pela qual

---

[47] BERCOVICI, Gilberto. *Direito Econômico do petróleo e dos recursos naturais*. São Paulo: Quartier Latin, 2011, p. 309.
[48] BERCOVICI, Gilberto. O ainda indispensável Direito Econômico. *In*: BENEVIDES, Maria Victoria de Mesquita; BERCOVICI, Gilberto; MELO, Claudineu de (Org.). *Direitos Humanos, Democracia e República*: homenagem a Fábio Konder Comparato. São Paulo: Quartier Latin, 2009, p. 516-518.
[49] REICH, Norbert. *Mercado y Derecho*. Trad. Antoni Fonti, Barcelona: Editorial Ariel S.A, 1985, p. 29-30, 15 e 45.

os países pensam sobre si mesmos.[50] Diante disso, haveria um ponto íntimo de intersecção entre o objeto do direito econômico e o estudo da infraestrutura, sobretudo em um país subdesenvolvido: o Estado. Ou, mais especificamente, como ele atua no domínio econômico, a fim de que os ideias mencionados por Bercovici perpassem o mero imaginário nacional.

Em termos conceituais, diversos autores contribuem para discussão da infraestrutura. Dentre eles, iniciamos com a consideração de Brett Frishmann[51] que, seguindo a linha de Edward Steinmueller,[52] separa a infraestrutura em duas categorias: a infraestrutura tradicional e a não tradicional (ou moderna, como propõe o último). A primeira diz respeito aos sistemas de recursos físicos feitos por humanos para o consumo público, como os transportes, os sistemas básicos de comunicação (telefone e correios), os sistemas de governança, e os serviços e facilidades públicas básicas, como escolas e sistemas de tratamento de água e esgoto. A segunda refere-se àquelas que embora não constem no conceito tradicional de infraestrutura, também devem aplicar o mesmo raciocínio público de gerenciamento, por gerarem externalidades positivas que reverberam em ganhos sociais, dentre eles: (1) recursos ambientais, como lagos, a atmosfera e ecossistemas; (2) recursos de informação, como pesquisa básica, ideias abstratas e sistemas operacionais; e (3) recursos da internet, como redes e protocolos de computadores interconectados que permitem interoperabilidade e transferência de dados.[53]

---

[50] BERCOVICI, Gilberto. Infraestrutura e Desenvolvimento. *In*: BERCOVICI, Gilberto; VALIM, Rafael. *Elementos de Direito da Infraestrutura*. São Paulo: Contracorrente, 2015, p. 26.
[51] FRISCHMANN, Brett M. An economic theory of infrastructure and commons management. *Minnesota Law Review*. v. 89, abr. 2005, p. 923.
[52] "*Both traditional and modern uses of the term infrastructure are related to synergies., what economists call positive externalities, that are incompletely appropriated by the suppliers of goods and services within an economic system. The traditional idea of infrastructure was derived from the observation that the private gains from the construction and extension of transportation and communication networks, while very large, were also accompanied by additional large social gains. Over the past century, publicly regulated and promoted investments in these types of infrastructure have been so large, and the resulting spread of competing transportation and communications modalities have become so pervasive, that they have come to be taken as a defining characteristic of industrialized nations*". (STEINMUELLER. W. Edward. Technological Infrastructure in Information Technology Industries. In *Technological Infrastructure Policy*: An International Perspective. Morris Teubal et al. eds., 1996, p. 117).
[53] FRISCHMANN, Brett M. *An economic theory of infrastructure and commons management*. *Minnesota Law Review*. v. 89, abr. 2005, p. 941.

De acordo com Frishmann, para o desenvolvimento do modelo tradicional de infraestrutura, há um papel significativo tanto do Estado no fornecimento e na regulação, quanto do setor privado por meio de empreendimentos cooperativos e indústrias que ajudam a consolidar o fomento e a promoção da infraestrutura.[54]

Em que pese o discurso dos autores sejam valiosos no sentido de pontuarem que a infraestrutura deve ter como finalidade o interesse público, dois pontos merecem atenção. O primeiro é que essa concomitância entre o Estado e o setor privado na promoção da infraestrutura é limitada, sobretudo quando analisamos países subdesenvolvidos, como o caso do Brasil. O segundo é que a divisão entre uma infraestrutura tradicional e uma moderna (adotada por Steinmueller) pode levar a uma contraposição lógica de que a infraestrutura tradicional corresponda a algo não moderno, o que não necessariamente é verdadeiro.

Diante do primeiro ponto, temos que a análise da infraestrutura deve perpassar, necessariamente, por uma compreensão da forma como o Estado a promove, tendo-a como um caminho na busca de um Estado de bem-estar social.[55] Em face ao segundo ponto, consideramos mais interessante a diferenciação entre infraestrutura material e institucional. Incluindo-se na primeira, conforme propõe Warde Jr, Bercovici e Siqueira Neto, os sistemas de geração e distribuição de energia elétrica, a rede de abastecimento de água, a rede de coleta e tratamento de esgotos, as telecomunicações, a produção e distribuição de gás canalizado e a rede de transportes. E na segunda, a administração pública, a ordem jurídica, o sistema monetário, a educação, a pesquisa científica e tecnológica, a habitação e o Poder Judiciário.[56]

---

[54] FRISCHMANN, Brett M. *An economic theory of infrastructure and commons management*. Minnesota Law Review. v. 89, abr. 2005, p. 927-943.

[55] MARSHALL, Tim. *Planning major infrastructure*: a critical analysis. London: Routledge, 2013, p. 25; KESSIDES, Christine. *The Contributions of Infrastructure to Economic Development*: A Review of Experience and Policy Implications. World Bank Discussion Papers n. 2013. Sept. 1993, p. 1-48; MARTNER, Ricardo; TROMBEN, Varinia. *Opciones para enfrentar el sesgo anti-inversión públic*. Instituto Latinoamericano y del Caribe de Planificación Económica y Social – ILPES. Área de Políticas Presupuestarias y Gestión Pública. Santiago de Chile, julio del 2005, p. 11-17; SANCHEZ, Ricardo J. *Reti Infrastrutturali in America Latina*. In: CEPAL – Economic Commission for Latin America and the Caribbean. America Latina e Caribi Infrastrutture e Integrazione, Roma, 2008, p. 14.16.

[56] WARDE JÚNIOR, Walfrido Jorge; BERCOVICI, Gilberto; SIQUEIRA NETO, José Francisco. *Um plano para o salvamento do projeto nacional de infraestrutura*. São Paulo: Contracorrente, 2015, p. 13.

O debate do presente projeto se insere nesse contexto. No binômio entre infraestrutura material e institucional, focalizaremos a primeira, visto o transporte ser espécie de tal gênero.

No Brasil, escassas são as obras que versam sobre as questões do transporte, sob a ótica do direito econômico, embora alguns estudos setoriais relevantes tenham sido elaborados, assim como estudos sobre a desestatização[57] ou a infraestrutura[58] do setor. O que se encontra sobre, especificamente, a questão do planejamento integrado são estudos econômicos, logísticos, geográficos ou históricos. Essa ausência bibliográfica não se justifica, visto a relevância dos transportes como instrumento para o desenvolvimento econômico e a grande potencialidade do direito como método de análise desse desenvolvimento.

Sobre essa relevância mencionada, é interessante a visão de Marx no segundo tomo de *O Capital*, ao aduzir que o ponto central no desenvolvimento do transporte é a redução do tempo da circulação do capital, como parte do desenvolvimento capitalista. Como processo desse desenvolvimento, a estipulação do valor nas atividades de transporte se concretizaria, assim como as demais mercadorias no capitalismo, pela produção de mais-valia.[59]

Gary Fromm destaca a característica dos transportes de criar economias internas para diversos setores e desenvolver a economia externa para todos os demais setores. Propicia-se, nesse sentido, por meio dos transportes, um aumento da mobilidade, uma melhor distribuição da indústria, da renda e da população.[60]

---

[57] SILVA, Danilo Tavares da. Desestatização da infraestrutura federal de transportes e financiamento público. Alguns pontos de discussão. In: BERCOVICI, Gilberto; VALIM, Rafael. *Elementos de Direito da Infraestrutura*. São Paulo: Contracorrente, 2015, p. 241-276.

[58] NAKAMURA, André Luiz dos Santos. *Infraestrutura dos Transportes*. Curitiba: Juruá, 2019.

[59] MARX, Karl. *O Capital*. Livro II. São Paulo: Boitempo Editorial, 2015, p. 222. A partir da afirmação do transporte como gerador de mais-valia, Márcio Rogério Silveira e Alessandra dos Santos Júlio o trazem como um poderoso fator de inovação. Vide, nesse sentido: SILVEIRA, Márcio Rogério. JÚLIO, Alessandra dos Santos. Os investimentos em transportes do Programa de Aceleração do Crescimento (PAC) e o efeito multiplicador brasileiro a partir do governo Lula da Silva. *Journal of Transport Literature*. vol. 7, n. 4, 2013, p. 203.

[60] Fromm destaca as contribuições do transporte para o desenvolvimento econômico sob quatro aspectos principais: (i) proporciona melhor acesso ao mercado de insumos e produtos finais e promove o acesso de áreas remotas a trocas monetizadas, (ii) desloca a fronteira de possibilidade de produção reduzindo a produção e os custos, (iii) melhora a alocação mais eficiente de fatores e, (iv) compartilha características de bens de consumo público e privado, aumenta a mobilidade de indivíduos e fornece externalidades positivas (por exemplo, melhores serviços sociais e acesso à educação) para a economia. (FROMM, Gary. *Transport investment and economic development*. Washington, D.C: The Brookings Institution, 1965, p. 292).

Jean Ritter ensina que o tamanho dos transportes e das comunicações influenciam substantivamente no crescimento econômico, na medida em que incidem no volume e na estrutura da produção.[61]

Giuseppe Pini concatena de forma bastante competente os transportes à dinâmica econômica versando sobre a dimensão político-administrativa do setor. Para Pini, há uma correlação entre os interesses políticos e o uso do transporte como manutenção da falta de acessibilidade e mobilidade física e social de determinado território ou região.[62]

Danilo Tavares também trazendo essa dimensão econômica e social para a discussão dos transportes sintetiza em três pontos a relevância do setor: o primeiro é a capacidade decisiva de influência do transporte nos resultados de outras atividades econômicas, com consequente incremento de bem-estar e produtividade de todos os agentes econômicos; o segundo advém do fato de que os mercados de transportes são intensivos em capital, tornando-se imprescindíveis para o exercício de quase a totalidade das outras atividades da vida social contemporânea; e por último: porque se estrutura por meio de ativos, que, em regra, possuem características de monopólios naturais.[63]

Diante das características levantadas pelos autores que estudam o transporte e o aporte epistemológico de Bercovici, seguindo a linha de Comparato, Grau e Washington Peluso ao direito econômico, é possível afirmar que este ramo – e método – do direito deve atuar perante os transportes de modo a distribuir a mais-valia gerada, a fim de romper com os interesses políticos que assumem um papel de manutenção da falta de acessibilidade e mobilidade física e social (sobretudo regional – visto a estrutura oligárquica nacional), influenciando de forma concomitante outros setores da economia, dentro de um projeto integrado de desenvolvimento econômico que lute contra o anacronismo estrutural, que baliza a falta de endogeneização técnica, e contra o neoliberalismo que norteia o formato contemporâneo da falta de homogeneização social.

---

[61] No segundo capítulo, intitulado "O mercado dos transportes", o autor descreve a mudança do papel dos transportes na economia mundial: primeiro subordinados às exigências do comércio antes das grandes descobertas, em seguida, dominou o comércio mundial na medida em que as transportadoras foram capazes de ditar suas condições para as grandes empresas industriais e comerciais que estavam procurando mercados maiores. (RITTER, Jean. *Géographie des transports*. Paris: Presses Universitaires de France, 1971, p. 37-63.

[62] PINI, Giuseppe. La géographie des transports. *In*: Bally, A. S. *Les conceptos de La géographie humaine*. Masson: Paris, 1995. p. 175-181.

[63] SILVA, Danilo Tavares da. Desestatização da infraestrutura federal de transportes e financiamento público. alguns pontos de discussão. *In*: BERCOVICI, Gilberto; VALIM, Rafael. *Elementos de Direito da Infraestrutura*. São Paulo: Contracorrente, 2015, p. 244-245.

Nesse sentido, é importante frisar que ao propor a avaliação do planejamento integrado dos transportes, a pesquisa não tem a intenção de buscar uma proposta de regulação integrada dos diversos modais, o que desrespeitaria, de acordo com Bercovici, as suas especificidades, de ordem física, geográfica e econômica.[64]

Dessa forma, o presente trabalho coloca-se com a pretensão de cobrir parte dessa lacuna teórica, abordando, com uma visão do direito econômico, visualizando por meio de análise histórica, dogmática, da eficácia social e prospectiva,[65] o presente tema.

Diante dessa proposta, abordaremos no tópico seguinte, em âmbito conceitual, o planejamento e a integração.

## 1.3 O planejamento, a integração e as suas convergências

No clássico *O longo amanhecer* de Celso Furtado, traz-se que o planejamento foi a grande invenção do capitalismo moderno.[66] Essa invenção passa, para o autor, por "disciplinar o uso dos meios, para conseguir, com o mínimo de esforço, fins previamente estabelecidos".[67] Essa disciplina, no uso dos meios, demanda que a política econômica seja nítida e coerente em seus fins, além de possuir compatibilidade entre os fins e os meios, pois: "A coerência dos objetivos e a compatibilidade entre meios e fins são requisitos prévios a todo planejamento autêntico".[68]

Essa necessidade de planejar, embora seja essencial em todo o formato de capitalismo mundial, é peculiarmente importante nos países subdesenvolvidos. Nesse sentido, Fábio Konder Comparato ao ressaltar a dinâmica de desequilíbrio econômico e desarticulação social típica dos países periféricos no sistema capitalista afirma que esses necessitam de uma preliminar superação dos seus problemas políticos por meio do estabelecimento de um processo de desenvolvimento que

---

[64] BERCOVICI, Gilberto. O setor portuário, a Nova Lei dos Portos e a Consagração do "Estado Garantidor" no Brasil. *In*: SILVA FILHO, Nelson Cavalcante e; WARDE Jr., Walfrido Jorge; BAYEUX NETO, José Luiz (Orgs.). *Direito Marítimo e Portuário*: novas questões. São Paulo: Quartier Latin, 2013. p. 421-432

[65] BERCOVICI, Gilberto. *Direito econômico do petróleo e dos recursos minerais*. São Paulo: Quartier Latin, p. 201.

[66] FURTADO, Celso. *O longo amanhecer*: reflexões sobre a formação do Brasil. São Paulo: Paz e Terra, 1999, p. 77.

[67] FURTADO, Celso. *Obra autobiográfica*. São Paulo: Companhia das Letras, 2014, p. 347.

[68] FURTADO, Celso. *Obra autobiográfica*. São Paulo: Companhia das Letras, 2014, p. 347.

conjugue o crescimento econômico com uma progressiva eliminação das desigualdades sociais e destaca que: "Um processo dessa natureza não é natural, mas voluntário e programado. Ele somente se desencadeia com a instauração de uma política nacional a longo prazo, abrangendo todos os setores da vida social".[69]

Diante da relevância do instituto, Eros Grau destaca não ser o planejamento uma modalidade de intervenção, ensinando que "o planejamento apenas qualifica a intervenção do Estado sobre e no domínio econômico, na medida em que esta, quando consequente ao prévio exercício dele, resulta mais racional".[70] Nesse sentido ele define o planejamento como: "forma de ação racional caracterizada pela previsão de comportamentos econômicos e sociais futuros, pela formulação explícita de objetivos e pela definição de meios de ação coordenadamente dispostos".[71]

Ainda sob essa verificação formal, Washington Peluso Albino de Souza preocupa-se em estabelecer uma diferenciação entre "planejamento" e "plano", afirmando que o primeiro constitui o "ato de planejar", o segundo refere-se a um documento, ou "peça técnica". Nesse sentido o autor concebe o planejamento como uma: "'técnica' de intervenção do Estado no domínio econômico".[72] Washington Peluso discorre também sobre as relações do planejamento ao direito, apontando uma divergência doutrinária em que uma primeira vertente limita o planejamento ao direito administrativo, na medida em que este serviria como forma de realizar a "intervenção administrativa na economia", já a segunda vertente o considera como uma disciplina autônoma, ou seja, um "direito do planejamento", já outros o configuram como o "direito da intervenção do Estado", confundindo, assim, com o direito público econômico.[73]

Gilberto Bercovici ao estabelecer algumas premissas do que vem a ser a ideia de planejamento frisa que: "para desempenhar essa função,

---

[69] COMPARATO, Fábio Konder. O indispensável Direito Econômico. *In*: Fábio Konder Comparato. *Estudos e Pareceres de Direito Comercial*. São Paulo. 1978, p. 103-104.
[70] GRAU, Eros. *A ordem econômica na constituição de 1988*. 17. ed. São Paulo: Editora Malheiros, 2015, p. 146.
[71] GRAU, Eros. *A ordem econômica na constituição de 1988*. 17. ed. São Paulo: Editora Malheiros, 2015, p. 146.
[72] SOUZA, Washington Peluso Albino de. *Primeiras linhas de Direito Econômico*. Belo Horizonte. Editora LTr, 2005, p. 371.
[73] SOUZA, Washington Peluso Albino de. *Primeiras linhas de Direito Econômico*. Belo Horizonte. Editora LTr, 2005, p. 374.

o Estado deve gozar de autonomia perante os grupos sociais, alargando suas funções e readaptando seus órgãos e estrutura". O autor afirma que em abordagem à teoria do subdesenvolvimento da CEPAL já era possível reconhecer o Estado, por meio do planejamento, como principal motor do desenvolvimento. Nesse contexto de subdesenvolvimento, Bercovici afirma que o Estado deve atuar de forma mais ampla e intensa, coordenando decisões pelo planejamento por meio de reformas estruturais.[74] Para o autor, essas reformas representam aspecto primordial da política econômica dos países subdesenvolvidos.

A visão de José Carlos Mello talvez seja a que mais torna claro e contextualiza o nosso objeto de estudo. Mello afirma que em uma realidade econômica, três formas de planejamento podem ser visualizadas. Tais formas estão entre si interligadas: o planejamento global; o planejamento regional; e o planejamento setorial. O primeiro deles tem a função de fixar as metas a serem alcançadas pelo Estado e estabelecer quantitativos para o atingimento das variáveis econômicas de tais metas, coordenando as etapas dos demais planos (regionais e setoriais), de forma que não haja superposição ou falta de integração. Neste conceito incluímos aqui, seguindo a linha de Bercovici, o Plano de Metas, o Plano Trienal e o II PND. O segundo deles representa a aplicação das técnicas de planejamento às regiões do país, sobretudo aquelas que possuem maior desnível social ou econômico, quando comparada às demais. Nesse sentido recomenda Mello que em países cuja extensão territorial seja muito ampla, é altamente necessária essa abordagem, desde que integrados a um plano global. Nesse sentido pensamos aqui, também em linha com Bercovici, a SUDENE e o GTDN. O terceiro deles é aquele que deve ser utilizado com intuito estratégico para o desenvolvimento econômico de um determinado local. Nesse sentido, o autor inclui a fins exemplificativos: a agricultura, a educação e os transportes.[75]

Diante de tal divisão e frente ao amálgama de visões acima delineado, fazemos uma primeira síntese. O setor de transportes, em que pese relevante para a economia nacional, deve ser visualizado formalmente como uma parte de um todo racional, por meio de comportamentos econômicos e sociais previsíveis e coordenados a um objetivo

---

[74] BERCOVICI, Gilberto. *Constituição Econômica e desenvolvimento*: uma leitura a partir da Constituição de 1988. São Paulo: Malheiros, 2005. p. 69.
[75] MELLO, José Carlos. *Planejamento dos transportes*. São Paulo, McGrawHill do Brasil, 1975, p. 2 e p. 9-29.

mais amplo. Esse objetivo, historicamente, no Brasil, só funcionou a partir do momento em que o Estado se propôs a concretizá-lo. Essa concretização depende de uma concatenação de ações que não ignore o desenvolvimento regional e as áreas econômicas estratégicas.

Para a associação da lógica dos transportes como instrumentos de planejamento e a compreensão do seu papel para a integração nacional, vale lembrar a contraposição entre a configuração territorial e as relações sociais trazida por Milton Santos. Na visão do geógrafo:

> Uma outra possibilidade é a de trabalhar com um outro par de categorias: de um lado, a configuração territorial e, de outro, as relações sociais. A configuração territorial é dada pelo conjunto formado pêlos sistemas naturais existentes em um dado país ou numa dada área e pêlos acréscimos que os homens superimpuseram a esses sistemas naturais. A configuração territorial não é o espaço, já que sua realidade vem de sua materialidade, enquanto o espaço reúne a materialidade e a vida que a anima. A configuração territorial, ou configuração geográfica, tem, pois, uma existência material própria, mas sua existência social, isto é, sua existência real, somente lhe é dada pelo fato das relações sociais.[76]

Essa equação cujos denominadores são a configuração territorial e as relações sociais tem como um dos pontos de intersecção os transportes e a sua integração, isso pois, na visão de John Kolars e John Nysten, o sistema de transportes é o ponto central, junto ao sistema de comunicação, para a compreensão da forma pela qual a sociedade opera no espaço geográfico. A sua falta de planejamento seria problemática ao movimento das coisas e das ideias.[77]

O direito econômico aplicado à compreensão do planejamento integrado dos transportes, objeto do presente trabalho, é uma das possíveis dimensões da análise dos transportes para a integração nacional. Essa dimensão é muito maior e mais relevante do que o mero estudo da intermodalidade ou da multimodalidade dos transportes, normalmente associada à redução de custos logísticos e à dinâmica do *"supply chain"*. Para a sua compreensão necessita-se entender a forma pela qual o direito regulará o meio que intersecciona a configuração geográfica e as relações sociais no território nacional. Esse meio, que é elemento

---

[76] SANTOS, Milton. *A natureza do espaço*: técnica e tempo, razão e emoção. 4. ed. 2. reimpr. São Paulo: Editora da Universidade de São Paulo, 2006, p. 38-40.
[77] KOLARS, John; NYSTEN, John. *Human Geography*: Spatial Design in World Society. New York, Mc Graw-Hill, 1974, p. 113.

central na lógica da integração nacional, é obstaculizado na medida em que ausente o planejamento econômico nas esferas global, regional e setorial. Sendo assim, integrar demanda planejar.

Assim, o presente trabalho, com o fim de explicar a dinâmica do planejamento integrado, mapeará como o transporte se inseriu nos instrumentos globais, regionais e setoriais do planejamento brasileiro, dentro do escopo temporal e espacial propostos inicialmente. Além desse mapeamento, far-se-á um levantamento da eficácia social dos instrumentos de planejamento levantados.

O entendimento desse ponto é relevante para a total compreensão do método utilizado para a mensuração da eficácia social – terceira dimensão de análise da presente pesquisa – dos mecanismos de planejamento estatal que buscaram historicamente instrumentalizar uma política integrada de transportes no Brasil. Sendo assim, elaboramos a tabela abaixo com a descrição dos parâmetros, dos critérios e a explicação do critério para a utilização dos dados, por modal, que serão trazidos para mensurar, conforme o supramencionado conceito de integração de Milton Santos, a integração dos transportes no Brasil:[78]

---

[78] A pesquisa captou de modo unificado tais dados dentre 1952 e 2000, visto que em período anterior e posterior a esse, os dados públicos se disponibilizam com outros indicadores. Porém, nos anos entre 1930 e 1951 e a partir de 2000 foi possível captar outros dados que, embora não mantenham os mesmos critérios unificados, também se apresentam relevantes ao setor dos transportes.

Quadro 1 – Parâmetros e critérios para a utilização dos dados da pesquisa

| Parâmetro | Critério | Dados por modal | | | | Explicação do critério |
|---|---|---|---|---|---|---|
| | | Rodoviário | Ferroviário | Hidroviário | Aeroviário | |
| Configuração territorial (CT) | Extensão/fluxo | Extensão por km das estradas construídas | Extensão por km dos trilhos construídos | Fluxo de movimentação dos navios nacionais, por quilômetros, que congrega a eficiência portuária e das embarcações | Fluxo de movimentação, por quilômetros, dos aviões nacionais, que congrega a eficiência dos aviões e dos aeroportos | O dado parametriza os acréscimos humanos que se sobrepõem aos sistemas naturais. Embora não seja o único dado que traga um acréscimo humano, é o mais relevante para o setor |
| | Carga transportada | Quantidade de cargas transportadas por modal (toneladas por km) | | | | O dado demonstra a eficiência de tais acréscimos para o desenvolvimento do país, dada a relevância do transporte de cargas aos demais setores econômicos. |
| Relações sociais (RS) | Passageiros (números absolutos) | Variação da quantidade absoluta de passageiros por modal | | | | O dado permite avaliar o crescimento da utilização dos meios de transportes no país em cada época. |
| | Passageiros (números relativos) | Variação da quantidade relativa de passageiros por modal | | | | O dado busca detectar o formato da migração humana no país em cada época |
| | Passageiros x população nacional (números relativos) | Confronto entre o aumento do número relativo de passageiros considerando os quatro modais e o aumento do número relativo da população nacional | | | | Permite avaliar se o aumento percentual dos passageiros foi maior do que o aumento percentual da população brasileira, o que permite a afirmação de que houve uma democratização no acesso ao transporte |
| CT + RS | Confronto relativo da configuração territorial às relações sociais | Aumento no número de passageiros por modal *versus* o aumento da extensão/fluxo da infraestrutura dos transportes. | | | | Permite avaliar se a democratização do acesso aos transportes ocorreu de modo sustentável |

Fonte: Quadro elaborado pelo autor.

Posto o método a ser utilizado pela pesquisa, que se focará em parcela do século XX e XXI, analisaremos, no próximo capítulo, os primeiros planos que se propuseram, ainda no século XIX, a pensar os transportes de forma sistematizada no Brasil, os quais fornecem subsídios para a compreensão do planejamento do setor nos séculos seguintes.

# PRIMÓRDIOS DO PLANEJAMENTO DOS TRANSPORTES: AS TENTATIVAS DE PLANOS NO IMPÉRIO E NA REPÚBLICA VELHA

O novo modelo de Estado iniciado no pós-1930 é crucial para a alteração da dinâmica econômica e social brasileira e, consequentemente, para o desenvolvimento da infraestrutura no país, e, mais especificamente, para o desenvolvimento da infraestrutura do setor dos transportes. Porém, antes desse período, durante o século XIX e até a década de 1920 do século XX, já era possível visualizar algumas tentativas de planos que foram importantes para a lógica dos instrumentos de planejamento que surgiriam a partir da década de 1930 e que teriam maiores repercussões práticas no desenvolvimento do setor.[79]

## 2.1 Os planos de transportes no período imperial (1822-1889)

Durante o período imperial (1822-1889), conforme explica Olímpio Galvão, algumas ambiciosas tentativas para a interligação das

---

[79] O presente capítulo tem uma proposta, em termos históricos, introdutória. O objetivo dele é trazer especificamente quais foram os planos para os transportes anteriores a 1930 que buscaram visualizar de forma sistemática o que viria a se consolidar como o setor de transportes na década de 30 do século seguinte. Portanto, não temos a pretensão de desdobrarmos detalhes sobre a prevalência das empresas estrangeiras na promoção da infraestrutura no período. Nesse sentido vide: CAMPOS, Pedro Henrique Pedreira. *"Estranhas Catedrais"*: as empreiteiras brasileiras e a ditadura civil-militar, 1964-1988. Niterói: EdUFF, 2014, p.32. Não temos também a proposta de compreender a forma jurídica que regeu as ferrovias no século XIX, que eram à época o principal modo de transporte. Nesse sentido, vale a leitura de AUGUSTO, Walter Marquezan. Forma jurídica, escravidão e ferrovias no Brasil do século XIX. *Revista Direito e Práxis, Ahead of print*, Rio de Janeiro, 2018.

Províncias foram elaboradas com o objetivo de reduzir o isolamento e unificar territorialmente o Brasil. Aqueles que propunham tais planos tinham a crença de que o crescimento era fortemente obstaculizado pela ausência de um "sistema nacional de comunicações", que possuía o transporte como seu fator nuclear. Essa ausência seria um dos grandes responsáveis por manter o Brasil com dificuldades para o alargamento de sua base econômica. Diante dessas dificuldades, a comunicação proporcionada pelo transporte seria capaz de promover alterações estruturais na economia brasileira, permitindo um equilíbrio demográfico por meio do povoamento das áreas de baixa densidade e por possibilitar a descoberta de novos recursos no interior do país.[80]

Fernando de Azevedo ensina que a viabilidade de um plano que propusesse englobar as principais regiões do imenso território, opunha-se a dificuldades insuperáveis como as serranias e desfiladeiros no planalto, o pantanal do Mato Grosso, as florestas amazônicas, as secas no Nordeste e as inundações no Sul. Frente a essa configuração, para Azevedo, o colonizador e o brasileiro sempre tiveram um "sentido de inimigo" em seu esforço secular na luta dramática contra as forças da natureza:

> O antagonismo das distâncias e do sertão complicava-se com toda a espécie de obstáculos de um meio hostil, dissimulado, na sua agressividade traiçoeira, sob a terrível sedução ou a grandeza impressionante de suas paisagens naturais. Quando o bandeirante se aventurava, em suas entradas ao sertão, pelos antigos trilhos dos índios, arriscava-se menos ás emboscadas e aos assaltos dos selvagens do que a outros perigos previsíveis ou insuspeitados, tanto maiores quanto mais se embrenhava em terras desconhecidas, na avançada interminável sôbre um inimigo – a distância, – que se subtraia, fazendo o vazio em torno dele.[81]

Frente aos obstáculos que se colocaram à construção de um vasto sistema ferroviário pontua-se desde a extensão territorial à complexidade morfológica do Brasil, a precariedade da estrutura econômica, a

---

[80] GALVÃO, Olímpio. Desenvolvimento dos transportes e integração regional no Brasil – Uma perspectiva histórica. *Planejamento e políticas públicas* – IPEA, Brasília, n.13, jun. 1996, p. 186. Vide também BASTOS, Humberto. *ABC dos transportes*. Rio de Janeiro: Ministério de Viação e Obras Públicas. 1955, p. 29; SILVA, Moacir M.F. *Geografia dos transportes no Brasil*. Rio de Janeiro: Fundação IBGE, 1949, p. 119; BRITTO, José Gabriel de Lemos. *Pontos de partida para a história econômica do Brasil*. 3. ed. São Paulo: Editora Nacional, 1980, p. 257.

[81] AZEVEDO, Fernando de. *Um trem corre para o Oeste:* estudo sobre a Noroeste e seu papel no sistema de viação nacional. São Paulo: Livraria Martins Editora, 1950, p. 53.

falta de visão de uma política que era patriarcal, as disputas regionais e a estrutura financeira das Províncias.[82] Nesse sentido, a execução de um amplo plano geral de viação seria para o autor tentativa inútil que: "excederia os limites da capacidade de um povo que, trabalhando com a terra e seus recursos, não ultrapassara ainda o estágio agrícola de sua evolução".[83]

Em contramão a esse cenário, depois da lei promulgada por Diogo Feijó em 1835, responsável por autorizar a construção de uma ferrovia, unindo a capital do Império às províncias de Minas Gerais e de São Paulo, e que passou a ser executada apenas em 1854, iniciou-se uma longa série de estudos e projetos de viação, segundo diversas orientações mas todos com inspirações nos propósitos de estabelecer no país grandes correntes de circulação.[84]

Dentre essas iniciativas, durante o Império, seis planos foram instituídos no Brasil: o Plano Rebelo; o Plano Moraes; o Plano Queiroz; o Plano Rebouças; o Plano Bicalho; e o Plano Geral de Viação.

O Plano Rebelo de 1838 contemplava a idealização de três estradas reais: a primeira que ligaria São Paulo, Curitiba, São Leopoldo e Porto Alegre; a segunda que ligaria Barbacena, Vila Boa, Vila Bela da Santíssima Trindade, Niterói, Serra da Borborema e Santo Amaro; e a terceira que ligaria o litoral do Nordeste à capital da província do Pará. A proposta da construção de tais estradas era a interligação das províncias isoladas do Império.[85]

Por meio do plano, o engenheiro José Silvestre Rebelo propugnava que as estradas que saíam da capital do Império atingissem outros lugares do Sudeste, além do Nordeste e Norte.

---

[82] AZEVEDO, Fernando de. *Um trem corre para o Oeste:* estudo sobre a Noroeste e seu papel no sistema de viação nacional. São Paulo: Livraria Martins Editora, 1950, p. 84.

[83] AZEVEDO, Fernando de. *Um trem corre para o Oeste:* estudo sobre a Noroeste e seu papel no sistema de viação nacional. São Paulo: Livraria Martins Editora, 1950, p. 84. É relevante também a visão de Osvaldo Ferraro de Carvalho ao afirmar que: "a evolução da política nacional de transportes – realizou-se sem orientação segura, sem ordenação de suas grandes linhas. A rêde viatória cresceu tumultuadamente, sem coesão, sem obedecer a um planejamento definido, sem uniformidade, sem fixar interrelação e a interdependência entre os diferentes meios de transportes". CARVALHO, Osvaldo Ferraro de. *Ensaio sobre a problemática dos transportes.* Rio de Janeiro: Biblioteca do Exército, 1957, p. 176.

[84] AZEVEDO, Fernando de. *Um trem corre para o Oeste:* estudo sobre a Noroeste e seu papel no sistema de viação nacional. São Paulo: Livraria Martins Editora, 1950, p. 85-86.

[85] CUTRIM, Sérgio Sampaio. *Planejamento e Governança Portuária no Brasil.* 2017. 220p. Tese (Doutorado em Engenharia Naval e Oceânica) – Escola Politécnica da Universidade de São Paulo, São Paulo, 2017, p. 20.

Em que pese o plano não tenha se concretizado, representou um paradigma em termos de contribuição teórica para as futuras políticas viárias de integração.[86]

Após o Plano Rebelo, durante a década de 1850, expandiu-se a estatalidade com a criação de um domínio (macro) econômico nacional que era representado pela Lei nº 556 de 25 de junho de 1850, que instituiu o Código Comercial; pela Lei nº 581 de 4 de setembro de 1850, popularmente conhecida como Lei Eusébio de Queirós; e pela Lei nº 601 de 18 de setembro de 1850, chamada de Lei de Terras, na qual foi sinalizado o fim da escravidão e pela qual se restringiu o acesso à terra. Foi nessa encruzilhada entre Estado, economia e escravidão, que se inseriram as ferrovias no país.[87]

Após esses diplomas, a primeira experiência legislativa que teve êxito no âmbito ferroviário foi o Decreto nº 641 de 26 de junho de 1852, responsável por dar autorização ao governo para conceder a construção de um caminho de ferro que ligasse as Províncias do Rio de Janeiro, São Paulo e Minas Gerais, que possuíam regiões de expansão da produção cafeeira (Vale do Paraíba). O decreto possuía disposições que asseguravam benefícios ao concessionário, como, por exemplo, o privilégio de zona e a garantia de juros; proibia que a Companhia possuísse escravos e obrigava a utilização de mão de obra livre (nacional ou estrangeira). Nesse contexto foram inauguradas a Estrada de Ferro Mauá, no Rio de Janeiro, em 1854, e a *Recife and Rio São Francisco Railway Company*, em Pernambuco.[88]

No ano de 1858, houve a inauguração, no local em que hoje se encontra a Central do Brasil, entre as Estações da Praça da Aclamação

---

[86] BRASIL. *Planos de viação:* evolução histórica (1808-1973). Rio de Janeiro: Ministério dos Transportes. 1974, p. 37; NIGRIELLO, Andreina. Planejamento de Transporte: Instrumento para reorganização do espaço urbano. *Anais do Seminário FAU-USP*, 2012, p. 7. Sobre as causas econômicas da não concretização deste plano e dos demais que elencaremos aqui, vide: VELHO, Octávio Guilherme. *Capitalismo autoritário e campesinato*: um estudo comparativo a partir da Fronteira em Movimento. Rio de Janeiro; São Paulo: Difel, 1976, p. 143. Vide também: GALVÃO, Olímpio. Desenvolvimento dos transportes e integração regional no Brasil – Uma perspectiva histórica. *Planejamento e políticas públicas* – IPEA, Brasília, n.13, jun. 1996, p. 187-188.

[87] AUGUSTO, Walter Marquezan. Forma jurídica, escravidão e ferrovias no Brasil do século XIX. *Revista Direito e Práxis*, Rio de Janeiro, 10 (2), p. 1-27, abr./jun. 2019, p. 5; vide também para a compreensão da ordem econômica liberal de forma mais ampla BERCOVICI, Gilberto. Codificação e ordem econômica liberal no Brasil do século XIX: um esboço. *Revista de Direito Civil Contemporâneo*. v.7. a. 3. p. 37-47. São Paulo: Revista dos Tribunais, abr./jun. 2016.

[88] AUGUSTO, Walter Marquezan. Forma jurídica, escravidão e ferrovias no Brasil do século XIX. *Revista Direito e Práxis*, Rio de Janeiro, 10 (2), p. 1-27, abr./jun. 2019, p. 5-7.

e de Queimados, do trecho da E.F Dom Pedro II.[89] O trecho possuía uma extensão de 48.210 km e foi elaborado pelo engenheiro Cristiano Benedito Otoni. O evento contou com a presença do imperador que, naquele momento, pela primeira vez, teve a preocupação de pensar em um plano geral de viação que ligasse o Império com as artérias da República do Paraguai e da Guiana Francesa. O mencionado engenheiro foi extremamente importante para incutir, à época, a necessidade da implantação desse plano. Naquela oportunidade, versou:

> Subordinem-se todos os projetos ao plano geral, para que os esforços de cada um não possam isolar-se e todos tendam para um fim uniforme, para que as forças sociais não se fatiguem e para que o princípio civilizador circule sem interrupção por todo o corpo político, como o sangue por nossas artérias".[90]

Nos anos seguintes à fala do engenheiro, alguns planos de relevância surgiram no Brasil. Esses por estarem em contexto de prevalência ferroviária, focalizava as ferrovias como elemento central de integração, junto à navegação fluvial e marítima.[91]

O Plano Moraes, criado pelo engenheiro militar Eduardo José de Morais em 1869, estabelecia uma rede geral de vias navegáveis que buscava uma ampliação na rede de comunicação fluvial em busca de

---

[89] "Foi essa Estrada de Ferro D. Pedro II, de iniciativa particular e encampada em 1865 pelo governo imperial, desbatizada, com o advento da República, do primitivo nome, para se chamar E. F. Central do Brasil, a segunda que se estabeleceu no país, quando se achava à frente da Companhia Cristiano Otoni, um dos pioneiros da indústria ferroviária nacional. A primeira e a terceira, a Estrada de Grão Pará e a de Santos Jundiai, também iniciativas de brasileiros, devem-se ao esforço fecundo do Barão de Mauá que, em 1854, abriu a "era das ferrovias" no Brasil, não só construindo uma linha e fazendo correr um trem do Rio de Janeiro a raiz da serra da Estrela (a E. F. do Grão Pará) como organizando, em Londres, a Companhia (S. Paulo Railway) de que obtivera a concessão em 1856 e em que invertera grandes somas, realizando por sua conta os estudos e financiando a construção confiada a firmas inglesas". (AZEVEDO, Fernando de. *Um trem corre para o Oeste*: estudo sobre a Noroeste e seu papel no sistema de viação nacional. São Paulo: Livraria Martins Editora, 1950, p. 65).
[90] BRASIL. *Plano Nacional de Viação e Conselho Nacional de Transporte*. Rio de Janeiro: Comissão de Transportes, Comunicações e Obras Públicas, 1962, p. 29.
[91] "Ao longo da segunda metade do século XIX, época da introdução das ferrovias no Brasil, uma sucessão de planos de viação foi apresentada aos governos, todos eles descartando as rodovias como principal instrumento de integração, e colocando ênfase nas vias férreas e na navegação fluvial e marítima como a solução para os problemas do isolamento a que ainda se viam submetidas as regiões brasileiras". (GALVÃO, Olímpio. Desenvolvimento dos transportes e integração regional no Brasil – Uma perspectiva histórica. Planejamento e políticas públicas – IPEA, 2015, p. 187-188.

integrar os portos mais distantes do país.[92] O estudo que pautava o plano tinha o nome de "Navegação Interior do Brasil" e abrangia a descrição das principais bacias hidrográficas, com foco às interligações entre elas através dos canais de partilha. Considerando a realidade da época, o plano representou um grande avanço no que tange à tentativa de pensar o transporte de forma integrada. Suas ponderações, em grande parte, foram confirmadas em planos posteriores, sobretudo no que se refere à questão da navegação.[93]

No ano de 1874, é criado o primeiro esboço do Plano Queiroz que considerava o aproveitamento do Rio São Francisco e a organização de redes de comunicação ferroviárias. O plano executado pelo engenheiro Ramos de Queiroz apresentou um estudo elaborado pelo Instituto Politécnico Brasileiro chamado "Esbôço de plano de viação geral para o Império do Brasil" que buscava a articulação entre a viação fluvial e ferroviária, sobretudo no que se refere à comunicação do litoral com o interior, assim como das capitais entre si. Para tanto, o plano considerou o aproveitamento do Rio São Francisco no trecho de Pirapora a Juazeiro.[94]

---

[92] BRASIL. *Planos de viação:* evolução histórica (1808-1973). Rio de Janeiro: Ministério dos Transportes. 1974, p. 41-43; BRASIL. *Plano Nacional de Viação e Conselho Nacional de Transporte*. Rio de Janeiro: Comissão de Transportes, Comunicações e Obras Públicas, 1962, p. 29-30; COIMBRA, Créso. *Visão histórica e análise conceitual dos transportes no Brasil*. Brasília. Ministério dos Transportes, 1974, p. 141-144; GALVÃO, Olímpio. *Desenvolvimento dos transportes e integração regional no Brasil* – Uma perspectiva histórica. Planejamento e políticas públicas – IPEA, 2015, p. 188-189. O Plano Morais é também mencionado por Fernando de Azevedo: "O que, em 1869, concebeu e traçou Eduardo José de Morais, já tinha por base a junção, por estradas e caminhos, das principais bacias fluviais do país e, portanto, a coordenação dos vários meios de transporte por terra e agua" AZEVEDO, Fernando de. *Um trem corre para o Oeste:* estudo sobre a Noroeste e seu papel no sistema de viação nacional. São Paulo: Livraria Martins Editora, 1950, p. 86.

[93] BRASIL. *Plano Nacional de Viação e Conselho Nacional de Transporte*. Comissão de Transportes. Rio de Janeiro: Comissão de Transportes, Comunicações e Obras Públicas, 1962, p. 29-30; GALVÃO, Olímpio. *Desenvolvimento dos transportes e integração regional no Brasil* – Uma perspectiva histórica. Planejamento e políticas públicas – IPEA, 2015, p. 188; CUTRIM, Sérgio Sampaio. *Planejamento e Governança Portuária no Brasil*. 2017. 220p. Tese (Doutorado em Engenharia Naval e Oceânica) – Escola Politécnica da Universidade de São Paulo, São Paulo, 2017, p. 20-21. MARCHETTI, Dalmo; FERREIRA, Tiago. Situação atual e perspectivas da infraestrutura de transportes e da logística no Brasil. *BNDES 60 Anos* – Perspectivas Setoriais, v.2, Logística, 2012, p. 235-240; COIMBRA, Créso. *Visão histórica e análise conceitual dos transportes no Brasil*. Brasília. Ministério dos Transportes, 1974, p. 141-145.

[94] "No seu 'Esbôço de um plano de viação geral para o Império do Brasil', Ramos de Queiroz, em 1874, lançava ideias que se vão encontrar, claramente definidas e ampliadas, em projetos ulteriores e no mais recente esquema de viação nacional. À medida que se sucedem, as diretrizes vão adquirindo maior clareza e precisão e se prepara o caminho aos planos de maior amplitude que se desenvolvem em duas tendências quase opostas e que, se não perderam o caráter utópico para a fase rudimentar de nossa evolução econômica, se

Além disso, o plano pautava um possível elo entre as futuras redes de comunicações ferroviárias do Sul, Centro e Norte; destacava o tronco que saía do porto de Caravelas e na direção do paralelo cortava o Rio São Francisco nas proximidades de Januária, passando pela velha capital de Goiás e atingindo o Rio Araguaia em sua parte mais navegável, tocando em Cuiabá e Mato Grosso, às margens do Rio Guaporé; destacava também o trecho que partia de Salvador, passando por Teresina e São Luís, atravessando o Rio São Francisco em Juazeiro e o Rio Parnaíba em Teresina, assim como o trecho que partia do Rio de Janeiro à Pirapora, ligando a capital do país ao Rio São Francisco; mencionava o trecho que partia de Santos, passando por São Paulo até o Rio Paraná (que se dirige para Corumbá na margem do Rio Paraguai); e por fim, mencionava o trecho que saía de Porto Alegre, passando por Porto Mendes, Miranda e Corumbá, que constituía em grande parte uma linha de fronteira que se articulava com o litoral e interligava os trechos navegáveis do Rio Paraná e do Rio Paraguai.[95]

Embora complexo e bem elaborado, o plano se limitou ao seu valor histórico, pois não obteve aprovação do parlamento.

O Plano Rebouças surge em 1874 e concebe o Brasil como um triângulo cuja base se estabelece no Rio Amazonas e os vértices no litoral e na fronteira. Nele, estabelecem-se linhas ferroviárias transversais paralelas à sua base na direção Leste-Oeste e com linhas auxiliares que se ligam às transversais.[96] A sugestão era de dez transversais que fossem paralelas à base do triângulo e que partisse dos portos de Cabedelo, Penedo (fluvial, próximo do mar), Salvador, Santa Cruz, Vitória, Rio de Janeiro, Santos, Antonina, Laguna e Rio Grande. A complementação do sistema se dava pela indicação de mais seis vias tronco (ou convergentes, como propunha André Rebouças), sendo três delas no alto Amazonas e as outras, respectivamente, nos trechos do Paraná ao Araguaia, do Rio

---

destacam, realçando, em grandes eminências, sobre os anteriores pela largueza de vistas e excelência de seus traçados". AZEVEDO, Fernando de. *Um trem corre para o Oeste:* estudo sobre a Noroeste e seu papel no sistema de viação nacional. São Paulo: Livraria Martins Editora, 1950, p. 86.

[95] BRASIL. *Plano Nacional de Viação e Conselho Nacional de Transporte*. Rio de Janeiro: Comissão de Transportes, Comunicações e Obras Públicas, 1962, p. 27 e.31-34; COIMBRA, Créso. *Visão histórica e análise conceitual dos transportes no Brasil*. Brasília. Ministério dos Transportes, 1974, p. 141-143; Vide AZEVEDO, Fernando de. *Um trem corre para o Oeste:* estudo sobre a Noroeste e seu papel no sistema de viação nacional. São Paulo: Livraria Martins Editora, 1950, p. 86-88.

[96] BRASIL. *Plano Nacional de Viação e Conselho Nacional de Transporte*. Rio de Janeiro: Comissão de Transportes, Comunicações e Obras Públicas, 1962, p. 27.

São Francisco ao Tocantins e do Rio São Francisco à Gurguéia-Piauí. O plano foi elaborado pelo engenheiro André Rebouças que trazia uma lógica de integração abrangente e generalista de cunho eminentemente teórico, pautado em um sistema de vias que intercomunicavam o Atlântico com o Pacífico. Por sua tamanha ambição o plano era irreal à época e representou, mais do que outra coisa, um testemunho do perfil altamente idealista de André Rebouças.[97]

O Plano Bicalho foi elaborado em 1881 pelo engenheiro Honório Bicalho que exercia o cargo de Chefe da Diretoria de Obras Públicas da Secretaria de Estado. O engenheiro era responsável pela organização e apresentação do plano ao Ministro, por meio de uma exposição que trazia o projeto de uma rede geral de comunicações com ênfase nas ferrovias e na navegação fluvial.[98] O projeto deveria trazer fundamento para a lei que seria proposta pelo Governo Imperial ao Poder Legislativo. Naquela ocasião, para dar fundamento ao seu plano, Bicalho explanou:

> Para base dêsse sistema é necessário estabelecer o plano das grandes linhas principais de viação, que devem facilitar comunicações internas entre tôdas as províncias do Império e proporcionar entroncamento mais próximo às vias de comunicação de mais ou menos interêsse local, que levem a tôdas as partes o benefício de um meio de transporte aperfeiçoado. O primeiro meio que mais naturalmente se apresenta para vencer as grandes distâncias que quase isolam as diversas províncias do Império, é utilizar a navegabilidade natural e aperfeiçoada dos rios mencionados e dos seus afluentes, ligá-las por meio de estradas de ferro, convenientemente traçadas em posição das grandes linhas futuras, e formar, assim, as primeiras linhas gerais mistas de viação a vapor, que atuem como grandes artérias para levar o movimento da vida intelectual e o impulso do progresso das capitais, todos os pontos do gigantesco corpo do Brasil.[99]

A ideia de Bicalho era de uma viação mista entre as ferroviárias e as hidrovias, seu plano tinha como foco quatro grandes linhas-tronco.

---

[97] BRASIL. *Plano Nacional de Viação e Conselho Nacional de Transporte*. Rio de Janeiro: Comissão de Transportes, Comunicações e Obras Públicas, 1962, p. 30-31.

[98] AZEVEDO, Fernando de. *Um trem corre para o Oeste*: estudo sobre a Noroeste e seu papel no sistema de viação nacional. São Paulo: Livraria Martins Editora, 1950, p. 87; COIMBRA, Créso. *Visão histórica e análise conceitual dos transportes no Brasil*. Brasília: Ministério dos Transportes, 1974, p. 143-146.

[99] BRASIL. *Plano Nacional de Viação e Conselho Nacional de Transporte*. Rio de Janeiro: Comissão de Transportes, Comunicações e Obras Públicas, 1962, p. 31-32.

A primeira que partia de Salvador, chegando ao Rio São Francisco, em Juazeiro e utilizando a navegação desse rio e de seus afluentes Grande e Preto, passando pela divisa de águas com o Rio Tocantins por via férrea, até encontrar o Rio do Sono, seu afluente. Prolongava-se esse tronco no vale do Rio Araguaia até os Rios Xingu, São Manuel e Tapajós, ao norte de Mato Grosso. Seria ligada a esse tronco por via férrea a navegação do Parnaíba, no Piauí.

A segunda partiria do Rio de Janeiro, pela E. F. Central do Brasil e pelo Rio São Francisco, até encontrar o primeiro tronco e seguir por este até o Rio Tocantins, conduzindo-se por navegação ao Belém do Pará, e alcançando, por fim, o alto Tocantins e a Capital do Pará.

A terceira partiria também do Rio de Janeiro, tendo, porém, como destino, o Rio Grande do Sul, por meio de viação férrea de São Paulo, e por navegação do alto Paraná e afluentes, além de uma via férrea que ligaria o extremo dessa navegação com a viação férrea do Rio Grande do Sul, cortando o Paraná e Santa Catarina.

A quarta partiria do Alto Paraná até Miranda, interligando-se à navegação do Rio Paraguai e seus afluentes, assim como a do Guaporé-Mamoré, por meio da construção de um pequeno trecho de via terrestre, chegando à Estrada Federal Madeira-Mamoré e por navegação à rede fluvial do vale do Amazonas.[100]

Em 1882, no bojo do 1º Congresso Ferroviário Brasileiro ocorrido no Clube de Engenharia, formou-se uma comissão para estabelecer um novo plano geral de viação.[101] Nessa comissão, tinha-se como prioridade, assim como no plano Bicalho, a interligação entre os transportes ferroviário e hidroviário, porém, dando um maior foco às ferrovias. Como resultado de tal comissão, criou-se o Plano Bulhões (em referência a Oliveira Bulhões), que se compunha de quatro grandes troncos, o primeiro que foi denominado de Leste-Oeste, o segundo chamado de Norte-Sul, o terceiro descrito como Nordeste e o quarto chamado de Central-Sul. O Rio São Francisco foi utilizado pelo plano como elo entre as quatro vias tronco.

No ano de 1886, foi apresentado pelo ministro Rodrigo Augusto da Silva o Plano Geral de Viação. A proposição do plano era a construção de novas ferrovias que permitiam o acesso ao interior do país a fim

---

[100] COIMBRA, Créso. *Visão histórica e análise conceitual dos transportes no Brasil*. Brasília: Ministério dos Transportes, 1974, p. 151.
[101] Dentre os principais membros dessa comissão Oliveira Bulhões, Ferino José de Melo e Jorge Rademaker Grunewald.

de buscar uma maior integração fluvial e ferroviária,[102] sem êxito e sem muita expressão o plano representou a última tentativa de integração dos transportes da época imperial.

## 2.2 Os planos de transportes na República Velha (1889-1930)

Após a Proclamação da República no Brasil, constatam-se, em muitos aspectos, traços de continuidade. Nesse sentido, Emília Viotti da Costa afirma que não se viu uma transformação radical nas estruturas econômicas, sociais ou políticas, tampouco houve um ingresso do Brasil no bojo das nações tidas à época – etnocentricamente – como civilizadas.[103] Esse cenário de continuação também se demonstrou no planejamento dos transportes brasileiro, que não sofreu uma alteração brusca com o advento da primeira república.

No ano de 1890, foi criado o Plano da Comissão de Viação Geral, que estabelecia as competências federais e estaduais do transporte ferroviário e fluvial. Para a elaboração do plano, no dia 15 de janeiro, o Governo provisório criou uma comissão que tinha a designação de elaborar um 'Plano de Viação Federal'.[104] Esse plano seria responsável por dividir o país por grandes bacias hidroviárias, somados a traçados ferroviários que partiam de Santos, Rio de Janeiro, Paranaguá e São

---

[102] BRASIL. *Plano Nacional de Viação e Conselho Nacional de Transporte*. Rio de Janeiro: Comissão de Transportes, Comunicações e Obras Públicas, 1962, p. 34-36.

[103] COSTA, Emília Viotti da. *Da monarquia à república*: momentos decisivos. 6.ed. São Paulo: Fundação Editora da UNESP, 1999, p. 385-395. Em visão oposta Furtado afirma, em uma perspectiva mais ampla, que a abolição, em termos políticos, foi um fator de eliminação das: "vigas básicas do sistema de poder formado na época colonial e que, ao perpetuar-se no século XIX, constituía um fator de entorpecimento do desenvolvimento econômico do país. (FURTADO, Celso. *Formação Econômica do Brasil*. São Paulo: Companhia das Letras, 2007, p. 205). Vide também CRUZ COSTA, João. *Pequena história da República*. São Paulo: Brasiliense, 1988, p. 41; FAUSTO, Boris. *História do Brasil*. São Paulo: Edusp, 1995, p. 305-318; CARVALHO, José Murilo de. *Os bestializados*: O Rio de Janeiro e a República que não foi. São Paulo: Companhia das Letras, 1997, p. 32; PINHEIRO, P.S. O proletariado industrial na Primeira República. In: Boris Fausto (Org.). *História geral da civilização brasileira*, v. 9, São Paulo: Difel, 1989, p. 146-149; PATTO, Maria Helena Souza. Estado, ciência e política na Primeira República: a desqualificação dos pobres. *Estud. av.*, São Paulo, v. 13, n. 35, p. 167-198; RANGEL, Ignácio. *Dualidade básica da economia brasileira*. 2. ed. Instituto Ignácio Rangel. Textos Brasileiros de Economia, 1999, p. 55-66.

[104] Foram nomeados para a elaboração do plano o Marechal Jerônimo de Morais Jardim (presidente da comissão), o engenheiro Álvaro Rodovalho Marcondes dos Reis (relator da comissão), e os engenheiros José Gonçalves de Oliveira (relator), Edmundo Varela e Júlio Horta Barbosa. BRASIL. *Plano Nacional de Viação e Conselho Nacional de Transporte*. Rio de Janeiro: Comissão de Transportes, Comunicações e Obras Públicas, 1962, p. 34-35.

Francisco, com destinos no Mato Grosso e no Forte Coimbra do Rio Paraguai. Embora o Plano da Comissão de Viação Geral não tenha sequer sido apresentado ao parlamento, algumas alterações legislativas decorreram da lógica instituída pelo plano. A primeira foi o Decreto nº 523, de 26 de junho de 1890, que declarou que as linhas a serem concedidas pela União fariam parte de um plano geral de viação, que seria organizado para servir de base às respectivas concessões. A segunda foi o Decreto nº 862, de 16 de outubro de 1890, que concedia privilégio e garantia de juros mais favoráveis para o estabelecimento de um sistema de viação geral, que ligasse os diversos Estados da União à Capital Federal. A terceira foi o Decreto nº 109, de 14 de outubro de 1892, que regulava a competência da União e dos Estados para o estabelecimento de vias de comunicações fluviais ou terrestres, constantes do plano geral de viação que fosse adotado pelo Congresso. Além disso, no ano de 1891, foi estabelecida no artigo 13 da Constituição da República dos Estados Unidos do Brasil, que a navegação de cabotagem seria realizada por navios nacionais e a competência para a legislação da matéria de navegação caberia ao Congresso Nacional.[105]

Já no início do século XX, dois marcos regulatórios se notabilizam no âmbito do planejamento dos transportes. O primeiro surgiu durante o governo de Rodrigues Alves, por meio do Decreto nº 4.859, de 8 de junho de 1903, que estabeleceu um novo regime de execução das obras e de exploração dos portos.[106] O segundo foi o Tratado de Petrópolis assinado por Brasil e Bolívia em 17 de novembro de 1903, o qual estabelecia a obrigação de construir uma estrada de Ferro (Madeira-Mamoré) a fim de compensar a Bolívia da cessão da área na qual hoje se encontra o Estado do Acre. A estrada tinha como função permitir que o transporte fosse feito por um trecho terrestre paralelo às corredeiras do Rio Madeira, utilizadas com finalidade de escoar o látex de borracha que era produzido no norte da Bolívia. A ferrovia teve seu traçado concluído no ano de 1912. Ao todo, eram 344 km de

---

[105] BRASIL. *Plano Nacional de Viação e Conselho Nacional de Transporte*. Rio de Janeiro: Comissão de Transportes, Comunicações e Obras Públicas, 1962, p. 36; COIMBRA, Créso. *Visão histórica e análise conceitual dos transportes no Brasil*. Brasília: Ministério dos Transportes, 1974, p. 183.
[106] BRASIL. Decreto nº 4.859, de 8 de junho de 1903.

linha e ligava Porto Velho à Guajará-Mirim e faziam margem ao Rio Madeira e ao Rio Mamoré.[107]

No ano de 1911, foi criada a Inspetoria Federal de Estradas (IFE), que se colocava como um único órgão que centralizava a fiscalização dos transportes em âmbito nacional. Seus objetivos eram relativos à fiscalização dos serviços que se relacionavam às explorações e construções nos modais ferroviário e rodoviário, salvo as que estavam, diretamente, sob a administração da União. Em 1912, durante mandato de Hermes da Fonseca, surge o Plano de Viação Férrea, cujo objetivo era o de integrar as ferrovias do Vale do Amazonas. Em 1921, houve uma expansão na atuação da IFE que passou a incorporar funções mais direcionadas aos planos de viação terrestre, assim como funcionou como superintendente das administrações em nível federal das estradas de ferro e a fiscalização de empresas advindas de arrendamento ao Governo Federal.[108]

Dentre os anos de 1926 a 1930, durante o mandato de Washington Luís, houve, sobretudo no estabelecimento de bases da Rede Rodoviária do Brasil trazidas no Plano Catrambi, um processo bastante primitivo de transição ao rodoviarismo no Brasil. Esse processo ocorreu, segundo Créso Coimbra, em decorrência do aparecimento dos veículos automotores.[109] Nesse plano, estabeleciam-se duas categorias de rodovias: as estradas federais (ou troncais de penetração); e as estradas estaduais.

O plano foi aprimorado, em 1927, pelo Ministro da Viação e Obras Públicas Luiz Schnoor, que, tendo como base uma futura capital brasileira no planalto central, em Goiás, inseriu a perspectiva de um sistema de irradiação das rodovias a partir deste ponto central para as demais regiões do Brasil. Também, em 1927, surge por meio de um imposto adicional sobre combustíveis e veículos importados, o Fundo Especial para a Construção e Conservação de Estradas de Rodagem.

Em síntese, durante o império e a República Velha, os seguintes planos foram elaborados:

---

[107] COIMBRA, Créso. *Visão histórica e análise conceitual dos transportes no Brasil*. Brasília: Ministério dos Transportes, 1974, p. 168.
[108] BRASIL. *Plano Nacional de Viação e Conselho Nacional de Transporte*. Rio de Janeiro: Comissão de Transportes, Comunicações e Obras Públicas, 1962, p. 37.
[109] COIMBRA, Créso. *Visão histórica e análise conceitual dos transportes no Brasil*. Brasília: Ministério dos Transportes, 1974, p. 169.

## Tabela 1 – Histórico dos planos de transporte no Império e República Velha

| Período | Plano | Objetivo/Característica |
|---|---|---|
| 1838 | Plano Rebelo | Construção de estradas Reais |
| 1869 | Plano Moraes | Esboço de integração com portos interiores |
| 1874 | Plano Queiroz | Organização da rede ferroviária |
| 1874 | Plano Rebouças | Plano baseado no Rio Amazonas e como vértices do litoral e a fronteira |
| 1881 | Plano Bicalho | Plano baseado nas ferrovias e navegação fluvial |
| 1882 | Plano Bulhões | Plano baseado também nas ferrovias e navegação fluvial |
| 1886 | Plano Geral de Viação | Plano baseado em novas ferrovias e na integração ao transporte marítimo |
| 1890 | Plano da Comissão | Pretendia fazer integração entre o transporte ferroviário e fluvial |
| 1912 | Plano de Viação Férrea | Objetivo de integrar a região do Amazonas com ferrovias |
| 1926 | Plano Catrambi | Expansão da rede rodoviária |
| 1927 | Plano Schnoor | Plano que idealiza um sistema rodoviário partindo do Planalto Central |

Fonte: Elaborada pelo autor, em adaptação à tabela feita por: CUTRIM, Sérgio Sampaio. *Planejamento e Governança Portuária no Brasil*. 2017. 220p. Tese (Doutorado em Engenharia Naval e Oceânica) – Escola Politécnica da Universidade de São Paulo, São Paulo, 2017, p. 21.

Essa nova lógica, que dá prevalência ao rodoviarismo, não é condenada por Carlos Lessa ao afirmar que o sistema de transportes anterior se mostrou inadequado no momento que o Brasil se orientou ao desenvolvimento das forças produtivas, voltado ao mercado interno como principal fronteira de expansão. Ali, já havia uma malha de caminhos que eram adequados à tração animal, o que forneceu a capilaridade requerida para uma economia pautada na exportação. Porém, um novo modelo de desenvolvimento demandava a integração das regiões do país por linhas-tronco que praticassem fretes razoáveis e permitissem a disponibilização do mercado nacional como um todo, para as nascentes indústrias nacionais. Esse foi o cenário que permeava a discussão entre os defensores das rodovias e das ferrovias. Conforme aduz Lessa:

> Melhorar o antigo caminho carroçável, ajustando-o ao veículo automotor, foi o pano de fundo pedagógico da opção pelo "rodoviarismo". A

densidade de tráfego irá pressionar e justificar progressivamente o aperfeiçoamento do "caminho", em sua evolução para a rodovia. A ferrovia, ao contrário, somente opera com escalas mínimas bem superiores às da rodovia, e tem um tempo de maturação maior. Construir uma ferrovia troncal norte–sul do país seria um projeto exigente de uma massa não mobilizável de recursos, e imporia um longo tempo de maturação.[110]

Esse processo de escolha do modal que teria prevalência no sistema de transporte foi pendular dentre a década de 1920 e 1940. Na década de 1920, conforme expusemos, prevaleceu o modal rodoviário.[111] Com o Plano Geral de Viação Nacional, conforme exporemos no capítulo seguinte, houve a instalação de uma lógica ferreo-rodofluvial e também marítima.[112] Após a Segunda Guerra Mundial, conforme também exporemos no capítulo seguinte, por fatores de desgaste da frota ferroviária e alto custo para reinstalação, focou-se nas rodovias.[113]

Embora não completamente concretizadas, tais iniciativas deixaram um legado a Getúlio Vargas que quando assume a presidência encontra um total de 2.255 km de estradas de rodagem e 5.917 quilômetros de estradas carroçáveis construídos.

O capítulo seguinte, portanto, parte desse cenário. Inicia-se destacando a alteração na dinâmica da relação centro-periferia, já inicialmente levantada no primeiro capítulo, ocorrida em função da Crise de 1929 e quais foram as iniciativas de planejamento integrado dos transportes no bojo do governo Vargas.

---

[110] LESSA, Carlos. Infraestrutura e Logística no Brasil. *In:* CARDOSO Jr.; José Celso (Org.). *Desafios ao desenvolvimento Brasileiro*: contribuições do Conselho de Orientação do IPEA, Brasília, IPEA, vol. 1, 2009, p. 83.

[111] Isso fica explícito neste trecho de Carlos Lessa: "Até então, as unidades industriais existentes, acopladas aos complexos exportadores, eram do tipo residencial, circunscritas a mercados sub-regionais. A urgência da questão foi tal que o ex-presidente Washington Luís, ao findar os anos 1920, afirmava que "governar é construir estradas". LESSA, Carlos. Infraestrutura e Logística no Brasil. *In:* CARDOSO Jr.; José Celso (Org.). *Desafios ao desenvolvimento Brasileiro*: contribuições do Conselho de Orientação do IPEA: Contribuições do Conselho de Orientação do IPEA, Brasília, IPEA, 2009, vol. 1, p. 83.

[112] COIMBRA, Créso. *Visão histórica e análise conceitual dos transportes no Brasil.* Brasília: Ministério dos Transportes, 1974, p. 180.

[113] Vide: LESSA, Carlos. Infraestrutura e Logística no Brasil. *In:* CARDOSO Jr.; José Celso (Org.). *Desafios ao desenvolvimento Brasileiro*: contribuições do Conselho de Orientação do IPEA: Contribuições do Conselho de Orientação do IPEA, Brasília, IPEA, 2009, vol. 1, p. 82-85.

CAPÍTULO 3

# AS POLÍTICAS DE PLANEJAMENTO INTEGRADO DO SETOR DE TRANSPORTES NO BRASIL DE 1930 A 1964

## 3.1 As políticas de integração do sistema de transportes no primeiro mandato do governo Getúlio Vargas.

O momento em que Getúlio Vargas consolidou-se no poder central foi caracterizado pela crise do comércio exterior tradicional, tomou contornos mais graves a partir de 1929 e gerou processos que convergiram no sentido de abrir caminho à industrialização. A crise do Estado nacional, que se apoiava tradicionalmente num equilíbrio de forças regionais, foi o motivo para o deslocamento da oligarquia cafeeira que exercia hegemonia inconteste e que criou condições para o revigoramento do poder central.[114]

---

[114] FURTADO, Celso. *Análise do "modelo" Brasileiro*. 3. ed. Rio de Janeiro: Civilização Brasileira, 1972, p. 20. Conforme Francisco de Oliveira: "A Revolução de 1930 marca o fim de um ciclo e o início de outro na economia brasileira: o fim da hegemonia agrário-exportadora e o início da predominância da estrutura produtiva de base urbano-industrial. Ainda que essa predominância não se concretize em termos da participação da indústria na renda interna senão em 1956, quando pela primeira vez a renda do setor industrial superará a da agricultura, o processo mediante o qual a posição hegemônica se concretizará é crucial: a nova correlação de forças sociais, a reformulação do aparelho e da ação estatal, a regulamentação dos fatores, entre os quais o trabalho ou o preço do trabalho, têm o significado, de um lado, de destruição das regras do jogo segundo as quais a economia se inclinava para as atividades agrário-exportadoras e, de outro, de criação das condições institucionais para a expansão das atividades ligadas ao mercado interno. Trata-se, em suma, de introduzir um novo modo de acumulação, qualitativa e quantitativamente distinto, que dependerá substantivamente de uma realização parcial interna crescente. A destruição das regras do jogo da economia agrário-exportadora significava penalizar o custo e a rentabilidade dos fatores que eram tradicionalmente alocados para a produção com destino externo, seja

Esse deslocamento do centro dinâmico da economia é um dos fatores que dá azo ao governo provisório de Getúlio Vargas (1930-1934), instaurado no início da década de 1930, atualizando diplomas legislativos e remodelando o regime jurídico das riquezas do subsolo com o Código de Minas (Decreto nº 24.642, de 10 de julho de 1934) e o Código de Águas (Decreto nº 24.643, de 10 de julho de 1934).[115]

Os cinco primeiros anos do governo Vargas (1930-1935) foram relevantes para a formação de um chamado "capitalismo industrial" e, concomitantemente, de um Estado capitalista avançado no Brasil. Aponta Sônia Draibe que essa época foi marcada pelas "múltiplas faces de um processo de organização de estruturas de um Estado-nação e de um Estado capitalista, cuja forma incorpora, crescentemente, aparelhos regulatórios e peculiaridades intervencionistas".[116] Essa incorporação estabelece, segundo Draibe: "um suporte ativo ao avanço da

---

confiscando lucros parciais (o caso do café, por exemplo), seja aumentando o custo relativo do dinheiro emprestado à agricultura (bastando simplesmente que o custo do dinheiro emprestado à indústria fosse mais baixo)". (OLIVEIRA, Francisco de. Crítica à Razão Dualista (1972). In: OLIVEIRA, Francisco de. *Crítica à Razão Dualista/O Ornitorrinco*. São Paulo: Boitempo, 2003, p. 35-36). Vide também sobre o período: IANNI, Octavio. *Estado e Planejamento Econômico no Brasil (1930-1970)*. 2. ed. São Paulo: Civilização Brasileira, 1977, p. 13-22; RANGEL, Ignácio. O desenvolvimento econômico no Brasil. In: Ignácio Rangel. *Obras Reunidas*. v. 1. Rio de Janeiro: Contraponto: Centro Internacional Celso Furtado de Políticas para o Desenvolvimento, 2002, p. 49-57. CANO, Wilson. Crise de 1929, soberania na política econômica e industrialização. In: BASTOS, Pedro Paulo Zahluth; FONSECA, Pedro Cezar Dutra. (orgs.) *A Era Vargas*: desenvolvimentismo, economia e sociedade. São Paulo: Editora Unesp, 2012. p. 144-156; CABRAL, Mário André Machado. *Estado, Concorrência e Economia*: convergência entre antitruste e pensamento econômico no Brasil. 2016, 291p. Tese (Doutorado em Direito Econômico, Financeiro e Tributário) – Faculdade de Direito, Universidade de São Paulo, São Paulo, 2016, p. 41-50; FONSECA, Pedro Cezar Dutra. Instituições e política econômica: crise e crescimento do Brasil na década de 1930. In: BASTOS, Pedro Paulo Zahluth; FONSECA, Pedro Cezar Dutra. (Orgs.) *A Era Vargas*: desenvolvimentismo, economia e sociedade. São Paulo: Editora Unesp, 2012. p. 159-178.

[115] BERCOVICI, Gilberto. Estado Intervencionista e Constituição Social no Brasil: o silêncio ensurdecer de um diálogo entre ausentes. In: SOUZA NETO, Cláudio Pereira de; SARMENTO, Daniel; BINENBOJM, Gustavo. (Org.). *Vinte Anos da Constituição Federal de 1988*. Rio de Janeiro: Lumen Juris, 2009, p. 726; BERCOVICI, Gilberto. *Desigualdades Regionais, Estado e Constituição*. São Paulo: Max Limonad, 2003, p. 50-62; BERCOVICI, Gilberto. *Constituição Econômica e Desenvolvimento*: uma leitura a partir da Constituição de 1988. São Paulo: Malheiros, 2005, p. 45-68. DRAIBE, Sônia. *Rumos e metamorfoses*: um estudo sobre a constituição do Estado e as alternativas da industrialização no Brasil – 1930-1960. Rio de Janeiro: Paz e Terra, 1985, p. 84.

[116] DRAIBE, Sônia. *Rumos e metamorfoses*: um estudo sobre a constituição do Estado e as Alternativas da Industrialização no Brasil – 1930-1960. Rio de Janeiro: Paz e Terra, 1985, p. 94.

acumulação industrial".[117] Na visão de Octavio Ianni, pode-se sintetizar a problemática do período afirmando que: "o que caracteriza os anos posteriores à revolução de 30 é o fato de que ela cria condições para o desenvolvimento do Estado burguês, como um sistema que engloba instituições políticas e econômicas, bem como padrões e valores sociais e culturais de tipo propriamente burguês".[118]

De acordo com Gilberto Bercovici, a partir de 1930 é possível visualizar uma focalização de esforços na busca pela construção de um Estado Social no país. O período foi notabilizado, conforme Bercovici, por uma forte atuação do Estado no domínio econômico.[119] Essa atuação é explicada por Ianni ao trazer que dentre 1930 e 1945 foram criados pelo governo federal comissões, conselhos, departamentos, institutos, companhias, fundações e planos, além da promulgação de leis e decretos, de incentivo à promoção de debates em nível oficial, sobre diversos problemas de interesse público, referentes às questões econômicas, financeiras, administrativas, educacionais, tecnológicas, dentre outras. A busca era a de "formalizar, em novos níveis, as condições de intercâmbio e funcionamento das forças produtivas no mercado brasileiro", além de: "estabelecer novos padrões e valores, ou reafirmar os padrões e valores específicos das relações e instituições de tipo capitalista".[120]

Nesse período, dentre os muitos órgãos criados pelo governo federal, relevantes para o desenvolvimento nacional,[121] especificamente

---

[117] DRAIBE, Sônia. *Rumos e metamorfoses*: um estudo sobre a constituição do Estado e as Alternativas da Industrialização no Brasil – 1930-1960. Rio de Janeiro: Paz e Terra, 1985, p. 94-95.

[118] IANNI, Octavio. *Estado e planejamento econômico no Brasil (1930-1970)*. 2. ed. São Paulo: Civilização Brasileira, 1977, p. 13.

[119] BERCOVICI, Gilberto. Estado Intervencionista e Constituição Social no Brasil: o silêncio ensurdecer de um diálogo entre ausentes. *In*: SOUZA NETO, Cláudio Pereira de; SARMENTO, Daniel; BINENBOJM, Gustavo. (Org.). *Vinte Anos da Constituição Federal de 1988*. Rio de Janeiro: Lumen Juris, 2009, p. 725-728; ver também sobre o assunto CABRAL, Mário André Machado. *Estado, Concorrência e Economia*: convergência entre antitruste e pensamento econômico no Brasil. 2016, 291p. Tese (Doutorado em Direito Econômico, Financeiro e Tributário) – Faculdade de Direito, Universidade de São Paulo, São Paulo, 2016, p. 49.

[120] IANNI, Octavio. *Estado e planejamento econômico no Brasil (1930-1970)*. 2. ed. São Paulo: Civilização Brasileira, 1977, p. 22-23.

[121] Nesse sentido, Ianni compila uma lista com os principais órgãos, planos, missões, instituições, conselhos, normas e empresas criadas pelo governo federal, dentre os anos de 1930 e 1945: "1930: Ministério do Trabalho, Indústria e Comércio. 1931: Conselho Nacional do Café; Instituto do Cacau da Bahia. 1932: Ministério da Educação e Saúde Pública. 1933: Departamento Nacional do Café; Instituto do Açúcar e do Álcool. 1934: Conselho Federal do Comércio Exterior; Instituto Nacional de Estatística. Código de Minas. Código de Águas, Plano Geral de Viação Nacional. Instituto de Biologia Animal. 1937: Conselho Brasileiro de Geografia. Conselho Técnico de Economia e Finanças. 1938: Conselho Nacional do

na questão do planejamento, destacam-se, segundo Bielschowsky, alguns órgãos. O primeiro, em 1934, foi o Conselho Federal de Comércio Exterior (CFCE); o segundo, em 1937, foi o Conselho Técnico de Economia e Finanças (CTEF); o terceiro, em 1942, foi a Coordenação da Mobilização Econômica (CME).[122]

Além disso, a Lei nº 284, de 28 de outubro de 1936 cria o Conselho Federal do Serviço Público Civil, que em 1938 é substituído pelo Departamento Administrativo do Serviço Público (DASP). Este departamento criou dois planos de notório valor para a questão da infraestrutura: o primeiro, em 1939, chamado de Plano Especial de Obras Públicas e Aparelhamento da Defesa Nacional; e o segundo, em 1943, denominado Plano de Obras e Equipamentos.[123] De acordo com Sônia Draibe, esses planos fizeram parte de um projeto industrializante do Estado Novo,

---

Petróleo. Departamento Administrativo do Serviço Público (DASP). Instituto Nacional do Mate. Instituto Brasileiro de Geografia e Estatística (IBGE). 1939: Plano de Obras Públicas e Aparelhamento de Defesa. 1940: Comissão de Defesa da Economia Nacional. Instituto Nacional do Sal. Fábrica Nacional de Motores. 1941: Companhia Siderúrgica Nacional. Instituto Nacional do Pinho. 1942: Missão Cooke. Serviço Nacional de Aprendizagem Industrial (SENAI). 1943: Coordenação da Mobilização Econômica. Companhia Nacional de Alcalis. Fundação Brasil Central. Usina Siderúrgica de Volta Redonda. Consolidação das Leis do Trabalho. Serviço Social da Indústria (SESI). Plano de Obras e Equipamentos. I Congresso Brasileiro de Economia. 1944: Conselho Nacional de Política Industrial e Comercial. Serviço de Expansão do Trigo. 1945: Conferência de Teresópolis. Superintendência da Moeda e do Crédito (SUMOC), Decreto-Lei nº 7.666, sobre atos contrários à ordem moral e econômica". (IANNI, Octavio. *Estado e planejamento econômico no Brasil (1930-1970)*. 2. ed. São Paulo: Civilização Brasileira, 1977, p. 23-24).

[122] BIELSCHOWSKY, Ricardo. *Pensamento Econômico Brasileiro*: o ciclo ideológico do desenvolvimentismo. 4. ed. Rio de Janeiro: Contraponto, 2004, p. 254-256.

[123] BIELSCHOWSKY, Ricardo. *Pensamento Econômico Brasileiro*: o ciclo ideológico do desenvolvimentismo. 4. ed. Rio de Janeiro: Contraponto, 2004, p. 254. Uma análise interessante sobre o Plano de Obras e Equipamentos é o de Nelson Mello e Souza ao versar que: "O Plano de Obras e Equipamentos não diferia, sob o aspecto de sua formulação e aplicação, do Plano Especial, seu predecessor. Elaborado pelo mesmo governo, pôde contar com a estabilidade administrativa dos órgãos técnicos incumbidos de sua formulação e, sob este aspecto, tirou proveito da experiência anterior. O Plano refletia uma evidente conscientização da extrema vulnerabilidade da economia brasileira, com obras de infraestrutura inadequadas para a integração do mercado interno e com um processo industrial dependente de fornecimentos da indústria básica estrangeira. Sua ênfase era colocada na execução de obras públicas de infraestrutura a serem executadas pelo Ministério da Viação e Obras Públicas, e na criação de indústrias básicas capazes de iniciar a integração do processo industrial brasileiro. Não se indica como se daria essa integração, com que recursos financeiros e técnicos, nem se explicitam as repercussões inevitáveis na dívida externa brasileira. Igualmente não há indicação de projetos com estudos de viabilidade adequados. Trata-se de manifestações de intencionalidade do governo que acabaram repercutindo nas negociações para a instalação da Siderúrgica de Volta Redonda." Cf. SOUZA, Nelson Mello e. O planejamento econômico no Brasil: considerações críticas. *Rev. Adm. Pública*, Rio de Janeiro, v. 18, n. 4, p. 25-71, out./dez. 1984.

elaborados "para fazer frente às atividades econômicas do Estado de modo coerente e flexível e ordenar as prioridades do gasto público".[124]

No âmbito dos transportes, os problemas herdados pelo governo provisório eram muitos e complexos. O subsetor ferroviário se encontrava desarticulado, em péssimo estado de conservação e sem controle das subvenções federais repassadas aos concessionários privados de origem estrangeira. O subsetor hidroviário tinha enorme parte dos portos desaparelhada e castigada pelo assoreamento de seus canais de acesso ou atracadouros, além de uma frota mercante de cabotagem e de longo curso mal conservadas, com atraso tecnológico e que pertenciam a companhias com problemas de administração e financeiros. No subsetor rodoviário não havia recursos orçamentários para permitir a sua expansão.[125]

A alteração na dinâmica brasileira que destacamos no início do presente capítulo, além de exercer relevância na lógica do planejamento, foi também relevante na busca de uma solução para o cenário dos transportes acima delineado. Embora o vasto número de planos elaborados durante o Império e a República Velha, trazidos no capítulo anterior deste trabalho, nenhum deles foi aprovado oficialmente.[126] Em termos legislativos, a experiência brasileira de um planejamento integrado do setor de transportes tem origem, não por acaso, no primeiro mandato de Getúlio Vargas. O marco para o desenvolvimento do planejamento dos transportes brasileiro se deu ao fim do governo provisório com a Constituição de 1934.

Há por meio da carta um resgate às características das Constituições Mexicana e de Weimar ao inserir a ordem econômica e social em seu bojo[127] (Título IV, arts. 115 a 140). Dentre as novidades, em âmbito nacio-

---

[124] DRAIBE, Sônia. *Rumos e metamorfoses*: um estudo sobre a constituição do Estado e as Alternativas da Industrialização no Brasil – 1930-1960. Rio de Janeiro: Paz e Terra, 1985, p. 91.
[125] LIMA NETO, O. *Transporte no Brasil*: história e reflexões. Brasília, DF: Empresa Brasileira de Planejamento de Transportes/GEIPOT. Recife: Editora Universitária da UFPE, 2001, p. 214.
[126] BRASIL. *Plano Nacional de Viação e Conselho Nacional de Transporte*. Rio de Janeiro: Comissão de Transportes, Comunicações e Obras Públicas, 1962, p. 43.
[127] BERCOVICI, Gilberto. *Constituição econômica e desenvolvimento*: uma leitura a partir da Constituição de 1988. São Paulo: Malheiros, 2005, p. 17. Sobre a inserção da ordem econômica no texto constitucional no Brasil: vide SOUZA, Washington Peluso Albino de. *Teoria da Constituição Econômica*. Belo Horizonte: Del Rey, 2002. p. 108; VENÂNCIO FILHO, Alberto. *A intervenção do Estado no domínio econômico*: o direito público econômico no Brasil. Rio de Janeiro: Renovar, 1998, p. 33-34; BERCOVICI, Gilberto. *Constituição econômica e desenvolvimento*: uma leitura a partir da Constituição de 1988. São Paulo: Malheiros, 2005, p. 11-43; DUARTE, Clarice Seixas. MASCARENHAS, Fábio Sampaio. *Bildung Tupiniquim*:

nal, da Constituição de 1934, além da inclusão da ordem econômica e social, destaca-se a organização da ordem econômica, que se daria em consonância com os princípios da justiça e da necessidade da vida nacional (art. 115).[128] A possibilidade de monopólio, por parte da União, de determinado setor, ou da atividade econômica, desde que cumprisse os requisitos de agir conforme o interesse público e com autorização legal (art. 116).[129] O fomento à economia popular (art. 117).[130] A separação da propriedade do subsolo a do solo e a nacionalização das minas e jazidas (arts. 118 e 119),[131] além da adoção do federalismo cooperativo (arts 9º, 10, 140 e 177).[132]

---

A Constituição de Weimar e a disciplina constitucional da educação Brasileira. *In*: Gilberto Bercovici. (Org.). *Cem Anos da Constituição de Weimar (1919-2019)*. São Paulo: Quartier Latin, 2019, v. 1, p. 273-298.

[128] "Art. 115 – A ordem econômica deve ser organizada conforme os princípios da Justiça e as necessidades da vida nacional, de modo que possibilite a todos existência digna. Dentro desses limites, é garantida a liberdade econômica. Parágrafo único – Os Poderes Públicos verificarão, periodicamente, o padrão de vida nas várias regiões do País."

[129] "Art. 116 – Por motivo de interesse público e autorizada em lei especial, a União poderá monopolizar determinada indústria ou atividade econômica, asseguradas as indenizações, devidas, conforme o art. 112, nº 17, e ressalvados os serviços municipalizados ou de competência dos Poderes locais."

[130] "Art. 117 – A lei promoverá o fomento da economia popular, o desenvolvimento do crédito e a nacionalização progressiva dos bancos de depósito. Igualmente providenciará sobre a nacionalização das empresas de seguros em todas as suas modalidades, devendo constituir-se em sociedades brasileiras as estrangeiras que atualmente operam no País. Parágrafo único – É proibida a usura, que será punida na forma da Lei."

[131] "Art 118 – As minas e demais riquezas do subsolo, bem como as quedas d'água, constituem propriedade distinta da do solo para o efeito de exploração ou aproveitamento industrial." (…) "Art 119 – O aproveitamento industrial das minas e das jazidas minerais, bem como das águas e da energia hidráulica, ainda que de propriedade privada, depende de autorização ou concessão federal, na forma da lei. §1º – As autorizações ou concessões serão conferidas exclusivamente a brasileiros ou a empresas organizadas no Brasil, ressalvada ao proprietário preferência na exploração ou co-participação nos lucros. §2º – O aproveitamento de energia hidráulica, de potência reduzida e para uso exclusivo do proprietário, independe de autorização ou concessão. §3º – Satisfeitas as condições estabelecidas em lei, entre as quais a de possuírem os necessários serviços técnicos e administrativos, os Estados passarão a exercer, dentro dos respectivos territórios, a atribuição constante deste artigo. §4º – A lei regulará a nacionalização progressiva das minas, jazidas minerais e quedas d'água ou outras fontes de energia hidráulica, julgadas básicas ou essenciais à defesa econômica ou militar do País. §5º – A União, nos casos prescritos em lei e tendo em vista o interesse da coletividade, auxiliará os Estados no estudo e aparelhamento das estâncias mineromedicinais ou termomedicinais. §6º – Não depende de concessão ou autorização o aproveitamento das quedas d'água já utilizadas industrialmente na data desta Constituição, e, sob esta mesma ressalva, a exploração das minas em lavra, ainda que transitoriamente suspensa."

[132] "Art 9º – É facultado à União e aos Estados celebrar acordos para a melhor coordenação e desenvolvimento dos respectivos serviços, e, especialmente, para a uniformização de leis, regras ou práticas, arrecadação de impostos, prevenção e repressão da criminalidade e permuta de informações. (…) Art 10 – Compete concorrentemente à União e aos Estados: I – velar na guarda da Constituição e das leis; II – cuidar da saúde e assistência públicas;

Essa instauração de um novo modelo de federalismo[133] e uma nova ordem econômica e social tocou diretamente no modelo jurídico de regulação dos transportes. Na Constituição de 1891, apenas havia duas menções ao termo transporte e seus similares, que se referiam à vedação dos Estados e União de criar impostos de trânsito pelo território de um Estado, na passagem de um para outro, ou então sobre produtos de outros Estados da República ou estrangeiros, bem como sobre os veículos da terra e água que os transportassem (Art. 11).[134] E ao direito da União e dos Estados de legislarem sobre a viação férrea e navegação interior, cuja regulação se daria por lei federal (Art. 13),[135] resguardando aos navios de nacionais a exclusividade da cabotagem (Art. 13, parágrafo único).

Com o novo formato de organização do Estado, estendeu-se a vedação trazida pela constituição anterior para além dos Estados e

---

III – proteger as belezas naturais e os monumentos de valor histórico ou artístico, podendo impedir a evasão de obras de arte; IV – promover a colonização; V – fiscalizar a aplicação das leis sociais; VI – difundir a instrução pública em todos os seus graus; VII - criar outros impostos, além dos que lhes são atribuídos privativamente. Parágrafo único – A arrecadação dos impostos a que se refere o número VII será feita pelos Estados, que entregarão, dentro do primeiro trimestre do exercício seguinte, trinta por cento à União, e vinte por cento aos Municípios de onde tenham provindo. Se o Estado faltar ao pagamento das cotas devidas à União ou aos Municípios, o lançamento e a arrecadação passarão a ser feitos pelo Governo federal, que atribuirá, nesse caso, trinta por cento ao Estado e vinte por cento aos Municípios. (...) Art 140 – A União organizará o serviço nacional de combate às grandes endemias do País, cabendo-lhe o custeio, a direção técnica e administrativa nas zonas onde a execução do mesmo exceder as possibilidades dos governos locais. (...) Art 177 – A defesa contra os efeitos das secas nos Estados do Norte obedecerá a um plano sistemático e será permanente, ficando a cargo da União, que dependerá, com as obras e os serviços de assistência, quantia nunca inferior a quatro por cento da sua receita tributária sem aplicação especial. (Vide Lei nº 175, de 7 de janeiro de 1936) §1º – Dessa percentagem, três quartas partes serão gastas em obras normais do plano estabelecido, e o restante será depositado em caixa especial, a fim de serem socorridos, nos termos do art. 7º, nº II, as populações atingidas pela calamidade. §2º – O Poder Executivo mandará ao Poder Legislativo, no primeiro semestre de cada ano, a relação pormenorizada dos trabalhos terminados, e em andamento, das quantias despendidas com material e pessoal no exercício anterior, e das necessárias para a continuação das obras. §3º – Os Estados e Municípios compreendidos na área assolada pelas secas empregarão quatro por cento da sua receita tributária, sem aplicação especial, na assistência econômica à população respectiva. §4º – Decorridos dez anos, será por lei ordinária revista a percentagem acima estipulada."

[133] Sobre a instauração no Brasil do federalismo cooperativo na Constituição de 1934, vide: NOHARA, Irene Patrícia. *Brazilian Administrative Law: influences, Characteristics and recent changes. Revista Digital de Direito Administrativo*, v. 5, 2018, p. 12.

[134] "Art 11 – É vedado aos Estados, como à União: 1º) criar impostos de trânsito pelo território de um Estado, ou na passagem de um para outro, sobre produtos de outros Estados da República ou estrangeiros, e, bem assim, sobre os veículos de terra e água que os transportarem."

[135] "Art 13 – O direito da União e dos Estados de legislarem sobre a viação férrea e navegação interior será regulado por lei federal. Parágrafo único – A navegação de cabotagem será feita por navios nacionais."

União, atingindo a partir daí o Distrito Federal e os Municípios (Art. 17).[136] Versou-se também dos transportes no Capítulo II, referente ao Poder Legislativo, no que tange à composição da Câmara dos Deputados, especificamente no que dizia respeito aos "deputados das profissões", que para fins de eleições indiretas das associações profissionais, seriam divididos em quatro grupos de representação: lavoura e pecuária; indústria; comércio e transportes; profissões liberais e funcionários públicos (Art. 23, §3º).[137]

Além disso, desde esta Carta, a indústria de transportes passou a ser vista, em nível constitucional, como especialmente relevante para a segurança nacional. Isso pode ser afirmado, pois, em seu Título VI: "Da Segurança Nacional", no artigo 166, a Constituição prescreve que:

> Art. 166 – Dentro de uma faixa de cem quilômetros ao longo das fronteiras, nenhuma concessão de terras ou de vias de comunicação e a abertura destas se efetuarão sem audiência do Conselho Superior da Segurança Nacional, estabelecendo este o predomínio de capitais e trabalhadores nacionais e determinando as ligações interiores necessárias à defesa das zonas servidas pelas estradas de penetração.
> §1º – Proceder-se-á do mesmo modo em relação ao estabelecimento, nessa faixa, de indústrias, *inclusive de transportes*, que interessem à segurança nacional.

Nesse ponto, a Constituição deixa explícita, além das atividades industriais relevantes a proteção das fronteiras, subordinadas à audiência e predomínio do Conselho Superior da Segurança Nacional, a indústria de transportes.

Embora tais disposições sobre o transporte mereçam destaque por representarem os reflexos jurídico-constitucionais de uma alteração no formato econômico, social e do modelo federativo brasileiro. O ponto mais relevante, e que merece todo o desdobramento das nossas

---

[136] "Art. 17 – É vedado à União, aos Estados, ao Distrito Federal e aos Municípios: IX – cobrar, sob qualquer denominação, impostos interestaduais, intermunicipais de viação ou de transporte, ou quaisquer tributos que, no território nacional, gravem ou perturbem a livre circulação de bens ou pessoas e dos veículos que os transportarem."

[137] "Art. 23 – A Câmara dos Deputados compõe-se de representantes do povo, eleitos mediante sistema proporcional e sufrágio universal, igual e direto, e de representantes eleitos pelas organizações profissionais na forma que a lei indicar. (…) §3º – Os Deputados das profissões serão eleitos na forma da lei ordinária por sufrágio indireto das associações profissionais compreendidas para esse efeito, e com os grupos afins respectivos, nas quatro divisões seguintes: lavoura e pecuária; indústria; comércio e transportes; profissões liberais e funcionários públicos."

análises, advém de um dispositivo específico dessa Constituição. Trata-se do artigo 5º, inciso IX, que dispõe ser competência privativa da União: "estabelecer o plano nacional de viação férrea e o de estradas de rodagem, e regulamentar o tráfego rodoviário interestadual". Tal artigo dá as balizas constitucionais para o primeiro grande plano nacional de viação: o Plano Geral de Viação Nacional (PGVN).[138]

## 3.1.1 O Plano Geral de Viação Nacional

Como resultado de um estudo da Comissão Técnica do Ministério da Viação e Obras Públicas (MVOP), estabelece-se, por meio do Decreto nº 24.497, de 29 de junho de 1934, o Plano Geral de Viação Nacional, que visava a "necessidade de bem atender às conveniências nacionais de ordem política, econômica e militar, em relação a rede de viação nacional", assim como "coordenar os diversos sistemas de viação de prática corrente, para sua eficiência econômica".

---

[138] Sem nenhuma dúvida o Plano Geral de Viação Nacional foi à época o grande plano de viação que havia surgido. No entanto, é muito relevante que se faça o devido destaque aos planos anteriores ao ano de 1930 que vimos no capítulo anterior. Nesse sentido, é importante a visão de Mário Travassos ao afirmar que: "se encontram vestígios flagrantes da profunda impressão deixada por aqueles planos, – o que faz deles os fundamentos indiscutíveis da política de comunicação brasileira que o plano de viação nacional de 1934 veio consolidar". Cf. TRAVASSOS, Mario. Nossa política de comunicações. O plano de viação nacional de 1934. *Cultura Política – Revista Mensal de Estudos Brasileiros*, Rio de Janeiro, a. I, n. 5, p. 44-51, jul. 1941, p. 50-51. Vide também sobre essa influência dos planos anteriores: AZEVEDO, Fernando de. *Um trem corre para o Oeste*: estudo sobre a Noroeste e seu papel no sistema de viação nacional. São Paulo: Livraria Martins Editora, 1950, p. 89-97. Para uma análise mais generalista do plano vide: SILVA, Moacir M. F. *Geografia dos Transportes no Brasil*. Rio de Janeiro: Fundação IBGE, 1949, p. 5 e p. 205-208; NUNES. Ivanil. Acumulação de capitais e sistemas de transportes terrestres no Brasil. *In*: GOULARTI FILHO, Alcides; QUEIROZ, Paulo Roberto Cimó. *Transportes e Formação Regional Contribuições à história dos transportes no Brasil*. Dourados: Editora UFGD, 2011, p.14. Caso a proposta seja analisar o modal ferroviário a fim de compreender o modal para além do plano, vide ADOLPHO PINTO, Augusto. *História da viação pública de São Paulo*. 2. ed. Coleção Paulística, vol. II, São Paulo, Governo de São Paulo, 1977, p. 28; CASTRO, Newton de. Estrutura, desempenho e perspectivas do transporte ferroviário de carga. *Pesquisa e Planejamento Econômico*. Brasília, v. 32, n. 2, p. 251-283, ago. 2002; REIS, Manoel de Andrade e Silva. MIGUEL, Priscila Laczynski de Souza. Panorama do transporte ferroviário no Brasil – Desafios e oportunidades. *Revista Mundo Logística*, Maringá, n. 47, a. VIII, jul./ago. 2015; NUNES. Ivanil. Acumulação de capitais e sistemas de transportes terrestres no Brasil. *In*: GOULARTI FILHO, Alcides, QUEIROZ, Paulo Roberto Cimó. *Transportes e formação regional contribuições à história dos transportes no Brasil*. Editora UFGD, 2011, p. 13; SILVA, Danilo Tavares da. Desestatização da Infraestrutura federal de transportes e financiamento público. Alguns pontos de discussão. *In*: BERCOVICI, Gilberto. VALIM, Rafael. *Elementos de Direito da Infraestrutura*. Editora Contracorrente, p. 241-275, 2015, p. 244-249; LIMA NETO, O. *Transporte no Brasil*: história e reflexões. Brasília, DF: Empresa Brasileira de Planejamento de Transportes/GEIPOT. Recife: Editora Universitária da UFPE, 2001, p. 214-215.

O decreto que estabelecia o plano era sucinto e sua representação e descrição eram realizadas por outros três documentos rubricados pelo Ministro da Viação e Obras Públicas: o primeiro era a carta da República, que possuía a indicação das vias de transportes compreendidas no plano geral de viação nacional; o segundo era o que continha a relação descritiva dessas vias de comunicação; o terceiro era aquele com a especificação das condições gerais de ordem técnica que deviam ser atendidas na construção de qualquer trecho terrestre daquelas vias de comunicação, bem como no suprimento do material rodante para as vias férreas nacionais (art. 1º).[139]

Diante do contexto de um Estado altamente centralizador, o decreto também adotava tal postura. Previa-se por meio dele que a construção ou concessão, por parte dos Estados ou dos Municípios, de quaisquer vias de transportes nos seus respectivos territórios, que houvessem sido compreendidas pelo plano, precisariam de aprovação da União por meio de prévia audiência (art. 2º).[140] Tais obras, ou os melhoramentos necessários a ela, necessitariam passar pelas condições de ordem técnica, também estabelecidas pela União (art. 3º).[141] Um outro ponto relevante trazido pelo decreto diz respeito à formação de uma comissão permanente, com sede na capital nacional, à época no Rio de Janeiro, a fim de buscar a melhor estratégia de coordenação dos diversos modais de transportes (art. 4º).[142]

---

[139] "Art. 1º Fica aprovado o plano geral de viação nacional representado e descrito nos seguintes documentos, que com êste baixam, rubricados pelo Ministro da Viação e Obras Públicas: a) carta da República com a indicação das vias de transportes compreendidas no plano geral de viação nacional; b) relação descritiva dessas vias de comunicação; c) especificação das condições gerais de ordem técnica que devem ser atendidas na construção de qualquer trecho terrestre daquelas vias de comunicação, bem como no suprimento do material rodante para as vias férreas nacionais."

[140] "Art. 2º A construção ou a concessão, pelos Estados ou Municípios, de qualquer via de transporte em seus respectivos territórios, que constitua parte das vias de transporte compreendidas no plano geral de viação nacional, só poderá ser feita mediante prévia audiência e aprovação da União."

[141] "Art. 3º Nas obras e melhoramentos a realizar, ou que forem autorizados pela União, pelos Estados ou pelos Municípios, nas vias de transporte existentes. que constituam parte integrante, das compreendidas no plano geral de viação nacional, serão observadas as condições gerais de ordem técnica, a que se refere o art. 1º deste decreto."

[142] "Art. 4º O Ministro da Viação e Obras públicas constituirá uma comissão permanente, com sede no Rio de Janeiro, com o objectivo de promover a fiel realização do plano geral de viação nacional, aprovado por este decreto, coordenando pela melhor forma os transportes ferroviários, rodoviários, fluvial, marítimos e aéreos. (…) Parágrafo único. A comissão prevista neste artigo será presidida por um representante direto do Ministério da Viação e Obras Públicas, e terá como membros, os chefes das repartições técnicas do Ministério, um representante do Estado Maior do Exército e outro do Estado Maior da Armada."

A comissão nomeada por meio de portaria pelo então Ministro da Viação e Obras Públicas, José Américo de Almeida, foi estabelecida no dia 14 de abril de 1931 e tinha como integrantes Arlindo Ribeiro Luz, Francisco de Monlevade, Caetano Lopes Júnior, Major Mário Perdigão, José Luís Batista, Joaquim de Assis Ribeiro, Moacir Malheiros Fernandes Silva, Artur Castilho e Oscar Weinchensck. Sua finalidade era a de proceder ao estudo do plano de viação geral do Brasil e parte de seu programa de trabalho era proceder à organização do Plano Geral de Viação compreendendo as vias férreas, as rodovias e a navegação interior. Além disso, a portaria deixava como designação da comissão indicar as diretrizes a que deveriam obedecer as grandes linhas tronco, e, bem assim, os rios navegáveis, cujos melhoramentos pudessem contribuir para o desenvolvimento econômico das regiões atravessadas.[143]

No dia 10 de junho de 1934, a comissão elaborou um relatório que continha as premissas do Plano Geral de Viação Nacional. Nele, destacava-se que o objetivo da Comissão era o de traçar o plano geral das vias de comunicação de caráter nacional, designados a constituir a rede federal, cobrindo todo o território da República e devendo atender concomitantemente os interesses administrativos e econômicos da União. Diante de tal objetivo, o plano não se limitava a conter apenas os troncos e ligações que deveriam ser estabelecidos, mas também aqueles já existentes, que fossem de interesse geral. Para se adequar a tais aspectos de interesse geral, os troncos e ligações deveriam cumprir, alternativamente, um dos cinco requisitos:

1º – liguem a Capital Federal com uma ou mais capitais das diversas unidades da federação;

2º – liguem qualquer via de comunicação da rêde federal a qualquer ponto de nossa fronteira com os países vizinhos;

3º – constituam via de transporte ao longo da fronteira ou desta paralela, a menos de 200 quilômetros de distância;

4º – liguem entre si dois ou mais troncos de interesse geral, com o objetivo de estabelecer, por via mais curta, comunicações entre duas ou mais unidades de federação;

5º – atendam às exigências de ordem militar.[144]

---

[143] BRASIL. *Plano Nacional de Viação e Conselho Nacional de Transporte*. Rio de Janeiro: Comissão de Transportes, Comunicações e Obras Públicas, 1962, p. 44; BRASIL. *Planos de Viação*: evolução histórica (1808-1973) Rio de Janeiro: Ministério dos Transportes, 1974, p. 123; COIMBRA, Créso. *Visão histórica e análise conceitual dos transportes no Brasil*. Brasília. Ministério dos Transportes, 1974, p. 178.

[144] BRASIL. *Plano Nacional de Viação e Conselho Nacional de Transporte*. Rio de Janeiro: Comissão de Transportes, Comunicações e Obras Públicas, 1962, p. 45; BRASIL. *Planos de Viação*: evolução

Destacava-se no relatório a grande relevância dada ao modal hidroviário e ao modal ferroviário. Nele, afirmava-se que o principal tronco da viação brasileira é o oceano, com a navegação de longo curso tocando um pequeno número de portos, com a grande cabotagem a serviço de tais portos e a pequena cabotagem atendendo às necessidades dos pequenos portos e realizando os transportes dentre estes e aqueles.[145]

O relatório indicava troncos e ligações terrestres que seriam construídos em decorrência do plano. Ao todo, eram nove troncos na direção norte-sul (T M),[146] onze troncos na direção leste-oeste (T P),[147] e dezoito ligações, que estabeleciam comunicações entre os troncos, ou entre eles e pontos da fronteira (L).[148] Embora o relatório não estabelecesse

---

histórica (1808-1973) Rio de Janeiro: Ministério dos Transportes, 1974, p. 124; COIMBRA, Créso. *Visão histórica e análise conceitual dos transportes no Brasil*. Brasília. Ministério dos Transportes, 1974, p. 179.

[145] BRASIL. *Plano Nacional de Viação e Conselho Nacional de Transporte*. Rio de Janeiro: Comissão de Transportes, Comunicações e Obras Públicas, 1962, p. 46; BRASIL. *Planos de Viação*: evolução histórica (1808-1973) Rio de Janeiro: Ministério dos Transportes, 1974, p. 124-125; COIMBRA, Créso. *Visão histórica e análise conceitual dos transportes no Brasil*. Brasília. Ministério dos Transportes, 1974, p. 179-180.

[146] "TRONCOS T M:1 – Fortaleza ao Rio de Janeiro, pelo litoral 2 – S. Luís do Maranhão ao- Rio de Janeiro 3 – Belém do Pará ao Rio de Janeiro 4 – Santarém a Ponta Porã 5 – Itacoatiara à Foz do Rio Apa 6 – Rio de Janeiro a Pôrto Alegre, pelo litoral 7 – Rio de Janeiro a Fôrto Alegre, por cima da serra 8 – Rio de Janeiro ao Rio Grande (cidade) 9 – S. Borja a Quaraim". Cf. BRASIL. *Plano Nacional de Viação e Conselho Nacional de Transporte*. Rio de Janeiro: Comissão de Transportes, Comunicações e Obras Públicas, 1962, p. 45; BRASIL. *Planos de Viação*: evolução histórica (1808-1973) Rio de Janeiro: Ministério dos Transportes, 1974, p.125; COIMBRA, Créso. *Visão histórica e análise conceitual dos transportes no Brasil*. Brasília. Ministério dos Transportes, 1974, p. 180.

[147] "TRONCOS T P 1 – Belém do Pará a Tabatinga 2 – Recife a Belém do Pará 3 – Recife a Santa Maria do Araguaia 4 – S. Salvador a Goiás 5 – Rio de Janeiro a Cruzeiro do Sul (Território do Acre) 6 – Rio de Janeiro a Corumbá 7 – Rio de Janeiro a Bela Vista 8 – Rio de Janeiro à Foz do Iguaçu 9 – Pôrto Alegre a Uruguaiana 10 – Pôrto Alegre a Sant'Ana do Livramento 11 – Rio Grande a Uruguaiana". BRASIL. *Plano Nacional de Viação e Conselho Nacional de Transporte*. Rio de Janeiro: Comissão de Transportes, Comunicações e Obras Públicas, 1962, p. 46; BRASIL. *Planos de Viação*: evolução histórica (1808-1973). Rio de Janeiro: Ministério dos Transportes, 1974, p. 125-126; COIMBRA, Créso. *Visão histórica e análise conceitual dos transportes no Brasil*. Brasília. Ministério dos Transportes, 1974, p. 181.

[148] "Ligações L 1 – Fortaleza (T M-1) a Crateus (T P-2) 2 – Fortaleza (T M-1), por Girão e Cedro (T P-2) e por Salgueiro e Terra Nova (T P-3) a Joazeiro (T M-2) 3 – Esperança (T P-1) a Sardinha (T P-5) 4 – Bonfim (T M-2), por Alagoinhas (T M-1) a Água Comprida (T P-4) 5 – Joazeiro (T M-2) a Pirapora (T M-3) 6 – Sta. Maria do Araguaia (T P-3) a Registro do Araguaia (T P-5) 7 – Cuiabá (T M-4 e T P-5) a S. Luís de Cáceres (T M-5) 8 – Colatina (T M-1) a General Carneiro (T M-2 e 3) 9 – Belo Horizonte (T M-2 e 3), por Lavras (T P-5) por Campinas (T P-6) por Boituva (T P-7 e 8) a Americana (T M-6, 7 e 8) 10 – S. Paulo (T M-6, 7 e 8) (T P-6, 7 e 8) a Santos, (pôrto de 1ª- classe) 11 – Penápolis (T P-6) por Assis e Ourinhos (T P-7) a Jaguariaiva (T M-6, 7 e 8) 12 – Jupiá (T P-6) por Presidente Epitácio (T P-7) a Guaíra (T P-8) 13 – Mafra (T M-6 e 7) a União da Vitória (T M-8) 14 – Ilhota (T M-6), por Canoas (T M-7) a Uruguai (T M-8) 15 – Bento Gonçalves (T M-7) a Passo Fundo (T M-8) 16 – S. Sepé (T M-8) por Dilermando de Aguiar (T P-9) a São Borja (T M-9) 17 – Basílio (T P-11) a Jaguarão

diferenciação entre as ferrovias e as rodovias no que tange ao modo pelo qual se formariam os troncos e ligações, ele trouxe um direcionamento à compreensão de que a última serviria como uma etapa para a primeira. Ainda segundo o relatório, nesse sentido, tem-se o seguinte:

> Tendo em vista, porém, a extensão dos grandes troncos, a facilidade e continuidade que aos transportes devem oferecer e, atendendo além disso, as presentes condições de eficiência dessas duas espécies de vias de comunicação, a Comissão considera que só a estrada de ferro poderá satisfazer como solução definitiva, no estabelecimento dêsses grandes troncos.[149]

Dentre as vias trazidas pelo plano 31 eram exclusivamente terrestres, 4 eram mistas (terrestres-fluviais)[150] e 3 inteiramente fluviais.[151] Tais vias representavam um total de 51.076 Km. Dentre elas 39.896km de vias terrestres, sendo que 17.775 já estavam construídas, restando para

---

(Fronteira) 18 – Alegrete (T P-9 e 11) a Quaraí (Fronteira)." BRASIL. *Plano Nacional de Viação e Conselho Nacional de Transporte*. Rio de Janeiro: Comissão de Transportes, Comunicações e Obras Públicas, 1962, p. 46-47; BRASIL. *Planos de Viação*: evolução histórica (1808-1973) Rio de Janeiro: Ministério dos Transportes, 1974, p.126; COIMBRA, Créso. *Visão histórica e análise conceitual dos transportes no Brasil*. Brasília. Ministério dos Transportes, 1974, p. 181-182.

[149] BRASIL. *Plano Nacional de Viação e Conselho Nacional de Transporte*. Rio de Janeiro: Comissão de Transportes, Comunicações e Obras Públicas, 1962, p. 45.

[150] "1) Mistas TM 3 – Belém-Rio de Janeiro, que compreende o pequeno trecho navegável do Rio Tocantins, de Carolina a Pedro Afonso. TM 5 – Itaquatiara-Foz do Rio Apa, que apresenta somente os dois segmentos terrestres, Pôrto Veiho-Guajará Mirim (E.F. Madeira Mamoré) e Mato Grosso-Cáceres, pois o restante é formado das vias fluviais: Rio Madeira, de Itacoatiara (Amazonas) á Pôrío Velho; Fiio Mamoré, de Guajará Mirim, à sua confluência com o Guaporé; daí, por êsse último até a vila de Mato Grosso; e por fim, o Rio Paraguai, de Cáceres à foz do Rio Apa. T P 8 – Rio de Janeiro-Foz do Iguaçu, que de fluvial só contém o reduzido trecho Porto Mendes-Foz do Iguaçu, no Rio Paraná. L 6 – Santa Maria do Araguaia-Registro do Araguaia que aproveita o estirão navegável do Rio Araguaia desde Santa Maria a Cachoeira Grande e passa à via terrestre, de 22 km, até se entroncar em Registro do Araguaia com o T P 5". Cf. BRASIL. *Plano Nacional de Viação e Conselho Nacional de Transporte*. Rio de Janeiro: Comissão de Transportes, Comunicações e Obras Públicas, 1962, p.47; BRASIL. *Planos de Viação*: evolução histórica (1808-1973) Rio de Janeiro: Ministério dos Transportes, 1974, p.127; COIMBRA, Créso. *Visão Histórica e Análise Conceitual dos Transportes no Brasil*. Brasília. Ministério dos Transportes, 1974, p. 183.

[151] "Inteiramente fluviais: T P 1 – Belém-Tabatinga, que é constituída pelo Rio Amazonas, numa extensão de 3.371 km. L 5 – Juazeiro-Pirapora, que aproveita os 1.371 km do curso médio navegável do Rio S. Francisco, interligando TM2 – TP4eTM3. L 12 – Jupiá-Guaíra, que é um lance navegável, de 500 km, do Rio Paraná, e interliga os troncos TP6, TP7eTP8". Cf. BRASIL. *Plano Nacional de Viação e Conselho Nacional de Transporte*. Rio de Janeiro: Comissão de Transportes, Comunicações e Obras Públicas, 1962, p.48; BRASIL. *Planos de Viação*: evolução histórica (1808-1973) Rio de Janeiro: Ministério dos Transportes, 1974, p. 127.

a construção mais 22.171 km e 11.118 km de vias fluviais. No plano, foi aproveitada cerca de 54% da malha ferroviária existente.[152]

Em análise ao plano, Olímpio Galvão afirma que embora houvesse um claro reconhecimento das deficiências estruturais do subsetor ferroviário, o que indicava a necessidade da busca por outros modais de transportes de longa distância no país, na década de 1930 o Brasil ainda não havia entrado no que se pode chamar de "era rodoviária". Nesse sentido, a aprovação de um Plano Geral de Viação Nacional dá precedência à navegação de cabotagem e prioridade total às ferrovias.[153]

Para Créso Coimbra, o PGVN é um plano férreó-rodofluvial e também marítimo, com uma menor porcentagem de aquavias fluviais, sendo que, no que tange às linhas terrestres, a rodovia seria, em muitos trechos, uma primeira etapa preparadora da futura via férrea.[154] Houve uma descontinuação trazida pelo plano à lógica rodoviária que havia sido primitivamente iniciada no Brasil durante o início do século XX, sobretudo com o Plano Catrambi, o Plano da Comissão de Estradas de Rodagem Federais e o Plano Luiz Schnoor, com a prevalência das comunicações aquaviárias e ferroviárias do PGVN, delegando às rodovias um papel subsidiário.[155]

---

[152] "De 1934 a 1950, as novas extensões ferroviárias construídas foram, em resumo, as seguintes: a) Linhas previstas no plano: ' km Linhas novas 2.706 Variantes 512 3.218 b) Linhas novas não previstas no plano 1.083 4.301 Daí, excluindo-se a parcela 'variantes', chega-se à extensão de linhas novas igual a 3.789 km. Somando-se êste último valor a 33.073 km que possuía a rêde em 1934, chegar-se-ia a sua extensão total, em 1950, isto é, a 36.852 km, que ligeiramente difere do reconhecido em documentos oficiais, (36.681 km), como linhas em tráfego, devido ao critério de incorporação e à influência das variantes". (BRASIL. *Plano Nacional de Viação e Conselho Nacional de Transporte*. Rio de Janeiro: Comissão de Transportes, Comunicações e Obras Públicas, 1962, p. 48). Vide sobre as novas extensões ferroviárias SILVA, Moacir da. Expansão dos Transportes Interiores. Conselho Nacional de Geografia. *Revista Brasileira de Geografia*, Rio de Janeiro, v. 9, n. 3, p. 367-412, 1947, p. 393.

[153] GALVÃO, Olímpio. *Desenvolvimento dos Transportes e Integração Regional no Brasil* – Uma Perspectiva Histórica. Planejamento e Políticas públicas – IPEA, 2015, p. 196.

[154] COIMBRA, Créso. *Visão histórica e análise conceitual dos transportes no Brasil*. Brasília: Ministério dos Transportes, 1974, p. 180. Em visão contrária a dos demais, Sérgio Sampaio Cutrim afirma que o plano possuía uma visão integradora do sistema de transportes, porém privilegiava o modal rodoviário. O que é uma visão equivocada, visto a explícita preferência do plano ao modal ferroviário. (CUTRIM, Sérgio Sampaio. *Planejamento e Governança Portuária no Brasil*. 2017. 220p. Tese (Doutorado em Engenharia Naval e Oceânica) – Escola Politécnica da Universidade de São Paulo, São Paulo, 2017, p. 21).

[155] GALVÃO, Olímpio. *Desenvolvimento dos Transportes e Integração Regional no Brasil* – Uma Perspectiva Histórica. Planejamento e Políticas públicas – IPEA, 2015, p. 196; COIMBRA, Créso. *Visão histórica e análise conceitual dos transportes no Brasil*. Brasília: Ministério dos Transportes, 1974, p. 180; CUTRIM, Sérgio Sampaio. *Planejamento e Governança Portuária no Brasil*. 2017. 220p. Tese (Doutorado em Engenharia Naval e Oceânica) – Escola Politécnica

Embora o plano demonstrasse, de fato, essa descontinuidade da lógica rodoviarista que prevalecia nos planos da década de 1920, Josef Barat induz a compreensão de que o PGVN insere um diálogo entre a lógica rodoviária – mesmo que de forma subsidiária – e a lógica ferroviária e aquaviária. Tal diálogo viria em um contexto de deterioração destes sistemas, em virtude tanto do declínio dos fluxos de exportação – o que gerou significativa redução nas receitas operacionais – quanto nas dificuldades de reposição do material rodante, equipamentos, peças e componentes, em razão das rigorosas restrições às importações surgidas por decorrência da crise cambial do início da década de 1930, assim como pela relativa incapacidade das ferrovias de promoverem a unificação do mercado interno, como suporte à industrialização, em razão do isolamento dos sistemas regionais, das diferenças de bitolas, das deficiências de traçados e da obsolescência dos materiais rodantes e de tração. Assim, o PGVN, embora tivesse prevalência do modal ferroviário, já aparecia como uma das medidas tomadas pelo Governo Federal, entre os anos de 1934 e 1945, com a proposta de expansão, também, da infraestrutura rodoviária.[156]

Essa primeira grande iniciativa de integração se coloca como um dos grandes mecanismos criados no primeiro governo Vargas para o desenvolvimento da indústria nacional. Esse desenvolvimento, embora tenha ocorrido nos primeiros anos do governo de Vargas, só foi mais intensificado a partir do Estado Novo e de seu contexto de guerra, quando houve maciça criação de órgãos, conselhos e institutos tendentes à essa lógica industrialista.[157]

O tópico a seguir tem o objetivo de compreender de que forma se colocou a discussão do planejamento e integração dos transportes nesse período de intensificação industrial brasileira, analisando, mais detalhadamente, o Plano Rodoviário Nacional.

---

da Universidade de São Paulo, São Paulo, 2017, p. 21; BARAT, Josef. *Logística, transporte e desenvolvimento econômico*: a visão histórica. São Paulo: Editora CLA, 2007, p. 39-40 e 42.

[156] BARAT, Josef. *Logística, transporte e desenvolvimento econômico*: a visão histórica. São Paulo: Editora CLA, 2007, p. 39-40 e 42.

[157] FONSECA, Pedro Cezar Dutra. Instituições e Política Econômica: Crise e Crescimento do Brasil na Década de 1930. *In*: BASTOS, Pedro Paulo Zahluth. FONSECA, Pedro Cezar Dutra (orgs). *A Era Vargas*: desenvolvimentismo, economia e sociedade. São Paulo: Editora Unesp, 2012, p. 173.

### 3.1.2 O Estado Novo e o Plano Rodoviário Nacional

Em termos políticos, o Estado Novo surge, de acordo com Getúlio Vargas, com a finalidade de restauração da autoridade nacional, frente à circunstância que, nas palavras do estadista, impunha: "uma decisão excepcional, de amplas repercussões e profundos efeitos na vida do país, acima das deliberações ordinárias da atividade governamental".[158]

Essa 'decisão excepcional' ocorreu no dia 10 de novembro de 1937 quando o presidente anunciou, pelo rádio, a decretação de uma nova Constituição, fechou as Casas Legislativas do país em todas as esferas, cassou os mandatos dos parlamentares, cancelou as eleições presidenciais, programadas para o início de 1938, destituiu os governadores dos Estados e nomeou nos lugares "interventores federais", extinguiu todos os partidos políticos (em dezembro) e todas as milícias cívicas.[159]

Embora o período não seja exemplar em termos democráticos, sua política econômica deu azo a condições de financiamento do processo de desenvolvimento econômico e a criação de um banco de investimento no Brasil. Foi desse período a Missão Cooke, que foi proposta no bojo das negociações de Vargas com os Estados Unidos e tinha como objetivos, além de esforços relacionados à guerra, outros de longo prazo relacionados à internalização da produção dos equipamentos e dos insumos considerados essenciais à expansão e à diversificação dos meios de transportes, assim como à renovação tecnológica da indústria brasileira, à assistência técnica a profissionais e à mobilização mais eficiente de fontes internas de financiamento.[160]

A missão teve como fruto a elaboração de um relatório com os principais problemas econômicos brasileiros contemporâneos da época. Segundo Draibe, ao refletir a época e ao clima internacional que passava

---

[158] VARGAS, Getúlio. "Proclamação ao Povo Brasileiro ('À Nação'). Lida no Palácio Guanabara e Irradiada para todo o País na Noite de 10 de novembro de 1937)". *In*: VARGAS, Getúlio. *A Nova Política do Brasil*. Rio de Janeiro: Ed. José Olympio. vol. V, 1938, p. 19.

[159] CODATO, Adriano. Estado Novo no Brasil: Um Estudo da Dinâmica das Elites Políticas Regionais em Contexto Autoritário. *Revista Dados*. Rio de Janeiro, vol. 58, n. 2, 2015, p. 306.

[160] DRAIBE, Sônia. *Rumos e metamorfoses*: um estudo sobre a constituição do Estado e as alternativas da industrialização no Brasil (1930-1960). Rio de Janeiro: Paz e Terra, 1985, p. 91. Luciano Martins ressalta tanto a Missão Cooke, quanto a Missão Abbink-Bulhões, como relevantes para a formação de uma base de dados sobre a economia brasileira. Vide: MARTINS, Luciano. *Pouvoir et développment économique:* formation et évolution des structures politiques au Brésil. Paris: Anthropos, 1976, p. 368-369. Para uma visão da Missão Cooke aplicada especificamente aos transportes vide: MELLO, José Carlos. *Planejamento dos transportes*. São Paulo, McGrawHill do Brasil, 1975, p. 9.

por uma predisposição a contemplar a industrialização das economias periféricas: "o Relatório Cooke talvez tenha sido o mais 'industrializante' dos estudos elaborados por comissões mistas brasileiro-americanas no Brasil".[161] Tal relatório não teve sua íntegra divulgada e por isso o conhecimento de seu conteúdo limita-se a algumas conclusões tornadas públicas pelos industrialistas comandados por Roberto Simonsen, que propuseram, com base nele, um plano quinquenal que aconselhava a criação de bancos industriais.[162]

Especialmente no que tange ao planejamento dos transportes, destaca-se o Plano do Departamento Nacional de Estradas e Rodagem (DNER), órgão criado por meio da Lei nº 467, de 31 de Julho de 1937, responsável por transformar a Comissão de Estradas de Rodagem Federais em departamento autônomo, com inspiração no Plano da Comissão de Estradas de Rodagem Federais (1928).[163] Conforme explana Créso Coimbra, já no ano de 1940, o DNER tinha a seu cargo a conservação de algumas estradas brasileiras:

> Rio – Petrópolis (59km); Estrela (27km); Rio – São Paulo (121 km); União e Indústria (140km); Itaipava – Teresópolis (35km); Resende – Caxambu – São Lourenço (136km); Rio – Bahia (trecho Areal – Santa Rita da Glória com 240km); Rio – Porto Alegre (a – trecho Porto Alegre – Cadeia, com 80km e b – trecho Curitiba – Capela do Ribeira, com 129km).[164]

Além do encargo de conservar tais vias, no ano citado, concomitantemente, o DNER era responsável pela construção da rodovia que

---

[161] DRAIBE, Sônia. *Rumos e metamorfoses*: um estudo sobre a constituição do Estado e as alternativas da industrialização no Brasil (1930-1960). Rio de Janeiro: Paz e Terra, 1985, p. 95.

[162] "Essas ideias foram duramente criticadas por Eugenio Gudin, um expoente da corrente liberal, e os dois lançaram-se numa polêmica pública a respeito da participação do Estado e da política industrial. (TAVARES, Maria da Conceição *et al*. As origens do Banco Nacional de Desenvolvimento Econômico (BNDE) 1952-1955. *Memórias do Desenvolvimento*, Rio de Janeiro, a. 4, n. 4, p. 13-43, set. 2010, p. 14).

[163] BRASIL. *Plano Nacional de Viação e Conselho Nacional de Transporte*. Rio de Janeiro: Comissão de Transportes, Comunicações e Obras Públicas, 1962, p.48; COIMBRA, Créso. *Visão histórica e análise conceitual dos transportes no Brasil*. Brasília. Ministério dos Transportes, 1974, p. 188; BRASIL. *Planos de viação*: evolução histórica (1808-1973). Rio de Janeiro: Ministério dos Transportes. 1974, p. 141.

[164] BRASIL. *Plano Nacional de Viação e Conselho Nacional de Transporte*. Rio de Janeiro: Comissão de Transportes, Comunicações e Obras Públicas, 1962, p. 48; COIMBRA, Créso. *Visão histórica e análise conceitual dos transportes no Brasil*. Brasília. Ministério dos Transportes, 1974, p. 188.; BRASIL. *Planos de viação*: evolução histórica (1808-1973). Rio de Janeiro: Ministério dos Transportes, 1974, p. 142.

ligaria o Rio de Janeiro à cidade de Porto Alegre, no trecho entre Rio Cadeia e São Marcos, no município de Caxias, com 100km de extensão; pela rodovia que ligaria a cidade do Rio de Janeiro ao estado da Bahia, no trecho entre a cidade de Feira de Santana e Jequié, com 200km de extensão, e no trecho entre Santa Rita do Glória e Arrozal, com 60km de extensão; e, por fim, pela rodovia que ligaria o Rio de Janeiro a Caxambu, no trecho entre a cidade de Resende e Barra Mansa, com 30km de extensão, assim como no trecho entre a Garganta do Registro, o Vale dos Lírios e Campo Belo, com 35km de extensão, o que representava um total de 433km de extensão.

Além dessa nova formatação institucional e dos instrumentos de planejamento, tem-se também como destaque para a questão dos transportes a Carta de 1937. Nela, estabelece-se a competência privativa da União para legislar sobre as comunicações e transportes internacionais ou interestaduais, seja por via férrea, aquática, aérea ou rodoviária (art. 16, XI).[165] Ainda, consubstanciando a alta centralização do período, a Carta passa a entender o território nacional como uma unidade do ponto de vista alfandegário, econômico e comercial, vedando os Estados e municípios de cobrarem tributos interestaduais, intermunicipais, de viação ou de transporte, que tivessem o condão de gravar ou perturbar a livre circulação de pessoas ou veículos (Art. 25).[166]

Além disso, no capítulo referente ao Conselho da Economia Nacional, a Constituição destaca uma seção específica para os transportes (Art. 57, parágrafo único, 'b'),[167] definindo, dentre suas atribuições, a organização por iniciativa própria ou proposta do governo de inquéritos sobre as condições do trabalho, da agricultura, da indústria, do

---

[165] "Art. 16 – Compete privativamente à União o poder de legislar sobre as seguintes matérias: XI – as comunicações e os transportes por via férrea, via d'água, via aérea ou estradas de rodagem, desde que tenham caráter internacional ou interestadual."

[166] "Art. 25 – O território nacional constituirá uma unidade do ponto de vista alfandegário, econômico e comercial, não podendo no seu interior estabelecer-se quaisquer barreiras alfandegárias ou outras limitações ao tráfego, vedado assim aos Estados como aos Municípios cobrar, sob qualquer denominação, impostos interestaduais, intermunicipais, de viação ou de transporte, que gravem ou perturbem a livre circulação de bens ou de pessoas e dos veículos que os transportarem."

[167] "Art. 57 – O Conselho da Economia Nacional compõe-se de representantes dos vários ramos da produção nacional designados, dentre pessoas qualificadas pela sua competência especial, pelas associações profissionais ou sindicatos reconhecidos em lei, garantida a igualdade de representação entre empregadores e empregados. (...) d) Seção dos Transportes."

comércio, dos transportes e do crédito com a finalidade de incrementar, coordenar e aperfeiçoar a produção nacional (art. 61, 'd').[168]

Além do PGVN e dessa nova configuração jurídica instaurada pelo governo Vargas, um outro plano de relevância a ser destacado surgiu por meio do Decreto nº 15.093, de 20 de março de 1944: o Plano Rodoviário Nacional.

### 3.1.2.1 O Plano Rodoviário Nacional

A compreensão do Plano Rodoviário Nacional de 1944 deve estar referenciada como um fim do pêndulo entre a lógica que defende o rodoviarismo e a lógica que prevê o modal rodoviário de forma subsidiária. Nesse sentido, é importante a visão de Carlos Lessa ao afirmar que: "após a Segunda Guerra Mundial, a discussão, no Brasil, foi encerrada com a definição do Plano Rodoviário Nacional e a instituição de fundo tributário vinculado à modalidade".[169]

Os motivos, para Lessa, dessa prevalência do rodoviário[170] giraram em torno do desgaste das ferrovias pela não restauração na Grande Depressão e na Segunda Guerra Mundial, seguida da aquisição por empresas estrangeiras concessionárias e a frustração com a falta de apoio norte-americano no pós-guerra. Tais motivos foram somente aprofundados após a inserção da indústria automobilística no país, não surgidos ali.[171]

---

[168] "Art. 61 – São atribuições do Conselho da Economia Nacional: d) organizar, por iniciativa própria ou proposta do Governo, inquéritos sobre as condições do trabalho, da agricultura, da indústria, do comércio, dos transportes e do crédito com o fim de incrementar, coordenar e aperfeiçoar a produção nacional; (Redação dada pela Lei Constitucional nº 9, de 28 de fevereiro de 1945)".

[169] LESSA, Carlos. Infraestrutura e Logística no Brasil. In: CARDOSO Jr.; José Celso (Org.). Desafios ao desenvolvimento Brasileiro: contribuições do Conselho de Orientação do IPEA, Brasília, IPEA, vol. 1, p. 77-100, 2009, p. 83.

[170] Os motivos expostos por Carlos Lessa possuem bastante similaridade aos que expusemos no tópico referente ao PGVN, trazidos por Josef Barat.

[171] "O horizonte tecnológico da Segunda Revolução Industrial sinalizava em direção à rodovia. Após a Segunda Guerra Mundial, a discussão, no Brasil, foi encerrada com a definição do Plano Rodoviário Nacional e a instituição de fundo tributário vinculado à modalidade. A ferrovia de então, desgastada pela não restauração durante os anos da Depressão Mundial e da Segunda Guerra Mundial, foi adquirida das empresas estrangeiras concessionárias. A frustração com a falta de apoio norte-americano no imediato pós-guerra reforçou a opção pela rodovia. Sem financiamento internacional para a restauração ferroviária, o modal rodoviário foi solução exequível, naquele tempo, para as linhas-tronco. A partir da instalação da indústria automobilística, os pneus votam a favor das rodovias e condenam os trilhos ao esquecimento". "LESSA, Carlos. Infraestrutura e Logística no Brasil. In: CARDOSO Jr.; José Celso (Org.). Desafios ao desenvolvimento Brasileiro: contribuições do Conselho de

O instrumento representou a primeira experiência relevante, em âmbito nacional, de um plano estritamente rodoviário.[172] Esse direcionamento à prevalência do transporte rodoviário que se dá na década de 1940, aprofundando o modelo do DNER de 1937 e contrapondo-se ao do PGVN de 1934, possui forte influência da conjuntura externa. Os sucessos no âmbito da política internacional nos primeiros cinco anos da década de 1940, em um momento que o mundo se encontrava mergulhado na guerra mais devastadora da história, repercutiu de forma profunda na vida nacional, de maneira geral, e gerou, em particular, grandes problemas no nosso transporte. Em decorrência da guerra naval que fez com que as viagens da Marinha Mercante ficassem extremamente difíceis e perigosas, a via mais regular que fazia a comunicação entre o Sul e o Norte do país – a costa atlântica – que passou a ser muito utilizada nesse contexto, foi duramente atingida, o que prejudicou as trocas de mercadorias entre os vários pontos do país. Diante disso, deu-se enorme prevalência à expansão das vias interiores.[173]

Sobre essa deterioração, Maurício Joppert da Silva em relatório escrito quatro anos após a elaboração do plano afirmava que:

> A geração atual possui um sistema ferroviário que absolutamente não satisfaz. As nossas estradas de ferro são mal traçadas, aparelhadas

---

Orientação do IPEA Brasília, IPEA, vol. 1, p. 77-100, 2009, p. 83. Um outro autor a trazer a problemática do desgaste dos transportes após a 2ª Guerra Mundial foi Lima Neto ao afirmar que: "Finda a Segunda Guerra Mundial, os modos de Transporte brasileiros apresentavam condições básicas precárias para atender às necessidades do País que queria crescer mais rapidamente". Vide também: LIMA NETO, O. *Transporte no Brasil*: história e reflexões. Brasília, DF: Empresa Brasileira de Planejamento de Transportes/GEIPOT. Recife: Editora Universitária da UFPE, 2001, p.251-252.

[172] O plano possuiu relevância muito maior do que os planos rodoviários anteriores: o Plano Catrambi, o Plano da Comissão de Estradas de Rodagem Federais, o Plano Luiz Schnoor e o Plano Rodoviário do DNER. Sobre os aspectos geográficos que demonstram a superioridade técnica do Plano Rodoviário vide: SILVA, Moacir M. F. *Geografia dos Transportes no Brasil*. Rio de Janeiro: IBGE, 1949, p. 5 e p. 269-278. Caso a proposta do leitor seja compreender de forma mais aprofundada o modal rodoviário, vide, por exemplo, FERRARI, Mivaldo Messias. *A expansão do sistema rodoviário e o declínio das ferrovias no Estado de São Paulo*. São Paulo, 1981, 226p. Tese (Doutorado em História Econômica) – Departamento de História da Faculdade de Filosofia, Letras e Ciências Humanas, Universidade de São Paulo, São Paulo, 1981; NUNES. Ivanil. Acumulação de Capitais e Sistemas de Transportes Terrestres no Brasil. *In*: GOULARTI FILHO, Alcides; QUEIROZ, Paulo Roberto Cimó. *Transportes e formação regional*: contribuições à história dos transportes no Brasil. Editora UFGD, 2011, p. 11-20; SILVA, Danilo Tavares da. Desestatização da Infraestrutura Federal de Transportes e Financiamento Público. Alguns Pontos de Discussão. *In*: BERCOVICI, Gilberto. VALIM, Rafael. *Elementos de Direito da Infraestrutura*. São Paulo: Editora Contracorrente, 2015, p. 249.

[173] COIMBRA, Créso. *Visão histórica e análise conceitual dos transportes no Brasil*. Brasília. Ministério dos Transportes, 1974, p. 194-196.

com deficiência e muito desgastadas. A guerra, sem dúvida, agravou o estado de coisas com o aumento de produção e a carência do material. Fomos por isso obrigados a usar esse material velho e quase imprestável que nos resta, como consequência da falta de reparos periódicos e de substituição indispensáveis. A nossa rede ferroviária está a exigir urgentes melhoramentos. Devemos rever o traçado das curvas, das rampas, assim como lastrear as linhas em cerca de 50% em 18 mil quilómetros. Precisamos ainda substituir cerca de 12 mil quilómetros de trilhos e comprar mais material de tração e de vagões na quantidade necessária.[174]

Um ponto relevante que podemos concluir, decorrente desse contexto, é a explicação de que dois fatores centralizaram a escolha da rodovia como o principal dos modais a ser privilegiado: o primeiro é que com a guerra houve enorme deterioração dos transportes terrestres nacionais, visto que, em decorrência da guerra naval, se colocaram tais transportes quase que como uma alternativa exclusiva; o segundo dos fatores, decorrente do primeiro, foi que diante do enorme custo de instalação das ferrovias e da grande repercussão econômica ocasionada pela guerra, era inviável a proposição das ferrovias como o principal modal a ser privilegiado.[175]

Diante desses fatores, por meio da Portaria nº 168, de 19 de fevereiro de 1942, o Ministro da Viação General João de Mendonça Lima constituiu uma comissão com a finalidade de elaborar o plano. Tal comissão era formada sob a presidência do Engenheiro Yeddo Fiúza, pelo Coronel Aviador Lysias Rodrigues, o Major Renato Bitencourt Brígido, os Engenheiros Francisco Gonçalves de Aguiar, Jorge Leal Burlamaqui, Emygdio de Morais Vieira e Moacyr Malheiros Fernandes Silva, e, também, Severino de Moura Carneiro que era o secretário do plano.

Após cerca de 20 meses, a comissão finalizou um relatório, enviado ao Ministro no dia 8 de novembro de 1943, e aprovado pelo Presidente da República Getúlio Vargas por meio do decreto supramencionado que estabelecia como critérios para elaboração do plano:

---

[174] SILVA, Maurício Joppert da. *Relatório do exercício de 1945/46*. Rio de Janeiro: Ministério de Viação e Obras Públicas, 1948, p. 179.

[175] Frise-se que aqui não há qualquer afirmação de que se passou a haver a proposição de um dos modais em detrimento do outro, com tendência à substituição, o que houve foi a alteração da visualização do modal rodoviário como subsidiário ao modal ferroviário, característico, por exemplo, do PGVN.

a) evitar, na medida do possível, a superposição das rodovias aos troncos ferroviários principais existentes ou de construção já prevista para o estabelecimento da ligação ferroviária contínua do norte ao sul do País;
b) aproveitar trechos de rodovias existentes ou em projeto, dos planos rodoviários estaduais;
c) considerar apenas trechos rodoviários de caráter nacional;
d) estabelecer, no interior do país, as convenientes ligações da rêde rodoviária nacional com a supra estrutura das rotas aéreas, comerciais e postais, nos pontos adequados.[176]

Destaca-se a preocupação explícita do plano a não se utilizar das rodovias de forma sobreposta às ferrovias já existentes ou de construção já previstas, e a manutenção, na medida do possível, daquelas obras já existentes, de forma a mitigar a necessidade de maiores custos, visto que aqueles decorrentes da guerra já eram substanciais. Ao elaborar o decreto, o presidente Getúlio Vargas destaca, no artigo 2º, o trabalho da Comissão e as suas competências.

> Art. 1º Fica aprovado o Plano Rodoviário Nacional, que com êste baixa, elaborado pela Comissão constituída pelo Ministro da Viação e Obras Públicas, em Portaria nº 168, de 19 de fevereiro de 1942, sob a presidência do Diretor do Departamento Nacional de Estradas de Rodagem.
> *Art. 2º À Comissão criada pelo Decreto nº 12.747, de 30 de junho de 1943, competirá estudar e submeter à aprovação do Govêrno, o projeto de regulamentação necessária à execução do Plano Rodoviário Nacional.*
> Art. 3º A regulamentação, a que se refere o artigo anterior, deverá estabelecer os princípios gerais da política administrativa rodoviária, relativamente ao financiamento, execução e fiscalização das construções e conservação das linhas do Plano Nacional; indicar as linhas que devem ter prioridade na construção desse Plano e as condições de prioridade; instituir a classificação das estradas de rodagem e fixar as normas e especificações técnicas que devem caracterizar as estradas, segundo a classe a que se subordinem.

---

[176] Para que fossem incluídas no plano, eram consideradas rodovias nacionais: "a) as que atravessam, total ou parcialmente, os territórios de duas ou mais unidades da federação; b) as que se dirigem para as fronteiras do país ou se desenvolvem dentro da faixa de 150 quilômetros ao longo destes. c) as que dão acesso a portos marítimos, fluviais ou lacustres, de concessão federal; d) as que apresentam interesse geral, de ordem administrativa, militar ou turística. e) as que se destinam a ligações panamericanas; e f) as indispensáveis como ligações entre as linhas tronco estabelecidas de acordo com os itens anteriores".(BRASIL. Plano Nacional de Viação e Conselho Nacional de Transporte. Rio de Janeiro: Comissão de Transportes, Comunicações e Obras Públicas, 1962, p. 51-52; BRASIL. Planos de viação: evolução histórica (1808-1973). Rio de Janeiro: Ministério dos Transportes. 1974, p. 149).

O plano previa 27 rodovias, distribuídas dentre as longitudinais, as transversais e as de ligações.[177] Ao todo, a rede de rodovias estabelecida pelo plano alcançava 35.000 km. Sendo que, no ano de 1944, quando fora publicado o decreto, a rede construída era de 7.200 km. Até 1950, esse total já havia aumentado para 12.200 km.[178]

O plano pode ser considerado um instrumento bem-sucedido, sobretudo por dois motivos: o primeiro é que foi uma das bases para o planejamento do transporte rodoviário no Plano de Metas de Juscelino Kubitschek; o segundo é que serviu de base para a aplicação do Fundo Rodoviário, criado no ano seguinte ao de sua elaboração pelo Decreto-lei nº 8.463, de 27 de dezembro de 1945, responsável pela reorganização e pela autonomia administrativa e financeira do Departamento Nacional de Estradas de Rodagem.[179]

## 3.2 O governo de Eurico Gaspar Dutra e o I Plano Nacional de Viação

Ao fim da Segunda Guerra Mundial, cai o apoio ao Estado Novo. Após as eleições presidenciais, assumiu o poder, em janeiro de 1946, o general Eurico Gaspar Dutra. O período era, conforme aduz Eli Diniz, marcado pela controvérsia na discussão do planejamento econômico

---

[177] "a ) Longitudinais: 1 – Getúlio Vargas (Belém-Jaguarão) 2 – Panordestina (S. Luís-Salvador) 3 – Transnordestina (Fortaleza-Salvador) 4 – Transbrasiliana ( Belém-Livramento) 5 – Amazônica (Santarém-Pôrto D. Carlos) 6 – Acreana (Cruzeiro do Sul-Cuiabá); b) Transversais 1 – Do Maranhão (S. Luís-Carolina) 2 – Do Piauí (Terezina-Loreto) 3 – Do Rio Grande do Norte ( Natal-Barra) 4 – Da Paraíba (Cabedelo-Icó) 5 – De Pernambuco (Recife-Petrolina) 6 – De Alagoas (Maceió-Paulo Afonso) 7 – De Sergipe ( Aracaju-Juazeiro) 8 – Da Bahia (Salvador-Pôrto Nacional) 9 – Centro-Oeste ( Vitória-Mato Grosso) 10 – Do Estado do Rio de Janeiro (Entre Rios-Rezende) 11 – Do Estado de S. Paulo (Santos-Corumbá) 12 – Do Estado do Paraná ( Paranaguá-Iguaçu) 13 – Do Estado de Santa Catarina (Curitiba-Torres) H Do Estado do Rio Grande do Sul (Torres-Uruguiana) 15 – Do Sul de Mato Grosso (Pôrto 15 de Novembro-Pôrto Murtinho); c ) Ligações 1 – Recife-Salvador 2 – Rio de Janeiro-Belo Horizonte 3 – Belo Horizonte-São Paulo 4 – Rezende-Araraquara 5 – Vacaria-Passo Fundo 6 – Dourados-Ponta Porã". Cf. BRASIL. *Plano Nacional de Viação e Conselho Nacional de Transporte*. Rio de Janeiro: Comissão de Transportes, Comunicações e Obras Públicas, 1962, p. 52; BRASIL. *Planos de viação*: evolução histórica (1808-1973). Rio de Janeiro: Ministério dos Transportes. 1974, p. 149-150.

[178] BRASIL. *Plano Nacional de Viação e Conselho Nacional de Transporte*. Rio de Janeiro: Comissão de Transportes, Comunicações e Obras Públicas, 1962, p. 50-52; BRASIL. *Planos de viação*: evolução histórica (1808-1973). Rio de Janeiro: Ministério dos Transportes. 1974, p. 150.

[179] BRASIL. *Plano Nacional de Viação e Conselho Nacional de Transporte*. Rio de Janeiro: Comissão de Transportes, Comunicações e Obras Públicas, 1962, p. 52. Para um desdobramento da obra de cada uma das rodovias do plano vide: BRASIL. *Planos de viação*: evolução histórica (1808-1973). Rio de Janeiro: Ministério dos Transportes. 1974, p. 151-163.

cujo auge se deu entre 1944 e 1945 e que teve como principais atores Roberto Simonsen e Eugenio Gudin. Para a autora, embora tal controvérsia não tenha trazido grandes resultados práticos de planejamento, foi relevante no engendramento de novos mecanismos institucionais.[180]

Na visão de Alexandre Freitas Barbosa e Ana Paula Koury, o ano de 1946 no Brasil denota uma dicotomia: por um lado ocorre um interregno liberal com o governo de Eurico Gaspar Dutra (1946-51), por outro abrem-se novas potencialidades de gestão democrática no país, devido a uma intervenção decisiva e articulada da lógica desenvolvimentista.[181]

No que tange ao planejamento, o "Plano Salte" foi apresentado, no dia 10 de maio de 1948, pelo presidente Eurico Gaspar Dutra ao Congresso Nacional por meio da Mensagem Presidencial nº196, em seguida aprovado pela Lei nº 1.102, de 18 de maio de 1950, tendo como foco a resolução de quatro grandes questões: saúde (s), alimentação (al), transporte (t) e energia (e). O plano foi elaborado sob a direção do Dasp, através da indicação de seu diretor para ser o chefe da equipe responsável, composto de seis técnicos que se distribuíram de acordo com suas áreas de especialidade, além de grupos auxiliares de técnicos do governo federal e do Estado de São Paulo. Sem nenhuma eficácia executiva, o plano representou, conforme aduz Nelson Mello e Souza: "o mais espetacular desastre das tentativas de planificação no Brasil".[182]

---

[180] Nesse sentido aduz Diniz que: "Efetivamente, uma análise mais profunda revela que esse período se caracterizou por um amplo debate em torno da idéia de 'planificação nacional', através do qual confrontaram-se posições doutrinárias distintas e até contraditórias, como expressão das várias correntes representadas na estrutura do poder. Grande parte das propostas e projetos oriundos desta discussão não seriam postos em prática pelo embate de forças em confronto. Em conseqüência, os resultados concretos não tiveram maior significação. Entretanto, o saldo resultante, em termos das sugestões encaminhadas e dos órgãos criados, indica uma linha de orientação bastante definida do Governo federal, no sentido de estabelecer mecanismos de coordenação econômica, dando à intervenção do Estado na economia uma dimensão mais abrangente e integrada". Cf. DINIZ, Eli. *Empresário, Estado e Capitalismo no Brasil*: 1930-1945. Rio de Janeiro: Paz e Terra, 1978. p. 201.

[181] BARBOSA, Alexandre de Freitas; KOURY, Ana Paula. Rômulo Almeida e o Brasil desenvolvimentista (1946-1964): ensaio de reinterpretação. *Econ. Soc.* Campinas, v. 21, p. 1075-1076, dez. 2012.

[182] Conforme Nelson Mello e Souza "O Plano Salte, como plano, constituiu-se numa realidade puramente retórica, sem nenhuma eficácia executiva, sendo talvez o mais espetacular desastre das tentativas de planificação no Brasil. Não obstante, será possível indicar que a política econômica do período foi disciplinada pelo esforço racionalizador que gerou o Plano Salte. Sob esse ponto de vista, o Plano Salte cumpriu a função de auxiliar e precisar a consciência crítica do desenvolvimento, indicando os problemas e as opções possíveis. Cumpriu assim uma das três funções sociais gerais que Pierre Massé encontra para qualquer plano, independentemente de seu cumprimento ou não. O acompanhamento das decisões

Além do fracassado Plano Salte, no que refere aos transportes, o período circunscrito entre 1946 e 1950 possui dois pontos a serem destacados: o primeiro é a reinserção da questão do planejamento do setor em âmbito constitucional; e o segundo, que traremos em tópico apartado, é o I Plano Nacional de Viação de 1946.

Ao versar sobre o setor, a Constituição de 1946 é mais sucinta que a de 1937, porém, vale o destaque de três pontos em particular: o primeiro é o retorno da preocupação com o planejamento dos transportes que fora anteriormente estabelecido pela constituição de 1934 e não pela de 1937. Nesse sentido, no rol de competências estabelecidas à União, a carta destaca a necessidade de: "estabelecer o plano nacional de viação" (Art. 5º, X); o segundo é trazido pela constituição ao aduzir em seu título referente à ordem econômica e social que a navegação de cabotagem com finalidade ao transporte de mercadorias deveria ser competência privativa dos navios nacionais, exceto em caso de necessidade pública (art. 155);[183] e o terceiro ponto foi aquele trazido no Ato das Disposições Constitucionais Transitórias, que faz uma menção à necessidade de conclusão da rodovia Rio-Nordeste em dois anos (art. 32, ADCT).[184]

### 3.2.1 O I Plano Nacional de Viação

No ano de 1946, o Ministro da Viação e Obras Públicas Maurício Joppert da Silva, após estudos realizados na Câmara, propôs, por meio da Portaria nº 19, de 8 de janeiro de 1946, a constituição de uma Comissão com o fim de rever e atualizar o Plano Geral de Viação Nacional. A comissão era formada, além de Joppert, pelos engenheiros Álvaro Pereira de Souza Lima, Artur Pereira de Castilho, Edmundo Régis

---

da política econômica do período indica com clareza a influência desse esforço de meditar sobre os problemas econômicos do Brasil e suas causas, sintetizado no Plano Salte, embora sem seguir as suas metas qualitativas e os seus objetivos de inversão". Cf. SOUZA, Nelson Mello e. O planejamento econômico no Brasil: considerações críticas. *Rev. Adm. Pública*, Rio de Janeiro, v. 46, n. 6, p. 1671-1720, nov./dez. 2012, p. 1681. Uma breve menção ao que o Plano Salte buscou trazer aos transportes é postulada em MELLO, José Carlos. *Planejamento dos transportes*. São Paulo, McGrawHill do Brasil, 1975, p. 9-10. Vide também: LIMA NETO, O. *Transporte no Brasil*: história e reflexões. Brasília, DF: Empresa Brasileira de Planejamento de Transportes/GEIPOT. Recife: Editora Universitária da UFPE, 2001, p. 245.

[183] "Art 155 – A navegação de cabotagem para o transporte de mercadorias é privativa dos navios nacionais, salvo caso de necessidade pública. Parágrafo único – Os proprietários, armadores e comandantes de navios nacionais, bem como dois terços, pelo menos, dos seus tripulantes, devem ser brasileiros (art. 129, nº s I e II)."

[184] "Art 32 – Dentro de dois anos, a contar da promulgação deste Ato, a União deverá concluir a rodovia Rio-Nordeste."

Bittencourt, Jorge Leal Burlamaqui, Vinícius Cesar da Silva Berredo, José Pedro de Escobar, Gilberto Canedo de Magalhães, Vicente de Brito Pereira Filho e Benjamin do Monte, além do Coronel Francisco Jaguaribe Gomes de Matos, do Coronel Aviador Reinaldo Carvalho Filho, do Capitão de Fragata Fernando Carlos de Matos, do Major Adailton Sampaio Pirassununga e do Major Aviador Phídias Piá de Assis Távora. Participam, ainda, os titulares da Pasta de Viação, Edmundo Macedo Soares e Silva e Clóvis Pestana, sendo que o último foi o responsável por enviar a exposição de motivos do plano ao presidente da república Eurico Gaspar Dutra. A comissão, no dia 30 de outubro de 1947, elaborou um relatório que abrangia três tópicos: "a) exposição sôbre a necessidade de ser revisto o plano geral de 1934; b) apresentação do plano de 1946 e do projeto que o aprova; c) apresentação de projeto de lei criando o Conselho Nacional de Viação e Transporte".[185]

No que se refere aos motivos de sua elaboração, o novo plano reconhece a importância do Plano Geral de Viação Nacional para a sistematização do transporte brasileiro, em seu formato originário, mas ressalta que o formato inicial ao privilegiar os mesmos formatos de transportes para todo o país – ferroviário, rodoviário e fluvial – não abrange de forma satisfatória as regiões que passavam por um crescimento acelerado, nas quais coexistiam diversos meios de transportes.

O novo plano também critica o caráter genérico pelo qual o relatório do plano inicial tratou os troncos e ligações, sem destacar se era o caso de construir uma ferrovia ou uma rodovia. Além disso, o novo relatório julgou como ultrapassada a ideia de expressar a última como uma etapa para a primeira, pois houve grande avanço do modal rodoviário nos anos anteriores, demonstrado, por exemplo, pelo Plano Rodoviário Nacional de 1944. Sobre este último, houve, inclusive, a proposição de ser inserido na nova versão do Plano Nacional de Viação.[186]

A fim de corroborar a exposição de motivos, o relatório menciona algumas conclusões tomadas pelo II Congresso Brasileiro de Engenharia

---

[185] BRASIL. *Planos de viação:* evolução histórica (1808-1973). Rio de Janeiro: Ministério dos Transportes. 1974, p. 179; BRASIL. *Plano Nacional de Viação e Conselho Nacional de Transporte*. Rio de Janeiro: Comissão de Transportes, Comunicações e Obras Públicas, 1962, p. 56.

[186] Três trechos ferroviários tiveram a inclusão ao plano sugerida pelo relatório: o primeiro que ligaria Itanguá, Bonsucesso e Engenheiro Blei; o segundo que ligaria Barreto e Canguçu; e o terceiro formado por Colégio, Piranhas, Jatobá e Terra Nova. Vide: BRASIL. *Plano Nacional de Viação e Conselho Nacional de Transporte*. Rio de Janeiro: Comissão de Transportes, Comunicações e Obras Públicas, 1962, p. 57.

e Indústria que aconteceu, em 1946, no bojo do Clube de Engenharia. As cinco principais conclusões do congresso são:

> 1 – Que o Plano Geral de Viação Nacional (aprovado pelo Decreto nº 24.497, de 29 de junho de 1934) e o Plano Rodoviário Nacional (aprovado pelo Decreto nº 1.093, de 20 de março de 1944) sejam substituídos por um único: Plano Geral de Viação Nacional (P.G.V.N.);
> 2 – Que o P.G.V.N. procure coordenar os diversos meios de transporte mecânico, de forma a utilizar com eficiência suas diferentes características técnico-económicas, a fim de proporcionar ao país um sistema de transportes completo, rápido, seguro e pelo menor custo tarifário;
> (...)
> 11 – Que se faça com urgência o reaparelhamento completo das vias e meios de transporte e se fomente o desenvolvimento dos troncos principais de comunicação;
> 12 – Que se reserve para navegação fluvial e para as rodovias a Função pioneira de vias de penetração de superfície;
> (...)
> 18 – Que se desenvolva a navegação fluvial no sentido do melhor aproveitamento económico dos rios.[187]

Um ponto extremamente relevante, pela primeira vez postulado no relatório do plano de 1946, foi a inclusão da discussão sobre as rotas aéreas em sua dimensão da interligação territorial, ou seja, de que forma o plano poderia abranger de forma satisfatória o acesso aos aeroportos e a sua integração às rodovias, ferrovias e aquavias.[188]

Além disso, o relatório propõe o reaparelhamento das ferrovias afirmando que o grande problema da rede não era a sua extensão e sim o reequipamento de suas linhas e a harmonia entre essas e o sistema fluvial e rodoviário. Diante dessa questão de reaparelhar as ferrovias o plano dá foco à situação deficitária das estradas de ferro e relembra a conveniência na diminuição dos custos de produção. Nesse sentido, o relatório remete à necessidade de intensificar a densidade do tráfego, empregar eficientes e poderosas matérias de tração e melhorar, permanentemente, os traçados e as vias. O plano, em termos de integração

---

[187] BRASIL. *Plano Nacional de Viação e Conselho Nacional de Transporte*. Rio de Janeiro: Comissão de Transportes, Comunicações e Obras Públicas, 1962, p. 58; BRASIL. *Planos de viação: evolução histórica (1808-1973)*. Rio de Janeiro: Ministério dos Transportes. 1974, p. 180.

[188] BRASIL. *Plano Nacional de Viação e Conselho Nacional de Transporte*. Rio de Janeiro: Comissão de Transportes, Comunicações e Obras Públicas, 1962, p. 58-60; BRASIL. *Planos de viação: evolução histórica (1808-1973)*. Rio de Janeiro: Ministério dos Transportes. 1974, p. 183.

nacional, via de forma negativa a extensão das ferrovias às zonas menos povoadas, nas quais a produção era diminuta. Entendia que com essa expansão haveria um prejuízo em termos de densidade do tráfego. Deixa-se em segundo plano o uso de ferrovias como um meio político e administrativo de integração das populações que habitavam tais locais. Diante disso, a função da extensão das ferrovias, além das já existentes, seguia critérios excepcionais de cunho econômico e militar.[189]

No que se refere ao sistema fluvial, o relatório afirma que havia um abandono do setor e que era necessária a elaboração de um plano em que se aproveitasse o excedente. Nesse sentido, traz o relatório:

> É tempo, portanto, de incluir os nossos rios navegáveis no plano de viação nacional, não apenas como um aproveitamento esporádico, com a inclusão de pequenos trechos fluviais em grandes troncos rodo ou ferroviários, mas com a constituição progressiva de um verdadeiro sistema de navegação fluvial, de características próprias e que valha por si ou por si só seja capaz de prestar assinalados serviços.[190]

Na apresentação do plano de 1946 e do projeto de lei que o aprova, destacou-se que o programa de obras trazido pelo plano teria previsão de execução de 25 a 30 anos. O novo plano apresentava algumas continuidades e algumas inovações em comparação ao Plano Geral de Viação Nacional, que demonstraram coerência com as críticas elaboradas nos relatórios. Nesse sentido, no sistema ferroviário mantiveram-se as disposições do plano anterior, exceto no que tange à perspectiva de prolongamento da rede. Como inovação ao plano de 1934, tem-se a diferenciação por modal que se faz das construções, ou seja, após feitas as críticas ao caráter genérico do plano anterior, já na apresentação a comissão pontuou quais seriam os modais desta vez destacados. No que se refere ao modal rodoviário, o principal paradigma utilizado foi o Plano de 1944, já com as alterações a ele trazidos pelo Decreto-Lei nº 8.463, de 27 de dezembro de 1945 e com a adição[191]

---

[189] BRASIL. *Plano Nacional de Viação e Conselho Nacional de Transporte*. Rio de Janeiro: Comissão de Transportes, Comunicações e Obras Públicas, 1962, p. 59-60; BRASIL. *Planos de viação*: evolução histórica (1808-1973). Rio de Janeiro: Ministério dos Transportes. 1974, p. 182-183.

[190] BRASIL. *Plano Nacional de Viação e Conselho Nacional de Transporte*. Rio de Janeiro: Comissão de Transportes, Comunicações e Obras Públicas, 1962, p. 60; BRASIL. *Planos de viação*: evolução histórica (1808-1973). Rio de Janeiro: Ministério dos Transportes. 1974, p. 183.

[191] "As rodovias acrescidas ao plano de 1944, são as seguintes: Km Chuí-Pelotas 310 Aceguá-Bagé-S. Gabriel 210 Pelotas-Bagé-Livramento-Rosário do Sul-Uruguaiana 660 Florianópolis-Lage-Xapecó-Itapiranga 670 Fóz do Iguaçú-Pôrto Mendes 150 Ourinhos-Pôrto

e supressão¹⁹² de algumas rodovias que, somadas, acrescentavam 10.590 km ao plano de 1944.¹⁹³ No que tange ao sistema fluvial, foi utilizado como base o relatório elaborado por Jaguaribe Gomes de Matos, publicado na Revista do Clube de Engenharia,¹⁹⁴ que trazia um plano fluvial, denominado

---

Mendes 620 S. Paulo-Ourinhos- P. 15 de Novembro 780 Manilha-Est. do Rio-Petrópolis 50 Niterói-Campos-Vitória-São Estevão 1.600 Campos-Leopoldina-Juiz de Fora-Caxambú 470 Matão-Frutal 310 Rio Verde-Goiânia 260 São Estêvão-Aracajú 330 Pôrto Nacional-Bananal 310 Petrolândia-Parnamirim 210 Cruzeiros do Sul-Pucalpa 150 São Luís do Tapajós-BR 16 310 Peritoró-Pôrto Franco 520 Ícó-Piripiri 500 Arco Verde-Barra 160 Cajazeiras-Picos 360 Manáus-Caracaraí-Bôa Vista-Santa Helena 1.100 Macapá-Clevelândia-Oiapoque 580 Bôa Vista-Georgetown 150 10.770". (BRASIL. *Plano Nacional de Viação e Conselho Nacional de Transporte*. Rio de Janeiro: Comissão de Transportes, Comunicações e Obras Públicas, 1962, p. 60).

¹⁹² "A única suprimida foi: Vacaria-Passo Fundo, com 180 Km." (BRASIL. *Plano Nacional de Viação e Conselho Nacional de Transporte*. Rio de Janeiro: Comissão de Transportes, Comunicações e Obras Públicas, 1962, p. 60).

¹⁹³ BRASIL. *Plano Nacional de Viação e Conselho Nacional de Transporte*. Rio de Janeiro: Comissão de Transportes, Comunicações e Obras Públicas, 1962, p. 60.

¹⁹⁴ No ano de 1947 foi projetado por Jaguaribe de Matos um plano específico para a viação fluvial chamado de Plano Jaguaribe, ou Plano Nacional de Viação Fluvial. Tal plano, embora menos relevante do que os demais mencionados, deve ser aqui referenciado pois no relatório do Plano de Viação Nacional a comissão traz algumas recomendações baseadas em alterações que deveriam ser feitas no Plano Jaguaribe: "1 – Independentemente dos rios S. Francisco e Amazonas, para os quais a Constituição Brasileira já determina o integral aproveitamento e consigna para isso as necessárias verbas, devem os demais rios ser melhorados, obedecida a seguinte ordem de prioridade: aqueles que constituem limites internacionais, para facultar ao Brasil entrar na posse econômica de extensas regiões fronteiriças; aqueles que já facultem navegação permanente, constituindo o principal ou único meio de transporte da região; aqueles que atravessem mais de um Estado da União ou estabeleçam o sistema de comunicações com o interior do País; aqueles cuja importância econômica ou estratégica assim o justifiquem e os demais rios que já estejam integrados neste Plano, cogitando-se concomitantemente dos vários problemas correlatos para o aproveitamento integral do rio, tendo em vista, também, a irrigação das terras marginais, a defesa das populações ribeirinhas contra as inundações e o aproveitamento de energia hidráulica. 2 – O melhoramento a ser feito deverá ser progressivo e permanente, obedecendo, as várias fases do trabalho, à seguinte ordem: limpeza do leito e das margens, derrocamento de parceis, fixação das margens, balisamento, dragagem e, finalmente, regularização do rio e aparelhamento dos portos Fluviais. 3 – Deverá ser promovido o estudo intensivo e sistemático para a ligação entre as várias bacias hidrográficas, preferindo-se, desde que não haja outras considerações de caráter preferencial, as indicações constantes do plano geral diretor da navegação interior. 4 – Antes que êsse estudo para a ligação das várias bacias hidrográficas, por meio de vias navegáveis, possa vir a ficar concluído, deverá ser cogitada a construção de estradas de rodagem entre os limites de trechos navegáveis desses rios. 5 – Para os trabalhos preliminares de melhoramento dos rios, serão estabelecidas, em cada caso ou para cada trecho do rio, as características gerais para estabelecimento do canal de navegação, atendidos os interesses econômicos e as condições locais, devendo, porém, em quaisquer condições ser o calado limitado ao mínimo de 0.60 m, para qualquer calado do rio. 6 – Sob o ponto de vista da navegabilidade, as vias navegáveis do País devem ser, para um princípio de sistematização, classificadas em três categorias: as de terceira categoria, aquelas que oferecem possibilidade de navegação para embarcações com 0,60 m de calado: as de segunda categoria, aquelas que oferecem possibilidade de navegação para embarcações com 1,20 m de calado; e as de primeira categoria, aquelas que oferecem possibilidade de navegação para embarcações com 1,80 m de calado. 7 – Enquanto as várias condições a serem observadas para o melhoramento de um rio não estiverem fixadas, sòmente deverá ser permitida a sua navegação por novas

por ele de "linhas fluviais de base de um sistema brasileiro de viação". De acordo com esse plano, seriam formadas linhas fluviais de base por meio de troncos[195] e aquavias.[196]

Esse novo formato dos transportes que dá maior relevância ao modal rodoviário faz com que haja um substancial aumento na frota de veículos entre os anos 1946 e 1951:

Quadro 2 – Frota nacional de veículos cadastrados entre 1946 e 1951

| Ano | Total | Automóveis | Ônibus | Caminhões | Outros (1) |
|---|---|---|---|---|---|
| 1 946 | 219 385 | 114 739 | 8 022 | 6 455 | 90 169 |
| 1 947 | 271 593 | 140 499 | 13 407 | 8 477 | 109 210 |
| 1 948 | 338 079 | 169 317 | 17 243 | 8 876 | 142 643 |
| 1 949 | 386 111 | 193 274 | 21 157 | 10 051 | 161 629 |
| 1 950 | 409 486 | 200 744 | 25 774 | 10 966 | 172 002 |
| 1 951 | 510 612 | 262 529 | 16 144 | 21 695 | 210 244 |

Fonte: Quadro elaborado pelo autor com base em INSTITUTO BRASILEIRO DE GEOGRAFIA E ESTATÍSTICA. *Estatísticas históricas do Brasil*: séries econômicas, demográficas e sociais de 1550 a 1988. 2. ed. rev. e at. v. 3. Séries estatísticas retrospectivas. Rio de Janeiro: IBGE, 1990.

---

unidades que apresentem características compatíveis com as condições naturais do rio. 8 – Desde que sejam iniciados os melhoramentos sistemáticos das vias navegáveis, deverão ser estudadas e projetadas embarcações fluviais padrão, para todo rio ou trechos considerados, obedecidas as características das vias a que se destinarem. 9 – Essas embarcações padrão projetadas, e a cujo tipo deverão se subordinar tôdas as unidades que se destinarem às vias navegáveis consideradas, deverão ser, preferencialmente, de casco de ferro e movidas a motor Diesel ou caldeira queimando óleo". (Cf. BRASIL. *Plano Nacional de Viação e Conselho Nacional de Transporte*. Rio de Janeiro: Comissão de Transportes, Comunicações e Obras Públicas, 1962, p. 61-62). Sobre o Plano Jaguaribe vide: BRASIL. *Planos de viação*: evolução histórica (1808-1973). Rio de Janeiro: Ministério dos Transportes. 1974, p. 165-177.

[195] "1 – Tronco Paralelo Fluvial do Norte: rio Amazonas; 2 – Tronco Meridiano Fluvial de Oeste: rios Paraguai, Jauru – Canal intermediário – rios Guaporé e Mamoré – estrada de ferro Madeira Mamoré – rio Madeira; 3 – Tronco Meridiano Fluvial Centro Oeste: mesmo itinerário anterior até o Guaporé – rio Sararé – Canal intermediário – rios Juruema e Tapajós; 4 – Tronco Meridiano Fluvial Central: rios Paraguai, São Lourenço, Poguba, Cogueian – Canal intermediário – rios Garças, Araguaia e Tocantins; 5 – Tronco Meridiano Fluvial Centro Leste: Rio Grande (formador do Paraná) – Canal intermediário – rio São Francisco – rio Grande (afluente do S. Francisco) – rio Preto (afluente do rio Grande) – Canal intermediário passando na Lagoa do Veredão rios do Sono e Tocantins." (BRASIL. *Plano Nacional de Viação e Conselho Nacional de Transporte*. Rio de Janeiro: Comissão de Transportes, Comunicações e Obras Públicas, 1962, p. 61).

[196] Tais aquavias são: "decorrentes das ligações por meio de canais de partilha das bacias do São Francisco, Paranaíba e Maarim, e bem assim de outras interligações. Em anexo juntamos uma relação dos canais sugeridos" (BRASIL. *Plano Nacional de Viação e Conselho Nacional de Transporte*. Rio de Janeiro: Comissão de Transportes, Comunicações e Obras Públicas, 1962, p. 61).

No que tange ao modal ferroviário, tem-se que, no período circunscrito entre 1930 e 1949, não houve grande variação em sua extensão, em que pese, como vimos, tenha havido um processo de deterioração e posterior tentativa de reestruturação durante o pós-guerra. Nesse sentido, tem-se um pequeno acréscimo na malha ferroviária desde o ano de 1930, cuja quantidade era de 32.478 km para 35.970 km em 1949:[197]

Quadro 3 – Extensão em quilômetros da
malha ferroviária entre 1930 e 1949

| | |
|---|---|
| 1930 | 32.478 |
| 1931 | 32.764 |
| 1932 | 32.973 |
| 1933 | 33.074 |
| 1934 | 33.106 |
| 1935 | 33.331 |
| 1936 | 33.521 |
| 1937 | 34.095 |
| 1938 | 34.207 |
| 1939 | 34.204 |
| 1940 | 34.252 |
| 1941 | 34.283 |
| 1942 | 34.438 |
| 1943 | 34.769 |
| 1944 | 35.163 |
| 1945 | 35.280 |
| 1946 | 35.335 |
| 1947 | 35.451 |
| 1948 | 35.622 |
| 1949 | 35.970 |

Fonte: Quadro elaborado pelo autor com base em INSTITUTO BRASILEIRO DE GEOGRAFIA E ESTATÍSTICA. *Estatísticas históricas do Brasil*: séries econômicas, demográficas e sociais de 1550 a 1988. 2. ed. rev. e at. v. 3. Séries estatísticas retrospectivas. Rio de Janeiro: IBGE, 1990.

No que tange às navegações, a considerar os anos circunscritos entre 1930 e 1949, há um aumento no total de entradas e saídas de embarcações que, em 1930, eram de, respectivamente, 32.389 e 32.303 para, respectivamente, 35.072 e 35.045 em 1949, aumento este sustentado

---

[197] Um autor que destaca essa problemática do modal ferroviário é Lima Neto ao demonstrar que embora tenha havido um movimento no sentido de reestruturar as ferrovias brasileiras do pós-guerra, o que houve foi uma variação negativa dentre 1945 e 1950 tanto nas

sobretudo por um acréscimo nas entradas e saídas de navios nacionais que representavam ao todo, em 1930, respectivamente, 23.962 e 23.927 e passaram, em 1949, para, respectivamente, 27.238 e 27.215. Em contrapartida, houve no período uma diminuição do total de cargas transportadas (em 1.000 toneladas) cuja entrada era de 47.767 toneladas e a saída era de 47.453 toneladas em 1930 e, em 1949, era um total de 45.204 toneladas de entrada e 45.228 toneladas de saída:

Quadro 4 – Movimento das embarcações entre 1930 e 1949

| Anos | Número de embarcações | | | | | | Carga transportada (1.000 t) (1) | | | | | |
|---|---|---|---|---|---|---|---|---|---|---|---|---|
| | Entrada | | | Saída | | | Entrada | | | Saída | | |
| | Total | Nacionais | Estrangeiras | Total | Nacionais | Estrangeiras | Total | Nacionais | Estrangeiras | Total | Nacionais | Estrangeiras |
| 1930 | 32.389 | 23.962 | 8.427 | 32.303 | 23.927 | 8.376 | 47.767 | 19.091 | 28.676 | 47.453 | 19.047 | 28.406 |
| 1931 | 32.632 | 25.221 | 7.411 | 32.645 | 25.233 | 7.412 | 46.020 | 20.744 | 25.276 | 45.979 | 20.736 | 25.243 |
| 1932 | 30.073 | 24.158 | 5.915 | 30.049 | 24.144 | 5.905 | 41.161 | 19.217 | 21.944 | 41.141 | 19.220 | 21.921 |
| 1933 | 30.998 | 24.413 | 6.585 | 30.938 | 24.362 | 6.576 | 46.906 | 20.693 | 26.213 | 46.860 | 20.671 | 26.189 |
| 1934 | 30.251 | 23.842 | 6.409 | 30.262 | 23.838 | 6.424 | 44.531 | 18.425 | 26.106 | 44.572 | 18.418 | 26.154 |
| 1935 | 31.782 | 24.726 | 7.056 | 31.782 | 24.726 | 7.056 | 45.867 | 18.592 | 27.275 | 45.859 | 18.603 | 27.256 |
| 1936 | 34.998 | 27.759 | 7.239 | 34.963 | 27.733 | 7.230 | 50.158 | 22.034 | 28.124 | 50.070 | 21.980 | 28.090 |
| 1937 | 34.083 | 26.693 | 7.390 | 34.063 | 26.695 | 7.368 | 50.038 | 20.876 | 29.162 | 49.949 | 20.869 | 29.080 |
| 1938 | 35.882 | 28.316 | 7.566 | 35.873 | 28.308 | 7.565 | 51.258 | 21.000 | 30.258 | 51.266 | 20.993 | 30.273 |
| 1939 | 33.347 | 26.531 | 6.816 | 33.299 | 26.514 | 6.785 | 46.633 | 20.286 | 26.347 | 46.506 | 20.250 | 26.256 |
| 1940 | 34.710 | 29.986 | 4.724 | 34.704 | 29.980 | 4.724 | 36.671 | 22.183 | 14.488 | 36.649 | 22.134 | 14.515 |
| 1941 | 33.810 | 29.585 | 4.225 | 33.769 | 29.544 | 4.225 | 29.283 | 20.200 | 9.083 | 29.340 | 20.225 | 9.115 |
| 1942 | 29.543 | 26.204 | 3.339 | 29.497 | 26.174 | 3.323 | 19.529 | 14.795 | 4.734 | 19.441 | 14.752 | 4.689 |
| 1943 | 28.255 | 24.742 | 3.513 | 28.235 | 24.715 | 3.520 | 15.676 | 9.097 | 6.579 | 15.668 | 9.092 | 6.576 |
| 1944 | 28.407 | 25.188 | 3.219 | 28.439 | 25.219 | 3.220 | 14.481 | 8.870 | 5.611 | 14.496 | 8.904 | 5.592 |
| 1945 | 27.621 | 24.235 | 3.386 | 27.611 | 24.264 | 3.347 | 16.109 | 9.636 | 6.473 | 16.023 | 9.613 | 6.410 |
| 1946 | 32.941 | 27.983 | 4.958 | 32.825 | 27.911 | 4.914 | 24.879 | 11.895 | 12.984 | 24.704 | 11.889 | 12.815 |
| 1947 | 31.818 | 26.065 | 5.753 | 31.815 | 26.064 | 5.751 | 30.791 | 13.056 | 17.735 | 30.681 | 13.011 | 17.670 |
| 1948 | 35.267 | 27.889 | 7.378 | 35.157 | 27.755 | 7.402 | 44.432 | 18.374 | 26.058 | 44.409 | 18.299 | 26.110 |
| 1949 | 35.072 | 27.238 | 7.834 | 35.045 | 27.215 | 7.830 | 45.204 | 17.281 | 27.923 | 45.228 | 17.335 | 27.893 |

Fonte: Quadro elaborado pelo autor com base em INSTITUTO BRASILEIRO DE GEOGRAFIA E ESTATÍSTICA. *Estatísticas históricas do Brasil*: séries econômicas, demográficas e sociais de 1550 a 1988. 2. ed. rev. e at. v. 3. Séries estatísticas retrospectivas. Rio de Janeiro: IBGE, 1990.

locomotivas que foram reduzidas de 3.954 em 1945 para 3.014 em 1950 como dos vagões que se reduziram de 53.945 para 47.467 no mesmo período. A variação positiva se deu na extensão que passou de 35.280 km para 36.681. Cf. LIMA NETO, O. *Transporte no Brasil*: história e reflexões. Brasília, DF: Empresa Brasileira de Planejamento de Transportes/GEIPOT. Recife: Editora Universitária da UFPE, 2001, p. 267.

No que tange ao modal aeroviário, há um substancial aumento em todos os indicadores a considerar o lapso temporal entre 1930 e 1949. Vale ressaltar dentre tais aspectos o aumento da quantidade de cargas transportadas, que era de 10 toneladas em 1930 e passa a 31.261 toneladas em 1949, e de pessoas transportadas (considerando o número de passageiros por milhares de quilômetros) que, no ano de 1937, era de 31.136 por km e passa a um total de 690.341 por km em 1949:

Quadro 5 – Aspectos gerais do tráfego aéreo, doméstico e internacional das empresas regulares nacionais entre 1930 e 1949

| Anos | Horas voadas | Percurso realizado (1.000 km) | Transporte efetivo | | | | Transporte quilométrico | | | |
|---|---|---|---|---|---|---|---|---|---|---|
| | | | Passageiros (milhares) | Bagagens (t) | Correio (t) | Carga (t) | Passageiros (milhares/km) | Bagagens (1.000 t/km) | Correio (1.000 t/km) | Carga (1.000 km) |
| 1930 | 12.013 | 1.708 | 5 | 24 | 32 | 10 | ... | ... | ... | ... |
| 1931 | 12.097 | 1.855 | 5 | 47 | 48 | 22 | ... | ... | ... | ... |
| 1932 | 14.167 | 2.200 | 9 | 102 | 68 | 130 | ... | ... | ... | ... |
| 1933 | 15.241 | 2.445 | 13 | 145 | 75 | 113 | ... | ... | ... | ... |
| 1934 | 20.075 | 3.380 | 18 | 213 | 74 | 143 | ... | ... | ... | ... |
| 1935 | 21.080 | 3.720 | 26 | 325 | 72 | 162 | ... | ... | ... | ... |
| 1936 | 24.441 | 4.689 | 35 | 478 | 119 | 153 | ... | ... | ... | ... |
| 1937 | 23.238 | 4.651 | 55 | 665 | 119 | 164 | 31.136 | 454 | 217 | 164 |
| 1938 | 24.721 | 5.083 | 57 | 758 | 132 | 254 | 28.857 | 462 | 219 | 217 |
| 1939 | 23.362 | 4.819 | 63 | 832 | 100 | 345 | 31.558 | 495 | 115 | 269 |
| 1940 | 26.426 | 5.334 | 78 | 1.131 | 136 | 489 | 45.065 | 768 | 166 | 388 |
| 1941 | 30.689 | 6.653 | 90 | 1.345 | 165 | 615 | 52.804 | 938 | 216 | 534 |
| 1942 | 40.717 | 9.466 | 106 | 1.670 | 174 | 857 | 70.976 | 1.293 | 237 | 1.198 |
| 1943 | 58.873 | 14.064 | 150 | 2.511 | 349 | 2.610 | 117.758 | 2.202 | 507 | 3.416 |
| 1944 | 71.413 | 17.333 | 219 | 3.434 | 643 | 2.998 | 179.159 | 3.162 | 812 | 3.695 |
| 1945 | 82.146 | 19.652 | 263 | 3.956 | 504 | 4.178 | 207.105 | 3.627 | 564 | 5.350 |
| 1946 | 128.461 | 32.140 | 512 | 7.228 | 426 | 6.614 | 395.150 | 7.196 | 705 | 8.401 |
| 1947 | 187.163 | 47.046 | 787 | 10.185 | 448 | 11.396 | 565.689 | 9.929 | 893 | 13.685 |
| 1948 | 217.379 | 53.200 | 1.001 | 12.043 | 610 | 20.888 | 676.591 | 12.165 | 1.233 | 18.673 |
| 1949 | 249.264 | 60.589 | 1.317 | 15.316 | 665 | 31.261 | 690.341 | 13.234 | 1.174 | 22.823 |

Fonte: Quadro elaborado pelo autor com base em INSTITUTO BRASILEIRO DE GEOGRAFIA E ESTATÍSTICA. *Estatísticas históricas do Brasil*: séries econômicas, demográficas e sociais de 1550 a 1988. 2. ed. rev. e at. v. 3. Séries estatísticas retrospectivas. Rio de Janeiro: IBGE, 1990.

Em síntese, durante as décadas de 1930 e 1940, três foram os planos relevantes ao setor de transportes: o Plano Geral de Viação Nacional (1934), o Plano Rodoviário Nacional (1944) e o Plano Geral de Viação (1946). O período destacou-se por seu contexto de alteração da dinâmica nacional, visto a internalização dos centros decisórios pós-revolução de 1930 e maior intervenção estatal. Nele, há um aumento substancial nos indicadores de três dos quatro modais de transportes: o modal rodoviário, tendo em vista a paulatina transição de um papel subsidiário a um papel de prevalência do setor, visto sobretudo a degradação das ferrovias decorrentes da inserção nacional na 2ª Guerra Mundial; o modal aeroviário; e o modal hidroviário, representado aqui pela movimentação das embarcações. O único contraponto do período é o modal ferroviário, que aos poucos devido aos fatores estruturais já delineados vai tomando contornos de subsidiariedade.

### 3.2.2 A Comissão Mista Brasil-Estados Unidos (CMBEU) e os Transportes

Em julho de 1951, superando aquela visão direcionada ao planejamento de curto prazo, presente no Plano Salte e na Missão Abbink,[198] é criada por Raul Fernandes a Comissão Mista Brasil-Estados Unidos (CMBEU). De acordo com o Relatório da CMBEU, a finalidade dos trabalhos era a elaboração de um programa de investimentos conducente

---

[198] A Missão Abbink, posteriormente chamada de Missão Abbink-Bulhões (em razão de o comando da missão ter sido assumido por John Abbink e o governo brasileiro ter designado Octávio Gouveia de Bulhões para sua coordenação), nasceu em 1946 e teve como principal documento seu relatório que trazia uma política industrial, que dava prevalência ao setor privado. A ênfase do relatório era o controle inflacionário e uma política rígida de expansão de crédito, além da ideia de criar um banco privado de investimento. Luciano Martins denota uma característica de obscuridade para a missão, porém a versão mais corriqueira é a de que o governo norte-americano buscava diminuir as ressalvas feitas, sobretudo, por parcela dos industriais brasileiros que, liderados por Roberto Simonsen, faziam duras críticas aos Estados Unidos, por dar privilégios à Europa, com o Plano Marshall. MARTINS, Luciano. *Estado capitalista e burocracia no Brasil pós-64*. 2. ed. Rio de Janeiro: Paz e Terra, 1985, p. 366. Vide também: LIMA NETO, O. *Transporte no Brasil*: história e reflexões. Brasília, DF: Empresa Brasileira de Planejamento de Transportes/GEIPOT. Recife: Editora Universitária da UFPE, 2001, p.245-246. O relatório tinha um cunho monetarista e recebeu fortes críticas de parcela dos economistas, comandados por Rômulo Almeida, que criticavam o seu caráter contracionista. Essa crítica foi ampliada pelos trabalhos da Cepal que afirmaram que esse tipo de política retarda o processo de desenvolvimento econômico e não combate as verdadeiras causas da inflação que eram de cunho estrutural. TAVARES, Maria da Conceição *et al*. As Origens do Banco Nacional de Desenvolvimento Econômico (BNDE) 1952-1955. *Memórias do Desenvolvimento*, Rio de Janeiro, a. 4, n. 4, set. 2010, p. 15-16.

a eliminar os obstáculos mais graves ao desenvolvimento econômico do Brasil.[199] Em sua delegação advinda dos Estados Unidos, estavam presentes técnicos especialistas em transportes ferroviários, marítimos e fluviais, além daqueles direcionados às questões relativas à energia elétrica, metalurgia, construção naval, indústrias básicas e agricultura, geralmente vinculados ao Departamento de Estado e às empresas estadunidenses.[200]

No período entre julho de 1951 e julho de 1953, em decorrência do diagnóstico do Plano Abbink-Bulhões, a CMBEU estabeleceu como prioritários alguns projetos setoriais que tivessem a possibilidade de financiamento por instituições internacionais. Dentre esses projetos, ao todo, 41 foram aprovados, representando um montante previsto de dispêndio de $392 milhões de dólares. Desse montante, 56% dos investimentos foram para o setor de transportes, 33% para a energia elétrica, 6% para a agricultura e 5% para as indústrias básicas e armazenagem.[201]

Em decorrência desse investimento de mais da metade do montante financeiro realizado pela comissão aos transportes, dos 41 projetos elaborados pela CMBEU, 34 eram voltados ao setor. Nesse sentido, destacaram-se o projeto da Estrada de Ferro Central do Brasil, na linha do Centro e ramal de São Paulo, além dos trens suburbanos; a modernização dos engates e freios e a compra de novos vagões para a Estrada de Ferro Santos-Jundiaí e para a Companhia Paulista de Estradas de Ferro. Novas linhas de bitola estreita para a Rede Mineira de Viação; para a Estrada de Ferro Leopoldina; para a Estrada de Ferro Goiás; para a Rede Ferroviária do Nordeste; para a Estrada de Ferro Sampaio Corrêa; e, também, para a mencionada Estrada de Ferro Central do Brasil. Além disso, foram propostos os projetos gerais das Estradas de Ferro do Norte e do Nordeste; da Estrada de Ferro São Luís-Teresina; da Estrada de Ferro Central do Piauí; da Rede de Viação Cearense; da

---

[199] BELLUZZO, Luiz Gonzaga et al. Relatório da Comissão Mista Brasil-Estados Unidos. *Memórias do Desenvolvimento*. Rio de Janeiro, a. 2, n. 2, 2008, p. 285; BASTOS, Pedro Paulo Zahluth. Ascensão e crise do projeto nacional-desenvolvimentista de Getúlio Vargas. In: BASTOS, Pedro Paulo Zahluth; FONSECA, Pedro Cezar Dutra. (orgs.) *A Era Vargas*: desenvolvimentismo, economia e sociedade. São Paulo: Editora Unesp, 2012, p. 404.

[200] TAVARES, Maria da Conceição et al. As Origens do Banco Nacional de Desenvolvimento Econômico (BNDE) 1952-1955. *Memórias do Desenvolvimento*, Rio de Janeiro, a. 4, n. 4, set. 2010, p. 19.

[201] TAVARES, Maria da Conceição et al. As Origens do Banco Nacional de Desenvolvimento Econômico (BNDE) 1952-1955. *Memórias do Desenvolvimento*, Rio de Janeiro, a. 4, n. 4, setembro 2010, p. 19-20.

Estrada de Ferro Mossoró; da Viação Férrea Federal Leste Brasileiro; da Estrada de Ferro Nazaré; da Estrada de Ferro Noroeste do Brasil; da Rede de Viação Paraná-Santa Catarina; da Viação Férrea do Rio Grande do Sul; da Estrada de Ferro Sorocabana; da Companhia Mogiana de Estradas de Ferro; e da Estrada de Ferro Araraquara.[202]

Além dos mencionados projetos, com maior foco às ferrovias, a CMBEU também arrolou propostas para os demais modais, como a aquisição de equipamento rodoviário para o Departamento de Estradas de Rodagem do Estado do Rio de Janeiro e para o Departamento de Estradas de Rodagem do Estado do Paraná. A aquisição de equipamentos para o Porto do Rio de Janeiro e de aparelhamento para o Porto de Santos. A aquisição de dragas para melhoramentos de 14 portos brasileiros. E, por fim, o reaparelhamento da Frota de Cabotagem Governamental, da Companhia Comércio e Navegação, do Serviço de Navegação da Bacia do Prata e do Estaleiro da Ilha do Viana.[203]

Embora relevantes os projetos da Comissão Mista, dos $392 milhões de dólares previstos de dispêndio, apenas $185 milhões de dólares foram efetivamente investidos. Desse montante, em que pese a prevalência dos transportes nos projetos, 55% foram destinados ao setor de energia elétrica, 22% para as ferrovias e 12% para as rodovias.[204]

Essa não concretização das propostas da CMBEU aos transportes foi um marco que antecedeu um novo formato de planejamento do setor. A partir do governo de Juscelino Kubitschek, houve no âmbito do planejamento uma alteração substancial que também refletiu nos transportes. Antes de Kubitschek, os transportes apareciam abarcados por planos setoriais e subsetoriais esparsos, que demonstraram relativo sucesso a partir de 1930, sobretudo pelo contexto de maior intervenção estatal na promoção da infraestrutura, porém, foi a partir de 1950, mais especificamente de 1955, com o Plano de Metas de Juscelino Kubitschek,

---

[202] TAVARES, Maria da Conceição et al. As Origens do Banco Nacional de Desenvolvimento Econômico (BNDE) 1952-1955. *Memórias do Desenvolvimento*, Rio de Janeiro, a. 4, n. 4, set. 2010, p. 26; MELLO, José Carlos. *Planejamento dos transportes*. São Paulo, McGrawHill do Brasil, 1975, p. 11-12.

[203] TAVARES, Maria da Conceição et al. As Origens do Banco Nacional de Desenvolvimento Econômico (BNDE) 1952-1955. *Memórias do Desenvolvimento*, Rio de Janeiro, a. 4, n. 4, set. 2010, p. 26-27; MELLO, José Carlos. *Planejamento dos transportes*. São Paulo, McGrawHill do Brasil, 1975, p. 12.

[204] TAVARES, Maria da Conceição et al. As Origens do Banco Nacional de Desenvolvimento Econômico (BNDE) 1952-1955. *Memórias do Desenvolvimento*, Rio de Janeiro, a. 4, n. 4, set. 2010, p. 32-33.

que surge um projeto de país visto de forma concatenada, em que os transportes cumpriam uma função a um todo.

Diante disso, o presente trabalho, no seguinte tópico, tem o objetivo de explicar de que forma o transporte se colocou no Plano de Metas de Kubitschek, a fim de compreender em termos comparativos com o período que o antecedeu a diferença entre os efeitos de um setor ser visualizado por meio de um plano, de forma autônoma,[205] e de ser verificado como a parte de um organismo maior que propõe um projeto integrado ao país.

## 3.3 Os transportes no Plano de Metas de Juscelino Kubitschek

Em 1955, Juscelino Kubitschek assume a presidência, eleito pelo Partido Social Democrático com um programa de governo que não tinha um caráter totalmente inovador e trazia muito da política desenvolvimentista de Getúlio Vargas do início da década de 1950.[206] Não obstante essa não ruptura com os programas do governo Vargas, Kubitschek gerou um grande aporte de investimentos na infraestrutura e indústria pesada, além de estimular a iniciativa privada interna e externa a investir no crescimento, tendo em corolário uma maior participação do Estado na economia.[207]

Ricardo Silva, ao tratar sobre o Plano de Metas, ressalta a influência da teoria desenvolvimentista para sua implantação, colocando o Estado como idealizador das alterações sociais:

> Viveu-se nesses anos – que coincidiram em boa parte com o período de Governo de Juscelino Kubitschek – o momento de auge do desenvolvimentismo, ideologia que nucleou o debate técnico e político entre as elites autodeclaradas comprometidas com a "construção da nação". O desenvolvimentismo forneceu a base (sobretudo durante Kubitschek)

---

[205] Problema hoje cometido pelos pensadores da educação, por exemplo, que analisam o Plano Nacional de Educação sem visualizá-lo de forma concatenada aos outros setores econômicos.

[206] Vide: DRAIBE, Sônia. *Rumos e metamorfoses*: um estudo sobre a constituição do Estado e as alternativas da industrialização no Brasil (1930-196. Rio de Janeiro: Paz e Terra, 1985, p. 192-209; LAFER, Celso. *JK e o Programa de Metas (1956-61)*: processo de planejamento e sistema político no Brasil. Rio de Janeiro: Editora FGV, 2002, p. 81-83.

[207] TAVARES, Maria da Conceição et al. As Origens do Banco Nacional de Desenvolvimento Econômico (BNDE) 1952-1955. *Memórias do Desenvolvimento*, Rio de Janeiro, a. 4, n. 4, set. 2010, p. 45-69.

para a organização do discurso e, em boa medida, das práticas das autoridades governamentais.[208]

Maria Victória Benevides afirma que o plano incorpora aspectos de planos anteriores, sobretudo os estudos da Comissão Mista Brasil-Estados Unidos (desde 1951) e do grupo CEPAL-BNDE (desde 1952).[209] Gilberto Bercovici também ressalta os dois grupos de estudos como relevantes para a elaboração do plano, desdobrando que: o primeiro estimulava a ideia de um planejamento setorial propondo a transformação dos pontos de estrangulamento em pontos de crescimento por meio de investimentos que ocasionassem a expansão econômica para o restante do sistema, cabendo ao Estado definir as prioridades e concentrar inversões em programas concretos e detalhados; já o Grupo Misto CEPAL-BNDE, comandado por Celso Furtado, foi o que teve maior relevância, em decorrência de seu diagnóstico global da economia brasileira. Entretanto, seu programa que demonstrava maior inovação – o planejamento global da economia – não foi implementado.[210]

O período do governo Kubitschek (1956-1960) foi nevrálgico para a estruturação do capitalismo nacional, pois o Estado investiu em infraestrutura e indústria pesada, estimulou a iniciativa privada nacional e estrangeira e ampliou a participação do capital privado nacional na geração do excedente econômico. O crescimento médio do período foi intenso: de 1957 a 1961 a expansão média foi de 8,3% no setor agrícola e o crescimento foi de 5,8% ao ano. A indústria alcançou 10,8% de crescimento médio anual, atingindo, em 1958, 16,2% de crescimento. Em 1º de fevereiro de 1956, Juscelino Kubitschek criou o Conselho do Desenvolvimento, subordinado à Presidência da República, que buscava formular e executar um plano de desenvolvimento.[211]

---

[208] SILVA, Ricardo. Planejamento econômico e crise política: do esgotamento do plano de desenvolvimento ao malogro dos programas de estabilização. *Revista Sociologia Política*, Curitiba, n. 14, jun. 2000, p. 78.

[209] BENEVIDES, Maria Victória de Mesquita. *O Governo Kubitschek*: desenvolvimento econômico e estabilidade política – 1956-1961. 3. ed. Rio de Janeiro: Paz e Terra, 1979, p. 210.

[210] BERCOVICI, Gilberto. *Constituição econômica e desenvolvimento*: uma leitura a partir da Constituição de 1988. São Paulo: Editora Malheiros, 2005, p.71-72.

[211] SILVA, Ricardo. Planejamento econômico e crise política: do esgotamento do plano de desenvolvimento ao malogro dos programas de estabilização. *Revista Sociologia Política*, Curitiba, n. 14, jun. 2000, p. 78-79. Vide também BERCOVICI, Gilberto. *Constituição econômica e desenvolvimento*: uma leitura a partir da Constituição de 1988. São Paulo: Malheiros, 2005, p.73-74. Sobre a relevância do BNDE para o financiamento do Plano de Metas vide: TAVARES, Maria da Conceição *et al*. O Plano de Metas e o papel do BNDE. *Memórias do Desenvolvimento*, Rio de Janeiro, a. 4, n. 4, set. 2010, p. 45-88. Sobre os financiamentos

Celso Lafer afirma que embora a partir da década de 1940 diversas tentativas de coordenação, controle e planejamento da economia brasileira tenham surgido, até 1956 o que havia eram *propostas*, como o caso do relatório Simonsen (1944-1945); *diagnósticos*, como a Missão Cooke (1942-1943) ou a Missão Abbink (1948); *esforços no sentido de racionalizar o processo orçamentário* como o Plano Salte (1948); ou *medidas puramente setoriais* como os casos do petróleo ou do café. Planejamento propriamente dito para Lafer surgiu apenas com o Plano de Metas de Kubitschek.[212]

A política que seria desenvolvida no Plano de Metas consistia em 30 metas que deveriam ser atingidas durante o mandato presidencial, sendo que algumas foram estipuladas para serem estendidas aos governos posteriores, o que de fato ocorreu. Dentre os objetivos do plano, constava-se o delineamento de uma infraestrutura de integração do sistema industrial, que primordialmente era concentrada no eixo Rio de Janeiro-São Paulo-Minas Gerais. Os três setores mais favorecidos pelo plano foram: energia, com cinco metas; transportes, que contava com sete metas; e indústrias de base, com onze metas.[213] Porém,

---

especificamente às ferrovias: LACERDA, Sander Magalhães. O transporte ferroviário de cargas. *In*: SÃO PAULO, Elizabeth Maria de; KALACHE FILHO, Jorge (Org.). *Banco Nacional de Desenvolvimento Econômico e Social 50 anos*: histórias setoriais. Rio de Janeiro: Dba, 2002, p. 349-363.

[212] LAFER, Celso. O Planejamento no Brasil: observações sobre o Plano de Metas (1956-1961). *In*: LAFER, Betty Mindlin (org.). *Planejamento no Brasil*. 3. ed. São Paulo: Perspectiva, 1975, p. 29-30.

[213] No documento *Por que construí Brasília* Juscelino Kubitschek explica a lógica para a escolha dessa distribuição para as metas: "Mendés-France afirmou que governar é escolher. De fato, é o sentido das opções feitas que indica a profundidade de uma obra administrativa. Diante de mim, abriam-se inúmeros caminhos, pois que, no Brasil, quase tudo estava por ser feito. Daí a razão por que procurei agir com cautela, selecionando os setores com absoluta isenção. Assim equacionei os problemas brasileiros no complexo estrutural triangular, configurado pelos setores: indústria, transportes e comunicações. Teria de desencadear forças ou impulsos capazes de acelerar o progresso, e essas forças só poderiam provir dos pólos de desenvolvimento, que seriam as siderúrgicas, as centrais elétricas e a extensa rede de estradas, criadoras do indispensável módulo da industrialização. Ao lado dessas providências, porém, teria de forçar uma migração interna, de forma a obter uma melhor distribuição da camada populacional. Em vez de densas concentrações na faixa litorânea, melhor seria que se forçasse um deslocamento das massas para o interior, através de incentivos relacionados com a melhoria dos padrões de vida no Planalto Central. A ideia teria um duplo significado: imporia uma correção aos desvios do processo evolutivo e representaria uma nova força posta à disposição da integração nacional." Cf. OLIVEIRA, Juscelino Kubitschek de. *Por que construí Brasília*. Brasília: Senado Federal, Conselho Editorial, 2000, p. 81-82.

o plano também compreendeu a alimentação, que tinha seis metas;[214] e a educação, com uma. Além disso, a construção de Brasília era considerada uma meta síntese.[215] Durante o plano, o Banco Nacional de Desenvolvimento Econômico assumiu grande relevância na sua formulação e execução. Presenciou-se uma vinculação do banco ao Conselho de Desenvolvimento, demonstrando-se inclusive uma subordinação em determinados momentos.[216]

Para a execução do plano, houve a articulação de alguns órgãos do governo, sobretudo o BNDE, o Banco do Brasil (Cacex), a Sumoc, grupos executivos, o Conselho de Política Aduaneira, criado pela legislação tarifária de 1957, o Conselho do Desenvolvimento e o próprio Presidente da República. Nesse período, o BNDE colocava-se como principal fonte de investimentos: entre os anos de 1956 e 1960, o BNDE contribuiu com aproximadamente Cr$14 bilhões, advindos do Fundo de Reaparelhamento Econômico e com Cr$22 bilhões, advindos do Fundo Federal de Eletrificação. No que tange à questão regional, nos anos 1950, houve maior centralização do processo de industrialização no eixo Rio de Janeiro-São Paulo-Minas Gerais. Nem sequer a alteração da capital federal para Brasília amenizou essa concentração. Ainda com relação à questão regional, o BNDE criou o Grupo de Trabalho para o Desenvolvimento do Nordeste (GTDN), do qual Celso Furtado e Aluízio Campos ficaram encarregados. Com a criação da Superintendência do Desenvolvimento do Nordeste (SUDENE), o papel do BNDE – que nessa região seria determinado por meio de um Plano Diretor Plurianual – foi minimizado, pois essa Superintendência ficou encarregada das políticas de fomento referentes à redução das desigualdades entre as regiões geoeconômicas do país. Em síntese, mesmo com a criação da SUDENE

---

[214] As metas para a alimentação possuíam reverberações em questões de saúde pública. Sobre essas reverberações, vide: HOCHMAN, Gilberto. "O Brasil não é só doença": o programa de saúde pública de Juscelino Kubitschek. *Hist. Cienc. Saúde-Manguinhos*, Rio de Janeiro, v. 16, supl. 1, jul. 2009, p. 313-331.

[215] De acordo com Lima Neto: "Tal meta-síntese justificaria os investimentos no setor rodoviário, que seria escolhido como modo de transporte mais capaz para assegurar, em tempo hábil, as ligações das demais regiões do País com Brasília, provocando a integração e o desenvolvimento do interior." Cf. LIMA NETO, O. *Transporte no Brasil*: história e reflexões. Brasília, DF: Empresa Brasileira de Planejamento de Transportes/GEIPOT. Recife: Editora Universitária da UFPE, 2001, p. 250.

[216] TAVARES, Maria da Conceição *et al*. O Plano de Metas e o papel do BNDE. *Memórias do Desenvolvimento*, Rio de Janeiro, a. 4, n. 4, set. 2010, p. 45-88.

que representou um avanço, Juscelino Kubistchek não conseguiu uma maior descentralização dos investimentos nas demais regiões do país.[217]

Em que pese a base legislativa da integração do setor dos transportes remonte seu início à década de 1930, foi no plano de metas de Juscelino Kubitschek, conforme destacamos anteriormente, que se deu maior relevo à questão do planejamento. À época, a política de transportes era competência do Ministério da Viação e Obras Públicas, que possuía assessoramento do Departamento Nacional de Estradas de Rodagem (DNER), do Departamento Nacional de Estradas de Ferro (DNEF), do Departamento Nacional de Portos e Vias Navegáveis (DNPVN), da Comissão da Marinha Mercante (CMM) e do Departamento de Aviação Civil (DAC).[218]

Conforme já mencionado, sete dentre as metas do plano de Juscelino eram voltadas ao transporte. As metas relativas ao transporte eram aquelas dispostas entre as metas 6 e 12 do plano. Já se considera aqui a inclusão trazida pelo artigo 20 da Lei nº 2.975, de 27 de janeiro de 1956, referente ao Imposto Único sobre Combustíveis e Lubrificantes Líquidos e Gasosos, que aprovou a título provisório um Plano Ferroviário Nacional e um Plano Rodoviário Nacional, ambos incluídos no Plano de Metas.

A primeira delas buscava o "Reaparelhamento das ferrovias, com aquisição de 11.000 vagões, 900 carros de passageiros, 420 locomotivas modernas e 850.000 toneladas de trilhos novos". A meta objetivava aumentar a intensidade de tráfego nas ferrovias brasileiras, logrando o índice de eficiência de 0,4 milhões de Tkm,[219] e tinha cotado como

---

[217] TAVARES, Maria da Conceição et al. O Plano de Metas e o papel do BNDE. *Memórias do Desenvolvimento*, Rio de Janeiro, a. 4, n. 4, set. 2010, p. 45-88. Vide também BERCOVICI, Gilberto. *Desigualdades Regionais, Estado e Constituição*. São Paulo: Max Limonad, 2003, p. 83-95.

[218] GOULARTI FILHO, Alcides. Estado, transportes e planejamento no Brasil: a atuação do GEIPOT na formulação de políticas públicas para os transportes. *G&DR*, Taubaté, v. 12, n. 3, set./dez. 2016, p. 230. Vale aqui a menção a Lima Neto que afirma serem dois os fatores que levaram profundas alterações na economia entre 1956 e 1960 de modo a gerar um desenvolvimento definitivo do Sistema Rodoviário Nacional: "a) implantação da indústria automobilística.; e b) a construção de Brasília. A obediência ao programa de nacionalização progressiva na implantação da indústria automobilística em muito contribuiu para o avanço de nosso processo de industrialização". (LIMA NETO, O. *Transporte no Brasil*: história e reflexões. Brasília, DF: Empresa Brasileira de Planejamento de Transportes/GEIPOT. Recife: Editora Universitária da UFPE, 2001, p. 259).

[219] Tkm é a abreviação de tonelada-quilômetro, que é uma unidade de medida do transporte de mercadorias que representa o transporte de uma tonelada de mercadorias (incluindo embalagens e pesos tara de unidades de transporte intermodal) por um determinado modo de transporte (rodoviário, ferroviário, aéreo e marítimo), vias navegáveis interiores,

dispêndio total 37.359.000.000 de cruzeiros. No ano de 1955, as ferrovias brasileiras somavam 37.000 km em linhas e transportava 11.340.000.000 de t/km. O índice de eficiência, à época, era de 0,3 milhões de Tkm e 78,9% das linhas eram centralizadas na União. Nessas condições, o déficit global, naquele ano, era de 6.000.000.000 de cruzeiros.[220]

Dentre dezembro de 1955 e dezembro de 1957, já haviam sido investidos para a consecução da meta 7.600.000.000 de cruzeiros, tendo como principal financiador o BNDE, com cerca de 59,5% do montante total de investimentos. Dentre as aquisições, nesses dois primeiros anos, já haviam sido compradas 136 locomotivas, 320 carros, 5.320 vagões e 195.600 toneladas de trilhos e acessórios. O dispêndio com o preparo de linhas já tinha atingido 1.900.000.000 de cruzeiros. Entre os meses de janeiro e junho de 1958 somaram-se a este total 107 locomotivas, 109 carros, 1.268 vagões e 53.000 toneladas de trilhos e acessórios, o que representou um dispêndio de 3.400.000.000 de cruzeiros. Sendo assim, até o mês de junho de 1958, tinha-se o total de 10.941.322.000 de dispêndio apenas com esta meta, o que representava cerca 29,2% do total objetivado inicialmente na meta. Além disso, havia no plano como providência a importação de 325.000 toneladas de trilhos e acessórios, com o valor total de 52.908.000 de dólares da Polônia, Japão, Tcheco-Eslováquia, França e Canadá, cujas entregas estavam previstas para o segundo semestre de 1958 e o primeiro semestre de 1959. Ressalta-se no plano que o BNDE permanecia prestando a necessária colaboração financeira à consecução da meta.[221]

A segunda meta de Juscelino para os transportes referia-se à: "Construção de 2.100 km de novas ferrovias e 280 km de variantes, assim como alargamento de 320 km para bitola de 1,60 m". Objetivava-se com essa meta além de melhorar a construção das ferrovias, um melhoramento na qualidade técnica do modal por meio do alargamento das bitolas, sobretudo na Rede Mineira de Viação e na Estrada de Ferro

---

oleodutos, etc.) a uma distância de um quilómetro. Apenas a distância no território nacional do país declarante é considerada para o transporte nacional, internacional e de trânsito.

[220] BRASIL. *Programa de Metas do Presidente Juscelino Kubitschek*. Rio de Janeiro: Presidência da República, 1958, p. 41-42. Vide também OLIVEIRA, Juscelino Kubitschek de. *Diretrizes do Plano Nacional de Desenvolvimento*. Belo Horizonte: Oscar Nicolai, 1955. p. 54-58; MELLO, José Carlos. *Planejamento dos transportes*. São Paulo, McGrawHill do Brasil, 1975, p. 10.

[221] BRASIL. *Programa de Metas do Presidente Juscelino Kubitschek*. Rio de Janeiro: Presidência da República, 1958, p. 42; MELLO, José Carlos. *Planejamento dos transportes*. São Paulo, McGrawHill do Brasil, 1975, p. 11.

Central do Brasil. O plano estabelecia cinco linhas prioritárias no que tange à construção:

a) Tronco Principal Sul (TPS) – que ligará, em bitola larga, São Paulo a Pôrto Alegre;
b) General Luz-Passo Fundo – que, aproveitando parte do TPS, ligará diretamente a Pôrto Alegre uma das regiões agrícolas mais promissoras;
c) Maringá-Guaíra-Pôrto Mendes – que é o prosseguimento da linha que drena a produção do norte;
d) Belo Horizonte-Itabira – que objetiva ligar o Vale do Rio Doce à Capital mineira, com boas condições técnicas;
e) Pires do Rio-Brasília – que será o acesso ferroviário mais econômico à Nova Capital.

No final do mês de março de 1958, um total de 2.248 km de linhas já haviam passado por um processo de terraplanagem e 1.017 km de trilhos já haviam sido assentados. O total de dispêndio previsto para a meta foi de Cr$13.376.000.000, divididos em Cr$3.411.000.000 em 1956-57, Cr$3.086.000.000 em 1958, Cr$3.359.000.000 em 1959 e Cr$3.520.000.000 em 1960. Três eram as suas fontes de recursos: o Orçamento da União, o BNDE e o Orçamento Estadual do Paraná.[222]

A terceira e a quarta metas focadas aos transportes eram referentes ao modal rodoviário. Previa-se por meio delas, respectivamente, a "Pavimentação asfáltica de 5.000 km de rodovia, aumentando assim para 5.920 km, em 1960, a rêde asfaltada federal, que era de 900 km em 1956" e a "Construção de 12 000 km de novas rodovias de primeira classe, aumentando para 22.000 km, em 1960, a rêde federal, que era de 10.000 km em 1956". No final de março de 1958 grande parte dessas obras já haviam sido realizadas. Ao todo, 4.122 km de Construção e 1.438 km de pavimentação.[223]

---

[222] BRASIL. *Programa de Metas do Presidente Juscelino Kubitschek*. Rio de Janeiro: Presidência da República, 1958, p. 42; MELLO, José Carlos. *Planejamento dos transportes*. São Paulo, McGrawHill do Brasil, 1975, p. 11.

[223] BRASIL. *Programa de Metas do Presidente Juscelino Kubitschek*. Rio de Janeiro: Presidência da República, 1958, p. 45-46. Vide também OLIVEIRA, Juscelino Kubitschek de. *Diretrizes do Plano Nacional de Desenvolvimento*. 1955. p. 59-63. Sobre os aspectos políticos das metas rodoviárias Maria Victória Benevides afirma que: "Se o Programa de Metas conseguiu ser implementado sem grandes interferências dos partidos políticos e do Congresso, teve dificuldades devido a questões facilmente 'politizáveis', como, por exemplo, quanto ao papel do capital estrangeiro ou às metas rodoviárias, diretamente vinculáveis aos interesses locais, mas também aos interesses dos grandes empreiteiros ligados à cúpula do PSD. As dificuldades criadas em torno das metas rodoviárias foram contornadas na medida em que o 'poder' do

A quinta meta referente aos transportes tinha como destinatário o setor portuário. Constava-se no plano a necessidade de: "Reaparelhamento e ampliação de portos e aquisição de uma frota de dragagem, com o investimento de 30.000.000 de dólares". Os quatro principais itens destacados pela meta eram:

> a) Obras portuárias – Ampliação da faixa acostável de diversos portos e instalações;
> b) Reaparelhamento – Aquisição de equipamentos para facilitar e acelerar as operações de carga e descarga;
> c) Dragagem – Aprofundamento e abertura dos canais de acesso de bacias de evolução de 23 portos, num total de 25 milhões de metros cúbicos;
> d) Equipamento de dragagem – Aquisição de várias unidades de dragagem e reparo de dragas existentes.

No ano de 1958, 80% das obras programadas já estavam contratadas e em execução. Dentre elas a construção de um flutuante e de um armazém de 6.000 m², a manutenção das áreas existentes e a pavimentação no porto de Manaus; a construção do porto de Itaqui no Maranhão; a construção do porto de Amarração no Piauí; a proteção da enseada de Mucuripe, a reconstrução do ramal ferroviário Monguba-Mucuripe e a ampliação do porto de Mucuripe no Ceará; a construção do porto de Areia Branca e as obras de acesso ao porto de Natal, no Rio Grande do Norte; a construção de um novo trecho no cais de Cabedelo, assim como de um píer petroleiro, de guia corrente, de quatro armazéns, um frigorífico e de serviço de abastecimento d'agua no porto de Cabedelo, na Paraíba; a construção de um novo trecho de 470 metros de cais de 10 metros no porto de Recife, em Pernambuco; a construção de dois novos armazéns no porto de Maceió, em Alagoas. A construção do porto de Aracaju, em Sergipe; a construção do porto de Maraú e de Caravelas e as obras complementares no porto de Ilhéus, na Bahia; a construção do porto de descarga de carvão e outros melhoramentos no porto de Vitória, no Espírito Santo; o projeto de porto de pesca para a Baía de Guanabara e melhoramentos nos portos de São João da Barra e Cabo

---

DNER (Departamento Nacional de Estradas e Rodagem) não era contestado; o DNER já era equipado com seus projetos viáveis e, principalmente, com recursos próprios. Logo, o Programa de Metas apenas incorporava os projetos do DNER no seu orçamento geral, o que compatibilizava os diversos interesses e se inseria na política do Executivo: implementar o novo plano sem antagonizar com os organismos já existentes". Cf. BENEVIDES, Maria Victória de Mesquita. *O Governo Kubitschek*: desenvolvimento econômico e estabilidade política – 1956-1961. 3. ed. Rio de Janeiro: Paz e Terra, 1979, p. 215-216.

Frio, no Rio de Janeiro; a construção do cais de minério e carvão e a complementação do píer da Praça Mauá, no Distrito Federal; a construção de um novo terminal para combustíveis líquidos e de 1.500 metros de cais no porto de Santos, em São Paulo; a construção do Porto de Foz do Iguaçu e de 420 metros de cais no porto de Paranaguá, no Paraná; o projeto do porto carvoeiro de Imbituba e a complementação do porto de Itajaí e São Francisco do Sul, em Santa Catarina; a conclusão dos portos de Rio Pardo e Mariante, do píer petroleiro do porto de Rio Grande, da barragem do Fandango; a construção do cais Swift, do novo cais e da doca fluvial de Pelotas; o projeto para o porto de Trainandaí; os melhoramentos das instalações portuárias de Porto Alegre e o projeto para as barragens do Anel de Dom Marco e da Caveira, no Rio Grande do Sul; a conclusão do cais do porto de Corumbá e o projeto do porto de Manga, no Mato Grosso.[224]

No que se refere à dragagem, o plano destacava a abertura do canal de acesso, no ano de 1958, ao novo cais de minério e carvão, na baía do Rio de Janeiro, tendo, ao todo, 224.000 metros cúbicos. Além disso, o plano destaca a contribuição da Companhia Vale do Rio Doce S.A em providenciar a dragagem do porto de Vitória, em colaboração com o Departamento de Portos e do BNDE.[225]

A sexta meta para os transportes tem direcionamento à Marinha Mercante. Estabelece-se por meio dela a proposta de "Ampliação da frota de cabotagem e longo curso", que era de 800.000 toneladas em 1956, para 1.100.000 toneladas, e aumento da frota de dragagem, com o investimento de 205.000 toneladas, para 585.000 toneladas, em 1960. No ano de 1955, os navios nacionais representavam um total de 5,7% do volume físico da carga total de longo curso transportada, ou 7,6% levando em consideração o valor total dos fretes. Considerando a carga

---

[224] No que tange aos equipamentos portuários para as obras foram adquiridos nos Estados Unidos. Ao todo eram: 582 empilhadeiras Yale de 4.000 libras de capacidade; 24 autoguindastes Ortan com 20.000 libras de capacidade; 15 locomotivas de manobras GE de 300 CV; 2 locomotivas de manobras GE com 550 CV; 7 carregadeiras de 10.000 libras; 42 tratores para pátio; 4 autoguindastes de 20.000 libras, 6 de 10.000 libras; 4 caminhões de 18 toneladas e 4 escavadeiras. Cf BRASIL. *Programa de Metas do Presidente Juscelino Kubitschek*. Rio de Janeiro: Presidência da República, 1958, p. 47-50. Vide OLIVEIRA, Juscelino Kubitschek de. *Diretrizes do Plano Nacional de Desenvolvimento*, Belo Horizonte: Oscar Nicolai, 1955. p. 64-68; MELLO, José Carlos. *Planejamento dos transportes*. São Paulo, McGrawHill do Brasil, 1975.

[225] BRASIL. *Programa de Metas do Presidente Juscelino Kubitschek*. Rio de Janeiro: Presidência da República, 1958, p. 50; MELLO, José Carlos. *Planejamento dos transportes*. São Paulo, McGrawHill do Brasil, 1975, p. 12.

de longo curso e cabotagem, o total era de aproximadamente 25 milhões de toneladas. Dentre o mês de setembro de 1956 e junho de 1958, houve a aquisição e foram postos em tráfego 12 navios CI-MA-VI, dois navios poloneses de 5.000 toneladas e outras embarcações de menor porte, totalizando cerca de 100.000 toneladas. Dentre as encomendas, à época, estava quatro cargueiros de 7.800 toneladas e estaleiros advindos da Finlândia, assim como 18 navios e estaleiros da Polônia com a capacidade de 5.000 a 6.100 toneladas. Ao todo, as encomendas logravam 105.600 toneladas com a finalidade de revenda aos armadores nacionais. Além disso, foram encomendadas pela Frota Nacional de Petroleiros sete superpetroleiros. Dentre eles, quatro de 33.000 toneladas e três de 34.000 toneladas, um navio que visava o transporte de óleo lubrificante e 3 navios destinados à cabotagem com capacidade máxima de 500 passageiros. O orçamento previsto na meta para o quadriênio 1957-1960 era de Cr$8.667.900.000.[226]

Por fim, a sétima meta destinada ao transporte trazia uma preocupação com o modal aeroviário. Dizia a meta que o plano deveria buscar a "Renovação da frota aérea comercial com financiamento de 125.000.000 de dólares, dos quais 54.000.000 destinados a aparelhos comerciais a jacto, e construção e reaparelhamento de aeroportos e estações de passageiros".[227]

Ao final do ano de 1955, o Brasil contava com 240 aviões (156 DC-3, 36 C-46, 16 Convair, 12 Constellation, 9 Scandia, 5 PBY, 3 DC-4 e 3 Super-Constellation), dentre essas máquinas, 60,56% já eram utilizadas naquele ano. Já no ano de 1958, a frota era formada por 302 aviões (160 DC-3, 46 C-36, 41 Convair, 8 DC-4, 12 Constellation, 4 Catalina, 9 Super-Constellation, 17 Scandia, 3 DC-7 e 4 C-82). No mesmo ano, o governo arrendou uma fábrica na qual a Fokker Indústria Aeronáutica

---

[226] A frota brasileira neste ano (1955), era composta por: "Cabotagem (carga geral) - 315 navios, com capacidade de 601.000 toneladas de carga; em 1957, 26 % dessas embarcações tinham mais de 40 anos de idade. longo curso (Lóide Brasileiro): 20 navios empregados na navegação de longo curso, com capacidade total de 123.000 toneladas de carga, em tráfego a partir de 1946-47. Petroleiros: a Frota N acionai de Petroleiros possuía 31 navios com capacidade total de 217.000 toneladas de carga, representando 97% da capacidade transportadora de petróleo da frota mercante brasileira. Navegação fluvial e lacustre: 53 embarcações, com cêrca de 23.000 toneladas de carga. Total: cêrca de um milhão ·de toneladas de carga em tôda a frota mercante, em 1955". Cf. BRASIL. *Programa de Metas do Presidente Juscelino Kubitschek*. Rio de Janeiro: Presidência da República, 1958, p. 51-52.

[227] BRASIL. *Programa de Metas do Presidente Juscelino Kubitschek*. Rio de Janeiro: Presidência da República, 1958, p. 53-56. Vide: OLIVEIRA, Juscelino Kubitschek de. *Diretrizes do Plano Nacional de Desenvolvimento*. 1955, p. 69.

S.A se comprometia à construção de mais aeronaves. No âmbito dos aviões comerciais, a VASP, no segundo semestre de 1958, encomendou algumas aeronaves a fim de expandir sua operação, dentre essas encomendas constavam aviões da Viscount e de DC-6 do Lóide Aéreo. O governo focou, também, no programa de melhorias dos campos de pouso e na preparação de pistas para o Galeão no Distrito Federal (à época no Rio de Janeiro) e para o Aeroporto de Campinas. O total de investimentos estipulados para o quinquênio 1957-1961, com o modal, foi de cerca de 173.000.000 de dólares.[228]

Lima Neto destaca três dados que demonstram a evolução dos transportes, sobretudo no transporte rodoviário, na década de 1950: o primeiro deles é o aumento na frota nacional de veículos que em 1950 continha 194.815 automóveis, 11.171 ônibus, 139.542 caminhões e 14.352 caminhonetes, em 1955 havia aumentado para 381.219 automóveis, 19.995 ônibus, 231.448 caminhões e 47.358 caminhonetes, e em 1960 continha 570.195 automóveis, 27.645 ônibus, 380.197 caminhões e 69.576 caminhonetes; o segundo deles é o aumento no número de vias pavimentadas que demonstrava em 1955 um total de 3.060 km, alcançando em 1960 um total de 8.675 km; o terceiro deles é o indicador de produção dos transportes de carga que em 1950, considerando a produção em todos os modais, indicava um total de 26,4 bilhões de t/km, alcançando 43,8 bilhões de t/km em 1955 e 70,4 bilhões de t/km em 1960.[229]

Celso Lafer destaca o resultado do plano para o setor de transportes por meta. Nesse sentido afirma o autor sobre a meta referente ao reaparelhamento das ferrovias (meta 6) que os resultados em 1960 foram a aquisição de nove locomotivas elétricas e 380 do tipo diesel, alcançando respectivamente 100% e 95% da meta nesses dois pontos. Além disso, foram adquiridos 504 carros de passageiros e 6.498 vagões de transportes, atingindo respectivamente 51% e 59% da meta em tais pontos. Foram adquiridos no total 613.259 toneladas de trilhos, alcançando 77% da meta no item, além da substituição de 14.931.505 dormentes, o que representou mais de o dobro do previsto. Sendo assim, a meta ao todo teria atingido cerca de 76% da previsão inicial. No que tange à construção de ferrovias (meta 7), foram entregues 826,5 km, o que atingiu cerca de 50% da meta revista, porém, embora a extensão

---

[228] BRASIL. *Programa de Metas do Presidente Juscelino Kubitschek*. Rio de Janeiro: Presidência da República, 1958, p. 56.
[229] LIMA NETO, O. *Transporte no Brasil*: história e reflexões. Brasília, DF: Empresa Brasileira de Planejamento de Transportes/GEIPOT. Recife: Editora Universitária da UFPE, 2001, p. 260.

ferroviária tenha sido de apenas 3,2% no período circunscrito pelo plano, o volume total de cargas transportadas teria crescido 21,7% e o número de passageiros teria crescido um total de 19,0%, graças a conjugação dos resultados das metas 6 e 7.[230]

No que se refere à pavimentação das rodovias (meta 8), o resultado foi extremamente fora do esperado, ao todo, alcançaram-se 6.202 km, o que representa 207% da meta inicial e 107% da meta revista, o que representou um aumento de 100% na quilometragem de estradas federais pavimentadas. No que concerne à construção de ferrovias (meta 9), alcançou-se um total de 14.970 km, o que representou um total de 150% da meta inicial ou 115% da meta revista. No que abrange os serviços portuários e de dragagem (meta 10) teve-se um cumprimento integral tanto no reaparelhamento como no equipamento, porém no que tange à dragagem em si e às obras portuárias, o plano cumpriu ao todo 56,1% do previsto. No que concerne à marinha mercante (meta 11), alcançou-se um total de 65.000 dwt[231] de longo curso, 300.000 dwt de petroleiros e 190.000 dwt de cabotagem. No âmbito do subsetor dos transportes aeroviários (meta 12), alcançou-se a meta em termos físicos com um acréscimo de 13 unidades à frota aérea, e serviços de infraestrutura, inclusive novos campos entre os quais o de Brasília, assim como no índice de toneladas/quilômetro de utilização, em 1960, que foi de 585.000.000, o que representava o previsto para a meta.[232]

Além de tais dados, seguindo o método estabelecido pela presente pesquisa, constatamos que o período representou um crescimento do aporte humano para a configuração territorial nos modais rodoviário, ferroviário e aeroviário, já no modal hidroviário teve-se um decréscimo.[233] Partindo de um recorte de números absolutos dentre os anos de 1952 e 1960, pode-se constatar que, entre 1954 e 1955, houve um salto no número de quilômetros quadrados de estradas que se manteve até

---

[230] LAFER, Celso. O Planejamento no Brasil: observações sobre o Plano de Metas (1956-1961). *In*: LAFER, Betty Mindlin (Org.). *Planejamento no Brasil*. 3. ed. São Paulo: Perspectiva, 1975, p. 43-44.

[231] Dwt, ou *deadweight* é o peso máximo que um navio pode transportar, incluindo mercadorias, passageiros, combustível, etc., mostrado por uma linha no costado do navio de que a água não deve passar quando está flutuando na água.

[232] LAFER, Celso. O Planejamento no Brasil: observações sobre o Plano de Metas (1956-1961). *In*: LAFER, Betty Mindlin (org.). *Planejamento no Brasil*. 3. ed. São Paulo: Perspectiva, 1975, p. 43-44.

[233] O termo "aporte humano para a configuração territorial" diz respeito à noção de integração de Milton Santos que trouxemos no primeiro capítulo.

o final do governo de Kubitschek; nas ferrovias, teve-se uma manutenção no número de trilhos construídos, sendo a diferença entre os anos de 1952 e 1960 pouco maior de 1.000 km². No que tange ao fluxo de embarcações nos portos brasileiros, tem-se um declive de mais de 4.000 embarcações, declive esse que se inicia no ano de 1958, já no governo de Juscelino. No que se refere ao fluxo aeroviário, teve-se um aumento constante no período avaliado:

Quadro 6 – Aportes humanos na configuração territorial dos modais rodoviário, ferroviário, hidroviário e aeroviário entre 1952 e 1960

| Anos | Rodoviário (km² de estradas) | Ferroviário (km² de trilhos) | Hidroviário (Número de embarcações de cabotagem/longo curso e outras) | Aeroviário (km voados – em 1.000 km) |
|---|---|---|---|---|
| 1952 | 302.147 | 37.019 | 35.834 | 86.231 |
| 1953 | 341.035 | 37.032 | 35.227 | 104.235 |
| 1954 | 362.323 | 37.190 | 36.872 | 103.665 |
| 1955 | 459.714 | 37.092 | 35.008 | 111.260 |
| 1956 | 467.448 | 37.049 | 36.762 | 123.148 |
| 1957 | 455.374 | 37.422 | 37.853 | 136.910 |
| 1958 | 457.112 | 37.967 | 35.861 | 141.644 |
| 1959 | 475.270 | 37.710 | 33.304 | 126.912 |
| 1960 | 476.938 | 38.287 | 31.081 | 132.897 |

Fonte: Quadro elaborado pelo autor com base em INSTITUTO BRASILEIRO DE GEOGRAFIA E ESTATÍSTICA. *Estatísticas históricas do Brasil*: séries econômicas, demográficas e sociais de 1550 a 1988. 2. ed. rev. e at. v. 3. Séries estatísticas retrospectivas. Rio de Janeiro: IBGE, 1990 e em EMPRESA BRASILEIRA DE PLANEJAMENTO DOS TRANSPORTES. *Anuário Estatístico dos Transportes de 2000*. Brasília: GEIPOT, 2001.

No que tange aos transportes de cargas, considerando as mercadorias transportadas por tipo de transportes em uma escala de 1.000.000 de toneladas por quilômetro tem-se no período circunscrito entre 1953 e 1960 um aumento em todos os modais, com exceção ao modal aéreo que se manteve inalterado:

## Quadro 7 – Relação absoluta de mercadorias por modal de transportes entre 1953 e 1960

| Anos | Número absolutos (1 000 000 t/km) | | | |
|---|---|---|---|---|
| | Rodoviário (1) | Ferroviário | Aéreo (2) | Hidroviário (3) |
| 1953 | 22.500 | 9.200 | 100 | 10.600 |
| 1954 | 24.600 | 9.400 | 100 | 11.100 |
| 1955 | 26.900 | 9.300 | 100 | 11.300 |
| 1956 | 29.400 | 9.700 | 100 | 13.500 |
| 1957 | 32.100 | 10.200 | 100 | 13.700 |
| 1958 | 35.100 | 10.500 | 100 | 13.900 |
| 1959 | 38.400 | 12.500 | 100 | 14.500 |
| 1960 | 42.000 | 13.100 | 100 | 14.500 |

Fonte: Quadro e gráfico elaborados pelo autor com base em INSTITUTO BRASILEIRO DE GEOGRAFIA E ESTATÍSTICA. *Estatísticas históricas do Brasil*: séries econômicas, demográficas e sociais de 1550 a 1988. 2. ed. rev. e at. v. 3. Séries estatísticas retrospectivas. Rio de Janeiro: IBGE, 1990.

Frente a análise da configuração territorial (que aqui é a soma da extensão com a consequente evolução na quantidade de transporte de cargas), mirou-se no período de 1953 a 1960 uma ampliação nas relações sociais, considerando a relação de passageiros por transportes, por quilômetro, exatamente nos mesmos modais em que houve um acréscimo na extensão territorial, ou seja, o crescimento é coeso e não tende à superlotação em nenhum dos modais. Destaca-se nesse sentido que assim como ocorreu na extensão da malha, o maior aumento na relação de passageiros por quilômetro também se dá no modal rodoviário:

## Imagem 1 – Quantidade de passageiros transportados por quilômetro nos modais rodoviário, ferroviário, aeroviário e hidroviário entre 1953 e 1960

| Anos | Passageiros transportados, por tipo de transporte ||||
| | Número absolutos (1.000.000 passageiros/km) ||||
| | Rodoviário (1) | Ferroviário (2) | Aéreo (3) | Hidroviário (4) |
|---|---|---|---|---|
| 1953 | 15.300 | 6.500 | 1.500 | 40 |
| 1954 | 16.800 | 7.000 | 1.600 | 40 |
| 1955 | 18.400 | 7.500 | 1.700 | 40 |
| 1956 | 20.300 | 7.700 | 1.600 | 50 |
| 1957 | 22.300 | 7.300 | 1.800 | 40 |
| 1958 | 24.500 | 7.600 | 2.000 | 40 |
| 1959 | 26.900 | 8.000 | 2.000 | 30 |
| 1960 | 29.600 | 7.500 | 2.300 | 30 |

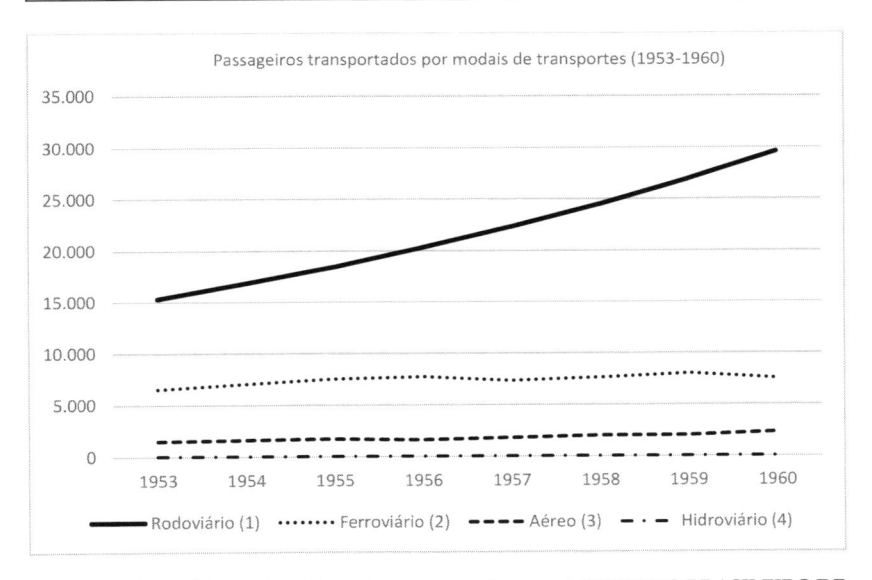

Fonte: Tabela e gráfico elaborados pelo autor com base em INSTITUTO BRASILEIRO DE GEOGRAFIA E ESTATÍSTICA. *Estatísticas históricas do Brasil*: séries econômicas, demográficas e sociais de 1550 a 1988. 2. ed. rev. e at. v. 3. Séries estatísticas retrospectivas. Rio de Janeiro: IBGE, 1990.

Esse aumento é real quando contrastamos ao aumento da população brasileira no período. Tem-se nesse sentido que considerando o período de 1953 a 1960, houve um aumento relativo de passageiros por quilômetro de 54%, enquanto a população nacional cresceu 22%:

Quadro 8 – Relação entre o aumento dos passageiros
por quilômetro em todos os modais e o aumento
da população brasileira entre 1953 e 1960

| Anos | Todos os modais (1.000.000 passageiros/km) | População brasileira (mil habitantes) | Aumento relativo de passageiro s/km | Aumento relativo de passageiro s/km acumulado | Aumento relativo da população brasileira (mil habitantes) | Aumento relativo da população brasileira (mil habitantes) acumulado |
|---|---|---|---|---|---|---|
| 1953 | 23.340 | 56.652 | ... | ... | ... | ... |
| 1954 | 25.440 | 58.376 | 9% | 9% | 3% | 3% |
| 1955 | 27.640 | 60.171 | 9% | 18% | 3% | 6% |
| 1956 | 29.650 | 62.033 | 7% | 25% | 3% | 9% |
| 1957 | 31.440 | 63.958 | 6% | 31% | 3% | 12% |
| 1958 | 34.140 | 65.942 | 9% | 40% | 3% | 15% |
| 1959 | 36.930 | 67.981 | 8% | 48% | 3% | 19% |
| 1960 | 39.430 | 70.070 | 7% | 54% | 3% | 22% |

Fonte: Elaborada pelo autor a partir do cruzamento de dados entre INSTITUTO BRASILEIRO DE GEOGRAFIA E ESTATÍSTICA. *Estatísticas históricas do Brasil*: séries econômicas, demográficas e sociais de 1550 a 1988. 2. ed. rev. e at. v. 3. Séries estatísticas retrospectivas. Rio de Janeiro: IBGE, 1990. e o indicador de população que retirado de PIB, deflator implícito e população: INSTITUTO BRASILEIRO DE GEOGRAFIA E ESTATÍSTICA. *Estatísticas do século XX*, Rio de Janeiro: IBGE, 2006 e INSTITUTO BRASILEIRO DE GEOGRAFIA E ESTATÍSTICA. *Sistema de Contas Nacionais*. Brasil – Referência 2000. Base de dados (nota metodológica nº 3). Rio de Janeiro: IBGE, 2006.

A proporção desse aumento pode ser melhor visualizada pelo seguinte gráfico que demonstra um maior crescimento a partir de 1957, momento em que houve tempo hábil para a instrumentalização das metas do Plano de Metas, formuladas em 1955:

Gráfico 1 – Demonstração gráfica da relação entre o aumento dos passageiros por quilômetro em todos os modais e o aumento da população brasileira entre 1953 e 1960

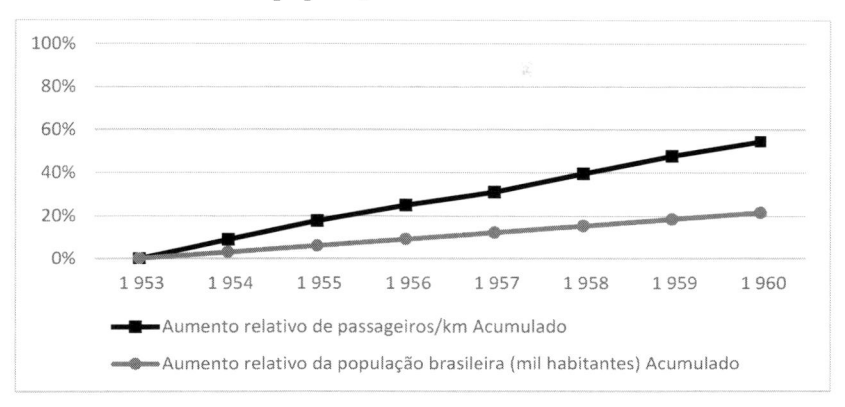

```
100%
 80%
 60%
 40%
 20%
  0%
      1953   1954   1955   1956   1957   1958   1959   1960
      ■ Aumento relativo de passageiros/km Acumulado
      ● Aumento relativo da população brasileira (mil habitantes) Acumulado
```

Fonte: Gráfico elaborado pelo autor a partir do cruzamento de dados entre INSTITUTO BRASILEIRO DE GEOGRAFIA E ESTATÍSTICA. *Estatísticas históricas do Brasil*: séries econômicas, demográficas e sociais de 1550 a 1988. 2. ed. rev. e at. v. 3. Séries estatísticas retrospectivas. Rio de Janeiro: IBGE, 1990 e o indicador de população que retirado de PIB, deflator implícito e população: INSTITUTO BRASILEIRO DE GEOGRAFIA E ESTATÍSTICA. *Estatísticas do século XX*, Rio de Janeiro: IBGE, 2006e INSTITUTO BRASILEIRO DE GEOGRAFIA E ESTATÍSTICA. *Sistema de Contas Nacionais*. Brasil – Referência 2000. Base de dados (nota metodológica nº 3). Rio de Janeiro: IBGE, 2006.

Em termos relativos (percentuais), nota-se que o aumento da participação do modal rodoviário é constante e se inicia antes mesmo do governo de Kubitschek, o que corrobora a hipótese de que não houve aqui uma nova escolha política rodoviarista em detrimento dos demais modais, apenas uma consubstanciação da lógica pós segunda-guerra que trouxe de volta em decorrência da deterioração ferroviária, o modal rodoviário:

## Imagem 2 – Relação relativa de passageiros por modal de transporte entre 1953 e 1960

| Anos | Passageiros transportados, por tipo de transporte | | | |
|---|---|---|---|---|
| | Números relativos (%) | | | |
| | Rodoviário | Ferroviário | Aéreo | Hidroviário |
| 1953 | 65,6 | 27,9 | 6,4 | 0,1 |
| 1954 | 66,1 | 27,5 | 6,3 | 0,1 |
| 1955 | 66,6 | 27,2 | 6,1 | 0,1 |
| 1956 | 68,4 | 25,9 | 5,4 | 0,3 |
| 1957 | 71,0 | 23,2 | 5,7 | 0,1 |
| 1958 | 71,8 | 22,3 | 5,8 | 0,1 |
| 1959 | 72,9 | 21,6 | 5,4 | 0,1 |
| 1960 | 75,1 | 19,0 | 5,8 | 0,1 |

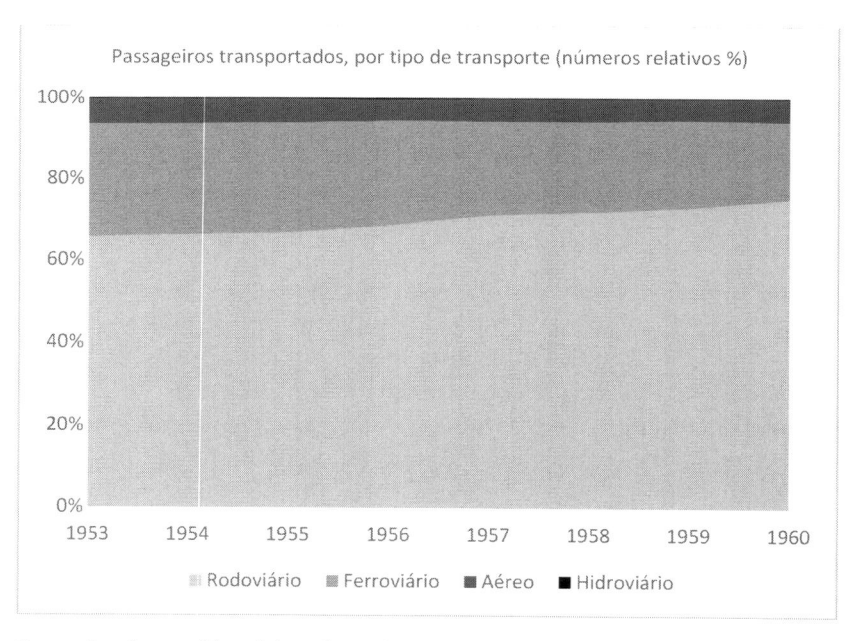

Fonte: Quadro e gráfico elaborados pelo autor com base em INSTITUTO BRASILEIRO DE GEOGRAFIA E ESTATÍSTICA. *Estatísticas históricas do Brasil*: séries econômicas, demográficas e sociais de 1550 a 1988. 2. ed. rev. e at. v. 3. Séries estatísticas retrospectivas. Rio de Janeiro: IBGE, 1990.

Em suma, durante o governo de Kubistchek, pode-se constatar da análise documental do Plano de Metas, tanto no transporte de cargas, quanto no de passageiros, um aprofundamento nos investimentos em todos os modais e a real concretização de grande parte do que fora planejado. Pode-se também verificar por conta da análise estatística, além do que já foi mencionado, que não houve uma prevalência pelo modal rodoviário em detrimento do ferroviário, como normalmente é aduzido.[234] Há sim uma manutenção da lógica instaurada sobretudo pelos planos de 1944 e 1946, decorrente dos efeitos da 2ª Guerra Mundial. O período pode ser visto como referência em termos de planejamento dos transportes, porém, não houve grandes esforços em visualizar os modais, em termos logísticos, de forma integrada.

Esses esforços só puderam ser visualizados a partir do governo de João Goulart, que trouxe um instrumento de planejamento responsável por abordar todos os setores econômicos de forma integrada, inclusive o transporte: o Plano Trienal. Também promoveu grupos de trabalho para pensar o transporte logisticamente de forma integrada. Nesse período surgiram tanto o Grupo Executivo de Coordenação dos Transportes (GET), como o Conselho Nacional de Transportes (CNT). Sendo assim, o objetivo do seguinte tópico é compreender de que forma o transporte se colocou no Plano Trienal, aparecendo, assim como no Plano de Metas, como a parte de um todo. E de que forma os grupos de trabalho pensavam a integração logística dos modais, com foco no GET e do CNT.

---

[234] Na visão de Carlos Lessa, a construção de Brasília reforçou a tendência de visualização do modal rodoviário como aquele que estrutura as linhas-tronco da integração territorial brasileira: "O modal rodoviário estruturou as linhas-tronco da integração territorial brasileira. É singular o principal eixo rodoviário percorrer a costa, do extremo norte ao extremo sul do Brasil. Tal tendência foi reforçada com a instalação, no interior brasileiro, da nova capital federal. Embora tenha propiciado intenso dinamismo na ocupação territorial de novas regiões agrícolas, houve a reprodução da hipertrofia rodoviária. Somente a produtividade agrícola, no interior dos estabelecimentos, explica a possibilidade de exportar grãos por mais de dois mil quilômetros de rodovias. Os projetos da Transamazônica e da Perimetral Norte evidenciam a "preferência irrestrita" pela rodovia". (LESSA, Carlos. Infraestrutura e Logística no Brasil. *In*: CARDOSO Jr.; José Celso (Org.). *Desafios ao desenvolvimento Brasileiro*: contribuições do Conselho de Orientação do IPEA, Brasília, IPEA, 2009, vol. 1, p. 82).

## 3.4 O planejamento integrado dos transportes em João Goulart

Os governos de Jânio Quadros e João Goulart foram marcados por enorme instabilidade política e econômica nos primeiros anos da década de 1960, assim como pela aceleração inflacionária. O período tem características diferentes da época do segundo governo Vargas e do governo Kubitschek.[235]

Após assumir o poder, Goulart buscou uma ampliação da base política, aproximando-se do centro sem abdicar de sua ligação com setores da esquerda, propondo, assim, uma política conciliatória, marcada pelo diálogo. Já nas primeiras semanas de seu governo, Goulart passou a formular programas cujo foco se dava na defesa de reajustes salariais periódicos que possuíssem compatibilidade com os índices inflacionários; na política externa independente; na nacionalização de subsidiárias estrangeiras e nas chamadas reformas de base. Estas últimas são de extrema relevância para compreender a forma com que foi pensado o transporte no período. No entanto, antes de executadas tais reformas, dois instrumentos jurídicos foram peculiarmente relevantes para a lógica integracionista dos transportes no Brasil: o Decreto nº 51.201, de 17 de agosto de 1961, que criou o GET, como órgão de assessoria da Comissão de Amparo à Produção Agropecuária (CAPA), que aumentou

---

[235] BERCOVICI, Gilberto. Reformas de base e superação do subdesenvolvimento. *Revista de Estudios Brasileños*, São Paulo, vol. 1, n. 1, p. 97-112, 2014, p. 98. Uma análise relevante da crise que marcou o período é trazido por Francisco de Oliveira em sua crítica à razão dualista ao aduzir que: "A crise que se gesta, pois, a partir do período Kubitschek, que se acelera nos anos 1961/63 e que culmina em 1964, não é totalmente uma crise clássica de realização; ela tem mais de uma conotação. Para alguns ramos industriais dependentes da demanda das classes de renda mais baixas, há uma crise de realização, motivada mesmo pela deterioração dos salários reais das classes trabalhadoras urbanas, já assinalada é o caso dos ramos têxteis, vestuário, calçados, alimentação, que desde então acusam fracos crescimentos, atribuído na maioria das análises convencionais ao caráter pouco dinâmico, 'tradicional', de tais ramos, cujos produtos teriam baixas elasticidades-renda de demanda. De passagem, deve ser dito que esse tipo de análise confunde a 'nuvem com Juno', pois na verdade o fraco crescimento de tais ramos deriva do caráter concentracionista do processo da expansão capitalista no Brasil e não do 'caráter' dos ramos referidos. Já o consumo dos bens produzidos principalmente pelos novos ramos industriais, bens duráveis de consumo (automóveis, eletrodomésticos em geral) era assegurado pelo mesmo caráter concentracionista, que se gesta a partir da redefinição das relações trabalho capital e pela criação, como requerimentos da matriz técnica institucional da produção, das novas ocupações, típicas da classe média, que vão ser necessárias para a nova estrutura produtiva". Cf. OLIVEIRA, Francisco de. *A economia brasileira*: crítica à razão dualista. Estudos CEBRAP. 2. São Paulo, 1972, p. 55. Para uma visão sintética da instabilidade no período vide: FURTADO, Milton Braga. *Síntese da Economia Brasileira*. 7. ed. São Paulo: Editora Santuário, 2000, p. 187-189.

a representatividade institucional da política de transportes brasileira, e o Decreto nº 430, de 28 de dezembro de 1961, que criou o CNT.[236]

### 3.4.1 O Decreto nº 51.201, de 17 de agosto de 1961 e a criação do Grupo Executivo de Coordenação dos Transportes – GET

Com fundamento no Decreto nº 51.201, de 17 de agosto de 1961, foi criado o GET, como órgão de assessoria da Comissão de Amparo à Produção Agropecuária. Esse grupo foi importante na ampliação da representatividade institucional da política de transportes brasileira, o que levou à criação do CNT.[237]

Conforme versa o próprio decreto que o instituiu, o grupo nasceu com a função de assessorar a CAPA, que, por sua vez, fora instituída pelo Decreto nº 50.740, de 7 de junho de 1961, tendo como finalidade: "estudar, propor, executar e controlar a execução de medidas para o melhor aproveitamento do sistema de transporte, com vistas à distribuição regular de produtos básicos de alimentação entre as várias regiões do País" (art.1º).

No que tange à sua constituição, o grupo era integrado pelo Presidente da Comissão Federal de Abastecimento e Preços, que também presidiria o GET, e de titulares e representantes de entidades governamentais e privadas, quais sejam: o Presidente da Comissão de Marinha Mercante, o Presidente da Rede Ferroviária Federal S.A; o Diretor do Departamento Nacional de Portos, Rios e Canais; o Diretor do Departamento Nacional de Estradas de Ferro; o Diretor do Serviço de Economia Rural, do Ministério da Agricultura; o Diretor do Departamento Nacional de Indústria e Comércio; o Representante das Empresas de Transportes Aéreos; o Representante do Sindicatos das Empresas de Transportes Rodoviários; o Representante da Confederação Rural Brasileira; o Representante da Confederação Nacional do Comércio; e o Representante da Confederação Nacional de Indústria (art. 2º).

---

[236] GOULARTI FILHO, Alcides. Estado, transportes e planejamento no Brasil: a atuação do GEIPOT na formulação de políticas públicas para os transportes. *G&DR*, Taubaté, v. 12, n. 3, set./dez. 2016, p. 232; LIMA NETO, O. *Transporte no Brasil*: história e reflexões. Brasília, DF: Empresa Brasileira de Planejamento de Transportes/GEIPOT. Recife: Editora Universitária da UFPE, 2001, p. 304-305.

[237] GOULARTI FILHO, Alcides. Estado, transportes e planejamento no brasil: a atuação do GEIPOT na formulação de políticas públicas para os transportes. *G&DR*, Taubaté, v. 12, n. 3, set./dez. 2016, p. 231.

O Decreto, ainda, definia as competências do grupo. Nele, constavam disposições como:

> a) promover e controlar o uso coordenado dos diferentes meios de transporte existentes de modo a assegurar-se o escoamento oportuno e adequado dos produtos básicos de alimentação entre os centros de produção, de armazenamento e de consumo;
> b) examinar tabelas de tráfego e calendários de escalas, e ajustá-los a variáveis necessidades de transporte das diferentes zonas produtoras, e, bem assim, ao objetivo de manter-se a regularidade do abastecimento das diversas regiões do País;
> c) estudar, promover e controlar a execução de medidas destinadas a proporcionar os mais altos níveis de aproveitamento da capacidade de transporte dos equipamentos e instalações existentes;
> d) sugerir providências para a ampliação, ou melhoria desses equipamentos e instalações, segundo as necessidades crescentes de transporte e produtos alimentícios de mercadorias em geral;
> e) sugerir e controlar a execução de medidas tendentes a evitar a ocorrência de capacidade ociosa, no sistema de transportes, em algumas zonas, consequente de uma oferta eventualmente excessiva de meios alternativos, em contraposição a escassez ou insuficiência em outras regiões do País (art. 3º).

Ainda, ficava ao encargo de órgãos ou empresas governamentais, a coordenação, nos respectivos setores de atividade, dos estudos, levantamentos, aplicação de medidas e dos programas aprovados pelo GET (art. 4º). Além disso, estimulou-se, por meio do decreto, a cooperação entre a administração pública indireta, sobretudo as autarquias e sociedades de economia mista e o grupo, sob a forma de trabalhos técnicos e cessão de pessoal (art. 7º).

### 3.4.2 O Decreto nº 430, de 28 de dezembro de 1961 e a criação do Conselho Nacional de Transportes – CNT

O CNT já havia sido discutido no ano de 1956 por Juscelino Kubitschek, no bojo de uma reforma ministerial, mas seria concretizado apenas em 28 de dezembro de 1961, com o Decreto nº 430.[238] A

---
[238] GOULARTI FILHO, Alcides. Estado, transportes e planejamento no brasil: a atuação do GEIPOT na formulação de políticas públicas para os transportes. *G&DR*, Taubaté, v. 12, n. 3, set./dez. 2016, p. 231.

presidência do conselho era exercida pelo ministro da Viação e Obras Públicas. Não participavam dessa discussão as instituições privadas. Dentre as competências trazidas pelo decreto ao conselho, tem-se:

I – estudar e propor a definição da política geral de transportes no País;
II – estudar e propor a coordenação dos investimentos federais no sistema de transporte;
III – recomendar a orientação a ser seguida pelos órgãos federais com competência em matéria de transportes;
V – manter atualizadas as informações sobre características, estado e capacidade das vias, equipamentos e instalações do sistema nacional de transporte;
VI – estudar os fluxos de trocas, internos e externos, com vistas ao planejamento da operação do sistema de transportes e dos investimentos para seu desenvolvimento equilibrado;
VII – estudar a economia dos vários meios de transporte, as condições para a distribuição ótima de tráfego e sugerir providências para alcançá-lo;
VIII – estudar os investimentos nos vários meios de transporte e propor providências ou políticas para sua coordenação;
IX – estudar e propor providências para a coordenação da operação dos vários meios de transporte;
X – estudar e propor a política nacional de transportes e a orientação a ser obedecida pelos diversos órgãos federais, em execução desta política

Embora ambiciosas, as competências do CNT tiveram o mesmo destino dos demais ideais desenvolvimentistas, que, em 1964, sofreram a brusca interferência do golpe militar. Nesse sentido, é interessante a análise de Alcides Goularti Filho que destaca a alteração das propostas do CNT, trazidas pelo Decreto 4.563, de 11 de dezembro de 1964, que passa a assumir um caráter militar, ficando subordinado aos membros do Estado-Maior das Forças Armadas, assumindo a designação específica de coordenar a execução do Plano Nacional de Viação.[239] Segundo o autor, aquele era o prenúncio de que a política de transporte brasileira passaria a fazer parte da doutrina de segurança nacional.[240]

---

[239] BRASIL. Decreto nº 4563, de 11 de dezembro de 1964: "Art. 8º O representante do Estado-Maior das Forças Armadas e o Diretor de Aeronáutica Civil poderão recorrer, com efeito suspensivo, das decisões do Conselho, ao chefe do Estado-Maior das Forças Armadas e ao Ministro da Aeronáutica, e estes, se for o caso, ao presidente da República".
[240] GOULARTI FILHO, Alcides. Estado, transportes e planejamento no brasil: a atuação do GEIPOT na formulação de políticas públicas para os transportes. G&DR, Taubaté, v. 12, n. 3, p. 228-258, set./dez. 2016, p. 232. Um ponto de vista relevante é o de Lima Neto ao pontuar a criação do CNT como uma das medidas reestruturadoras do setor anteriores ao

### 3.4.3 Os transportes no Plano Trienal

O plano trienal – que buscou consubstanciar as reformas de base – foi elaborado em 1962, e tinha como finalidade estabelecer uma série de metas a serem cumpridas no Brasil entre os anos de 1963 a 1965. Sua origem remonta ao plebiscito ocorrido nos primeiros meses de 1963, que decidiria se o Brasil permaneceria no parlamentarismo ou retornaria ao presidencialismo. Dessa forma, o plano trienal seria instalado caso o presidencialismo fosse vitorioso, em detrimento do parlamentarismo.[241]

No âmbito legislativo, coube à Lei Delegada nº 1, de 25 de setembro de 1962, o estabelecimento de seus objetivos que eram: manter a elevada taxa de crescimento do Produto Interno Bruto (PIB); compatibilizar esse crescimento com a estabilidade de preços, reduzindo progressivamente a inflação; reduzir o custo social do desenvolvimento brasileiro, melhorando a distribuição da renda e intensificando as políticas governamentais de educação, pesquisa, tecnologia e saúde pública; reduzir as disparidades regionais e os entraves ao desenvolvimento, com especial atenção à questão agrária; refinanciar a dívida externa em prazos e condições melhores; e assegurar ao governo condições de executar o plano, submetendo as diversas entidades da administração pública às suas diretrizes e dando unidade à ação do Estado.[242]

A busca pela incorporação dos setores populares, em uma perspectiva nacionalista e reformista, deriva do projeto nacional-desenvolvimentista que se iniciou no governo Vargas, conforme leciona Bercovici:

---

Ministério dos Transportes: "criação do Conselho Nacional de Transportes – CNT, em 25 de outubro de 1965, pela Lei nº 4.808, com as seguintes atribuições: coordenar a execução do Plano Nacional de Viação, apreciar e aprovar previamente os planos e programas de investimentos relativos à implantação ou ao melhoramento de vias e terminais, ao reequipamento de material e à coordenação do sistema de transportes; manter atualizadas as informações sobre características técnicas, situação e capacidade das vias, equipamentos, instalações e meios do sistema nacional dos transportes, bem como dos planos aprovados e programas em execução; assim como opinar sobre anteprojetos de lei ou regulamentos relativos a transportes e traçar a política tarifária dos diversos meios de transporte. Tal conselho tinha caráter interministerial, na medida em que era composto por representantes do MVOP, que o presidia, do Estado Maior das Forças Armadas – EMFA; dos presidentes dos conselhos setoriais de transportes; do Diretor da Aeronáutica Civil; dos Ministros da Fazenda, Planejamento e Relações Exteriores; da Contadoria Geral dos Transportes e da ·Marinha Mercante; da Associação Nacional das Empresas de Navegação Marítima e de Aviação Comercial; e representantes das empresas de Transporte Ferroviário". (LIMA NETO, O. *Transporte no Brasil:* história e reflexões. Brasília, DF: Empresa Brasileira de Planejamento de Transportes/GEIPOT. Recife: Editora Universitária da UFPE, 2001, p. 304-305).

[241] FURTADO, Celso. *Obra autobiográfica*. São Paulo: Companhia das Letras, 2014, p.358.

[242] MACEDO, R. B. M. Plano trienal de desenvolvimento econômico e social (1963-1965). *In:* MINDLIN, B. (Org.). *Planejamento no Brasil*. 5. ed. São Paulo: Perspectiva, 2003, p. 52-53.

O projeto nacional-desenvolvimentista iniciado com a Revolução de 1930 e a ascensão de Getúlio Vargas à Presidência da República estavam buscando, na década de 1950 e início da década de 1960, incorporar de fato os setores populares, em uma perspectiva nacionalista e reformista. A participação popular passou a ser vista como condição essencial para o desenvolvimento. A implementação das Reformas de Base, especialmente a agrária, foi a principal discussão do Governo João Goulart, tanto na fase parlamentarista como na presidencialista. Inúmeros setores se posicionaram a favor das Reformas de Base: o Governo, políticos e entidades da sociedade civil. No entanto, a multiplicidade de propostas, a insistência dos proprietários em vetar uma rápida redistribuição de terra e a resistência dos setores radicais em negociar com os mais conservadores ou moderados, gerou um impasse que levou à radicalização, que perdurou até a queda do regime democrático.[243]

Em termos de investimentos, o Plano Trienal propunha valores em torno de Cr$3,5 trilhões e a manutenção da taxa de crescimento do PIB de 7% ao ano, com a elevação da renda *per capita* de US$323, em 1962, para US$365, em 1965.[244]

O plano teve como encarregado Celso Furtado, após o retorno ao presidencialismo de João Goulart, em janeiro de 1963. No que tange ao setor de transportes, o plano foi explicito em considerá-lo como de grande relevância estratégica. Diante dessa relevância, destinou para o triênio por ele abrangido cerca de 29% dos investimentos nacionais, o que representava o total de Cr$864 bilhões. A finalidade de tais investimentos era a pulverização de recursos, a obtenção de uma maior maximização da produtividade econômica e social com consequente interligação das regiões com maior potencial econômico. Buscou-se, ao mesmo tempo, tanto compatibilizar o planejamento global à disponibilidade financeira do país, quanto resguardar as peculiaridades de cada subsetor, em direção à redução das distorções do sistema viário nacional. Seguindo a lógica do Plano de Metas, vislumbrou-se ao mesmo tempo uma adequação dos esquemas ferroviários ao novo contexto estrutural e a atender as necessidades de maiores inversões nos portos e marinha mercante.

---

[243] BERCOVICI, Gilberto. Reformas de base e superação do subdesenvolvimento. *Revista de Estudios Brasileños*, São Paulo, vol. 1, n. 1, p. 97-112, 2014, p. 98.

[244] MACEDO, R. B. M. Plano trienal de desenvolvimento econômico e social (1963-1965). *In*: MINDLIN, B. (Org.). *Planejamento no Brasil*. 5. ed. São Paulo: Perspectiva, 2003, p. 53.

Há, por meio do Plano Trienal, uma tentativa de valorização da figura das ferrovias. Algumas vezes essa valorização vem seguida de uma crítica ao Plano de Metas, no sentido de que este tenha preferido as rodovias em detrimento das ferrovias, o que, como vimos, é incorreto. Ao explanar sobre o quadro que demonstra a porcentagem de investimentos em cada um dos setores dentre os anos de 1956 a 1962, o documento que institui a síntese do Plano Trienal traz que o quadro é um lugar: "por onde se vê a crescente destinação de recursos para rodovias, em detrimento das ferrovias". No entanto, a própria leitura atenta do quadro permite observar que a constatação é contrafactual:

Quadro 9 – Distribuição dos dispêndios do governo federal em transportes de 1956 a 1962

| Sistemas | Valores Relativos (%) | | | | | | |
|---|---|---|---|---|---|---|---|
| | 1956 | 1957 | 1958 | 1959 | 1960 | 1961 | 1962 |
| Ferrovias | 22,6 | 20,1 | 26,2 | 32,0 | 23,0 | 20,4 | 22,3 |
| Marinha Mercante | 11,4 | 7,3 | 6,1 | 7,7 | 14,5 | 13,2 | 13,8 |
| Portos | 8,9 | 6,5 | 2,7 | 2,1 | 4,6 | 3,1 | 5,3 |
| Rodovias | 57,1 | 66,1 | 65,0 | 58,2 | 57,9 | 63,3 | 58,6 |

Fonte: Elaborada pelo Autor com base na tabela disposta no Plano Trienal. Vide: BRASIL. *Plano Trienal de Desenvolvimento Econômico e Social (1963-1965)* – Síntese. Brasília: Presidência da República, 1962, p.102.

Além disso, conforme vimos no tópico anterior, foi preocupação constante de Juscelino Kubitschek a diversificação entre todos os modais no planejamento do transporte no Plano de Metas. Para tanto, elaboraram-se, inclusive, metas específicas com previsão de grande montante financeiro para cada uma delas e a criação da RFFSA.

Em seguida, o Plano Trienal define as suas metas e diretrizes para: a) o transporte ferroviário; b) o transporte hidroviário; c) o transporte rodoviário; e d) o transporte aéreo.

No que tange ao primeiro, o transporte ferroviário, há ênfase na correção das deficiências estruturais de um subsetor historicamente voltado às exportações, assim como destaca-se a substituição dos ramais, que, embora pioneiros em sua criação, não mais cumpriam seu papel originário, configurando-se, naquele contexto da década de 1960, como um recurso oneroso. Essa substituição, de acordo com o plano, permitiria um aumento na eficiência das ferrovias, liberando tanto os recursos humanos, quanto os materiais, às obras com maior prioridade. Esta prioridade era manifestada no recebimento de investimentos pelos trechos e linhas de relevante significado econômico, novas construções, remodelações das vias permanentes, modernização do material rodante e de tração, construção de variantes e melhorias dos sistemas que eram importantes para a rapidez e a segurança do tráfego.[245]

Em relação ao transporte hidroviário, o plano inicia fazendo a consideração de que o navio e o porto devem ser visualizados como unidades de operação conjugadas de substancial valor para o setor. Essa visualização concatenada eliminaria uma tendência anterior a compreendê-los de forma segregada. O plano dá especial atenção à alocação de recursos para as peculiaridades da frota mercante brasileira. Para tanto, focaliza as suas ações em seis frentes: a melhoria da produtividade dos portos; a melhoria dos serviços de apoio e manutenção; a utilização dos estaleiros brasileiros no programa de renovação da frota de longo curso e cabotagem, o que evita que exista, ao mesmo tempo, a capacidade ociosa nos estaleiros e a frota mercante obsoleta e de baixa produtividade; a especialização das empresas estatais de transporte marítimo em dois pontos: cabotagem e longo curso, respectivamente representadas pela Costeira e Lyoid; a busca de maior participação da bandeira brasileira no transporte de longo curso, seguindo as diretrizes do Decreto nº 47.225, de 12 de novembro de 1959; o estabelecimento de programas de dragagem dos portos e a finalização das instalações que tiveram como finalidade a movimentação de granéis, tendo como critério a análise específica de cada porto e de suas necessidades de reequipamento de ampliação dos cais acostáveis e das áreas de armazenagem.[246]

---

[245] "Transporte Ferroviário – Procurar-se-á corrigir as deficiências estruturais do sistema ferroviário voltado fundamentalmente para atender uma economia de exportação, bem como para substituir os ramais que, embora tivessem tido, em dado momento; – caráter pioneiro, tornaram-se onerosos e sem justificativa econômica. Isto permitirá, a par de aumentar a eficiência da ferrovia no conjunto, liberar recursos humanos e materiais para outras obras prioritárias. Terão prioridade para receber investimentos os trechos ou linhas de grande significado econômico, tanto para novas construções como para remodelação das vias permanentes, modernização do material rodante e de tração, construção de variantes e melhoria dos sistemas necessários à rapidez e segurança de tráfego". Cf. BRASIL. *Plano Trienal de Desenvolvimento Econômico e Social (1963-1965)* – Síntese. Brasília: Presidência da República, 1962, p.105; MELLO, José Carlos. *Planejamento dos transportes.* São Paulo, McGrawHill do Brasil, 1975, p. 12.

[246] "Transporte Hidroviário – É ponto de partida, na programação dêste sub-setor, considerar como unidades de operação conjugadas o navio e o pôrto, eliminando o êrro anterior de concebê-los divorciados. Assim, embora o problema fundamental seja o da melhoria da

Para o transporte rodoviário, o plano não propõe grandes inovações. Estabelece-se uma revisão no Plano Quinquenal de Obras Rodoviárias trazido por Juscelino Kubitschek, a fim de torná-lo compatível à capacidade brasileira de investimentos e concentrando esforços em concluir empreendimentos que catalisassem os benefícios sociais no país. Em que pese a previsão de uma revisão, as bases para as poucas proposições trazidas no setor seguem as diretrizes gerais do plano de Kubitschek. Eram elas: I) pavimentar rodovias que interligavam regiões de grande potencial econômico; II) construir ou pavimentar rodovias que substituíssem ramais ferroviários antieconômicos; e III) consolidar as rodovias de penetração.[247]

No que se refere ao modal aeroviário, o plano é extremamente breve. Destaca apenas a grande evolução trazida pelo transporte aéreo comercial brasileiro, sua incorporação aos recentes avanços tecnológicos e sua importância para o desenvolvimento e manutenção da unidade do Brasil, por ser este um país de grandes dimensões territoriais. No que tange às proposições, o plano considera necessária a inclusão da construção e dos melhoramentos dos aeroportos, pistas e estações de passageiros, dando ênfase ao serviço de proteção ao voo. Ressaltava,

---

produtividade dos portos, a alocação de recursos levará em conta as características da frota mercante brasileira, inclusive assegurando os serviços de apoio para sua manutenção. No tocante à marinha mercante buscar-se-á a plena utilização dos estaleiros nacionais no programa inadiável de renovação da frota de longo curso e de cabotagem, evitando-se o paradoxo constatado da coexistência de capacidade ociosa nos estaleiros e frota mercante obsoleta e de baixa produtividade Paralelamente marchar-se-á para a especialização das emprêsas estatais de transporte marítimo – Costeira (cabotagem) e o Lloyd (longo curso) Face ao ônus que o serviço de fretes representa para o balanço de pagamentos, defender-se-á maior participação da bandeira brasileira no transporte de longo curso, conforme diretrizes estabelecidas no Decreto n. 047. 225, de 1959. Simultâneamente, serão estabelecidos programas de dragagem dos portos e para a conclusão das instalações destinadas à movimentação de granéis, considerando-se sempre o movimento de cada pôrto e as necessidades específicas de reequipamento e ampliação de cais acostáveis e áreas de armazenagem." BRASIL. *Plano Trienal de Desenvolvimento Econômico e Social (1963-1965)* – Síntese. Brasília: Presidência da República, 1962, p. 106; MELLO, José Carlos. *Planejamento dos transportes*. São Paulo, McGrawHill do Brasil, 1975, p. 12.

[247] "Transporte Rodoviário – Dentro das diretrizes gerais já estabelecidas, os investimentos rodoviários serão orientados para: 1) pavimentar rodovias que interligam regiões de grande potencial econômico; 2) construir ou pavimentar rodovias que substituam ramais ferroviários antieconômicos; 3) consolidação das rodovias de penetração. Dentro destas linhas mestras a primeira tarefa é rever o último Plano Qüinqüenal de Obras Rodoviárias, com vista a torná-lo compatível com a capacidade de investimentos do país e visando, por outro lado, a concentrar esforços na conclusão dos empreendimentos que propiciem maiores e mais rápidos benefícios sociais." Cf. BRASIL. *Plano Trienal de Desenvolvimento Econômico e Social (1963-1965)* – Síntese. Brasília: Presidência da República, 1962, p.104; MELLO, José Carlos. *Planejamento dos transportes*. São Paulo, McGrawHill do Brasil, 1975, p. 12.

também, a importância de um aumento do número de linhas internacionais e da velocidade da conexão com os outros países.[248]

O plano, além das disposições sobre os modais, também trazia uma relação com os investimentos programados e o seu financiamento. Destaca-se a representatividade das inversões ao transporte, em consideração ao todo da formação bruta de capital. Estipulava-se que, somando as fontes públicas e privadas, o transporte durante os três anos do plano representaria 29% do capital fixo, podendo alcançar até 30% em caso de manutenção da expansão na indústria automobilística, do dinamismo no subsetor rodoviário e do transporte aéreo. Frisa o plano que esse contingente de crescimento não trazia como implicação um desequilíbrio no total dos investimentos, visto que era condição para a expansão dos investimentos no setor de transporte para além do limite estipulado a obtenção de um financiamento não público que fosse adequado ao subsetor que recebesse o investimento. Ao todo, estipulou-se como total de investimentos no triênio 1963-65 um montante de Cr$863,6 bilhões. As fontes para tais investimentos se dividem em quatro: o Ministério de Viação e Obras Públicas, com o total de, respectivamente, Cr$118,0; Cr$126,0 e Cr$137,0 bilhões, para os anos de 1963, 1964 e 1965; o Ministério da Aeronáutica, totalizando, respectivamente, Cr$9,4; Cr$11,5 e Cr$12,3 para os anos acima assinalados; os Estados e Municípios, com, ao todo, respectivamente, Cr$43,2; Cr$46,2 e Cr$49,4 nos três anos; e, por último, os particulares, aos quais eram estipulados o dispêndio de, respectivamente, Cr$95,3; Cr$105,0 e Cr$110,2, nos anos do plano.[249]

---

[248] "Transporte Aéreo – A par de suas características próprias o transporte aéreo comercial brasileiro foi o que mais evoluiu, tendo incorporado os recentes avanços da tecnologia (grandes aeronaves a turbo-reação e a jato puro, radar etc.). A grande extensão territorial brasileira, a par das condições orográficas e da distribuição espacial de muitos núcleos urbanos, sem possibilidade de outra via de acesso, tornam o avião imprescindível ao desenvolvimento econômico brasileiro, contribuindo; para manter a unidade da Federação. Os programas neste sub-setor serão estabelecidos em função do tráfego atual e potencial. devendo incluir a construção e melhoramento de aeroportos, pistas e estações de passageiros e dar ênfase ao serviço de proteção ao vôo. Cuidar-se-á também de criar condições para que nossa frota aérea possa operar não. só internamente mas em linhas internacionais, inclusive através de conexões rápidas com outros países." Cf. BRASIL. *Plano Trienal de Desenvolvimento Econômico e Social (1963-1965)* – Síntese. Brasília: Presidência da República, 1962, p. 104-105; MELLO, José Carlos. *Planejamento dos transportes*. São Paulo, McGrawHill do Brasil, 1975, p. 12.

[249] BRASIL. *Plano Trienal de Desenvolvimento Econômico e Social (1963-1965)* – Síntese. Brasília: Presidência da República, 1962, p. 102.

No que tange à distribuição por subsetores, o plano mantém as diretrizes estabelecidas no governo de Juscelino Kubitschek quanto à divisão dos dispêndios. O primeiro dos destinatários dessa divisão era o Ministério de Viação e Obras Públicas, que englobava as ferrovias, a marinha mercante, os portos e as rodovias.

Às ferrovias eram previstos Cr$120 bilhões durante os três anos do plano, o que representava 31,5% do dispêndio estipulado para o Ministério. Este valor seria dividido de modo crescente, iniciando em 1963 com Cr$36,0 bilhões, em 1964 com Cr$40,0 bilhões e 1965 com Cr$44,0 bilhões. À marinha mercante era reservado um valor menor do que às ferrovias, mas os investimentos também eram vultuosos. Ao todo era estipulado o total de Cr$67,0 bilhões, representando 17,8% dos investimentos, divididos, respectivamente, em Cr$20,0; Cr$22,0 e Cr$25,0 bilhões nos anos de 1963, 1964 e 1965. Os portos receberam os menores montantes financeiros, ao todo Cr$41,0 bilhões, ou, em termos percentuais, 10,4%. Considerando os três anos do plano, teve-se Cr$12,0; Cr$13,0 e Cr$16,0 bilhões, respectivamente, nos anos de 1963, 1964 e 1965, como expectativa de investimentos. Já às rodovias foi dada uma maior atenção visto que o montante disposto no plano para este subsetor era de Cr$153,0 bilhões, ou 40,3% do total. A divisão entre os três anos era de Cr$50,0; Cr$51,0 e Cr$52,0 bilhões, respectivamente.[250]

No que se refere ao valor destinado ao Ministério da Aeronáutica, o Plano Trienal explicitamente focou nas obras relacionadas ao transporte aéreo comercial. A divisão dos investimentos se dava em três frentes: infraestrutura, proteção ao voo e aeronáutica civil. Para a infraestrutura, o total previsto era de Cr$23,6 bilhões, para a proteção de voo Cr$7,8 bilhões e para a aeronáutica civil Cr$1,9 bilhão.[251]

Em termos institucionais, o plano trazia duas importantes estipulações: a primeira era a revisão de tarifas, que deveria ir em direção à uma política ordenada e mais realista de investimentos com o objetivo de reduzir ou até mesmo eliminar os déficits, diminuir a carga resultante da transferência à coletividade de sua cobertura e garantir um excedente mínimo, tendo como corolário uma expansão e/ou um melhoramento dos serviços. A segunda, ainda mais importante, era a previsão de criação do Ministério dos Transportes, como responsável

---

[250] BRASIL. *Plano Trienal de Desenvolvimento Econômico e Social (1963-1965)* – Síntese. Brasília: Presidência da República, 1962, p. 102.
[251] BRASIL. *Plano Trienal de Desenvolvimento Econômico e Social (1963-1965)* – Síntese. Brasília: Presidência da República, 1962, p. 102.

pelos transportes em geral, com exceção do aéreo, que permaneceria sob responsabilidade do Ministério da Aeronáutica.[252]

Um número destacado por Lima Neto no que tange ao período circunscrito entre 1961 e 1963 é o volume do transporte de carga que passou de 76 bilhões de tonelada-quilômetro (Tkm) em 1961, sendo 46,8 bilhões do subsetor rodoviário e 13,8 bilhões do subsetor ferroviário, para 89,7 bilhões de Tkm em 1963, sendo 58 bilhões do subsetor rodoviário e 15,1 bilhões no subsetor ferroviário. No âmbito da movimentação de mercadorias por meio de navegação costeira, houve um aumento de 15,4 bilhões de toneladas por quilômetro em 1961 para 16,4 bilhões de toneladas por quilômetro no ano de 1963. Além disso, o autor destaca a construção da Belém-Brasília como um marco na história do desenvolvimento rodoviário, tendo em vista a sua grande importância para a integração nacional e o desafio técnico de se construir rodovias na região amazônica.[253]

Em números, durante o governo de João Goulart, houve um aumento no aporte humano para a configuração territorial apenas no modal rodoviário. Em contrapartida, teve-se uma diminuição nos números absolutos no modal ferroviário, hidroviário e aeroviário.

Quadro 10 – Aportes humanos na configuração territorial dos modais rodoviário, ferroviário, hidroviário e aeroviário de 1961 a 1964

| Anos | Rodoviário (km² de estradas) | Ferroviário (km² de trilhos) | Hidroviário (Número de embarcações de cabotagem/longo curso e outras) | Aeroviário (km voados – em 1.000 km) |
|---|---|---|---|---|
| 1961 | 499.550 | 37.548 | 29.793 | 118.284 |
| 1962 | 519.452 | 36.572 | 26.939 | 109.685 |
| 1963 | 538.779 | 35.349 | 23.890 | 104.184 |
| 1964 | 548.510 | 34.262 | 23.399 | 91.000 |

Fonte: Quadro elaborado pelo autor com base em INSTITUTO BRASILEIRO DE GEOGRAFIA E ESTATÍSTICA. *Estatísticas históricas do Brasil*: séries econômicas, demográficas e sociais de 1550 a 1988. 2. ed. rev. e at. v. 3. Séries estatísticas retrospectivas. Rio de Janeiro: IBGE, 1990 e em EMPRESA BRASILEIRA DE PLANEJAMENTO DOS TRANSPORTES. *Anuário Estatístico dos Transportes de 2000*. Brasília: GEIPOT, 2001.

---

[252] BRASIL. *Plano Trienal de Desenvolvimento Econômico e Social (1963-1965)* – Síntese. Brasília: Presidência da República, 1962, p. 102.

[253] LIMA NETO, O. *Transporte no Brasil*: história e reflexões. Brasília, DF: Empresa Brasileira de Planejamento de Transportes/GEIPOT. Recife: Editora Universitária da UFPE, 2001, p. 261 e 283.

Vale notar, todavia, que embora apenas o transporte rodoviário tenha presenciado um aumento de extensão, ao considerar as mercadorias transportadas por tipo de transportes em uma escala de 1.000.000 de toneladas por quilômetro, tem-se, no período circunscrito entre 1961 e 1964, um aumento nos modais rodoviário e ferroviário, uma diminuição do modal hidroviário e uma manutenção no modal aéreo. Assim, destaca-se aqui que embora tenha havido uma diminuição na extensão dos transportes ferroviários, houve um aumento na quantidade de mercadorias transportadas pelo subsetor, que passa de 13.700 t/km em 1961 para 15.900 t/km em 1964.

Quadro 11 – Relação absoluta de mercadorias por modal de transportes de 1961 a 1964

| Anos | Número absolutos (1.000.000 t/km) | | | |
|---|---|---|---|---|
| | Rodoviário (1) | Ferroviário | Aéreo (2) | Hidroviário (3) |
| 1961 | 46.800 | 13.700 | 100 | 15.400 |
| 1962 | 52.700 | 15.000 | 100 | 18.100 |
| 1963 | 59.300 | 15.000 | 100 | 16.400 |
| 1964 | 66.700 | 15.900 | 100 | 14.800 |

Fonte: Quadro elaborado pelo autor com base em INSTITUTO BRASILEIRO DE GEOGRAFIA E ESTATÍSTICA. *Estatísticas históricas do Brasil*: séries econômicas, demográficas e sociais de 1550 a 1988. 2. ed. rev. e at. v. 3. Séries estatísticas retrospectivas. Rio de Janeiro: IBGE, 1990.

No que tange ao transporte de passageiros, presenciou-se um aumento na relação de passageiros transportados por quilômetro nos modais rodoviário, ferroviário e hidroviário, apenas constatando-se uma queda no modal aeroviário. O que leva, segundo a premissa adotada pela pesquisa, à tendência de superlotação e degradação da infraestrutura dos modais ferroviário e hidroviário, pois o aumento não foi acompanhado de forma adequada por um aporte humano na configuração territorial.

## Imagem 3 – Quantidade de passageiros transportados por quilômetro nos modais rodoviário, ferroviário, aeroviário e hidroviário de 1961 a 1964

| Anos | Passageiros transportados, por tipo de transporte Número absolutos (1.000.000 passageiros km) | | | |
|---|---|---|---|---|
| | Rodoviário (1) | Ferroviário (2) | Aéreo (3) | Hidroviário (4) |
| 1961 | 32.500 | 7.500 | 2.000 | 30 |
| 1962 | 37.200 | 7.900 | 2.200 | 30 |
| 1963 | 42.600 | 8.200 | 2.100 | 40 |
| 1964 | 48.800 | 8.100 | 1.700 | 40 |

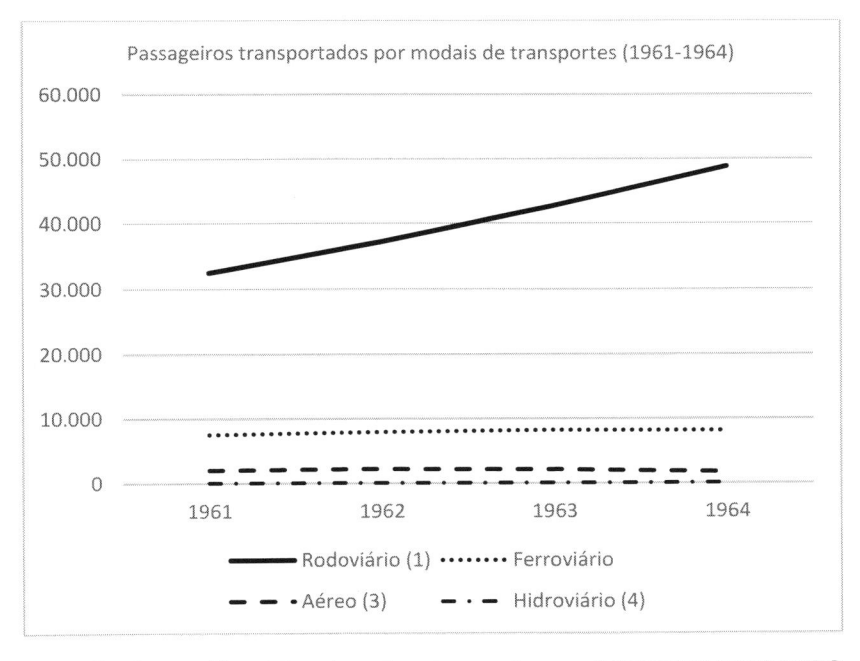

Passageiros transportados por modais de transportes (1961-1964)

Fonte: Quadro e gráfico elaborados pelo autor com base em INSTITUTO BRASILEIRO DE GEOGRAFIA E ESTATÍSTICA. *Estatísticas históricas do Brasil*: séries econômicas, demográficas e sociais de 1550 a 1988. 2. ed. rev. e at. v. 3. Séries estatísticas retrospectivas. Rio de Janeiro: IBGE, 1990.

Esse aumento é real quando contrastamos com o aumento da população brasileira no período. Considerando o período de 1961 a 1964, houve um aumento relativo de passageiros por quilômetro de 35%, enquanto a população nacional cresceu 9%:

Quadro 12 – Relação entre o aumento dos passageiros por quilômetro em todos os modais e o aumento da população brasileira de 1961 a 1964

| Anos | Todos os modais (1.000.000 passageiros/km) | População brasileira (mil habitantes) | Aumento relativo de passageiro s/km | Aumento relativo de passageiro s/km Acumulado | Aumento relativo da população brasileira (mil habitantes) | Aumento relativo da população brasileira (mil habitantes) |
|---|---|---|---|---|---|---|
| 1961 | 42.030 | 72.207 | ... | ... | ... | ... |
| 1962 | 47.330 | 74.389 | 13% | 13% | 3% | 3% |
| 1963 | 52.940 | 76.612 | 12% | 24% | 3% | 6% |
| 1964 | 58.640 | 78.874 | 11% | 35% | 3% | 9% |

Fonte: Elaborada pelo autor a partir do cruzamento de dados INSTITUTO BRASILEIRO DE GEOGRAFIA E ESTATÍSTICA. *Estatísticas históricas do Brasil*: séries econômicas, demográficas e sociais de 1550 a 1988. 2. ed. rev. e at. v. 3. Séries estatísticas retrospectivas. Rio de Janeiro: IBGE, 1990 e o indicador de população que retirado de PIB, deflator implícito e população: INSTITUTO BRASILEIRO DE GEOGRAFIA E ESTATÍSTICA. *Estatísticas do século XX*, Rio de Janeiro: IBGE, 2006 e INSTITUTO BRASILEIRO DE GEOGRAFIA E ESTATÍSTICA. *Sistema de Contas Nacionais*. Brasil – Referência 2000. Base de dados (nota metodológica nº 3). Rio de Janeiro: IBGE, 2006.

A proporção desse aumento pode ser melhor visualizada pelo seguinte gráfico que demonstra um crescimento relativamente constante durante todo o governo de Goulart:

Gráfico 2 – Demonstração gráfica da relação entre o aumento dos passageiros por quilômetro em todos os modais e o aumento da população brasileira de 1961 a 1964

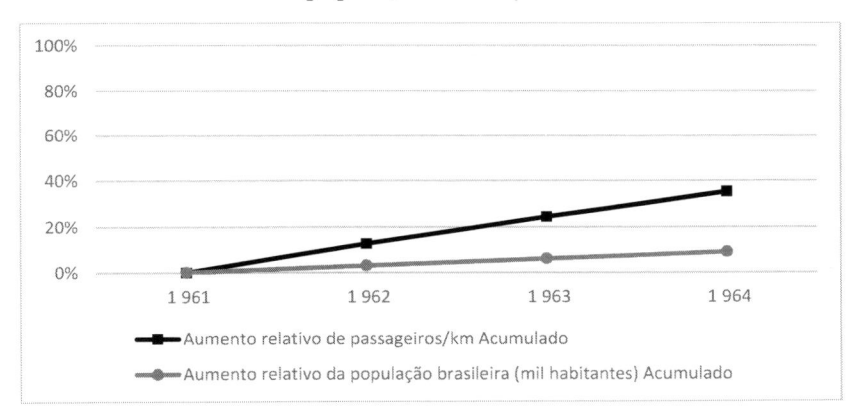

Fonte: Gráfico elaborado pelo autor a partir do cruzamento de dados entre INSTITUTO BRASILEIRO DE GEOGRAFIA E ESTATÍSTICA. *Estatísticas históricas do Brasil*: séries econômicas, demográficas e sociais de 1550 a 1988. 2. ed. rev. e at. v. 3. Séries estatísticas retrospectivas. Rio de Janeiro: IBGE, 1990 e o indicador de população que retirado de PIB, deflator implícito e população: INSTITUTO BRASILEIRO DE GEOGRAFIA E ESTATÍSTICA. *Estatísticas do século XX*, Rio de Janeiro: IBGE, 2006 e INSTITUTO BRASILEIRO DE GEOGRAFIA E ESTATÍSTICA. *Sistema de Contas Nacionais*. Brasil – Referência 2000. Base de dados (nota metodológica nº 3). Rio de Janeiro: IBGE, 2006.

Em termos relativos (percentuais), nota-se que o aumento da participação do subsetor rodoviário, a exemplo do governo de Kubitschek, mantem-se constante:

Imagem 4 – Relação relativa de passageiros por
modal de transporte de 1961 a 1964

| Anos | Passageiros transportados. Por tipo de transporte | | | |
|---|---|---|---|---|
| | Números relativos (%) | | | |
| | Rodoviário | Ferroviário | Aéreo | Hidroviário |
| 1961 | 77,4 | 17,8 | 4,7 | 0,1 |
| 1962 | 78,6 | 16,7 | 4,6 | 0,1 |
| 1963 | 80,5 | 15,5 | 3,9 | 0,1 |
| 1964 | 83,2 | 13,8 | 2,9 | 0,1 |

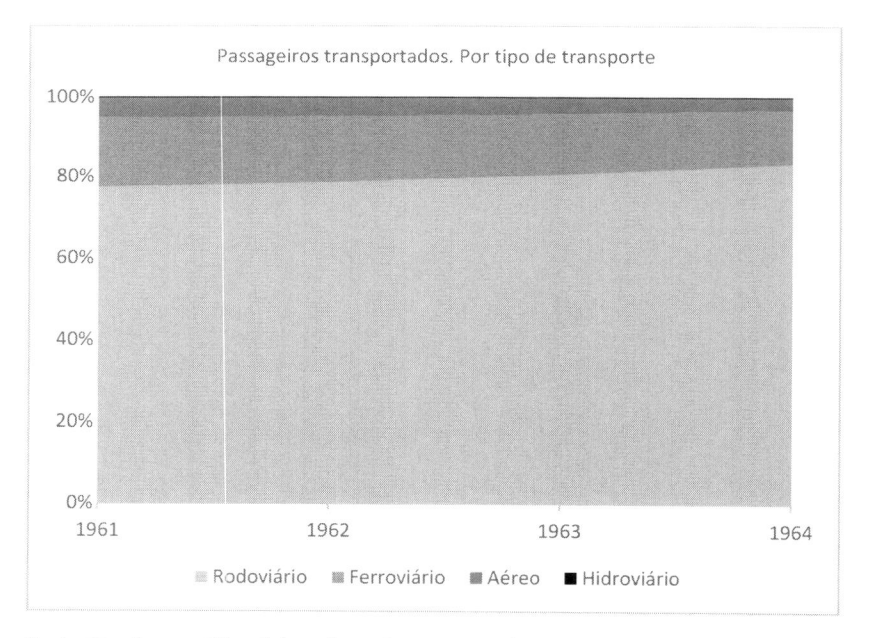

Fonte: Quadro e gráfico elaborados pelo autor com base em INSTITUTO BRASILEIRO DE GEOGRAFIA E ESTATÍSTICA. *Estatísticas históricas do Brasil*: séries econômicas, demográficas e sociais de 1550 a 1988. 2. ed. rev. e at. v. 3. Séries estatísticas retrospectivas. Rio de Janeiro: IBGE, 1990.

Sendo assim, em síntese, o que se viu no período referente ao governo de João Goulart, no âmbito dos transportes, diante dos instrumentos pontuados, foi um aumento na extensão no modal rodoviário, acompanhado de uma redução em todos os demais modais, um aumento da quantidade de cargas de mercadorias transportadas nos modais rodoviário e ferroviário, com redução nos demais modais. No que tange ao transporte de passageiros, presenciou-se um aumento na relação de passageiros transportados nos modais rodoviário, ferroviário e hidroviário, apenas constatando-se uma queda no modal aeroviário, o que tem como consequência a tendência de superlotação e degradação da infraestrutura dos modais ferroviário e hidroviário. O aumento relativo de passageiros por quilômetro no período entre 1961 e 1964 foi de 35%, enquanto a população nacional cresceu 9%. Já no modal rodoviário, houve o aumento total de 83,2% em 1964, em contraste com 77,4% em 1961.

No mês de abril de 1964, com o golpe militar, o Brasil sofreu, conforme aduz Gilberto Bercovici: "o preço da ousadia de se exigir Reformas de Base", com a destruição do regime democrático e a implantação de uma ditadura de 21 anos.[254] Essa ditadura, nas palavras de Florestan Fernandes, buscava impedir: "a transição de uma democracia restrita para uma democracia de participação ampliada".[255]

---

[254] BERCOVICI, Gilberto. Reformas de base e superação do subdesenvolvimento. *Revista de Estudios Brasileños*, São Paulo, vol. 1, n. 1, p. 97-112, 2014, p. 101.

[255] FERNANDES, Florestan. *Brasil, em compasso de espera*. São Paulo: Hucitec, 1980, p. 113.

CAPÍTULO 4

# O REGIME DITATORIAL: A RUPTURA DE UM PROJETO DE INTEGRAÇÃO PARA O MERCADO INTERNO – 1964 A 1985

4.1 Linhas gerais sobre o golpe de 1964, o Programa de Ação Econômica do Governo (PAEG) e o II Plano Nacional de Viação.

No dia 15 de abril de 1964, com o golpe militar, o marechal Humberto Castello Branco assumiu a presidência, nomeou Octavio Gouveia de Bulhões para o Ministério da Fazenda e Roberto Campos para o Ministério do Planejamento.[256] Houve nesse momento uma descontinuação do projeto desenvolvimentista instaurado no Brasil nos 34 anos anteriores.[257] O governo era regido por uma aliança tecnocrático-militar que, sob um Estado forte, mas não integralmente liberal, iniciou uma série de reformas institucionais, criando novos contornos na política econômica, instrumentos do sistema financeiro e da estrutura

---

[256] BASTIAN, Eduardo F. O PAEG e o plano trienal: uma análise comparativa de suas políticas de estabilização de curto prazo. *Estud. Econ.*, São Paulo, vol. 43 n. 1 jan./mar. 2013, p. 146.

[257] Nesse sentido, Gilberto Bercovici configura a época como um desvirtuamento de um modelo de desenvolvimento que objetivava a formação de um sistema econômico nacional, cujo centro fosse o mercado interno. BERCOVICI, Gilberto. Reformas de base e superação do subdesenvolvimento. *Revista de Estudios Brasileños*, São Paulo, vol. 1, n. 1, 2014, p. 101. O autor quando trata das experiências brasileiras de planejamento, não inclui o PAEG como um dos seus três exemplos. Cf. BERCOVICI, Gilberto. *Constituição Econômica e desenvolvimento*: uma leitura a partir da Constituição de 1988. São Paulo: Malheiros, 2005, p. 71. Em contraponto, tem-se a importante visão de Pedro Paulo Dutra Fonseca, que afirma que quando elaboramos uma análise mais abrangente, tem-se que mesmo os militares, com o rompimento político ocorrido em 1964, continuaram aplicando políticas desenvolvimentistas. Cf. FONSECA, Pedro Cezar Dutra. Gênese e Precursores do Desenvolvimentismo no Brasil. *In*: *Era Vargas*: Desenvolvimentismo, economia e sociedade. Editora Unesp. 2011, p. 21.

administrativa do setor público. O alto índice inflacionário que alcançou, de acordo com o IGP-DI 7,4% em março de 1964, com um acumulado de abril de 1963 a março de 1964 de 88,8%, foi a principal escusa para que as políticas que deveriam ter um viés desenvolvimentista fossem direcionadas apenas para o combate à inflação.[258]

Celso Furtado, em sua *Análise do "modelo" brasileiro*, elaborada em 1972, ao adentrar no que chama de nova estratégia de desenvolvimento, endossa a afirmativa de que as medidas introduzidas a partir de 1964, pelo ministro do planejamento Roberto Campos, permitiram o reestabelecimento do equilíbrio no setor público, o que gerou condições para

---

[258] TAVARES, Maria da Conceição *et al*. O BNDE no governo Castelo Branco: o desenvolvimento liberal. *Memórias do Desenvolvimento*, Rio de Janeiro, a. 4, n. 4, p. 111-132, set. 2010. p. 111. Além da questão inflacionária, alguns estudos focam na discussão da correção monetária que surge no período. Nesse sentido Simonsen e Campos afirmam que: "Embora numa inflação crônica e violenta os reajustes de preços e salários acabem por se tornar mais ou menos automáticos, a indexação, isto é, a revisão periódica de preços por autorização legal e com base no comportamento de índices preestabelecidos, era pouco comum no caso brasileiro antes de 1964. De fato, o único caso de reajuste automático facultado pela lei era a correção monetária do ativo imobilizado das empresas, instituída pelo art. 57 da Lei 3.470 de novembro de 1958". Cf. SIMONSEN, M. H.; CAMPOS, R. O. *A nova economia brasileira*. Rio de Janeiro: José Olympio, 1975, p. 171. Interessante também a visão de André Lara Resende ao afirmar que: "A convicção da necessidade de reformas institucionais acompanhou o PAEG desde seu diagnóstico. Três áreas foram particularmente destacadas, refletindo, acertadamente, a percepção do governo a respeito dos pontos de estrangulamento institucionais da economia: primeiro, a desordem tributária; segundo, as deficiências de um mercado financeiro subdesenvolvido e a inexistência de um mercado de capitais; e, por último, as ineficiências e as restrições ligadas ao comércio exterior. Por trás das três áreas de desordem institucional estava, sem sombra de dúvida, a incompatibilidade entre o pressuposto da moeda estável e as altas taxas de inflação. Num claro reconhecimento de que não se esperava que a estabilidade de preços fosse alcançada no médio prazo, o mecanismo de correção monetária foi introduzido". Cf. RESENDE, André Lara. Estabilização e reforma: 1964-1967. *In*: ABREU, Marcelo de Paiva (Org.). *A ordem do progresso*: cem anos de política econômica republicana: 1889-1989. Rio de janeiro: Campus, 1989, p. 229. Sobre as consequências futuras dessa correção monetária Domingues e Fonseca aduzem que: "Até meados da década de 1980, quando foi associada à inércia inflacionária e, portanto, como um dos fatores a realimentar a inflação, foi louvada e enaltecida. Contudo, a correção monetária trouxe consequências não previstas e não desejáveis para a economia brasileira: a inflação inercial que assolaria o país entre 1980 e 1994. Ela aconteceu devido à indexação formal e informal da economia, a qual, por sua vez, decorreu da prática, generalizada entre os agentes econômicos, de corrigir os preços por índices verificados na inflação passada. Desta maneira, a correção monetária, de heroína nos anos 1960 e 1970, passou a ser vista como vilã nos anos 1980 e 1990". DOMINGUES, Fabian Scholze; FONSECA, Pedro Dutra. Ignácio Rangel, a correção monetária e o PAEG: recontando a história. *Estud. Econ.*, São Paulo, v. 47, n. 2, junho de 2017, p. 457-458. Gilda Figueiredo Portugal Gouvêa afirma que: "após o golpe de 1964, a política econômica brasileira foi caracterizada pela centralização da arrecadação, usando-se como instrumentos principalmente a poupança corrente, a correção monetária e sobretudo o financiamento externo". Cf. GOUVÊA, Gilda Figueiredo Portugal. *Burocracia e elites burocráticas no Brasil*: poder e lógica de ação. 1993. 318p. Tese (Doutorado em Ciências Sociais) – Instituto de Filosofia e Ciências Humanas da Universidade Estadual de Campinas, 1994, p. 126.

que houvesse um controle inflacionário. O déficit houvera alcançado em 1968 o baixo índice de 1% do PIB e a participação dos investimentos recuperara o nível de 1956-1960.[259]

O crédito externo, nessa época, fora amplamente reestabelecido, assim como a autoridade central ampliada, gerando condições para um ensaio de reformas estruturais que visaria eliminar os pontos de estrangulamento, responsáveis pela perda de dinamismo do sistema. A estratégia utilizada para a retomada do chamado processo de industrialização consistia em linhas de ação baseadas em promover a reorientação do processo de concentração da riqueza e da renda, de modo a que o mecanismo causador dessa concentração aja não somente no sentido de favorecimento de uma formação de capital fixo, mas também significativamente no sentido de ampliar o mercado de consumidores de bens duráveis.[260]

Essas linhas de ação baseavam-se na redução da taxa do salário real básico com respeito à produtividade média do sistema, de modo a gerar uma redução na diferença entre essa taxa de salário e o "custo de oportunidade" do trabalho, e parte dos recursos assim liberados seria investida, sob orientação do governo, com o fim específico de ampliar a capacidade criadora de emprego da economia e aumentar o salário familiar que progressivamente teria o condão de anular os efeitos sociais mais negativos da baixa do salário individual.[261]

---

[259] FURTADO, Celso. *Análise do "modelo" brasileiro*. 3. ed. Rio de Janeiro: Civilização Brasileira, 1972, p. 37.

[260] FURTADO, Celso. *Análise do "modelo" brasileiro*. 3. ed. Rio de Janeiro: Civilização Brasileira, 1972, p. 38.

[261] Em uma primeira fase haveria baixa absoluta do salário básico (salário mínimo garantido pela legislação social), sem que necessariamente gerasse uma diminuição na mesma proporção a massa total de salários pagos. Na segunda, o salário básico seria estabilizado e a massa total de salários cresceria, ainda que menos que o PIB. Na terceira fase a taxa de salário poderia crescer (menos que a produtividade média) e a taxa de aumento da massa total de salários tenderia a alcançar a do PIB. O elemento diretor seria a política de emprego seria a regulação do crescimento da massa total de salários, cabendo decidir entre a criação de emprego e a elevação do salário básico. Desta forma ter-se-ia conciliado a política de concentração da renda com a de expansão da massa salarial, mediante o controle da transferência de mão-de-obra dos setores desprivilegiados para aqueles protegidos pela legislação social. Assim, dadas as características da economia brasileira, onde existe um grande excedente estrutural de mão-de-obra, a evolução da massa salarial seria em função da intensidade dessa transferência e do comportamento da taxa de salário no setor protegido pela legislação social. Cf. FURTADO, Celso. *Análise do "modelo" brasileiro*. 3. ed. Rio de Janeiro: Civilização Brasileira, 1972, p. 38-39.

Frente a tal cenário, o PAEG foi lançado em novembro de 1964, com as principais políticas econômicas que regeriam o Brasil.[262] O programa era previsto para vigorar entre 1965 e 1970 e pretendia compatibilizar, gradualmente, a retomada do crescimento e o controle inflacionário, pois essa era, segundo os militares, condição para o crescimento. Em síntese, pode-se afirmar que os objetivos do PAEG eram: "conter o processo inflacionário; atenuar os desequilíbrios setoriais e regionais; acelerar o crescimento econômico; aumentar o nível de investimentos e do emprego; e corrigir a tendência ao desequilíbrio externo".[263]

Sobre esse gradualismo característico do PAEG, Eduardo Bastian explana que a estratégia prevista pelo plano tinha como foco o combate à inflação. As metas sugeridas para os anos seguintes eram de 25% em 1965 e 10% em 1966. Com finalidade a atingir este propósito, o plano trazia diretrizes de políticas fiscal, monetária e creditícia, assim como para a política salarial. Havia, sob o ponto de vista fiscal, uma previsão para a redução dos gastos públicos e o aumento de receitas. No que se refere aos gastos, ficava previsto à União o corte de despesas não prioritárias e a correção dos déficits das autarquias e das sociedades de economia mista. No que tange às receitas, eram prospectados aumentos em função da expectativa de recuperação nas taxas de crescimento econômico. Porém, o ponto principal seria resultado da reforma tributária, que, entre outras coisas, estabelecia o aumento da base de cálculo do imposto de renda e a ampliação dos impostos indiretos. Um outro elemento fundamental na esfera fiscal foi o restabelecimento do mercado de títulos públicos após a introdução da correção monetária. Com a eliminação da lei da usura, que estabelecia um teto de 12% para a taxa de juros nominal e o lançamento das Obrigações Reajustáveis do Tesouro Nacional (ORTNs), títulos cujo valor era defendido da desvalorização monetária causada pela inflação. Nesse contexto, o governo criaria outra vez demanda para os títulos públicos, encontrando, assim, uma forma que não envolvesse a inflação para o financiamento de seus déficits.[264]

---

[262] BASTIAN, Eduardo F. O PAEG e o plano trienal: uma análise comparativa de suas políticas de estabilização de curto prazo. *Estud. Econ.* São Paulo, vol. 43 n. 1 jan./mar. 2013, p. 140-141. Sobre um panorama econômico a partir de 1962 que acabou dando argumentação à criação do PAEG vide: RANGEL, Ignácio Mourão. *Milagre e anti-milagre.* Rio de Janeiro: Jorge Zahar, 1985, p. 697-706.

[263] TAVARES, Maria da Conceição *et al.* O BNDE no governo Castelo Branco: o desenvolvimento liberal. *Memórias do Desenvolvimento*, Rio de Janeiro, a. 4, n. 4, p. 111-132, set. 2010, p. 111-112.

[264] BASTIAN, Eduardo F. O PAEG e o Plano Trienal: uma análise comparativa de suas políticas de estabilização de curto prazo. *Estud. Econ.*, São Paulo, vol. 43 n. 1 jan./mar. 2013, p. 147-148.

Eros Grau afirma que é impossível compreender o PAEG como um verdadeiro plano, dado o seu grau de imprecisão e ausência de projetos que visassem a concretização de objetivos de inversão.[265] Em análise ao que dispõe Grau, Lea Vidigal Medeiros expõe que a função essencial do plano foi a formulação e implantação de diversas reformas administrativas e legais, que geraram profunda alteração na configuração institucional e operativa da administração pública e da ação do governo federal no que concerne ao processo econômico.[266]

Seja um plano, ou não, o PAEG buscou adotar medidas ortodoxas do ponto de vista econômico, pautadas na formulação de políticas setoriais, na agricultura, infraestrutura, indústria, mineração e recursos naturais, incorporando instrumentos de planejamento econômico.[267] O aspecto mais difundido do PAEG foi quanto ao cumprimento de seu objetivo de estabilização da inflação, diante de uma política draconiana de contenção salarial imposta pelo governo, que repreendeu sindicatos com o discurso de evitar a retração econômica. No que tange ao crescimento econômico no período, essa política econômica foi um fracasso, o crescimento médio do PIB, no período em que o PAEG vigorou, foi de 4,6% a.a., inferior aos 5,2% a.a., do governo João Goulart.[268]

A época foi marcada, ainda, pela criação de duas importantes instituições: o Conselho Monetário Nacional (CMN) e o Banco Central do Brasil (Bacen). Na definição dos papeis das instituições financeiras, o PAEG designou aos bancos comerciais as operações a curto prazo, as sociedades de crédito e financeiras, as de médio prazo e aos bancos de investimento o financiamento a longo prazo. O novo engendramento sistêmico criado pelo PAEG estabeleceu como principais responsáveis pelo desenvolvimento econômico o mercado de capitais e os bancos de investimentos, sobretudo privados, como agentes financeiros, tirando o foco das instituições públicas, como o Banco do Brasil e o BNDE.

Embora essa relevância ao setor financeiro e a presença da discussão da infraestrutura em setores como a energia e a agricultura, o

---

[265] GRAU, Eros. *Planejamento econômico e regra jurídica*. São Paulo: Ed. Revista dos Tribunais, 1978, p. 140.

[266] MEDEIROS, Lea Vidigal. *Direito econômico e superação do subdesenvolvimento*: BNDES e planejamento. 2016, 331p. Dissertação (Mestrado em Direito) – Faculdade de Direito, Universidade de São Paulo, São Paulo, 2016, p. 108.

[267] TAVARES, Maria da Conceição *et al*. O BNDE no governo Castelo Branco: o desenvolvimento liberal. *Memórias do Desenvolvimento*, a. 4, n. 4, 2010, p. 112-113.

[268] TAVARES, Maria da Conceição *et al*. O BNDE no governo Castelo Branco: o desenvolvimento liberal. *Memórias do Desenvolvimento*, Rio de Janeiro, a. 4, n. 4, p. 111-132, set. 2010. p. 113.

PAEG não trouxe uma disposição específica aos transportes.[269] Para esse setor, no mesmo ano, foi criado, por meio da Lei nº 4.592 de 29 de dezembro de 1964, o II Plano Nacional de Viação, de 1964.

### 4.1.1 O II Plano Nacional de Viação

No âmbito do planejamento dos transportes, a assunção dos militares ao poder representou, em termos teleológicos, uma ruptura, na medida em que acompanha essa ideologia de ortodoxia econômica que ao estabelecer novos parâmetros de sucesso econômico foi responsável por privilegiar o capital, em detrimento do interesse público.[270] Porém, em termos formais, por meio da aprovação da Lei nº 4.592 de 29 de dezembro de 1964, que tramitava no Congresso Nacional desde 1948, estabeleceu-se um novo Plano Nacional de Viação.[271]

O plano era formado por quatro cartas que tinham como finalidade a indicação das vias e terminais de transportes terrestres, marítimos e fluviais, lacustres e aéreos que nele seriam incluídos (art. 1º).[272]

---

[269] Embora o PAEG não tenha trazido nenhuma disposição específica ao setor dos transportes, Lima Neto pontua certa influência ao setor, vista pelo autor de forma positiva: "As deficiências do setor de transportes segundo os economistas governamentais afetaram a economia e contribuíram para o processo inflacionário, o que levou o PAEG a apresentar uma série de investimentos visando ao saneamento do setor. Para isto, houve. necessidade de reduzir os custos de transportes e garantir a sua gradativa transparência para os usuários. através dos preços e tarifas realistas. Outras medidas de caráter estrutural e operacional visaram a um melhor aproveitamento da ação gerencial, pela reorganização administrativa das autarquias. Quanto ao aspecto comercial, as autarquias foram incentivadas a buscar sua independência financeira disputando cargas. Adotou-se uma política de preços não discriminatória de cargas c/ ou passageiros." Cf. LIMA NETO, O. *Transporte no Brasil*: história e reflexões. Brasília, DF: Empresa Brasileira de Planejamento de Transportes/GEIPOT. Recife: Editora Universitária da UFPE, 2001, p. 302.

[270] TAVARES, André Ramos. Facções privadas e política econômica não-democrática da ditadura brasileira. *Revista Brasileira de Estudos Constitucionais – RBEC*, Belo Horizonte, a. 9, n. 32, mai./ago. 2015, p. 1047-1066.

[271] ARAÚJO, Silvio Roberto França. *A Contribuição do GEIPOT ao planejamento dos transportes no Brasil*. 2013, 150p. Dissertação. (Mestrado em Engenharia Civil) – Centro de Tecnologia e Geociências, Universidade Federal de Pernambuco, Recife, 2013, p. 60-61; LIMA NETO, O. *Transporte no Brasil*: história e reflexões. Brasília, DF: Empresa Brasileira de Planejamento de Transportes/GEIPOT. Recife: Editora Universitária da UFPE, 2001, p.305-306.

[272] "Art 1º Fica aprovado o Plano Nacional de Viação (PNV) representado e descrito nos seguintes documentos que ora baixam: a) Quatro Cartas do Brasil com a indicação das vias e terminais de transportes terrestres, marítimas e fluviais, lacustres e aéreas nas quais se representam: b) Uma carta com as vias e terminais do PNV que permitam conexões internacionais. c) Quatro 'Relações Descritivas' das vias de transporte e terminais marítimas e aéreas com a respectiva conceituação. §1º as localidades intermediárias constantes das relações mencionadas neste artigo não devem ser consideradas como pontos obrigatórios mas, apenas, como indicação geral de diretriz das vias consideradas, cujos traçados só serão fixados pelos estudos definitivos". O próprio dispositivo referenciava as cartas como: nº

Dava-se por meio do plano grande relevância ao Centro-Oeste brasileiro, tendo em vista a necessidade de ligar a nova capital nacional às demais regiões do país. Diante dessa necessidade, contemplou-se de maneira especial o sistema rodoviário. Previu-se, para tal modal, a criação de rodovias que ligassem a Capital Federal às capitais dos Estados e Territórios, assim como a portos da orla oceânica ou à fronteira terrestre. Estabeleceu-se também como meta, em termos genéricos, a ligação de duas ou mais capitais estaduais ou portos importantes da orla marítima com a fronteira terrestre, por meio de um ou mais Estados ou Territórios; além de a ligação de duas ou mais rodovias federais a portos que encurtassem o tráfego interestadual. Estava estabelecida também como meta a busca para permitir o acesso às instalações federais de relevância, tais como parques nacionais, estabelecimentos industriais e bases militares, estâncias hidrominerais e outros pontos de atração turística, bem como aos principais terminais marítimos, fluviais, aeroviários e ferroviários presentes no plano.[273] Uma outra característica do plano surge em decorrência do recente avanço do modal aeroviário. Nele, constava-se uma preocupação com questões técnicas específicas à segurança, regularidade e proteção do transporte aéreo (art. 1º, §2º).

Destaca-se também sua característica altamente centralizadora. Previam-se em diversos institutos do plano a necessidade de aprovação posterior do Governo Federal. Dentre eles, a necessidade de aprovação para a concessão de vias de transportes incluídas no II PNV (art. 3º).[274] O estabelecimento de normas técnicas únicas definidas pelo Governo Federal para a concretização de tais concessões (art. 4º),[275] ou a obediência da execução do II PNV aos Planos Quadrienais de Obras elaborados pelos órgãos componentes do Ministério da Viação e Obras Públicas

---

1 – As "Rodovias" do PNV; nº 2 – As "Ferrovias" do PNV; nº 3 – Os "Terminais Marítimas e Fluviais" e as "Vias Navegáveis Marítimas e Interiores" do PNV; nº 4 – As "Terminais Aéreas" do PNV (art. 1º, 'a', 'b', 'c', 'd', §1º).

[273] BRASIL. *Plano Nacional de Viação de 1964*. Rio de Janeiro: Ministério dos Transportes, 1964; ARAÚJO, Silvio Roberto França. *A Contribuição do GEIPOT ao planejamento dos transportes no Brasil*. 2013, 150p. Dissertação. (Mestrado em Engenharia Civil) – Centro de Tecnologia e Geociências, Universidade Federal de Pernambuco, Recife, 2013, p. 60-61; LIMA NETO, O. *Transporte no Brasil*: história e reflexões. Brasília, DF: Empresa Brasileira de Planejamento de Transportes/GEIPOT. Recife: Editora Universitária da UFPE, 2001.

[274] "Art 3º As vias de transportes incluídas no Plano Nacional de Viação só poderão ser concedidas após prévia aprovação dos órgãos competentes do Govêrno Federal."

[275] "Art 4º As vias de transporte e terminais, constantes do PNV ficam, sejam quais forem os regimes de concessão e de propriedade, subordinadas às especificações e normas técnicas aprovadas pelo Govêrno Federal."

e do Ministério da Aeronáutica, com necessidade de aprovação pelo Conselho Nacional dos Transportes (CNT) e homologação pelo Poder Executivo (art. 5º).[276]

Além do II PNV de 1964, ainda no início do governo militar, foram realizados diversos acordos técnicos e políticos entre o governo brasileiro e instituições públicas e privadas norte-americanas. Conforme aduz Alcides Goularti Filho, dentre esses acordos, é relevante especificamente ao setor dos transportes aquele firmado entre o governo brasileiro e o Banco Internacional para Reconstrução e Desenvolvimento (Bird), vinculado à Organização das Nações Unidas (ONU), que tinha como finalidade a Assistência Técnica para a realização do Estudo de Transportes do Brasil. A fim de realizar os trabalhos técnicos do acordo, contratou-se a empresa norte-americana *Coverdale & Colpitts*.[277] Por ser considerado estratégico para o Palácio do Planalto, foi dispensado o edital para que se contratassem as firmas estrangeiras que o executariam, além de ter sido realizada uma antecipação de recursos e uma solicitação de créditos especiais ao Congresso Nacional, no mês de outubro de 1966.[278]

## 4.2 O Decreto nº 57.003, de 11 de outubro de 1965 e a criação do Grupo Executivo para Integração da Política de Transportes (GEIPOT) e do Fundo de Pesquisas de Transportes

A fim de dar eficácia às metas do novo Plano Nacional de Viação, assim como realizar o acompanhamento da execução dos trabalhos trazidos pelo mencionado acordo, criou-se, atendendo a uma antiga recomendação da Comissão Mista Brasil-Estados Unidos, por meio do Decreto 57.003, de 11 outubro de 1965, um grupo cujo objetivo era dispender dedicação exclusiva no pensamento da questão dos transportes,

---

[276] "Art 5º A execução do PNV obedecerá a Plano Quadrienais de Obras elaboradas pelos órgãos competentes do Ministério da Viação e Obras Públicas e do Ministério da Aeronáutica, aprovados pelos Conselhos Setoriais respectivos, (Vetado) pelo Conselho Nacional de Transportes e homologados pelo Poder Executivo."

[277] GOULARTI FILHO, Alcides. Estado, Transportes e Planejamento no Brasil: a atuação do GEIPOT na formulação de políticas públicas para os transportes. *G&DR*, Taubaté, v. 12, n. 3, set./dez.2016, p. 233

[278] FOLHA DE SÃO PAULO, p. 11, 27.10.1966. Disponível em: http://acervo.folha.com.br. Acesso em: jul. 2018.

centralizando a implantação de uma política ao setor: o Grupo Executivo para Integração da Política de Transportes (GEIPOT); juntamente com o Fundo de Pesquisa de Transportes.[279]

A criação do órgão, conforme Lima Neto, foi relevante de forma pioneira para a visualização dos transportes sob uma ótica sistêmica.[280] Para Barat, o órgão representou a primeira preocupação com a coordenação da política de transportes, visualizado como um todo.[281] Em tons mais exagerados, Sílvio Roberto França Araújo afirma que antes do surgimento do GEIPOT: "a política de transporte urbano adotada pelos sucessivos governantes a nível federal não passavam de uma multiplicidade de iniciativas e ações desarticuladas, aplicadas por diferentes setores do governo sem diretrizes ou estratégias básicas de ação no meio urbano".[282] Nesse sentido, o autor delega às décadas de 1960 a 1980: "um esforço mais coeso de construção de uma política nacional de desenvolvimento urbano, com uma ativa participação federal sobre o transporte das cidades brasileiras".[283]

De fato, o GEIPOT foi um esforço coeso para a integração dos transportes em âmbito nacional. Porém, não pode ser visto como pioneiro na análise sistêmica dos transportes, ou como uma primeira preocupação de coordenação política do setor. Nesse sentido, é mais correta a visualização de Goularti Filho que traz a criação do órgão como uma reverberação da lógica de planejamento instaurada na década de 1930 e aprofundada com o Plano de Metas.[284]

---

[279] BRASIL. Decreto nº 57003, de 11 de outubro de 1965; GOULARTI FILHO, Alcides. Estado, transportes e planejamento no Brasil: a atuação do geipot na formulação de políticas públicas para os transportes. G&DR, Taubaté, v. 12, n. 3, p. 228-258, set./dez. 2016, p. 233.

[280] LIMA NETO, O. *Transporte no Brasil*: história e reflexões. Brasília, DF: Empresa Brasileira de Planejamento de Transportes/GEIPOT. Recife: Editora Universitária da UFPE, 2001, p. 304.

[281] "(...) e com o planejamento do setor como um todo, que permitiria a sua progressiva integração, surgiu com a criação do Grupo Executivo de Integração da Política de Transportes (GEIPOT), em 1965." Cf. BARAT, Josef. *Evolução dos transportes no Brasil*. Rio de Janeiro: IBGE: IPEA, 1978, p. 21.

[282] ARAÚJO, Silvio Roberto França. *A Contribuição do GEIPOT ao planejamento dos transportes no Brasil*. 2013, 150p. Dissertação. (Mestrado em Engenharia Civil) – Centro de Tecnologia e Geociências, Universidade Federal de Pernambuco, Recife, 2013, p. 60-61

[283] ARAÚJO, Silvio Roberto França. *A Contribuição do GEIPOT ao planejamento dos transportes no Brasil*. 2013, 150p. Dissertação. (Mestrado em Engenharia Civil) – Centro de Tecnologia e Geociências, Universidade Federal de Pernambuco, Recife, 2013, p. 60-61

[284] GOULARTI FILHO, Alcides. Estado, Transportes e Planejamento no Brasil: a atuação do GEIPOT na formulação de políticas públicas para os transportes. *G&DR*, Taubaté, v. 12, n. 3, p. 228-258, set./dez. 2016, p. 230

Esse esforço coeso pode ser constatado pela sua composição, pelos seus objetivos e pelos seus trabalhos. Quanto à composição, faziam parte do grupo, conforme pontua Goularti Filho, o Ministro da Viação e Obras Públicas, o Ministro da Fazenda, o Ministro Extraordinário para o Planejamento e Coordenação Econômica e Chefe do Estado-Maior das Forças Armadas. Foram designados como representantes legais, desde sua instalação oficial no dia 18 de dezembro de 1965, em reunião com o Bird: Lafayette do Prado (diretor), Newton Tornaghi, do Ministério da Viação e Obras Públicas, e Walter Lorch, do Ministério do Planejamento. Na execução, havia ao todo 78 técnicos estrangeiros, 84 brasileiros e três empresas de consultoria de fora do Brasil.[285] Uma consultoria francesa que estudava as questões rodoviárias, uma holandesa, responsável por assessorar nas questões do sistema portuário e da navegação costeira e uma norte-americana, responsável por estudos do modal ferroviário. A sede do grupo era a cidade do Rio de Janeiro e ele possuía escritórios nas cidades de São Paulo, Curitiba e Porto Alegre.[286]

O objetivo, no início, era o de traçar diretrizes com a finalidade de atender de forma integrada, eficiente e econômica as presentes e futuras demandas do transporte do país.

Os trabalhos foram entregues no formato de relatórios. Tais relatórios foram sendo publicados individualmente entre o mês de junho de 1967 e maio de 1968, sendo intitulados como: "Estudo de Transportes no Brasil". O estudo se iniciava por um resumo no qual constavam análises das empresas contratadas. Tais análises abarcavam verificações sobre a organização e a política nacional dos transportes, sobre o subsetor ferroviário, portuário, a navegação de cabotagem e um plano diretor rodoviário, que abarcava Estados do Sul e Sudeste.

O estudo centralizou-se em não apenas apontar problemas, como também buscar soluções para a questão do planejamento dos transportes. Um dos problemas apontados era concernente à falta de harmonia e de comando dentre as várias iniciativas governamentais para o setor, relatando a desorganização intraministerial, a fim de melhorar os investimentos públicos direcionados aos transportes. Para sanar tal questão, o estudo recomendou que o ministério possuísse

---

[285] FOLHA DE SÃO PAULO, p. 3, 09.04.1966. Disponível em: http://acervo.folha.com.br. Acesso em: ago. 2018.; FOLHA DE SÃO PAULO, p. 9, 09.06.1966. Disponível em: http://acervo.folha.com.br. Acesso em: ago. 2018.

[286] FOLHA DE SÃO PAULO, p. 40, 19.12.1965. Disponível em: http://acervo.folha.com.br. Acesso em: jul. 2018.

duas divisões: uma de coordenação e outra de estatística e custos. Nesse contexto surgem iniciativas como a Primeira Semana Nacional dos Transportes, ocorrida na cidade do Rio de Janeiro, que buscava um debate livre e mais aprofundado sobre componentes da infraestrutura do setor para o desenvolvimento nacional.[287] Como propostas de destaque do GEIPOT, à época, pode-se mencionar planos rodoviários, de unificação das ferrovias, de mobilidade urbana e navegação, como o Rodoanel e o Metrô de São Paulo.[288]

A partir do Decreto-Lei nº 516, de 7 de abril de 1969, foi alterado o nome do GEIPOT para Grupo de Estudos para Integração da Política de Transportes, para o qual restaram trabalhos complementares do convênio assinado com o BIRD, momento em que foi criado o Fundo de Integração dos Transportes, que possuía recursos de transferências de órgãos da administração direta com a finalidade de financiar gastos com a execução de pesquisas referentes ao planejamento integrado do setor de recursos orçamentários e transferidos de órgãos da administração direta, destinado a financiar os gastos com a execução de estudos e pesquisas voltadas ao planejamento integrado dos transportes.[289] Foi esse o cenário, já no bojo do governo Costa e Silva, no qual surge o Ministério dos Transportes.

---

[287] FOLHA DE SÃO PAULO, p. 9, 13.02.1967. Disponível em: http://acervo.folha.com.br. Acesso em: jun. 2018.

[288] FOLHA DE SÃO PAULO, p. 11, 20.03.1969. Disponível em: http://acervo.folha.com.br. Acesso em: jul. 2012.

[289] Alcides Goularti Filho elabora uma síntese do GEIPOT entre os anos de 1965 e 1970, que facilita a compreensão da relevância do grupo para a integração nacional dos transportes: "Entre 1965 e 1970, foram realizados pelo GEIPOT os seguintes projetos, incluindo os que resultaram do convênio como Bird (GEIPOT, 1976): Estudo do sistema ferroviário federal 1965-1967; Estudo da rede ferroviária paulista 1965-1967; Estudo da navegação de cabotagem no País 1965-1967; Estudo dos sistemas portuários de Santos, Recife e Guanabara 1965-1967; Projetos de engenharia para obras específicas 1965-1967; Elaboração de planos diretores modais 1965-1968; Estudo dos sistemas rodoviários do Brasil, com exceção da Região Norte 1965-1968; Estudos de transportes no Brasil 1969; Estudo integrado de transporte na área do Médio São Francisco 1969-1970; Estudo de Transportes na Bahia 1969-1970. Podemos afirmar que o GEIPOT chega ao final da década de 1960 com uma boa experiência acumulada na elaboração de estudos e projetos voltados à integração das diversas modalidades de transportes, o vértice da nova política de transporte no País. Em parte, essa experiência foi repassada por meio do convênio realizado com o Bird e executado por firmas estrangeiras de consultoria. Contudo, não podemos ignorar a capacidade técnica da equipe de profissionais dos diversos órgãos vinculados ao antigo Ministério da Viação e Obras Públicas e que integraram a equipe do Grupo pós-1965". Cf. GOULARTI FILHO, Alcides. Estado, transportes e planejamento no brasil: a atuação do GEIPOT na formulação de políticas públicas para os transportes. G&DR, Taubaté, v. 12, n. 3, set./dez. 2016, p. 236.

## 4.3 De Costa e Silva a Médici: o planejamento dos transportes de 1967 a 1974

Em 15 de março de 1967, Costa e Silva assume a presidência que durou até o dia 31 de agosto de 1969, seguido do também militar Emílio Garrastazu Médici, cujo mandato se estendeu de 30 de outubro de 1969 ao dia 15 de março de 1974. Durante esse período, Delfim Netto controlou o Ministério da Fazenda, tendo delineado as diretrizes de ação do governo. A época foi chamada de "milagre econômico" por suas altas taxas de crescimento e retomada do planejamento econômico. O produto interno bruto alcançou níveis de 10% de crescimento anual; o produto da indústria de transformação quase duplicou e o produto real da construção civil logrou por volta de 11% de crescimento ao ano. Não se deve, entretanto, visualizar-se o período como um "milagre", pois em uma análise temporal mais longa, o processo de industrialização brasileira, após o ano de 1945, atingiu taxa média de crescimento do produto interno bruto de 7% ao ano.[290]

José Pedro Macarini divide em dois o período em que Costa e Silva esteve no poder. Entre 1967 e 1968, o governo adotou uma estratégia heterodoxa. Em 1969, um viés mais ortodoxo. Sobre o período heterodoxo, ressalta Macarini o contraste em relação a ortodoxia do PAEG: "O contraste com a ortodoxia do PAEG é evidente. Deslocando o marco de avaliação da política econômica para o longo prazo, a crise de estabilização era vista com naturalidade pelos economistas da corrente ortodoxa".[291]

O autor define como objetivos prioritários da nova administração: "a estabilização do crescimento industrial em torno de uma tendência de longo prazo, erradicando o *stop and go* responsável pelo fracasso em conciliar a desinflação progressiva com a retomada segura do desenvolvimento econômico".[292] De qualquer forma, o controle da inflação permanecia como prevalente na percepção de Delfim, uma característica ortodoxa que pode ser vislumbrada em sua proposta de política econômica:

---

[290] TAVARES, Maria da Conceição *et al*. O BNDE nos anos do "milagre" brasileiro. *Memórias do Desenvolvimento*, Rio de Janeiro, a. 4, n. 4, p. 133-157, set. 2010, p. 133.
[291] MACARINI, José Pedro. A Política Econômica do Governo Costa E Silva 1967-1969. *R. Econ. contemp.*, Rio de Janeiro, 10(3): 453-489, set./dez. 2006, p. 453.
[292] MACARINI, José Pedro. A Política Econômica do Governo Costa E Silva 1967-1969. *R. Econ. contemp.*, Rio de Janeiro, 10(3): 453-489, set./dez. 2006, p. 459.

Tanto o combate à inflação quanto a estabilização da produção industrial em torno de seu padrão normal de longo prazo apresentam-se, portanto, como pré-condições à retomada do desenvolvimento econômico. A política econômica executada em 1967 e a delineada para 1968 são calcadas nos objetivos de redução das taxas de inflação, estabilização do nível de atividade em torno de sua tendência de longo prazo e retomada do desenvolvimento acelerado.[293]

Macarini compreende nesse período a responsabilidade pela introdução das primeiras medidas agressivas, no que se refere ao estímulo à exportação, mas só configura que esse "modelo exportador" teria se tornado essencial na política econômica no governo Médici. Além disso, ele ressalta que em 1967 e 1968 houve a influência de elementos estruturalistas na reflexão do planejamento, trazendo como exemplo o Programa Estratégico de Desenvolvimento, lançado no ano de 1968.[294]

O Programa Estratégico de Desenvolvimento[295] foi chefiado por Delfim Netto. Ao instalar o programa, fez ele questionamentos referentes aos governos anteriores:

> Primeiramente, por que estamos ainda diante de um processo inflacionário bastante intenso, apesar do Governo ter colocado em prática uma política econômica caracterizada por um rígido controle de demanda? Em segundo lugar, quais as causas das reduções periódicas do nível de atividade que têm caracterizado a nossa economia nos últimos anos? Finalmente, de que forma será possível compatibilizar o objetivo de manutenção de taxas de inflação dentro de limites razoáveis com o de plena utilização dos fatores e retomada do desenvolvimento?[296]

Em 1968, o setor industrial atingiu grande performance, com crescimento aproximado de 14%. O bom desempenho era demonstrado sobretudo na indústria automobilística, construção civil, bens intermediários e na indústria têxtil, que se recuperava de um período

---

[293] DELFIM NETTO, A. *Onde Reside a Realidade Nacional* (O Estado de São Paulo, 18.04.68). 1968, p. 4-5; MACARINI, José Pedro. A Política Econômica do Governo Costa E Silva 1967-1969. *R. Econ. contemp.*, Rio de Janeiro, 10(3): 453-489, set./dez. 2006, p. 459.

[294] MACARINI, José Pedro. A Política Econômica do Governo Costa E Silva 1967-1969. *R. Econ. contemp.*, Rio de Janeiro, 10(3): 453-489, set./dez. 2006. p. 462

[295] Decreto nº61.590, de 23 de outubro de 1967

[296] DELFIM NETTO, Antônio. *Análise do comportamento recente da economia brasileira*. Diretrizes de governo, MPCG, julho de 1967. [Reproduzido pelo Curso de Economia Regional, FIPE/USP].

problemático.[297] Entretanto, mesmo com o crescimento demonstrado em 1968, o ano de 1969 foi marcado por uma insatisfação. O discurso delfiniano refletia a existência de um "estado de espírito" marcado por dúvidas, incertezas ou mesmo por insatisfações, afetando o regime e mantendo *sub judice* a execução da política econômica. O autor exemplifica como "componente crucial dessa atmosfera" o dissenso interno ao estamento militar. Nas palavras de Macarini: "o período é de fermentação de dissidências nacionalistas que se caracterizam, no plano da política econômica, pela pregação de um projeto nacional – na verdade, um projeto de 'redenção' nacional, capaz de guindar o Brasil ao universo dos desenvolvidos em um horizonte de tempo aceitável."[298] Esse novo cenário econômico de incerteza e instabilidade não rompeu com a forma integracionista de pensar os transportes consubstanciada pelo GEIPOT. Adotaram-se aqui diretrizes gerais estabelecidas pelo Estudo de Transportes no Brasil, dentre elas, a necessidade de planejar o setor com novos investimentos, assim como utilizar-se de investimentos feitos no passado; regulamentar os serviços de transportes; distribuir o tráfego de maneira intermodal; estabelecer uma tributação aos serviços de transportes, assim como estabelecer uma contribuição por parte dos usuários pela utilização da infraestrutura. Foi nesse contexto, conforme ensina Goularti Filho, de reestabelecimento das diretrizes a serem adotadas pela política de transportes no Brasil, em que foi criado, no dia 15 de março de 1967, sob o comando do coronel Mario David Andreazza, o Ministério dos Transportes, substituindo o Ministério da Viação e Obras Públicas.[299]

A criação do Ministério dos Transportes não somente representa uma mudança de nome, mas sim, uma alteração no processo de tomada de decisões, centralizando-as, por meio de autarquias e outros órgãos sob o direcionamento da nova política nacional de transportes. Nessa nova etapa da política de transportes brasileira, o GEIPOT foi importante instrumento para que as demandas do novo Ministério dos Transportes, em âmbito federal, estadual e municipal, fossem atendidas.

---

[297] MACARINI, José Pedro. A política econômica do governo Costa E Silva 1967-1969. *R. Econ. contemp.*, Rio de Janeiro, 10(3): 453-489, set./dez. 2006, p. 463

[298] MACARINI, José Pedro. A política econômica do governo Costa E Silva 1967-1969. *R. Econ. contemp.*, Rio de Janeiro, 10(3): 453-489, set./dez. 2006, p. 464.

[299] GOULARTI FILHO, Alcides. Estado, transportes e planejamento no Brasil: a atuação do geipot na formulação de políticas públicas para os transportes. *G&DR*, Taubaté, v. 12, n. 3, set./dez. 2016, p. 233.

Diante disso, o órgão que, a priori, tinha um caráter transitório pois deveria se extinguir após a conclusão dos trabalhos do Bird, passa a ser um assessor permanente das políticas governamentais na formulação de projetos de curto e longo prazos.[300]

Na esfera constitucional, os capítulos referentes à Ordem Econômica e Social na Constituição de 1967 (artigos. 157 a 166) e na Constituição de 1969 (artigos 160 a 174) previam o desenvolvimento como um fim da ordem econômica constitucional,[301] entretanto, de acordo com Bercovici "a preocupação principal dos militares era aperfeiçoar as condições de funcionamento e expansão da empresa privada nacional e internacional, beneficiando as empresas transnacionais e os grandes grupos empresarias nacionais a elas ligados".[302] Medeiros adverte que um marco que individualiza os dois diplomas constitucionais citados é a adoção do "princípio da subsidiariedade", que coloca o Estado como subsidiário da iniciativa privada. A autora ainda ressalta a centralização no que se refere ao planejamento na esfera federal. Em análise ao artigo 8º da Constituição de 1967, e da Emenda Constitucional nº 1 de 1969 ela aduz:

> As Cartas constitucionais de 1967 e 1969 previam o dever da União de planejar e promover o desenvolvimento e segurança nacionais, definindo sua competência para estabelecer o *plano nacional de viação* e estabelecer e executar *planos nacionais de educação e de saúde*, bem como *planos regionais de desenvolvimento*. Definindo a prevalência do planejamento federal, previam a hipótese de intervenção federal nos Estados que descumprissem os planos nacionais de desenvolvimento.[303]

Na Constituição de 1967, mantém-se a competência da União para o estabelecimento de um plano nacional de viação (art. 8º, inciso X) e para explorar, diretamente, ou por meio de concessão, a navegação

---

[300] GOULARTI FILHO, Alcides. Estado, transportes e planejamento no Brasil: a atuação do geipot na formulação de políticas públicas para os transportes. *G&DR*, Taubaté, v. 12, n. 3, set./dez. 2016, p. 233.

[301] CARVALHOSA, Modesto. *A ordem econômica na Constituição de 1969*. São Paulo: Revista dos Tribunais, 1972, p. 69-106.

[302] BERCOVICI, Gilberto. *Constituição econômica e desenvolvimento*: uma leitura a partir da Constituição de 1988. São Paulo: Malheiros, 2005, p. 28.

[303] MEDEIROS, Lea Vidigal. *Direito econômico e superação do subdesenvolvimento*: BNDES e planejamento. 2016, 331p. Dissertação (Mestrado em Direito) – Faculdade de Direito, Universidade de São Paulo, São Paulo, 2016, p. 110.

aérea (art. 8º, inciso XV, 'c')[304] e as vias de transportes entre portos marítimos e fronteiras nacionais, ou que transpassem os limites de um Estado, ou de um território (art. 8º, inciso XV, 'd'). Além disso, no que tange ao capítulo referente ao Sistema Tributário Nacional, veda-se à União, Estados, Distrito Federal e Municípios, o estabelecimento de limitações ao tráfego, no território nacional, de pessoas ou mercadorias, por meio de tributos interestaduais ou intermunicipais, exceto o pedágio para atender ao custo de vias de transporte (art. 20, II).[305] É resguardada à União, porém, a competência para instituir tributos sobre serviços de transporte e de comunicação, exceto os de natureza estritamente municipal (art. 22, VII).[306]

Um outro ponto importante é a inserção do transporte na seção referente à segurança nacional, estabelecendo-se como competência do Conselho de Segurança Nacional a concessão de terras, a abertura de vias de transportes, a instalação de meios de comunicação (art. 91, II, 'a')[307] e a construção de pontes, estradas internacionais e campos de pouso (art. 91, II, 'b'), nas áreas indispensáveis à segurança nacional.

Com o Ato Institucional nº 5, de 13 de dezembro de 1968, houve uma forte centralização do planejamento nas mãos do Poder Executivo federal. Nesse contexto, Costa e Silva editou o Ato Complementar nº 43, de 29 de janeiro de 1969, que instituiu a nova disciplina do planejamento. Na análise de Bercovici,[308] esse ato inaugurou a última experiência marcante de planejamento ao conceber um Plano Nacional de Desenvolvimento que coincidia com o mandato do Presidente da República,[309] cujo objetivo era assegurar o crescimento econômico acelerado. Destaca ele o caráter impositivo em que governo central

---

[304] "Art. 8º – Compete à União: (...) XV – explorar, diretamente ou mediante autorização ou concessão: (...) c) a navegação aérea; d) as vias de transporte entre portos marítimos e fronteiras nacionais ou que transponham os limites de um Estado, ou Território".

[305] "Art. 20 – É vedado à União, aos Estados, ao Distrito Federal e aos Municípios: II – estabelecer limitações ao tráfego, no território nacional, de pessoas ou mercadorias, por meio de tributos interestaduais ou intermunicipais, exceto o pedágio para atender ao custo de vias de transporte".

[306] "Art. 22 – Compete à União decretar impostos sobre: (...) VII – serviços de transporte e comunicações, salvo os de natureza estritamente municipal"

[307] "Art. 91 – Compete ao Conselho de Segurança Nacional: II – nas áreas indispensáveis à segurança nacional, dar assentimento prévio para: a) concessão de terras, abertura de vias de transporte e instalação de meios de comunicação; b) construção de pontes e estradas internacionais e campos de pouso".

[308] BERCOVICI, Gilberto. *Constituição Econômica e Desenvolvimento*: uma leitura a partir da Constituição de 1988. São Paulo: Malheiros, 2005, p. 74-75.

[309] Ato Complementar nº 43, artigo 1º.

estabeleceu esses planos nacionais de desenvolvimento e o desprezo quanto a participação dos entes federados. Ressalta, também, a passividade do Congresso Nacional, por não poder votar as propostas de planos enviadas pelo Poder Executivo, assim como por ter seu poder de emenda restringido pelo artigo 2º, do mesmo ato, que alegava a possibilidade de comprometimento do conjunto do plano. Não obstante, como última limitação, postulava-se que após noventa dias do envio do plano ao Congresso, esse poderia ser aprovado pelo decurso de prazo.[310] O Decreto nº 71.353, de 9 de novembro de 1972 faz uma adição ao referido ato complementar, criando o Sistema Nacional de Planejamento, concentrando os recursos e decisões sobre planejamento na esfera federal.

Já com a Emenda Constitucional nº 01 de 1969, a principal alteração em relação à Constituição de 1967, no que tange aos transportes, é o estabelecimento, no capítulo referente aos direitos e garantias individuais, de uma ressalva extrafiscal que se faz à tarifa alfandegária e a de transporte (art. 156, §29) e no capítulo referente à ordem econômica e social de um parágrafo que excetua os navios de pesca à competência privativa da União para a navegação de cabotagem (art. 173, §2º).

A década de 1970 foi marcada pelo início do processo de financeirização na estrutura capitalista. Nas palavras de Leda Paulani, embora os anos de instauração do discurso neoliberal tenham se dado no Brasil sobretudo na década de 1990, a década de 1970 já se demonstrava como um princípio da inserção brasileira em "uma plataforma internacional de valorização financeira". Essa "plataforma", para a autora. viria a mergulhar o país em uma total submissão da política econômica nacional às exigências dos credores,[311] marcada por eventos como o rompimento do padrão de conversibilidade da moeda norte-americana em ouro, estabelecido em Bretton Woods, o acirramento dos conflitos após Guerra de Yom Kipur no Oriente Médio e os choques do petróleo.[312] Foi nesse

---

[310] BERCOVICI, Gilberto. *Constituição Econômica e Desenvolvimento*: uma leitura a partir da Constituição de 1988. São Paulo: Malheiros, 2005, p.75.

[311] Sobre a inserção da economia brasileira no processo de financeirização vide: PAULANI, Leda. *A inserção da economia brasileira no cenário mundial*: uma reflexão sobre a situação atual à luz da história. Boletim de Economia e Política Internacional (IPEA), n. 10, abr. 2012, p. 89-91; MASCARENHAS, Fábio Sampaio; MENEZES, Daniel Francisco Nagao. Financeirização, acumulação por espoliação e desigualdades sociais e regionais: a concentração de investimentos do BNDES no Governo Fernando Henrique Cardoso (1995-2002). *Direitos Fundamentais e Justiça*. Belo Horizonte, v. 14, n. 42, jan./jun. 2020.

[312] TAVARES, Maria da Conceição et al. O BNDE durante o II PND. *Memórias do Desenvolvimento*, Rio de Janeiro, a. 4, n. 4, p. 159-177, set. 2010. p. 159.

contexto que foram elaborados o Programa de Integração Nacional (PIN), prescrito para os anos entre 1970 e 1974, o I Plano Nacional de Desenvolvimento, trazido pela Lei nº 5.727, de 4 de novembro de 1971, estipulado para ter início no ano de 1972 a 1974, e o II Plano Nacional de Desenvolvimento, aprovado pela Lei nº 6.151, de 04 de dezembro de 1974, que teria vigor entre 1975 e 1979.[313]

### 4.3.1 Os transportes no Programa de Integração Nacional.

Por meio do Decreto-Lei nº 1.106, de 16 de julho de 1970, surge, com finalidade a promover uma maior integração das regiões compreendidas nas áreas de atuação da SUDAM e da SUDENE, à economia nacional, o Programa de Integração Nacional. Embora sucinto em suas proposições, o programa focalizava seus esforços em quatro ações estratégicas relevantes para o setor de transportes.

A primeira era a construção da rodovia Transamazônica e da rodovia que ligaria Cuiabá a Santarém (art. 2º).[314] No plano estabelecia-se para a concretização de tal meta a reserva para colonização e reforma agrária de uma faixa de terra de até dez quilômetros à esquerda e à direita das novas rodovias, a fim de que, com os recursos do programa, fosse executada a ocupação da terra de modo que houvesse uma adequada e produtiva exploração econômica (art. 2º, §1º),[315] incluindo-se também nessa primeira etapa a primeira fase do plano de irrigação do Nordeste (art. 2º, §2º).[316] A segunda fase tratava da construção de portos fluviais que se integrassem com a Transamazônica (Altamira, Itaítuba, Santarém e Imperatriz); a terceira referia-se ao Projeto da Rodovia Perimetral Norte; e a quarta aos estudos para a construção da

---

[313] BERCOVICI, Gilberto. *Constituição Econômica e Desenvolvimento*: uma leitura a partir da Constituição de 1988. São Paulo: Malheiros, 2005, p.75.
[314] "Art 2º A primeira etapa do Programa de Integração Nacional será constituída pela construção imediata das rodovias Transamazônica e Cuiabá-Santarém."
[315] "Art. 2º (...) §1º Será reservada, para colonização e reforma agrária, faixa de terra de até dez quilômetros à esquerda e à direita das novas rodovias para, com os recursos do Programa de Integração Nacional, se executar a ocupação da terra e adequada e produtiva exploração econômica."
[316] "Art. 2º (...) §2º Inclui-se também na primeira etapa do Programa de Integração Nacional a primeira fase do plano de irrigação do Nordeste."

estrada de ferro que uniria a província geológica de Carajás ao porto de Itaquí, no Maranhão.[317]

Além da proposição de metas, o programa estabelece uma dotação específica de recursos para, dentre os anos de 1971 e 1974, financiar as obras de infraestrutura compreendidas no espaço territorial referente à SUDAM e à SUDENE. Ao todo, com a nova redação dada pelo Decreto-lei nº 1.243, de 30 de outubro de 1972, foram reservados Cr$2.000.000.000,00 (dois bilhões de cruzeiros). (Art. 1º),[318] que seriam creditados como receita da União, em conta especial do Banco do Brasil S.A (art. 1º, parágrafo único).

A responsabilidade pela aplicação dos recursos do programa era dos Ministros da Fazenda, do Planejamento e Coordenação Geral e do Interior, passando pela aprovação do Presidente da República (art. 3º).[319] Seus recursos advinham de cinco diferentes fontes: dos recursos orçamentários, previstos nos orçamentos anuais e plurianuais; dos recursos provenientes de incentivos fiscais; das contribuições e doações de empresas públicas e privadas; dos empréstimos de instituições financeiras nacionais e internacionais; e dos recursos de outras fontes (art. 4º).[320] [321]

---

[317] GOULARTI FILHO, Alcides. Estado, transportes e planejamento no Brasil: a atuação do GEIPOT na formulação de políticas públicas para os transportes. G&DR, Taubaté, v. 12, n. 3, set./dez. 2016, p. 237; vide também sobre o assunto PEIXOTO, João Baptista. Os transportes no atual desenvolvimento do Brasil. Rio de Janeiro: Biblioteca do Exército, 1977.

[318] "Art. 1º É criado o Programa de Integração Nacional, com dotação de recursos no valor de Cr$2.000.000.000,00 (dois bilhões de cruzeiros), a serem constituídos nos exercícios financeiros de 1971 a 1974, inclusive, com a finalidade específica de financiar o plano de obras de infra-estrutura, nas regiões compreendidas nas áreas de atuação da SUDENE e da SUDAM e promover sua mais rápida integração à economia nacional."

[319] "Art. 3º As normas de aplicação dos recursos do Programa de Integração Nacional serão elaboradas, em conjunto, pelos Ministros da Fazenda, do Planejamento e Coordenação Geral e do Interior e aprovadas pelo Presidente da República."

[320] "Art. 4º Constituirão recursos do Programa de Integração Nacional: I – recursos orçamentários, previstos nos orçamentos anuais e plurianuais; II – recursos provenientes de incentivos fiscais; III – contribuições e doações de emprêsas públicas e privadas; IV – empréstimos de instituições financeiras nacionais e internacionais; V – recursos de outras fontes."

[321] O programa teve sua relevância também no âmbito da renúncia fiscal. Prevê-se nele que: "Art. 5º A partir do exercício financeiro de 1971 e até o exercício financeiro de 1974, inclusive, do total das importâncias deduzidas do impôsto de renda devido, para aplicações em incentivos fiscais, 30% (trinta por cento) serão creditados diretamente em conta do Programa de Integração Nacional, permanecendo os restantes 70% (setenta por cento) para utilização na forma prevista na legislação em vigor. (Vide Decreto nº 67.527, de 1970) (Vide Decreto-lei nº 1.243, de 1972) (Vide: BRASIL. Decreto-lei nº 1644, de 11 de dezembro de 1978) (Vide: BRASIL. Decreto-lei nº 2134, de 26 de junho de 1984) (Vide BRASIL. Lei nº 7450, de 23 de dezembro de 1985) (Vide: BRASIL. Decreto-lei nº 2397, de 18 de novembro de 1987) §1º A parcela de 30% (trinta por cento) referida neste artigo será calculada proporcionalmente

## 4.3.2 Os transportes no I Plano Nacional de Desenvolvimento (I PND)

Um ano após a edição do PIN, em 15 de setembro de 1971, o I Plano Nacional de Desenvolvimento (I PND) foi encaminhado por Médici ao Congresso Nacional. Buscava ele explicitar as diretrizes e estratégias que tinham como finalidade tornar o Brasil uma "economia moderna". O plano projetava que a renda per capita brasileira superaria os US$500, em 1974, e as receitas de exportações teriam um aumento de cerca de 10% a.a.[322]

Frente a essa busca por estabelecer uma economia moderna, o plano insere a infraestrutura como um dos 'Grandes Programas de Investimentos'. Cada um desses programas projetava um dispêndio superior a 1 bilhão de dólares em cinco anos. Dentre eles: o Programa de Expansão da Siderurgia; o Programa Petroquímico; o Programa de Construção Naval; o Programa Básico de Energia Elétrica; o Programa de Comunicações e o Programa de Mineração.[323]

Em que pese o transporte aparecer como um desses programas gerais de investimentos, por meio do que foi chamado de 'Implantação dos Corredores de Transportes', o I PND era um plano setorial e foi exatamente em uma das 'Grandes Prioridades e Metas Setoriais', no capítulo VI do plano, em que o transporte ganhou maior espaço. Destacava-se nesse ponto que:

> Setorialmente, são prioridades nacionais: revolução na Educação; aceleração do Programa de Saúde e Saneamento; revolução na Agricultura-Abastecimento; e aceleração do desenvolvimento científico e tecnológico. Tal esfôrço concentrado não deverá prejudicar a consolidação da infra-estrutura econômica de Energia, Transportes e Comunicações, nem o apoio ao desenvolvimento integrado de Indústria e Agricultura. Na implementação de políticas setoriais, será dado especial apoio ao

---

entre as diversas destinações dos incentivos indicados na declaração de rendimentos. (Vide Decreto-lei nº 1.243, de 1972); §2º O disposto neste artigo aplica-se aos incentivos fiscais de que tratam: (Vide Decreto-lei nº 1.243, de 1972); a) o artigo 1º, letra "b", do Decreto-lei nº 756, de 11 de agosto de 1969; b) o artigo 18, letra 'b', da Lei nº 4.239, de 27 de junho de 1963, alterado pelo artigo 18 da Lei nº 4.869, de 1º de dezembro de 1965; c) o artigo 1º, §3º, da Lei nº 5.106, de 2 de setembro de 1966;d) o artigo 81 do Decreto-lei nº 221, de 28 de fevereiro de 1967; e) o artigo 6º, caput, do Decreto-lei nº 756, de 11 de agosto de 1969; f) as alíneas 'd' e 'e' anteriores, quando os investimentos se destinarem às regiões situadas nas áreas de atuação da SUDENE e da SUDAM."

[322] BRASIL. *I Plano Nacional de Desenvolvimento*. Brasília: Secretaria do Planejamento, 1971, p. 7.
[323] BRASIL. *I Plano Nacional de Desenvolvimento*. Brasília: Secretaria do Planejamento, 1971, p. 9.

incremento do Turismo, tanto de correntes turísticas internacionais como de nacionais, dotando-se as regiões propícias de condições favoráveis.[324]

Especulava-se que, entre os anos de 1970 e 1974, a taxa de crescimento do setor de transportes e de comunicações seria entre 9% e 10%. Dentre os modais, explicita-se nesse capítulo do plano uma prevalência aos investimentos no modal rodoviário. Ao todo, dos Cr$20.100 milhões de investimentos, previu-se Cr$10.600 milhões no Sistema Rodoviário; Cr$4.570 milhões no Sistema Ferroviário; Cr$3.670 milhões em Portos e Navegação Marítima e Fluvial; Cr$1.260 milhões em Transportes Aéreos (infra-estrutura); podendo o programa hidroviário ser ampliado mediante instrumentos financeiros que viessem a ser criados.[325]

Durante o período circunscrito entre 1965 e 1972, houve um aumento substancial na quantidade em quilômetros das estradas, do fluxo hidroviário e aeroviário brasileiro, com uma diminuição na quantidade de trilhos construídos no subsetor ferroviário:

Quadro 13 – Aportes humanos na configuração territorial dos modais rodoviário, ferroviário, hidroviário e aeroviário de 1965 a 1972

| Anos | Rodoviário (km² de estradas) | Ferroviário (km² de trilhos) | Hidroviário (Número de embarcações de cabotagem/ longo curso e outras) | Aeroviário (km voados – em 1.000 km) |
|---|---|---|---|---|
| 1965 | 803.068 | 33.864 | 22.054 | 79.600 |
| 1966 | ... | 32.317 | 22.411 | 80.600 |
| 1967 | 979.093 | 32.182 | 19.543 | 83.200 |
| 1968 | 941.348 | 32.054 | 16.609 | 91.000 |
| 1969 | 1.085.510 | 32.939 | 41.037 | 93.600 |
| 1970 | 1.039.779 | 31.848 | 41.086 | 97.600 |
| 1971 | 1.213.494 | 31.518 | 29.654 | 111.127 |
| 1972 | 1.236.038 | 30.934 | 31.331 | 123.522 |

Fonte: Quadro elaborado pelo autor com base em INSTITUTO BRASILEIRO DE GEOGRAFIA E ESTATÍSTICA. *Estatísticas históricas do Brasil*: séries econômicas, demográficas e sociais de 1550 a 1988. 2. ed. rev. e at. v. 3. Séries estatísticas retrospectivas. Rio de Janeiro: IBGE, 1990 e em EMPRESA BRASILEIRA DE PLANEJAMENTO DOS TRANSPORTES. *Anuário Estatístico dos Transportes de 2000*. Brasília: GEIPOT, 2001.

---

[324] BRASIL. *I Plano Nacional de Desenvolvimento*. Brasília: Secretaria do Planejamento, 1971, p. 41.
[325] BRASIL. *I Plano Nacional de Desenvolvimento*. Brasília: Secretaria do Planejamento, 1971, p. 46.

No que tange aos transportes de cargas, há um aumento em todos os modais, com destaque ao modal rodoviário que mais do que dobra sua produtividade, e ao modal aéreo, que mais do que triplica:

Quadro 14 – Relação absoluta de mercadorias
por modal de transportes de 1965 a 1972

| Anos | Número absolutos (1.000.000 T/km) | | | |
|---|---|---|---|---|
| | Rodoviário (1) | Ferroviário | Aéreo (2) | Hidroviário (3) |
| 1965 | 75.000 | 18.300 | 100 | 15.500 |
| 1966 | 84.100 | 19.000 | 100 | 17.700 |
| 1967 | 42.800 | 19.700 | 100 | 20.300 |
| 1968 | 102.400 | 21.528 | 191 | 21.189 |
| 1969 | 112.900 | 24.973 | 186 | 22.715 |
| 1970 | 124.500 | 30.267 | 199 | 21.559 |
| 1971 | 137.300 | 31.858 | 244 | 24.041 |
| 1972 | 152.100 | 33.310 | 307 | 21.798 |

Fonte: Quadro e gráfico elaborados pelo autor com base em INSTITUTO BRASILEIRO DE GEOGRAFIA E ESTATÍSTICA. *Estatísticas históricas do Brasil*: séries econômicas, demográficas e sociais de 1550 a 1988. 2. ed. rev. e at. v. 3. Séries estatísticas retrospectivas. Rio de Janeiro: IBGE, 1990.

Frente a análise da configuração territorial, visualizou-se no período entre 1965 e 1972 uma ampliação nas relações sociais, considerando a relação de passageiros, por transportes, por quilômetro, nos modais rodoviário e aéreo, cujas configurações territoriais também aumentaram, uma diminuição na relação de passageiros por transporte no modal ferroviário, acompanhando a redução da configuração territorial; e uma diminuição no subsetor hidroviário, que contrasta ao fluxo de embarcações, o que se explica pela prevalência da utilização do modal nos transportes de carga, trazidas nos planos mencionados neste capítulo e no anterior:

Imagem 5 – Quantidade de passageiros transportados por quilômetro nos modais rodoviário, ferroviário, aeroviário e hidroviário de 1965 a 1972

| Anos | Passageiros transportados, por tipo de transporte | | | |
|---|---|---|---|---|
| | Número absolutos (1.000.000 passageiros/km) | | | |
| | Rodoviário (1) | Ferroviário (2) | Aéreo (3) | Hidroviário (4) |
| 1965 | 55.900 | 8.300 | 1.600 | 30 |
| 1966 | 64.100 | 6.500 | 1.700 | 20 |
| 1967 | 73.100 | 5.900 | 1.800 | 30 |
| 1968 | 83.400 | 6.081 | 2.003 | 50 |
| 1969 | 95.200 | 5.868 | 1.955 | 61 |
| 1970 | 108.600 | 5.444 | 2.027 | 49 |
| 1971 | 124.300 | 4.833 | 2.426 | 34 |
| 1972 | 142.100 | 4.678 | 3.043 | 16 |

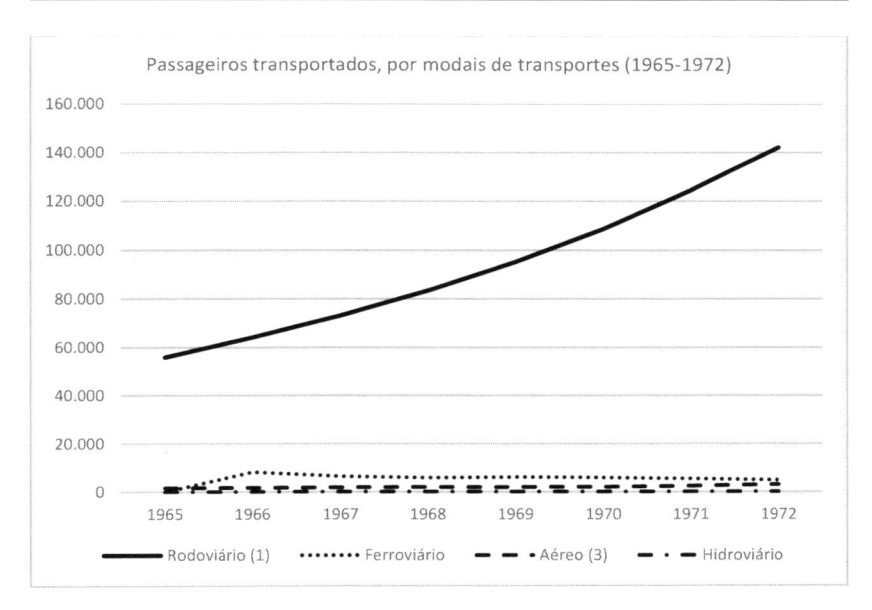

Fonte: Quadro e gráfico elaborados pelo autor com base em INSTITUTO BRASILEIRO DE GEOGRAFIA E ESTATÍSTICA. *Estatísticas históricas do Brasil*: séries econômicas, demográficas e sociais de 1550 a 1988. 2. ed. rev. e at. v. 3. Séries estatísticas retrospectivas. Rio de Janeiro: IBGE, 1990.

Esse aumento é real quando contrastamos ao aumento da população brasileira no período. Tem-se nesse sentido que, considerando o período de 1965 a 1972, houve um aumento relativo de passageiros por quilômetro de 87%, enquanto a população nacional cresceu 19%:

Quadro 15 – Relação entre o aumento dos passageiros por quilômetro em todos os modais e o aumento da população brasileira de 1965 a 1972

| Anos | Todos os modais (1.000.000 passageiros/km) | População brasileira (mil habitantes) | Aumento relativo de passageiro s/km | Aumento relativo de passageiro s/km acumulado | Aumento relativo da população brasileira (mil habitantes) | Aumento relativo da população brasileira (mil habitantes) |
|---|---|---|---|---|---|---|
| 1965 | 65.830 | 81.174 | ... | ... | ... | ... |
| 1966 | 72.320 | 83.508 | 10% | 10% | 3% | 3% |
| 1967 | 80.830 | 85.873 | 12% | 22% | 3% | 6% |
| 1968 | 91.534 | 88.268 | 13% | 35% | 3% | 8% |
| 1969 | 103.084 | 90.689 | 13% | 47% | 3% | 11% |
| 1970 | 116.120 | 93.135 | 13% | 60% | 3% | 14% |
| 1971 | 131.593 | 95.603 | 13% | 73% | 3% | 17% |
| 1972 | 149.837 | 98.094 | 14% | 87% | 3% | 19% |

Fonte: Elaborada pelo autor a partir do cruzamento de dados entre INSTITUTO BRASILEIRO DE GEOGRAFIA E ESTATÍSTICA. *Estatísticas históricas do Brasil*: séries econômicas, demográficas e sociais de 1550 a 1988. 2. ed. rev. e at. v. 3. Séries estatísticas retrospectivas. Rio de Janeiro: IBGE, 1990 e o indicador de população que retirado de PIB, deflator implícito e população: INSTITUTO BRASILEIRO DE GEOGRAFIA E ESTATÍSTICA. *Estatísticas do século XX*, Rio de Janeiro: IBGE, 2006 e INSTITUTO BRASILEIRO DE GEOGRAFIA E ESTATÍSTICA. *Sistema de Contas Nacionais*. Brasil – Referência 2000. Base de dados (nota metodológica nº 3). Rio de Janeiro: IBGE, 2006.

A proporção desse aumento pode ser melhor visualizada pelo seguinte gráfico, que demonstra um substancial e constante aclive a partir de 1965, que se manteve nesse escopo até o final do período analisado, em 1972:

## Gráfico 3 – Demonstração gráfica da relação dos passageiros por quilômetro em todos os modais e o aumento da população brasileira de 1965 a 1972

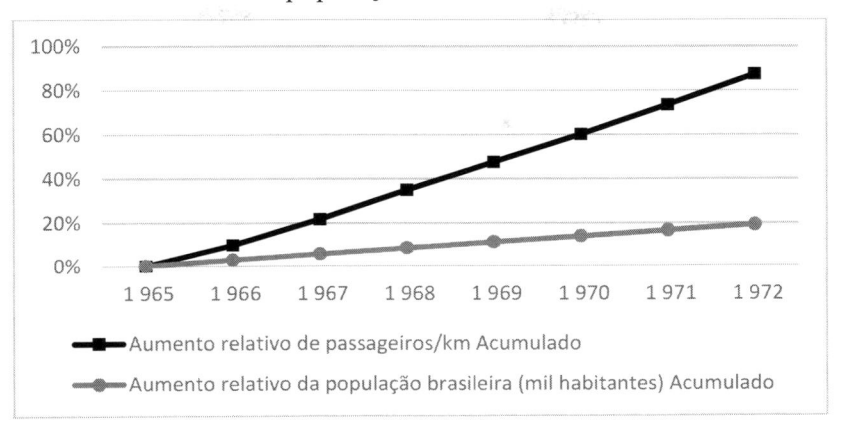

[Gráfico de linhas mostrando valores de 0% a 100% nos anos de 1965 a 1972]

■ Aumento relativo de passageiros/km Acumulado
● Aumento relativo da população brasileira (mil habitantes) Acumulado

Fonte: Gráfico elaborado pelo autor a partir do cruzamento de dados entre INSTITUTO BRASILEIRO DE GEOGRAFIA E ESTATÍSTICA. *Estatísticas históricas do Brasil*: séries econômicas, demográficas e sociais de 1550 a 1988. 2. ed. rev. e at. v. 3. Séries estatísticas retrospectivas. Rio de Janeiro: IBGE, 1990 e o indicador de população que retirado de PIB, deflator implícito e população: INSTITUTO BRASILEIRO DE GEOGRAFIA E ESTATÍSTICA. *Estatísticas do século XX*, Rio de Janeiro: IBGE, 2006 e INSTITUTO BRASILEIRO DE GEOGRAFIA E ESTATÍSTICA. *Sistema de Contas Nacionais*. Brasil – Referência 2000. Base de dados (nota metodológica nº 3). Rio de Janeiro: IBGE, 2006.

Em termos relativos (percentuais), nota-se um aumento constante na participação do modal rodoviário e um declive nos demais modais, atingindo, o subsetor hidroviário, um montante irrisório, abaixo de 0,1%:

## Imagem 7 – Relação relativa de passageiros por modal de transporte de 1965 a 1972

| Anos | Passageiros transportados. Por tipo de transporte | | | |
|---|---|---|---|---|
| | Números relativos (%) | | | |
| | Rodoviário | Ferroviário | Aéreo | Hidroviário |
| 1965 | 84,9 | 12,6 | 2.4 | 0.1 |
| 1966 | 88,6 | 9,0 | 2,3 | 0,1 |
| 1967 | 90,4 | 7,3 | 2,2 | 0,1 |
| 1968 | 91,1 | 6,6 | 2,3 | 0,1 |
| 1969 | 92,3 | 5,7 | 1,9 | 0,1 |
| 1970 | 93,5 | 4,7 | 1,8 | 0,0 |
| 1971 | 94,5 | 3,7 | 1,8 | 0,0 |
| 1972 | 94,8 | 3,1 | 2,1 | 0,0 |

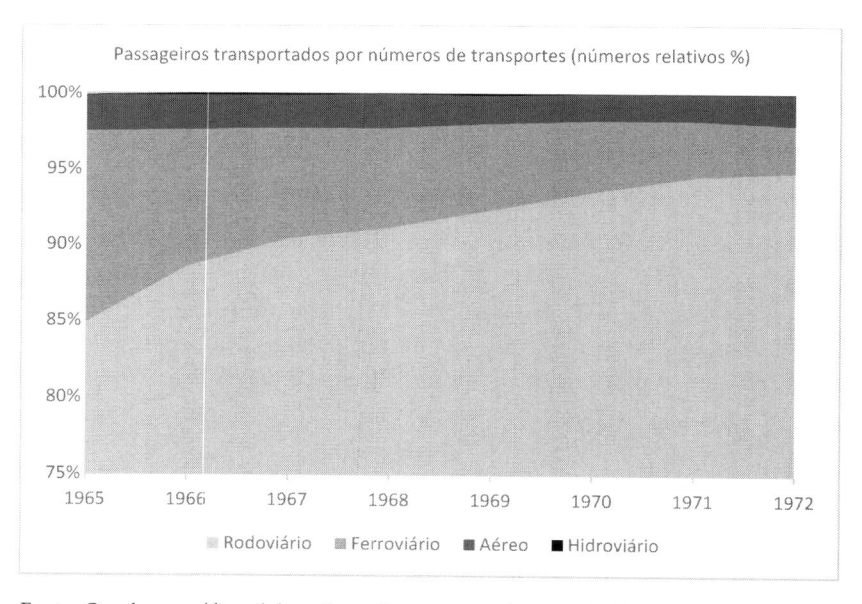

Fonte: Quadro e gráfico elaborados pelo autor com base em INSTITUTO BRASILEIRO DE GEOGRAFIA E ESTATÍSTICA. *Estatísticas históricas do Brasil*: séries econômicas, demográficas e sociais de 1550 a 1988. 2. ed. rev. e at. v. 3. Séries estatísticas retrospectivas. Rio de Janeiro: IBGE, 1990.

Embora tenha trazido tais previsões aos transportes, o I PND não pode ser considerado um plano de grande relevância para o setor. Os avanços trazidos ao setor entre 1965 e 1972 são muito mais um reflexo do II PNV de 1964, do GEIPOT, da criação do Ministério dos Transportes e da positiva herança deixada pelo Plano de Metas, do que fruto da contribuição do I PND. Porém, dois grandes planos foram criados na sequência, o III PNV, de 1973, e o II PND, de 1974.

### 4.3.3 O III Plano Nacional de Viação

A verificação dogmática do formato contemporâneo adotado pelo Sistema Nacional de Viação (SNV) se inicia a partir da Lei nº 5.917, de 10 de setembro de 1973, que aprova um novo Plano Nacional de Viação (art 1º),[326] elaborado em consonância com o que fora estabelecido no artigo 8º, item XI, da Constituição Federal então vigente.

---

[326] "Art. 1º Fica aprovado o Plano Nacional de Viação (PNV) de que trata o artigo 8º, item XI, da Constituição Federal, representado e descrito complementarmente no documento anexo contendo as seguintes seções: 1. Conceituação Geral, Sistema Nacional de Viação. 2. Sistema Rodoviário Nacional: 2.1. conceituação; 2.2 nomenclatura e relação descritiva das rodovias do Sistema Rodoviário Federal, integrantes do Plano Nacional de Viação. 3. Sistema Ferroviário Nacional: 3.1. conceituação; 3.2 nomenclatura e relação descritiva das ferrovias integrantes do Plano Nacional de Viação. 4. Sistema Portuário Nacional: 4.1. conceituação; 4.2 relação descritiva dos portos marítimos, fluviais e lacustres do Plano Nacional de Viação. 5. Sistema Hidroviário Nacional: 5.1 conceituação; 5.2 relação descritiva das vias navegáveis interiores do Plano Nacional de Viação. 6. Sistema Aeroviário Nacional: 6.1 conceituação; 6.2 relação descritiva dos aeródromos do Plano Nacional de Viação. 7. Sistema Nacional dos Transportes Urbanos (Incluído pela Lei nº 6.261, de 14.11.1975) 7.1 Conceituação (Incluído pela Lei nº 6.261, de 14.11.1975) 7.1.0 O Sistema Nacional dos Transportes Urbanos compreende o conjunto dos sistemas metropolitanos e sistemas municipais nas demais áreas urbanas, vinculados à execução das políticas nacionais dos transportes e do desenvolvimento urbano. (Incluído pela Lei nº 6.261, de 14.11.1975) 7.1.1 Os sistemas metropolitanos e municipais compreendem: (Incluído pela Lei nº 6.261, de 14.11.1975) a) a infra-estrutura viária expressa e as de articulação com os sistemas viários federal, estadual e municipal; (Incluído pela Lei nº 6.261, de 14.11.1975) b) os sistemas de transportes públicos sobre trilhos (metrô, ferrovia de subúrbio e outros), sobre pneus, hidroviários e de pedestres, operados nas áreas urbanas; (Incluído pela Lei nº 6.261, de 14.11.1975) c) as conexões intermodais de transportes, tais como estacionamentos, terminais e outras; (Incluído pela Lei nº 6.261, de 14.11.1975) d) estrutura operacional abrangendo o conjunto de atividades e meios estatais de administração, regulamentação, controle e fiscalização que atuam diretamente no modo de transportes, nas conexões intermodais e nas infra-estruturas viárias e que possibilitam o seu uso adequado. (Incluído pela Lei nº 6.261, de 14.11.1975) 7.1.2 Os sistemas metropolitanos e municipais se conjugam com as infra-estruturas e estruturas operacionais dos demais sistemas viários localizados nas áreas urbanas. (Incluído pela Lei nº 6.261, de 14.11.1975) 7.1.3 Não se incluem nos sistemas metropolitanos e municipais, pertencentes ao Sistema Nacional dos Transportes Urbanos, as infra-estruturas e respectivas estruturas operacionais dos demais sistemas nacionais de viação, localizados nas áreas urbanas. (Incluído pela Lei nº 6.261, de 14.11.1975) §1º Os sistemas mencionados nas seções 2, 3, 4, 5 e 6, citadas englobam as respectivas redes construídas e previstas. §2º As localidades intermediárias constantes das redes previstas que figuram nas relações descritivas constantes das seções 2.2 e 3.2 citadas, não constituem pontos obrigatórios de passagem, mas figuram apenas como indicação geral da diretriz das vias consideradas, sendo o seu traçado definitivo

Seu objetivo essencial era permitir o estabelecimento da infraestrutura de um sistema viário integrado, assim como as bases para planos globais de transporte que atendessem, pelo menor custo, às necessidades do País, sob o múltiplo aspecto econômico-social-político-militar (art. 2º). Esse balizamento para planos globais de transportes era visto de forma complementar a um instrumento de planejamento global para o Brasil. Nesse sentido, o plano traz, de forma explícita, a intenção de implementá-lo dentro do contexto dos Planos Nacionais de Desenvolvimento e dos Orçamentos Plurianuais de Investimento, instituídos pelo Ato Complementar nº 43, de 29 de janeiro de 1969, que fora modificado pelo Ato Complementar nº 76, de 21 de outubro de 1969 e pela Lei Complementar nº 9, de 11 de dezembro de 1970 (art. 3º).

O plano configura o sistema de transportes, visto de forma unificada, como uma: "diretriz básica para os diversos planejamentos no Setor, visando sempre a uma coordenação racional entre os sistemas federal, estaduais e municipais, bem como entre todas as modalidades de transporte" (art. 3º, 'a'). A finalidade de planos diretores e de estudos de viabilidade técnico-econômica é a de "visar à seleção de alternativas mais eficientes, levando-se em conta possíveis combinações de duas ou mais modalidades de transporte devidamente coordenadas e o escalonamento de prioridades para a solução escolhida" (art. 3º, 'b'); dando preferência ao aproveitamento da capacidade ociosa dos sistemas existentes, além de prever etapas subsequentes para a sua expansão (art. 3º, 'c').[327]

Além disso, o plano dispõe que a orientação da política tarifária seguia no sentido de que o preço do serviço de transportes refletisse seu custo econômico em regime de eficiência, devendo, diante disso, ser assegurado o ressarcimento ao poder público da prestação de serviços ou de transportes considerada antieconômica (3º, 'd'). O plano assegura a liberdade aos usuários para a escolha da modalidade de transportes que melhor atenda às suas necessidades (3º, 'e') e prevê a necessidade

---

fixado pelo Poder Executivo, após estudos técnicos e econômicos. §3º Os órgãos federais das diferentes modalidades de transporte deverão elaborar as respectivas cartas geográficas em escala conveniente, que permita distinguir e identificar facilmente as diretrizes viárias com seus pontos de passagem, assim como os portos e aeródromos, conforme as relações descritivas do Plano Nacional de Viação de que trata esta lei."

[327] Essa previsão de concernência pela expansão em etapas subsequentes foi removida pela Lei nº 6.630 de 16 de abril de 1979.

da existência de estudos econômicos prévios que se ajustem às peculiaridades locais e que justifiquem sua prioridade, para a execução de obras do Sistema Nacional de Viação, especialmente aquelas previstas no Plano Nacional de Viação (art. 3º, 'f').

O plano versa, ainda, sobre a necessidade de justificativa prévia, por meio de estudos técnicos e econômico-financeiros, para aquisição de equipamentos ou instalações especializadas (art. 3º, 'g') e aduz à necessidade de utilização de métodos, processos, dispositivos, maquinarias ou materiais 'modernos', evitando, portanto, o uso de equipamentos ultrapassados, que redundassem em menor eficiência ao setor (art. 3º, 'h'). Inserido o novo plano no contexto da doutrina da Segurança Nacional (art. 3º, 'i'), destinava ele os recursos gerados pelo setor ao financiamento da infraestrutura, assim como à operação dos serviços de transportes, contemplando, também, que os projetos e atividades que tivessem a finalidade de atender às necessidades de Segurança Nacional e de caráter social inadiáveis, definidas pelas autoridades competentes, seriam financiados por recursos especiais consignados ao Ministério dos Transportes (art. 3º, 'j'). Esses investimentos deveriam, de acordo com o plano, incrementar o aproveitamento e desenvolvimento de novos recursos naturais que fossem considerados como parte integrante de projetos agrícolas, industriais e de colonização, condicionando a sua execução à análise de benefícios e custos do projeto integrado (art. 3º, 'l').

Uma outra novidade trazida pelo plano é a necessidade de investimentos nas vias metropolitanas e áreas urbanas, seja em vias de transportes rodoviários, portos e aeroportos, coordenados por planos diretores e/ou projetos específicos e compatibilizados com os planos de desenvolvimento urbano, com finalidade de obter maior eficiência na circulação de passageiros e cargas, buscando garantir, assim, maior racionalidade ao transporte terrestre, marítimo e aéreo, na localização das atividades econômicas e zonas residenciais (art. 3º, 'm'). Tal dispositivo foi alterado pela Lei nº 6.261 de 14 de novembro de 1975, que estabeleceu a seguinte redação:

> os sistemas metropolitanos e municipais dos transportes urbanos deverão ser organizados segundo planos diretores e projetos específicos, de forma a assegurar a coordenação entre seus componentes principais, a saber: o sistema viário, transportes públicos, portos e aeroportos, tráfego e elementos de conjugação visando a sua maior eficiência, assim como a compatibilização com os demais sistemas de viação e com os planos de desenvolvimento urbano, de forma a obter uma circulação eficiente

de passageiros e cargas, garantindo ao transporte terrestre, marítimo e aéreo possibilidades de expansão, sem prejuízo da racionalidade na localização das atividades econômicas e das habitações.[328]

Além de estabelecer princípios e objetivos para a atividade integrada do setor de transportes, o novo plano teve uma destacada preocupação conceitual. Nesse sentido, ele traz primeiro uma definição do que vem a ser o Sistema Nacional de Viação, para, em seguida, conceituar cada subsistema que o compõe.

De acordo com a Lei nº 5.917/1973, em seu anexo, no item 1.2:

> O Sistema Nacional de Viação é constituído pelo conjunto dos Sistemas Nacionais: Rodoviário, Ferroviário, Portuário, Hidroviário e Aeroviário e compreende:
> a) Infra-estrutura viária, que abrange as redes correspondentes às modalidades de transporte citadas, inclusive suas instalações acessórias e complementares;
> b) Estrutura operacional, compreendendo o conjunto de meios e atividades estatais, diretamente exercidos em cada modalidade de transporte e que são necessários e suficientes ao uso adequado da infra-estrutura mencionada na alínea anterior

Além da definição de Sistema Nacional de Viação, o plano estabelece uma conceituação dos sistemas formados por cada um dos modais: (i) o Sistema Rodoviário Nacional; (ii) o Sistema Ferroviário Nacional; (iii) o Sistema Portuário Nacional; (iv) o Sistema Hidroviário Nacional; e (vi) o Sistema Nacional dos Transportes Urbanos.

O Sistema Rodoviário Nacional é aquele: "constituído pelo conjunto dos Sistemas Rodoviários Federal, Estaduais e Municipais", faz parte dele tanto a infraestrutura rodoviária, formada pela rede rodoviária e suas instalações complementares; como a estrutura organizacional, que abarca: "o conjunto de atividades e meios estatais de administração, inclusive fiscalização, que atuam diretamente no modo rodoviário de transporte e que possibilitem o uso adequado das rodovias". O plano estabelece, também, cinco condições que devem, alternativamente, ser cumpridas pelas rodovias para que façam parte do Sistema Nacional de Viação.

---

[328] BRASIL. Lei nº 6261, de 14 de novembro de 1975

A primeira delas é que a rodovia deve: "ligar a Capital Federal a uma ou mais Capitais de Estados ou Territórios ou a pontos importantes da orla oceânica ou fronteira terrestre"; a segunda é que a rodovia deve ligar entre si dois dos seguintes pontos: "capital estadual; ponto importante da orla oceânica; ponto da fronteira terrestre", considerando-se aqui que pode ser incluída como ligação a concatenação dos pontos entre si (ou seja, que ligue duas capitais estaduais, dois pontos importantes da orla oceânica ou dois pontos da fronteira terrestre); a terceira é que a rodovia deve: "ligar em pontos adequados duas ou mais rodovias federais"; a quarta é que deve permitir o acesso: "a instalações federais de importância, tais como parques nacionais, estabelecimentos industriais e organizações militares, a estâncias hidrominerais a cidades tombadas pelo Instituto do Patrimônio Histórico e Artístico Nacional e pontos de atração turística notoriamente conhecidos e explorados, aos principais terminais marítimos e fluviais e aeródromos, constantes no Plano Nacional de Viação"; a quinta é que as rodovias devem: "permitir conexões de caráter internacional".[329]

O Sistema Ferroviário Nacional é aquele: "constituído pelo conjunto das ferrovias do país", fazendo parte dele tanto a infraestrutura ferroviária, a qual abarca: "as redes ou linhas sob jurisdição federal, estadual e particular, incluindo suas instalações acessórias e complementares"; quanto a estrutura organizacional, que abrange: "o conjunto das atividades e meios estatais de tráfego e administração, inclusive fiscalização, e que possibilitam o uso adequado das ferrovias". No

---

[329] Além disso, o plano traz uma preocupação com questões de nomenclatura das rodovias, como, por exemplo, por critérios de orientação geográfica ou o símbolo que ela adotará. No que se refere à base legal que instituiu cada uma das rodovias que surgem a partir do plano, vide: BRASIL. Lei nº 6406, de 21 de março de 1977; BRASIL. Lei nº 6504, de 13 de dezembro de 1977; BRASIL. Lei nº 6.555, de 22 de agosto de 1978; BRASIL. Lei nº 6648, de 16 de maio de 1979; BRASIL. Lei nº 6776, de 30 de abril de 1980; BRASIL. Lei nº 6933, de 13 de julho de 1980; BRASIL. Lei nº 6976, de 14 de dezembro de 1981; BRASIL. Lei nº 7003, de 24 de junho de 1982; BRASIL. Lei nº 7581, de 24 de dezembro de 1986; BRASIL. Lei nº 9078, de 11 de julho de 1995; BRASIL. Lei nº 9830, de 2 de setembro de 1999; BRASIL. Lei nº 10.030, de 20 de outubro de 2000; BRASIL. Lei nº 10031, de 20 de outubro de 2000; BRASIL. Lei nº 10540, de 1 de outubro de 2002; BRASIL. Lei nº 10606, de 19 de dezembro de 2002; BRASIL. Lei nº 10739, de 24 de setembro de 2003; BRASIL. Lei nº 10789, de 28 de novembro de 2004; BRASIL. Lei nº 10.960, de 7 de outubro de 2004; BRASIL. Lei nº 11003, de 16 de dezembro de 2004; BRASIL. Lei nº 11.122, de 31 de junho de 2005; BRASIL. Lei nº 11297, de 9 de maio de 2006; BRASIL. Lei nº 11314, de 3 de julho de 2006; BRASIL. Lei nº 11475, de 29 de maio de 2007; BRASIL. Lei nº 11482, de 31 de maio de 2007; BRASIL. Lei nº 11729, de 24 de junho de 2008; BRASIL. Lei nº 11.731, de 26 de junho de 2008; BRASIL. Lei nº 11.772, de 17 de setembro de 2008 BRASIL. Lei nº 11862, de 15 de dezembro de 2008; BRASIL. Lei nº 11879, de 19 de dezembro de 2008; BRASIL. Lei nº 11.880, de 19 de dezembro de 2008; BRASIL. Lei nº 11911, de 31 de março de 2009; BRASIL. Lei nº 11.968, de 6 de julho de 2009.

âmbito do subsetor ferroviário, duas são as condições que devem ser alternativamente preenchidas para que uma ferrovia faça parte do Plano Nacional de Viação: a primeira delas é que ela deve: "ligar a Capital Federal a Capitais Estaduais ou a pontos importantes do litoral ou de fronteira terrestre"; a segunda é que a ferrovia deve: "ligar entre si polos econômicos, núcleos importantes, ferrovias e terminais de transporte".[330]

O Sistema Portuário Nacional é aquele: "constituído pelo conjunto de portos marítimos, fluviais e lacustres do País", sendo composto, de acordo com o plano, tanto pela infraestrutura portuária, que abarca: "a rede de portos existentes ou a construir no país, incluindo suas instalações e acessórios complementares"; como pela estrutura operacional, a qual abrange: "o conjunto das atividades e meios estatais, que possibilitam o uso adequado dos portos". Diferentemente dos sistemas terrestres em que há um conjunto de requisitos alternativos a serem cumpridos para que a determinada construção faça parte do plano nacional de viação, não há tais estipulações no sistema portuário.[331]

O Sistema Hidroviário Nacional, por sua vez, é aquele: "constituído pelas vias navegáveis (rios, lagos e canais), incluindo suas instalações e acessórios complementares e pelo conjunto das atividades e meios estatais diretos, de operação da navegação hidroviária, que possibilitam o uso adequado das citadas vias para fins de transporte". Assim como no sistema portuário, não há requisitos específicos para que uma hidrovia faça parte do sistema.[332]

No que se refere ao Sistema Aeroviário Nacional, tem-se que a infraestrutura aeronáutica abarca tanto: "a rede de aeródromos

---

[330] Além disso, o plano traz uma preocupação com questões de nomenclatura das ferrovias, como, por exemplo, por critérios de orientação geográfica ou o símbolo que ela adotará. No que tange à base legal que instituiu cada uma das ferrovias que surgem a partir do plano, vide: BRASIL. Lei nº 6346, de 6 de julho de 1976; Lei nº 6574, de 30 de setembro de 1978; BRASIL. Lei nº 7436, de 20 de dezembro de 1985; BRASIL. Lei nº 10680, de 23 de maio de 2003; BRASIL. Medida Provisória nº 427, de 9 de maio de 2008; BRASIL. Lei nº 11297, de 9 de maio de 2006; BRASIL. Lei nº 11.772, de 17 de setembro de 2008.

[331] A base legal que institui os portos que surgem a partir do plano: BRASIL. Lei nº 9852, de 27 de outubro de 1999; BRASIL. Lei nº 6.671, de 4 de julho de 1979; BRASIL. Lei nº 6.630, de 16 de abril de 1979; BRASIL. Medida Provisória nº 369, de 9 de maio de 2007; BRASIL. Lei nº 11.297, de 9 de maio de 2006; BRASIL. Lei nº 11518, de 5 de setembro de 2007; BRASIL. Lei nº 11550, de 19 de novembro de 2007; BRASIL. Medida Provisória nº 427, de 9 de maio de 2008; BRASIL. Lei nº 11701, de 18 de junho de 2008; BRASIL. Lei nº 11772, de 17 de setembro de 2008; BRASIL. Lei nº 12058, de 13 de outubro de 2009; BRASIL. Medida Provisória nº 513, de 26 de novembro de 2010; BRASIL. Lei nº 12409, de 25 de maio de 2011.

[332] No que se refere às leis que instituíram hidrovias a partir do Plano Nacional de Viação, vide: BRASIL. Lei nº 6.630, de 16 de abril de 1979; BRASIL. Lei nº 12.247, de 27 de maio de 2010

existentes no país, assim como as instalações destinadas à segurança, regularidade e proteção à navegação aérea", formando tais instalações: "a rede de proteção ao voo, definida pelo Ministério da Aeronáutica em consonância com a Rede de Aeródromos constantes do Plano Nacional de Viação"; quanto a estrutura organizacional, que compreende: "o conjunto das atividades e meios estatais de administração, inclusive fiscalização, que atuam diretamente no modo aeroviário de transporte, e que possibilitam o uso adequado da navegação aérea".[333]

O último dos sistemas instituídos, incluído pela Lei nº 6.261 de 14 de novembro de 1975, e emendado como o sétimo ponto da lei que institui o III PNV, foi o Sistema Nacional dos Transportes Urbanos. De acordo com a lei, esse sistema é formado pelo: "conjunto dos sistemas metropolitanos e sistemas municipais nas demais áreas urbanas, vinculados à execução das políticas nacionais dos transportes e do desenvolvimento urbano" e compõe-se de quatro elementos:

> a) a infra-estrutura viária expressa e as de articulação com os sistemas viários federal, estadual e municipal;
> b) os sistemas de transportes públicos sobre trilhos (metrô, ferrovia de subúrbio e outros), sobre pneus, hidroviários e de pedestres, operados nas áreas urbanas;
> c) as conexões intermodais de transportes, tais como estacionamentos, terminais e outras;
> d) estrutura operacional abrangendo o conjunto de atividades e meios estatais de administração, regulamentação, controle e fiscalização que atuam diretamente no modo de transportes, nas conexões intermodais e nas infra-estruturas viárias e que possibilitam o seu uso adequado.

Esse sistema, embora deva conjugar-se aos demais na formação de uma infraestrutura e de uma estrutura operacional concatenada (7.1.2), deve ser visualizado de forma subsidiária. Sendo assim, na medida em que haja quaisquer dos outros sistemas em um território metropolitano, ou municipal, não serão aquelas infraestruturas consideradas como pertencentes a este último sistema (7.1.3).[334]

---

[333] Não há referências de legislações que instituíram alterações posteriores ao plano, no que tange ao subsetor aeroviário

[334] "7.1.3. Não se incluem nos sistemas metropolitanos e municipais, pertencentes ao Sistema Nacional dos Transportes Urbanos, as infra-estruturas e respectivas estruturas operacionais dos demais sistemas nacionais de viação, localizados nas áreas urbanas. (Incluído pela Lei nº 6.261, de 14.11.1975): §1º Os sistemas mencionados nas seções 2, 3, 4, 5 e 6, citadas englobam as respectivas redes construídas e previstas; §2º As localidades intermediárias

Além do estabelecimento dos sistemas, inseridos no III PNV, a Lei nº 5.917/1973 traz alguns dispositivos relevantes, que cuidam de três questões específicas: (i) a centralização do controle dos transportes, limitando a autonomia dos demais entes federados, a fim de concatenar os esforços de planejamento, sob o direcionamento dos órgãos federais; (ii) a vinculação dos recursos destinados ao setor; e (iii) o estabelecimento dos prazos para ações que buscassem a concretização do plano.

No que se refere ao primeiro ponto, relativo à centralização da regulamentação do setor, destaca-se que embora haja a previsão de que a jurisdição das rodovias ou trechos de rodovias pertence às respectivas unidades da federação onde se localizam, (art. 4º),[335] a autonomia dada pelo governo aos Estados é logo limitada ao versar que: "as vias de transporte, portos e aeródromos constantes do Plano Nacional de Viação ficam, sejam quais forem os regimes de concessão e de propriedade a que pertençam, subordinadas às especificações e normas técnicas aprovadas pelo Governo Federal" (art. 6º). Tal centralização é endossada pelo plano ao estabelecer que: "Os Estados, Territórios, Distrito Federal e Municípios elaborarão e reverão os seus Planos Viários com a finalidade de obter-se adequada articulação e compatibilidade entre seus sistemas viários e destes com os sistemas federais de Viação" (art. 10).[336]

---

constantes das redes previstas que figuram nas relações descritivas constantes das seções 2.2 e 3.2 citadas, não constituem pontos obrigatórios de passagem, mas figuram apenas como indicação geral da diretriz das vias consideradas, sendo o seu traçado definitivo fixado pelo Poder Executivo, após estudos técnicos e econômicos; §3º Os órgãos federais das diferentes modalidades de transporte deverão elaborar as respectivas cartas geográficas em escala conveniente, que permita distinguir e identificar facilmente as diretrizes viárias com seus pontos de passagem, assim como os portos e aeródromos, conforme as relações descritivas do Plano Nacional de Viação de que trata esta lei".

[335] "Art. 4º As rodovias ou trechos de rodovia, já construídos e constantes do Plano Nacional de Viação aprovado pela Lei nº 4.592, de 29 de dezembro de 1964, e alterações posteriores e que não constem do Plano Nacional de Viação aprovado por esta lei, passam automaticamente para a jurisdição da Unidade da Federação em que se localizem".

[336] Os parágrafos do mencionado artigo são relevantes para questões de controle dessa articulação entre os entes sob responsabilidade do DNER: "§1º O atendimento ao disposto neste artigo, no que se refere a planos e sistemas rodoviários, é condição essencial à entrega, pelo Departamento Nacional de Estradas de Rodagem (DNER), das parcelas cabíveis àquelas Unidades Administrativas, do Imposto Único sobre Lubrificantes e Combustíveis Líquidos e Gasosos, somente sendo lícito aos Estados, Distrito Federal e Municípios aplicarem recursos oriundos daquele imposto nos seus Sistemas Rodoviários, quando estes se harmonizem e se integrem entre si e com o Sistema Rodoviário Federal. §2º Para atendimento ao disposto na legislação em vigor, especialmente no artigo 21, do Decreto-lei nº 512, de 21 de março de 1969, o Departamento Nacional de Estradas de Rodagem estabelecerá a sistemática de verificação da compatibilidade e adequação, do planejamento e implementação dos Planos Rodoviários dos Estados, dos Territórios, do Distrito Federal e dos Municípios, ao Plano Nacional de Viação. §3º A sistemática de que trata o parágrafo anterior estabelecerá a forma

O segundo ponto a ser destacado é corolário do primeiro. Diante dessa lógica centralizadora dos transportes, a lei traz a vinculação dos recursos que serão destinados ao setor de transportes àqueles provenientes do Orçamento Geral da União e de Fundos Específicos do setor; proibindo a utilização de valores que não constem de planos: oficiais, anuais, ou plurianuais, enquadrados nos respectivos sistemas de viação; para o emprego em vias, portos e aeródromos (art. 7º).[337] No que tange, ainda, à questão dos recursos, o novo plano garante que aqueles destinados às obras do II PNV de 1964 serão automaticamente transferidos para a conclusão das mesmas obras que foram recepcionadas pelo III PNV de 1973 (art. 8º).[338]

O terceiro ponto é a preocupação com um lapso temporal tanto para uma especial revisão, quanto para um maior controle. O prazo para essa revisão é de cinco em cinco anos (art. 9º), reservando ao Conselho Nacional de Transportes o estabelecimento da sistemática do planejamento e da implantação do plano, de acordo com os princípios e objetivos que o instituíram, no prazo de 180 dias (art. 9º, §1º).[339]

Os demais artigos da legislação que institui o plano mesclam esses três pontos. Exige-se por exemplo aos Planos Rodoviários dos Estados, Territórios e Distrito Federal, semelhança à sistemática de elaboração com relação ao PNV, devendo ser apreciado pelo DNER e encaminhado ao Conselho Nacional dos Transportes no prazo de 90 dias (art. 11).[340] Em âmbito municipal, em 180 dias da publicação do

---

e os prazos em que serão prestadas as informações necessárias à verificação mencionada e proverá normas organizacionais, de planejamento, de execução e de estatística, como orientação para os setores rodoviários dos Estados, dos Territórios, do Distrito Federal e dos Municípios, de modo a obter seu funcionamento harmônico e efetivamente integrado num sistema rodoviário de âmbito nacional.

[337] "Art. 7º Os recursos provenientes do Orçamento Geral da União e de Fundos específicos, destinados ao Setor Transportes, não poderão ser empregados em vias, portos e aeródromos que não constem de programas ou planos, oficiais, anuais ou plurianuais, enquadrados nos respectivos sistemas de viação, obedecidos os demais dispositivos legais concernentes."

[338] "Art. 8º Os recursos que tenham sido destinados para atendimento das obras constantes do Plano Nacional de Viação, aprovado pela Lei número 4.592, de 29 de dezembro de 1964 serão transferidos automaticamente para a execução das mesmas obras consideradas no Plano de que trata esta lei, independentemente de qualquer formalidade."

[339] "Art. 9º O Plano Nacional de Viação será, em princípio, revisto de cinco em cinco anos. Parágrafo único. Dentro de cento e oitenta dias da vigência desta Lei, o Conselho Nacional de Transportes estabelecerá a sistemática do planejamento e implantação do Plano Nacional de Viação obedecidos os princípios e normas fundamentais, enumerados no artigo 3º."

[340] "Art. 11. Os Planos Rodoviários dos Estados, dos Territórios e do Distrito Federal, serão elaborados e implementados dentro de Sistemática semelhante à do Plano Nacional de Viação e deverão, no prazo máximo de cento e oitenta dias após a publicação desse Plano,

respectivo Plano Rodoviário Estadual, o município deveria apresentar ao estado que se situa o seu pleno rodoviário, dando ciência posterior ao DNER (art. 12, §1º).[341]

Em que pese a constituição de 1988 altere a lógica constitucional vigente, ela não revoga o III PNV, que manteve a vigência até o ano de 2011, momento que em entra em vigor a lei nº 12.379, de 6 de janeiro de 2011, que aprova o novo Sistema Nacional de Viação.

## 4.4 O planejamento dos transportes nos governos Geisel e Figueiredo: o II Plano Nacional de Desenvolvimento (II PND) e a transformação do GEIPOT

O II Plano Nacional de Desenvolvimento foi um amplo programa de investimentos estatais,[342] divulgado no dia 10 de setembro de 1974 e aprovado pela Lei nº 6.151, de 04 de dezembro de 1974, que contava com seis objetivos centrais, que se colocavam como a "opção nacional" dos militares para a política econômica brasileira. Essa opção se curvava ao binômio "Desenvolvimento e Segurança", o qual direcionava o governo naquele período. Enfoque esse que para os militares ultrapassava o alcance dos conceitos tradicionais de pleno emprego e plena capacidade, preocupando-se em, pela mobilização nacional, realizar o máximo de desenvolvimento viável ao período, em todos os campos, com seriedade técnica, intuição econômica e vontade política. Tais objetivos eram:

- Manter o crescimento acelerado dos últimos anos, com taxas de aumento das oportunidades de emprego da mão-de-obra superiores as da década passada, que já superaram a do crescimento da mão-de-obra que acorre ao mercado de trabalho.

---

ser submetidos ao Departamento Nacional de Estradas de Rodagem, que os apreciará, encaminhando-os ao Conselho Nacional de Transportes."

[341] "Art. 12. Após cento e oitenta dias da publicação dos Planos Rodoviários Estaduais, os Municípios deverão apresentar seus planos rodoviários aos órgãos competentes dos Estados em que se situam. §1º Os órgãos rodoviários estaduais aprovarão os Planos Rodoviários Municipais, dando imediata ciência ao Departamento Nacional de Estradas de Rodagem."

[342] BERCOVICI, Gilberto. *Constituição Econômica e Desenvolvimento*: uma leitura a partir da Constituição de 1988. São Paulo: Malheiros, 2005, p. 75.

- Reafirmar a política de contenção da inflação pelo método gradualista.
- Manter em relativo equilíbrio o balanço de pagamentos.
- Realizar política de melhoria da distribuição de renda, pessoal e regional, simultaneamente com o crescimento econômico.
- Preservar a estabilidade social e política, assegurada a participação consciente das classes produtoras, dos trabalhadores e, em geral, de todas as categorias vitais ao desenvolvimento, nas suas diferentes manifestações.
- Realizar o desenvolvimento sem deterioração da qualidade da vida, e, em particular, sem devastação do patrimônio de recursos naturais do País.

A fim de cumprir tais objetivos, o plano se inicia com uma proposta chamada "Desenvolvimento e Grandeza: o Brasil como Potência Emergente", que buscava estabelecer um sentido para a "tarefa nacional" e vislumbrava que o Brasil poderia, validamente, aspirar ao desenvolvimento e a grandeza.[343] Exalta-se, aqui, a última década (pós-64), como um momento em que o Brasil passou a ter condições de realizar uma: "política de país grande, com senso de seu próprio valor e consciência de responsabilidade". Esse senso vinha paralelamente relacionado, para os militares, à: "vontade política, mobilização nacional, à capacidade de fazer, à ação do setor público, da iniciativa privada e da comunidade".[344]

Na visão de Fonseca e Monteiro o II PND se prestava para uma dupla colaboração: "alentava a possibilidade de manter o crescimento e, ao mesmo tempo, contribuía para propiciar um clima favorável às mudanças políticas pretendidas, consubstanciadas no projeto de distensão política".[345]

O plano tinha como núcleo central de sua estratégia, de acordo com Carlos Lessa, duas diretivas articuladas: a primeira indicando a montagem de um novo Padrão de Industrialização, cujo comando da dinâmica econômica se localizaria na indústria de base, a partir da transferência do núcleo dinâmico de certos setores de bens de consumo

---

[343] BRASIL. *II Plano Nacional de Desenvolvimento*. Brasília: Secretaria do Planejamento, 1975, p. 21

[344] BRASIL. *II Plano Nacional de Desenvolvimento*. Brasília: Secretaria do Planejamento, 1975, p. 22-23.

[345] FONSECA, Pedro Cezar Dutra; MONTEIRO, Sergio Marley Modesto. O Estado e suas razões: o II PND. *Rev. Econ. Polit.*, São Paulo, v. 28, n. 1, p. 28-46, mar. 2008.

para a indústria de base, com as consequentes redefinições da infraestrutura de suporte e do processo de integração nacional compondo a primeira diretiva central da Estratégia; e a segunda que privilegiaria a correção dos desbalanceamentos da Organização Industrial mediante o fortalecimento progressivo do capital privado nacional, de molde a inicialmente "reequilibrar" o tripé para posteriormente constituir sua hegemonia.[346] Essa prevalência pelo investimento em indústrias de base implicaria em uma proposta de um novo Padrão de Industrialização, o que de acordo com Carlos Lessa: geraria "uma modificação da 'alocação de recursos' em várias dimensões: setoriais, regionais e sociais".[347]

Ainda de acordo com Lessa, ao adotar essa estratégia a proposta do programa era alinhar as estratégias de crescimento esperadas até 1979. Esperava-se um crescimento na ordem de 10% para o Produto Interno Bruto, 7% na Agropecuária, 12% na Indústria e dentre 9 a 10% no setor de Serviços. O autor afirma que o II PND tinha a finalidade de transformar o Brasil em uma potência emergente, legitimando o regime ditatorial.[348]

Nas palavras de Gilberto Bercovici: "o resultado da tentativa de implantação do plano de qualquer modo em uma conjuntura econômica desfavorável foi início do descolamento do regime militar de suas bases empresariais de sustentação e a perda do controle sobre os agentes econômicos.[349]

---

[346] Sobre esta segunda diretiva pontua Lessa "Esta diretiva de fortalecimento do capital nacional é qualificada e não pretende se esgotar no mero robustecer da "perna fraca". Aponta para um "capitalismo social" ou "neocapitalismo" cuja consecução impõe a indução progressiva de certas práticas e pautas de comportamento empresarial que "socializariam" os benefícios da industrialização" Cf. LESSA, Carlos. *Estratégia de desenvolvimento 1974-1976*: sonho e fracasso. Campinas: Editora Unicamp. 1998, p. 17

[347] LESSA, Carlos. *Estratégia de desenvolvimento 1974-1976*: sonho e fracasso. Campinas: Editora Unicamp. 1998, p. 19

[348] LESSA, Carlos. *Estratégia de desenvolvimento 1974-1976*: sonho e fracasso. Campinas: Editora Unicamp. 1998, p. 18

[349] BERCOVICI, Gilberto. *Constituição Econômica e Desenvolvimento*: uma leitura a partir da Constituição de 1988. São Paulo: Malheiros, 2005, p.76. Em visão menos pessimista, quanto ao plano, Jennifer Hermann traz que: "Os objetivos de mudança estrutural que motivaram o II PND foram, em geral, alcançados. No entanto, os custos macroeconômicos desse êxito não foram desprezíveis. Sem dúvida, parte das dificuldades que marcaram a economia brasileira na década de 1980 pode ser atribuída à ousadia do II PND – mais especificamente, à ousadia da estratégia de endividamento externo que o viabilizou. Contudo, como se mostrará na seção seguinte, outra parte importante da explicação dessas dificuldades deve ser buscada no modelo de ajuste externo adotado nos anos 79-84 para enfrentar os choques externos do período". Cf. HERMANN, Jennifer. Auge e Declínio do Modelo de Crescimento com Endividamento: O II PND e a Crise da Dívida Externa (1974-1984). *In:* VILLELA, André; GIAMBIAGI, Fábio; CASTRO, Lavínia Barros de; HERMANN, Jennifer. *Economia Brasileira*

Segundo o II PND, frente aos eventos mundiais ocorridos naquele momento, o Brasil se encontrava em uma explosão de crescimento, o que o fazia caminhar para uma integração ao mundo industrializado. Diante das alterações advindas na última década, afirmava o plano que foram ultrapassadas: "suas próprias e ambiciosas metas econômicas, e, em grande parte, também as sociais, e tendo antecipado, de um ano, os objetivos globais do I Plano Nacional de Desenvolvimento (I PND), estava o país entre o subdesenvolvimento e o desenvolvimento".[350]

O plano aborda que, embora tenha havido um avanço qualitativo e quantitativo, decorrente da 'revolução de 1964', persistiam vulnerabilidades em vários setores econômicos, como as questões regionais, a educação, a saúde, a previdência e os serviços básicos de infraestrutura, como os transportes:

> É verdade que transformações profundas estão ocorrendo, quantitativa e qualitativamente, como consequência dos resultados econômicos e das mudanças sociais e institucionais. Mas perduram contrastes e distorções. Persistem os desafios da economia ainda vulnerável do Nordeste semiárido, e do quase intocado continente tropical úmido da Amazônia, não obstante tudo que notadamente o Governo Médici ali realizou, com iniciativas válidas como o PIN, o PROTERRA, o PROVALE. Perduram os bolsões de pobreza no Centro-Sul industrializado: o Vale do Jequitinhonha, o Vale do Ribeira, as áreas economicamente decadentes do Estado do Rio de Janeiro. Persistem problemas na Educação, de quantidade e, principalmente, de qualidade. Setores como o de Saúde, inclusive assistência médica da Previdência, carecem, ainda, de capacidade gerencial e estrutura técnica, e, com isso, se reduz a eficácia dos recursos públicos a eles destinados e se eleva o risco das decisões de aumentá-los substancialmente. Os serviços básicos das áreas

---

*Contemporânea (1945-2004)*. "Prêmio Jabuti 2005". Editora Elsevier. 2005, p.107. Conforme ressalta Castro e Souza, o II PND tinha por norte a manutenção das taxas de crescimento econômico buscando alterar os rumos do desenvolvimento brasileiro: Percebe-se também que o tipo de mudança de que estou tratando não atende e nem pretende atender aos interesses econômicos imediatos. Requer, pelo contrário, um relativo descondicionamento face à situação presente. Este descondicionamento pode ser facilitado pela erupção de crises capazes de por a nu a vulnerabilidade do status quo. Não menos importante é, porém, a vontade política de superar a crise, via transformação. CASTRO, A. B. de. SOUZA, F. A *Economia Brasileira em Marcha Forçada*. São Paulo: Paz e Terra, 1985, p.74.

[350] BRASIL. *II Plano Nacional de Desenvolvimento*. Brasília: Secretaria do Planejamento, 1975, p. 22-23.

metropolitanas. São, sabidamente, deficientes, e, as vezes, precários como estrutura gerencial, a exemplo dos transportes coletivos.[351]

O plano traz, em seguida, sua "Estratégia de Desenvolvimento e Modelo Econômico", em que prevalece a menção às políticas ortodoxas dos anos anteriores como fatores de crescimento econômico, especialmente com: "a conquista de mercados no exterior, pela aceleração das exportações, e a expansão de certos segmentos do mercado interno, principalmente em áreas urbanas".[352] Essa estratégia possuía como propósitos básicos, ao mesmo tempo, apoiar o papel da indústria e desenvolver o setor quaternário, que são os serviços destinados ao setor terciário. No âmbito da indústria, o plano dava maior ênfase aos setores básicos, sobretudo à Indústria de equipamentos e o campo dos insumos básicos. No âmbito da infraestrutura, focava-se mais particularmente na Energia. Diante dessas diretrizes, o plano focava a sua estratégia econômica, ou como é proposto, seu "modelo econômico-social", em quatro diretrizes:

> Economia moderna de mercado, com as conquistas a esta incorporadas, nas economias desenvolvidas, nos últimos 40 anos: condução da estratégia de desenvolvimento, ativamente, pelo Governo; preocupação continua com o crescimento; preservação de grau adequado de competição no sistema.
> Forte conteúdo social.
> Pragmatismo reformista, nos campos econômico e social, principalmente com relação a agropecuária.
> Orientação de nacionalismo positivo, voltada para assegurar a execução da estratégia nacional de desenvolvimento, realizando o equilíbrio entre capital nacional e estrangeiro, e garantindo, na articulação com a economia internacional, a consecução das metas do Pals.[353]

Frente a essas diretrizes, o plano divide sua estratégia de desenvolvimento em campos de atuação. O primeiro dos campos de atuação é aquele que prevê a 'Consolidação, no País, de uma economia moderna', que abrangesse inicialmente o Centro-Sul e incorporasse

---

[351] BRASIL. *II Plano Nacional de Desenvolvimento*. Brasília: Secretaria do Planejamento, 1975, p. 24
[352] BRASIL. *II Plano Nacional de Desenvolvimento*. Brasília: Secretaria do Planejamento, 1975, p. 32-33
[353] BRASIL. *II Plano Nacional de Desenvolvimento*. Brasília: Secretaria do Planejamento, 1975, p. 33

progressivamente outros setores e áreas das demais regiões. Diante dessa proposição havia a previsão de investimentos de cerca de Cr$716 bilhões, destinados às áreas de Indústrias Básicas, Desenvolvimento Científico e Tecnológico e Infra-Estrutura de Energia, Transportes e Comunicações.[354]

Além das estratégias gerais, tratou-se também das 'Estratégias Industrial e Agropecuária'. Na estratégia industrial, que previa um crescimento agressivo no período de 1975 a 1979 de taxas na ordem de 12% ao ano, não havia qualquer menção ao setor de transportes. Na estratégia agropecuária, propugnava-se um novo papel da agricultura e da pecuária na estratégia nacional de desenvolvimento. Esse papel significaria: "de um lado, contribuição mais significativa à expansão do PIB, com menor preço para o consumidor, maior renda para o agricultor e melhor padrão de vida para o trabalhador" (...) "de outro lado, efetivar a vocação do Brasil como supridor mundial de alimentos, matérias-primas agrícolas e produtos agrícolas industrializados". Diante dessas perspectivas, a expectativa para as taxas de crescimento no quinquênio era de 7% ao ano.[355] O transporte aparece quando o plano propõe uma 'Continuação da política de implantação de novas estruturas de abastecimento'. Aqui, a ideia é de redução de custos de armazenagem e transportes como iniciativa de reaparelhamento do setor de serviços no âmbito agrícola.[356]

Após estabelecer as suas estratégias gerais e as estratégias para a indústria e para questão agropecuária, o plano trouxe as 'opções básicas da estratégia econômica'. Nesse ponto, buscou-se implementar: "um conjunto de opções básicas, para o próximo estágio, com repercussões nos diferentes campos". Partia-se aqui do pressuposto de que para a economia alcançar novos padrões de modernidade e competitividade, seria necessário recorrer: "a instrumentos poderosos e de grande eficácia, sabendo que tais forças podem afetar desfavoravelmente outros

---

[354] BRASIL. *II Plano Nacional de Desenvolvimento*. Brasília: Secretaria do Planejamento, 1975, p. 34 e 35.

[355] BRASIL. *II Plano Nacional de Desenvolvimento*. Brasília: Secretaria do Planejamento, 1975, p. 41.

[356] "(...) V – Continuação da política de implantação de novas estruturas de abastecimento: rede nacional de centrais de abastecimento, sistemas de supermercados, mercados de produtores, etc. Nesse campo, será feito o reaparelhamento do setor serviços, visando a redução dos custos de armazenagem, transportes, unidades de primeiro beneficiamento". BRASIL. *II Plano Nacional de Desenvolvimento*. Brasília: Secretaria do Planejamento, 1975, p. 45.

objetivos nacionais". Tais objetivos pressupunham a: "adoção de regime econômico de mercado, como forma de realizar o desenvolvimento com descentralização de decisões, mas com ação norteadora e impulsionadora do setor público", além de uma utilização com a finalidade de aceleração do desenvolvimento de certos setores, com a criação de grandes empresas por meio da política de fusões e incorporações – nas diversas etapas da cadeia produtiva – assim como a formação de conglomerados financeiros, ou industriais financeiros, havendo a necessidade de orientar esses direcionamentos à distribuição de renda; a absorção, em complemento ao esforço interno, de poupança, tecnologia e capacidade gerencial externas; e o uso de tecnologia industrial moderna, a fim de adquirir poder de competição".[357]

Nesse contexto, o plano contrapõe o modelo de mercado às funções do governo, afirmando que: "o modelo econômico de mercado, para ter viabilidade no longo prazo, pressupõe uma nítida delimitação das funções e da dimensão do setor público, para evitar o avanço da estatização".[358] Diante dessa explícita limitação da atuação estatal no domínio econômico, o plano reserva como seu campo de atuação direta algumas áreas, dentre elas, o transporte:

> Os setores de Infraestrutura Econômica, normalmente através de empresas governamentais, em Energia, Transportes e Comunicações, operando articuladamente com os Estados e Municípios. Nessas áreas de concessão de serviços públicos, o setor privado atuará complementarmente, na forma que for definida.[359]

Em contrapartida, o governo reserva à iniciativa privada os setores diretamente produtivos, como as indústrias de transformação, a indústria de construção, a agricultura e a pecuária, o comércio, os seguros, o sistema financeiro, exceto a função de estímulo dos bancos oficiais. O plano considera elevada a participação do setor público na década de 1960, que, considerando a administração pública direta e indireta, nos âmbitos federal, estadual e municipal, girou em torno de 25% e 28%, porém assinala que os componentes de despesas que fizeram com

---

[357] BRASIL. *II Plano Nacional de Desenvolvimento*. Brasília: Secretaria do Planejamento, 1975, p. 45-46
[358] BRASIL. *II Plano Nacional de Desenvolvimento*. Brasília: Secretaria do Planejamento, 1975, p. 46.
[359] BRASIL. *II Plano Nacional de Desenvolvimento*. Brasília: Secretaria do Planejamento, 1975, p. 48.

que o vulto de dispêndio econômico do setor público fosse alto (nos termos dos militares), foi em setores que trouxeram um crescimento econômico acelerado, como os investimentos em infraestrutura, dentre eles o transporte.[360]

O plano não é omisso à temática da integração. Nesse sentido, propõe a "Integração Nacional e Ocupação do Universo Brasileiro". Em síntese, a maior preocupação desse item é "o melhor equilíbrio econômico-político entre as diferentes regiões, seja dentro do Centro-Sul, seja das outras macrorregiões em relação ao Centro-Sul".[361] Nesse ponto, o plano destaca os transportes ao ressaltar os resultados já alcançados pela realização de programas especiais para as questões regionais como o PIN, o PROTERRA, o PROVALE e o PRODOESTE e também remonta à "integração efetiva entre as regiões, por já estar construído, em grande parte, o sistema físico de infra-estrutura de transportes (Transamazônica, Cuiabá-Santarém) e comunicações, principalmente".[362] Além da integração territorial, o plano também versa sobre a "Integração com a Economia Internacional". Nesse ponto, destacam-se dois objetivos específicos:

> de um lado, pela necessidade de atender aos novos desafios decorrentes da situação mundial – petróleo, insumos básicos, negociações multilaterais de comércio – e, de outro, pela determinação de realizar a maior

---

[360] "Não há dúvida de que tal participação é elevada, para país em desenvolvimento, e pode comparar-se a participação do governo em países desenvolvidos. Sem embargo, é necessário assinalar: os componentes de despesas que cresceram rapidamente foram as transferências do sistema de Previdência Social, as despesas de Infra-Estrutura Social (Educação e Habitação, principalmente), e os investimentos das empresas em Infra-Estrutura de Energia, Transportes e Comunicações. Isso se deveu a que o setor público teve de, gradualmente, passar a responder por novas areas, por exigência da consciência social da comunidade e da necessidade de viabilizar, em setores de capital social básico (infra-estrutura), o crescimento acelerado. Segundo, o ângulo da participação das empresas governamentais no elenco das grandes empresas do Pals." BRASIL. *II Plano Nacional de Desenvolvimento*. Brasília: Secretaria do Planejamento, 1975, p. 47. Nesse contexto de contraposição entre a iniciativa privada e o setor público, o plano também versa sobre os transportes no ponto referente ao 'Fortalecimento da empresa nacional e do capital externo', aqui, destaca-se que: "Além do equilíbrio entre setor público e iniciativa privada, a viabilidade do modelo depende, dentro do setor privado, do equilíbrio entre empresa nacional e empresa estrangeira. É relevante lembrar que, no Brasil, como já visto, as áreas de infra-Estrutura Econômica (Energia, Transportes e Comunicações) estão, predominantemente, sob a responsabilidade de empresas de Governo. Esse também é o caso em Siderurgia de produtos pianos". BRASIL. *II Plano Nacional de Desenvolvimento*. Brasília: Secretaria do Planejamento, 1975, p. 50.

[361] BRASIL. *II Plano Nacional de Desenvolvimento*. Brasília: Secretaria do Planejamento, 1975, p. 57

[362] BRASIL. *II Plano Nacional de Desenvolvimento*. Brasília: Secretaria do Planejamento, 1975, p. 57

integração com a economia internacional sem tornar vulneráveis os objetivos internos.[363]

Em 15 de março de 1979, João Baptista de Oliveira Figueiredo assume a presidência do Brasil, em uma conjuntura política permeada por pressões que visavam à instituição de um Estado de Direito. Para a Secretaria de Planejamento, foi convidado Mário Henrique Simonsen, posteriormente substituído por Antônio Delfim Netto. O país encontrava-se com uma inflação descontrolada e uma crise na balança de pagamentos. Simonsen considerava que o déficit externo era resultado de um "excesso de absorção doméstica", anunciando medidas fiscais e monetárias que afetavam o crescimento do PIB e contraíam o crédito para o setor privado.[364] Hermann aduz que, dentre essas medidas, Simonsen aumentou o controle sobre meios de pagamento de crédito bancário.[365] O reflexo dessas medidas foi a sua substituição, seis meses depois, por Delfim Netto.[366]

Delfim Netto, em vertente diversa ao seu antecessor Simonsen, faz o seguinte diagnóstico: "O estrangulamento externo que afetava a economia brasileira em 1979 refletia, antes que um excesso generalizado de demanda, um desajuste de preços relativos que distorcia a distribuição dessa demanda entre os diversos setores".[367] Em uma busca da reedição do ano de 1967, Delfim estimulou uma nova trajetória de crescimento, permitindo que em 1980 as exportações atingissem um crescimento superior a 30%, e um crescimento do PIB de 9,2%. Não corrigindo, entretanto, a balança comercial deficitária de US$2,8 bilhões e os encargos com juros da dívida externa, que atingiram US$10 bilhões. Com esses resultados, o governo abandonou a heterodoxia e rendeu-se

---

[363] BRASIL. *II Plano Nacional de Desenvolvimento*. Brasília: Secretaria do Planejamento, 1975, p. 71.

[364] TAVARES, Maria da Conceição *et al*. O governo Figueiredo: o fim do desenvolvimento "à brasileira". *Memórias do Desenvolvimento*, Rio de Janeiro, a. 4, n. 4, p. 179-191, set. 2010, p. 180.

[365] HERMANN, Jennifer. Auge e Declínio do Modelo de Crescimento com Endividamento: O II PND e a Crise da Dívida Externa (1974-1984). *In*: VILLELA, André; GIAMBIAGI, Fábio; CASTRO, Lavínia Barros de; HERMANN, Jennifer. *Economia Brasileira Contemporânea (1945-2004)*. "Prêmio Jabuti 2005". Editora Elsevier. 2005, p.108.

[366] TAVARES, Maria da Conceição *et al*. O governo Figueiredo: o fim do desenvolvimento "à brasileira". *Memórias do Desenvolvimento*, Rio de Janeiro, a. 4, n. 4, p. 179-191, set. 2010, p. 180.

[367] HERMANN, Jennifer. Auge e Declínio do Modelo de Crescimento com Endividamento: O II PND e a Crise da Dívida Externa (1974-1984). *In*: VILLELA, André; GIAMBIAGI, Fábio; CASTRO, Lavínia Barros de; HERMANN, Jennifer. *Economia Brasileira Contemporânea (1945-2004)*. "Prêmio Jabuti 2005". Editora Elsevier. 2005, p.108.

à 'necessidade' de um ajuste recessivo.³⁶⁸ Hermann destaca, nesse contexto, três fases distintas quanto ao comportamento do Produto Interno Bruto. A primeira de elevadas taxas de crescimento como se viu entre 1979-80. A segunda de recessão, que se deu nesse período de abandono da heterodoxia econômica, entre 1981-83. A terceira de recuperação, puxada pelas exportações em 1984.³⁶⁹

Emílio Garofalo Filho,³⁷⁰ traz uma visão pessimista, ao tratar do período, configurando-o como "um terrível triênio", entre 1979-81, o autor ressalta que no ano de 1979 o país passava pelos impactos ocasionados pelo primeiro choque do petróleo em 1973 e 1974, que aumentaram o preço do produto, alcançando em 1981 um valor que superava em cerca de 170% o do ano de 1978, com referência ao preço médio dos principais países exportadores, modificando substancialmente as relações de intercâmbio no comércio internacional.

Bresser Pereira, ao escrever sobre o governo à época, afirma que esse passou da imobilidade à ineficácia nos anos 70: aumentava impostos e, compulsoriamente, os diminuía, ameaçava cortar subsídios, enfatizava o controle administrativo dos preços, mas, ou era desautorizado ou acabava concedendo aumentos que oficializavam a inflação. Além disso, estabelecia limites para a elevação dos empréstimos bancários, correção monetária e cambial e fazia previsões sobre a balança comercial que os fatos do dia a dia desmentiam.³⁷¹

A Carta de 1969 foi modificada pela Emenda nº 11, de 13 de outubro de 1978, revogando os atos institucionais e complementares, dentre eles o Ato complementar nº 43.³⁷² Com isso, não havia mais base legal para a aprovação de um III PND. Durante o governo Figueiredo, a tentativa de suprir essa lacuna legislativa veio do Congresso Nacional, por meio da Resolução nº 1 de 5 de dezembro de 1979. Esse, entretanto,

---

[368] TAVARES, Maria da Conceição et al. O governo Figueiredo: o fim do desenvolvimento "à brasileira". *Memórias do Desenvolvimento*, Rio de Janeiro, a. 4, n. 4, p. 179-191, set. 2010, p. 181.

[369] HERMANN, Jennifer. Auge e Declínio do Modelo de Crescimento com Endividamento: O II PND e a Crise da Dívida Externa (1974-1984). In: VILLELA, André; GIAMBIAGI, Fábio; CASTRO, Lavínia Barros de; HERMANN, Jennifer. *Economia Brasileira Contemporânea (1945-2004)*. "Prêmio Jabuti 2005". Editora Elsevier. 2005, p.107.

[370] GAROFALO FILHO, Emílio. *Câmbio, ouro e dívida externa*: de Figueiredo a FHC. Editora Saraiva. 2002, p. 57.

[371] BRESSER PEREIRA, Luiz Carlos. A Política Econômica Endógena. *Revista de Economia Política*. vol. 1, n. 1, 1982, p. 135-137.

[372] SOUZA, Washington Peluso Albino de. *Primeiras linhas de direito econômico*. Belo Horizonte. Editora LTr, 2005, p. 311; BERCOVICI, Gilberto. *Constituição Econômica e Desenvolvimento*: uma leitura a partir da Constituição de 1988. São Paulo: Malheiros, 2005, p. 76.

não poderia ser interpretado como um plano, e sim uma declaração de intenções do governo, que objetivavam, meramente, a redução da inflação e o equilíbrio da balança de pagamentos.[373]

No período circunscrito entre os anos de 1973 e 1986, houve um aumento do aporte humano para a configuração territorial nos modais rodoviário, hidroviário e aeroviário, motivados sobretudo pelos Planos Nacionais de Viação e pelo II PND. Já no que concerne ao modal ferroviário, houve uma diminuição na quantidade absoluta em quilômetros quadrados de trilhos construídos:

Quadro 16 – Aportes humanos na configuração territorial dos modais rodoviário, ferroviário, hidroviário e aeroviário de 1973 a 1985

| Anos | Rodoviário (km² de estradas) | Ferroviário (km² de trilhos) | Hidroviário (número de embarcações de cabotagem/longo curso e outras) | Aeroviário (km voados – em 1.000 km) |
|---|---|---|---|---|
| 1973 | 1.296.162 | 30.429 | 32.223 | 140.152 |
| 1974 | 1.344.374 | 30.473 | 31.154 | 163.479 |
| 1975 | 1.428.707 | 30.809 | 35.224 | 172.095 |
| 1976 | 1.446.117 | 30.300 | 38.898 | 182.123 |
| 1977 | 1.501.950 | 29.778 | 38.745 | 179.453 |
| 1978 | 1.288.367 | 29.951 | 36.530 | 176.961 |
| 1979 | 1.357.168 | 30.021 | 39.771 | 194.583 |
| 1980 | 1.360.000 | 29.659 | 41.174 | 210.535 |
| 1981 | 1.382.890 | 29.237 | 44.917 | 204.017 |
| 1982 | 1.394.164 | 29.164 | 36.538 | 208.532 |
| 1983 | 1.399.053 | 29.207 | 40.023 | 198.842 |
| 1984 | 1.429.119 | 28.942 | 46.325 | 199.612 |
| 1985 | 1.426.921 | 29.777 | 42.342 | 207.686 |
| 1986 | 1.397.711 | ... | ... | 234.789 |

Fonte: Quadro elaborado pelo autor com base em INSTITUTO BRASILEIRO DE GEOGRAFIA E ESTATÍSTICA. *Estatísticas históricas do Brasil*: séries econômicas, demográficas e sociais de 1550 a 1988. 2. ed. rev. e at. v. 3. Séries estatísticas retrospectivas. Rio de Janeiro: IBGE, 1990 e em EMPRESA BRASILEIRA DE PLANEJAMENTO DOS TRANSPORTES. *Anuário Estatístico dos Transportes de 2000*. Brasília: GEIPOT, 2001.

---

[373] BERCOVICI, Gilberto. *Desigualdades Regionais, Estado e Constituição*. São Paulo: Max Limonad, 2003. p. 204

No que tange aos transportes de cargas, tem-se no período, assim como ocorrera no período entre 1965 e 1972, um aumento em todos os modais:

Quadro 17 – Relação absoluta de mercadorias por modal de transportes de 1973 a 1985

| Anos | Número absolutos (1.000.000 t/km) | | | |
|---|---|---|---|---|
| | Rodoviário (1) | Ferroviário | Aéreo (2) | Hidroviário (3) |
| 1973 | 168.000 | 42.508 | 385 | 24.009 |
| 1974 | 185.500 | 54.688 | 451 | 29.367 |
| 1975 | 204.824 | 58.788 | 521 | 31.740 |
| 1976 | 226.160 | 63.136 | 662 | 32.621 |
| 1977 | 168.200 | 60.603 | 686 | 37.283 |
| 1978 | 181.500 | 63.989 | 792 | 41.414 |
| 1979 | 193.700 | 73.752 | 923 | 46.544 |
| 1980 | 208.500 | 86.302 | 1.020 | 47.701 |
| 1981 | 204.700 | 79.448 | 1.050 | 42.437 |
| 1982 | 212.500 | 78.022 | 1.206 | 50.158 |
| 1983 | 215.200 | 74.966 | 1.164 | 51.712 |
| 1984 | 219.100 | 92.440 | 1.151 | 63.774 |
| 1985 | 227.800 | 100.226 | 1.339 | 78.054 |

Fonte: Quadro e gráfico elaborados pelo autor com base em INSTITUTO BRASILEIRO DE GEOGRAFIA E ESTATÍSTICA. *Estatísticas históricas do Brasil*: séries econômicas, demográficas e sociais de 1550 a 1988. 2. ed. rev. e at. v. 3. Séries estatísticas retrospectivas. Rio de Janeiro: IBGE, 1990.

Em relação à migração humana, tem-se no número de passageiros por quilômetro um aumento em todos os modais. Assim, nos modais rodoviário, aeroviário e hidroviário, tem-se uma proporção coesa no aumento das relações sociais à configuração territorial. Em contrapartida, no modal ferroviário, o aumento da extensão territorial não acompanha a evolução da população por quilômetro:

Imagem 7 – Quantidade de passageiros transportados
por quilômetro nos modais rodoviário, ferroviário,
aeroviário e hidroviário de 1973 a 1985

| Anos | Passageiros transportados. Por tipo de transporte | | | |
|---|---|---|---|---|
| | Número absolutos (1.000.000 passageiros km) | | | |
| | Rodoviário (1) | Ferroviário (2) | Aéreo (3) | Hidroviário (4) |
| 1973 | 161.900 | 4.641 | 3.838 | 30 |
| 1974 | 184.906 | 4.744 | 4.532 | 29 |
| 1975 | 211.174 | 4.894 | 5.106 | 10 |
| 1976 | 241.182 | 4.889 | 6.025 | 4 |
| 1977 | 275.454 | 11.700 | 6.591 | 3 |
| 1978 | 314.596 | 11.908 | 7.635 | 18 |
| 1979 | 359.300 | 11.404 | 8.795 | 34 |
| 1980 | 410.357 | 12.376 | 9.559 | ... |
| 1981 | 426.771 | 13.132 | 9.973 | 215 |
| 1982 | 443.800 | 13.265 | 10.789 | 268 |
| 1983 | 461.552 | 13.797 | 10.569 | ... |
| 1984 | 480.000 | 15.578 | 10.014 | ... |
| 1985 | 499.200 | 16.036 | 11.006 | ... |

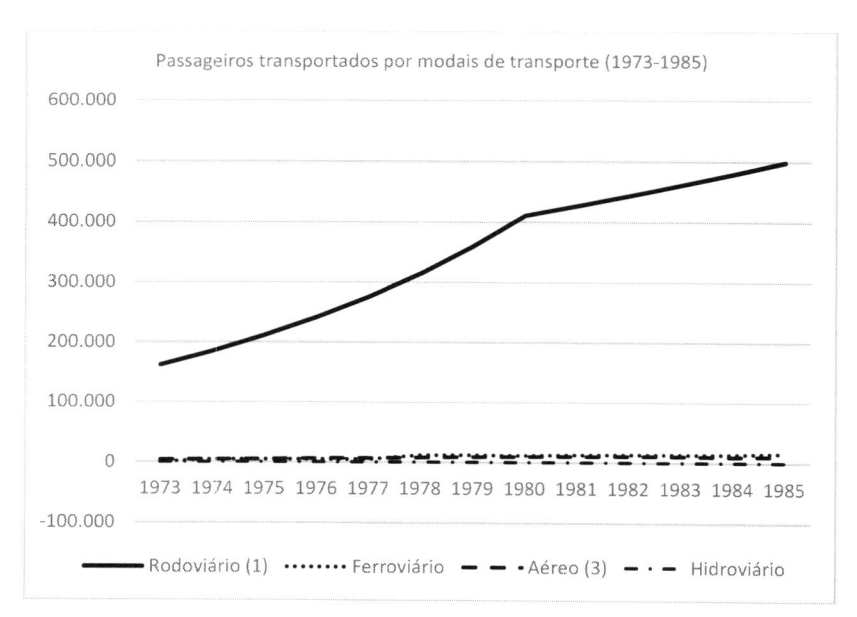

Fonte: Quadro e gráfico elaborados pelo autor com base em INSTITUTO BRASILEIRO DE GEOGRAFIA E ESTATÍSTICA. *Estatísticas históricas do Brasil*: séries econômicas, demográficas e sociais de 1550 a 1988. 2. ed. rev. e at. v. 3. Séries estatísticas retrospectivas. Rio de Janeiro: IBGE, 1990.

Esse aumento é real quando contrastamos ao aumento da população brasileira no período. Tem-se nesse sentido que considerando o período de 1973 a 1985, houve um aumento relativo de passageiros por quilômetro de 120%, enquanto a população nacional cresceu 28%:

Quadro 18 – Relação entre o aumento da relação de passageiros por quilômetro em todos os modais e o aumento da população brasileira de 1973 a 1985

| Anos | Todos os modais (1.000.000 passageiros/km) | População brasileira (mil habitantes) | Aumento relativo de passageiro s/km | Aumento relativo de passageiro s/km acumulado | Aumento relativo da população brasileira (mil habitantes) | Aumento relativo da população brasileira (mil habitantes) |
|---|---|---|---|---|---|---|
| 1973 | 170.409 | 100.609 | ... | ... | ... | ... |
| 1974 | 194.211 | 103.150 | 14% | 14% | 3% | 3% |
| 1975 | 221.184 | 105.718 | 14% | 28% | 2% | 5% |
| 1976 | 252.100 | 108.314 | 14% | 42% | 2% | 7% |
| 1977 | 293.748 | 110.941 | 17% | 58% | 2% | 10% |
| 1978 | 334.157 | 113.598 | 14% | 72% | 2% | 12% |
| 1979 | 379.533 | 116.288 | 14% | 86% | 2% | 15% |
| 1980 | 432.292 | 119.011 | 14% | 100% | 2% | 17% |
| 1981 | 450.091 | 121.766 | 4% | 104% | 2% | 19% |
| 1982 | 468.122 | 124.536 | 4% | 108% | 2% | 22% |
| 1983 | 485.918 | 127.301 | 4% | 112% | 2% | 24% |
| 1984 | 505.592 | 130.041 | 4% | 116% | 2% | 26% |
| 1985 | 526.242 | 132.736 | 4% | 120% | 2% | 28% |

Fonte: Elaborada pelo autor a partir do cruzamento de dados entre INSTITUTO BRASILEIRO DE GEOGRAFIA E ESTATÍSTICA. *Estatísticas históricas do Brasil*: séries econômicas, demográficas e sociais de 1550 a 1988. 2. ed. rev. e at. v. 3. Séries estatísticas retrospectivas. Rio de Janeiro: IBGE, 1990 e o indicador de população que retirado de PIB, deflator implícito e população: INSTITUTO BRASILEIRO DE GEOGRAFIA E ESTATÍSTICA. *Estatísticas do século XX*, Rio de Janeiro: IBGE, 2006 e INSTITUTO BRASILEIRO DE GEOGRAFIA E ESTATÍSTICA. *Sistema de Contas Nacionais*. Brasil – Referência 2000. Base de dados (nota metodológica nº 3). Rio de Janeiro: IBGE, 2006.

A proporção desse aumento pode ser melhor visualizada pelo seguinte gráfico que demonstra um substancial aclive dentre 1973 e 1980, seguido de um aclive menor dentre 1980 e 1985:

Gráfico 4 – Demonstração gráfica da relação dos passageiros por quilômetro em todos os modais e o aumento da população brasileira de 1973 a 1985

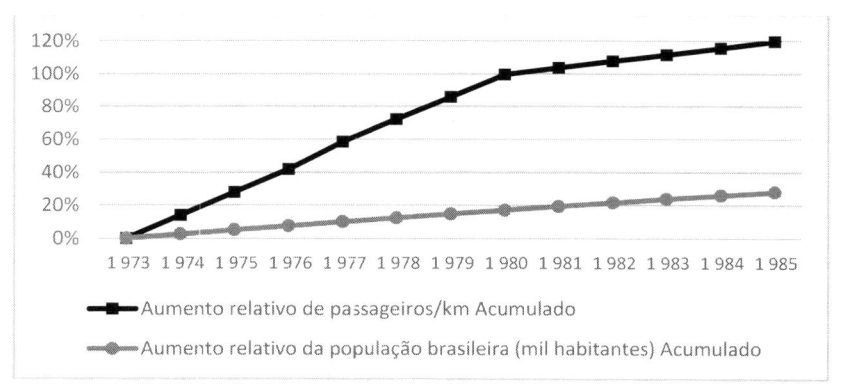

■ Aumento relativo de passageiros/km Acumulado
● Aumento relativo da população brasileira (mil habitantes) Acumulado

Fonte: Gráfico elaborado pelo autor a partir do cruzamento de dados entre INSTITUTO BRASILEIRO DE GEOGRAFIA E ESTATÍSTICA. *Estatísticas históricas do Brasil*: séries econômicas, demográficas e sociais de 1550 a 1988. 2. ed. rev. e at. v. 3. Séries estatísticas retrospectivas. Rio de Janeiro: IBGE, 1990 e o indicador de população que retirado de PIB, deflator implícito e população: INSTITUTO BRASILEIRO DE GEOGRAFIA E ESTATÍSTICA. *Estatísticas do século XX*, Rio de Janeiro: IBGE, 2006 e INSTITUTO BRASILEIRO DE GEOGRAFIA E ESTATÍSTICA. *Sistema de Contas Nacionais*. Brasil – Referência 2000. Base de dados (nota metodológica nº 3). Rio de Janeiro: IBGE, 2006

No que tange à distribuição por modais, permanece constante o panorama em relação ao período de 1965 a 1972, anteriormente analisado, com levíssima redução da prevalência do modal rodoviário e do modal aeroviário, levíssimo aclive no modal ferroviário e manutenção da irrisória participação do modal hidroviário:

## Imagem 8 – Relação relativa de passageiros por modal de transporte de 1973 a 1985

| Anos | Passageiros transportados. Por tipo de transporte | | | |
|---|---|---|---|---|
| | Números relativos (%) | | | |
| | Rodoviário | Ferroviário | Aéreo | Hidroviário |
| 1973 | 95,0 | 2,7 | 2,3 | 0,0 |
| 1974 | 95,2 | 2,5 | 2,3 | 0,0 |
| 1975 | 95,5 | 2,2 | 2,3 | 0,0 |
| 1976 | 95,7 | 1,9 | 2,4 | 0,0 |
| 1977 | 93,8 | 4,0 | 2,2 | 0,0 |
| 1978 | 94,1 | 3,6 | 2,3 | 0,0 |
| 1979 | 94,7 | 3,0 | 2,3 | 0,0 |
| 1980 | 94,9 | 2,9 | 2,2 | ... |
| 1981 | 94,8 | 2,9 | 2,2 | ... |
| 1982 | 94,8 | 2,8 | 2,3 | ... |
| 1983 | 95,0 | 2,8 | 2,2 | ... |
| 1984 | 94,9 | 3,1 | 2,0 | ... |
| 1985 | 94,9 | 3,0 | 2,1 | ... |

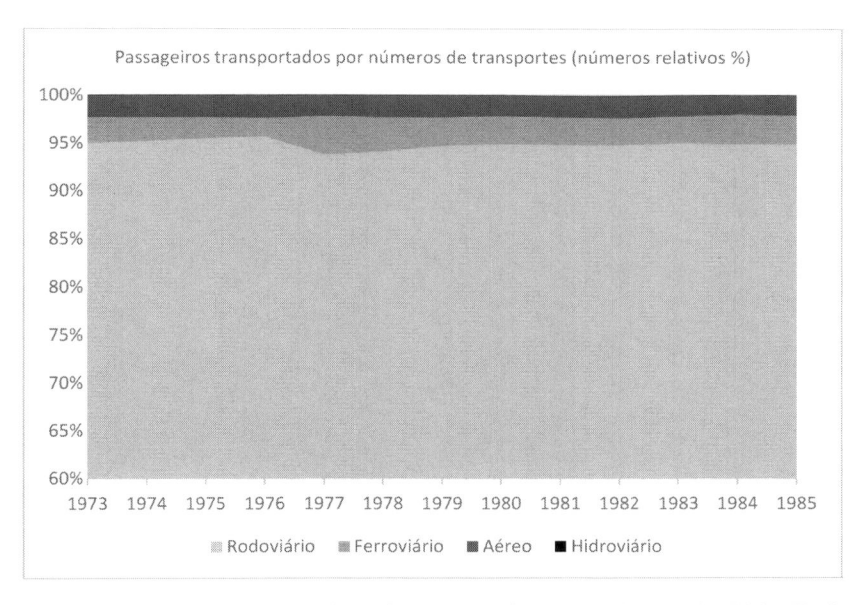

Fonte: Quadro e gráfico elaborados pelo autor com base em INSTITUTO BRASILEIRO DE GEOGRAFIA E ESTATÍSTICA. *Estatísticas históricas do Brasil*: séries econômicas, demográficas e sociais de 1550 a 1988. 2. ed. rev. e at. v. 3. Séries estatísticas retrospectivas. Rio de Janeiro: IBGE, 1990.

Sendo assim, em síntese, o período representa um aumento em termos de extensão nos modais rodoviário, hidroviário e aeroviário, não acompanhados pelo modal ferroviário. Essa diminuição no modal ferroviário, porém, não representa uma diminuição na quantidade de transportes de cargas, que cresce no período em todos os modais, assim como em âmbito de migração humana, avaliada pela quantidade de passageiros transportados por modal. Tal quantidade é substancial, visto que representa um crescimento de mais de quatro vezes o crescimento da população nacional, respectivamente 120% e 28%. No que tange ao formato da migração, centraliza-se ainda mais no modal rodoviário, que, ao todo, no final do período, constava com 94,9% do total da migração dos transportes.

Em termos de planejamento, Gilberto Bercovici afirma que o insucesso do II PND representou a última experiência de planejamento ocorrida no Brasil. Esse insucesso, para ele, permeou as décadas seguintes e permanece até hoje. Houve um abandono do planejamento pelo Estado. Não há uma diretriz global para o desenvolvimento nacional. A política econômica limita-se a partir daí a gestão de curtíssimo prazo dos diversos planos de estabilização econômica.[374]

---

[374] BERCOVICI, Gilberto. *Constituição Econômica e Desenvolvimento*: uma leitura a partir da Constituição de 1988. São Paulo: Malheiros, 2005, p. 76.

CAPÍTULO 5

# DO PLANEJAMENTO DOS TRANSPORTES NA CONSTITUIÇÃO FEDERAL DE 1988 À LEI Nº 12.379, DE 6 DE JANEIRO DE 2011: O RETORNO AO MODELO PRIMÁRIO-EXPORTADOR

## 5.1 O planejamento dos transportes e o Sistema Nacional de Viação na Constituição de 1988

A Constituição Federal de 1988 é uma constituição dirigente.[375] Sendo assim, ela se preocupou em estabelecer programas e diretrizes a serem realizados. Nesse sentido, destaca-se no texto constitucional o artigo 3º, que estabeleceu os objetivos para a República Federativa do Brasil, sejam eles: (i) a construção de uma sociedade livre, justa e solidária, (ii) o desenvolvimento nacional, (iii) a erradicação da pobreza e da marginalização e a redução das desigualdades sociais e regionais

---

[375] BERCOVICI, Gilberto. A Problemática da Constituição Dirigente: Algumas Considerações sobre o Caso Brasileiro. *Revista de Informação Legislativa*, Brasília, n. 142, 1999, p. 35; CANOTILHO, José Joaquim Gomes. *Constituição dirigente e vinculação do legislador*. Coimbra, Coimbra Editora, 1982, p. 12; MOREIRA, Vital. *Economia e Constituição*: para o conceito de Constituição Econômica. Coimbra: Faculdade de Direito, 1974, p. 112-115; TAVARES, André Ramos. *Direito Constitucional Econômico*. 3. ed. São Paulo: Editora Elsevier, 2011, p. 72; BERCOVICI, Gilberto. *Constituição Econômica e Desenvolvimento*: uma leitura a partir da Constituição de 1988. São Paulo: Malheiros, 2005, p. 12; SOUZA, Washington Peluso Albino de. *Primeiras Linhas de Direito Econômico*. Belo Horizonte. Editora LTr, 2005, p.201; GRAU, Eros. *A Ordem Econômica na Constituição de 1988*. 17. ed. São Paulo: Malheiros, 2015, p. 75-76.

e (iv) a promoção do bem de todos, sem preconceitos de origem, raça, sexo, cor, idade e quaisquer outras formas de discriminação.

A transformação das estruturas sociais é trazida expressamente em seu capítulo referente à ordem econômica, buscando sistematizar os dispositivos relativos à configuração jurídica da economia e a atuação do Estado no domínio econômico, porém, esses temas não se limitam a esse capítulo, mas são trazidos de forma esparsa no texto constitucional.[376] Tais disposições para Gilberto Bercovici: "tem por funções a ordenação da atividade econômica, a satisfação das necessidades sociais e a direção do processo econômico geral".[377]

O planejamento, portanto, como um instrumento trazido na ordem econômica constitucional deve vir em diálogo com essa necessidade de ordenação econômica, mas também com a busca de satisfação de necessidades sociais, frente aos objetivos constitucionais anteriormente expostos.[378] Nesse sentido, traz a constituição, em seu artigo 174, que: "como agente normativo e regulador da atividade econômica, o Estado exercerá, na forma da lei, as funções de fiscalização, incentivo e planejamento, sendo este determinante para o setor público e indicativo para o setor privado."

Washington Peluso Albino de Souza pontua algumas questões centrais do instituto do planejamento como a: "'competência para legislar sobre o plano', o 'controle do cumprimento de suas metas', as questões dos recursos orçamentários e, especificamente, as diversas políticas a serem objetivadas, tais como a política agrícola, a reforma agrária e a política de desenvolvimento e expansão urbana".[379]

A Constituição delega competência à União para elaborar e executar planos nacionais e regionais de ordenação do território e de desenvolvimento econômico e social (art. 21, IX), ressalvando que os Estados podem instituir por meio de lei complementar as regiões metropolitanas e aglomerações urbanas (art. 25, §3º), e que aos Municípios

---

[376] BERCOVICI, Gilberto. *Constituição Econômica e Desenvolvimento*: uma leitura a partir da Constituição de 1988. São Paulo: Malheiros, 2005, p. 30.

[377] BERCOVICI, Gilberto. *Direito econômico do petróleo e dos recursos minerais*. São Paulo, Quartier Latin, 2011, p. 210.

[378] Um artigo relevante para a compreensão do caráter 'determinante', que foi dado ao planejamento estatal, pela Constituição Federal, é trazido em: NOHARA, Irene Patrícia. Regulação da atividade econômica na dissolução das fronteiras entre público e privado. *Scientia Iuris (UEL)*, Londrina, v. 19, 2015, p. 35-36.

[379] SOUZA, Washington Peluso Albino de. *Primeiras Linhas de Direito Econômico*. Belo Horizonte. Editora LTr, 2005, p. 386.

compete a promoção, no que lhes couber, da adequação do ordenamento territorial, por meio de planejamento e ocupação do solo urbano (art. 30, VII). Cuida ela também dos planos plurianuais e sua execução (art. 48, II, IV e IX), centraliza a competência no legislativo federal para os planos nacionais, regionais e setoriais (art. 58, §2º, VI, 165, §9º, 166) e impede sua delegação (art. 68, §1º, III), determina instrumentos de controle (art. 74, I) e orçamentários (art. 165, I, §1º, §5, i, ii, §7º, 167, I, II), define planos, competências e limitações e planos diretores (art. 182), da política agrícola (art. 187), da reforma agrária (art. 188) e do financiamento de programas (art. 239).

No âmbito do setor transportes, constata-se uma visão sistêmica e integradora, ao determinar a competência da União para o estabelecimento de princípios e diretrizes do Sistema Nacional de Viação[380] (artigo 21, XXI da Constituição de 1988 e Lei nº 12.379, de 06 de janeiro de 2011), assim como legislar sobre trânsito e transporte (artigo 22, IX e XI da Constituição de 1988).

Atribuiu-se também à União a competência para a exploração direta, ou por meio de autorização, permissão ou concessão dos serviços de transporte ferroviário e hidroviário entre portos brasileiros e fronteiras nacionais, ou que transponham os limites de Estado ou Território (art. 21, XII, 'd'); para os serviços de transporte rodoviário interestadual e internacional de passageiros (art. 21, XII, 'e'); para os portos marítimos, fluviais e lacustres (art. 21, XII, 'f'); nas diretrizes para o desenvolvimento do transporte urbano (art. 21, XX), reservando aos municípios a competência para o transporte urbano coletivo local, que de acordo com a Constituição, tem caráter essencial (art. 30, V).

Além das competências administrativas, previu-se também competências legislativas privativas à União para estabelecer diretrizes da política nacional de transportes (art. 22, IX), legislar sobre o regime dos portos, navegação lacustre, fluvial, marítima, aérea e aeroespacial (art. 22, X) e sobre o trânsito e transporte (art. 22, XI). Aos Estados e Distrito Federal reservou-se a competência para instituir o imposto sobre circulação de mercadorias e sobre prestações de serviços de transporte interestadual e intermunicipal e de comunicação (ICMS) (art. 155, II).

---

[380] BERCOVICI, Gilberto. O setor portuário, a Nova Lei dos Portos e a Consagração do "Estado Garantidor" no Brasil. *In*: SILVA FILHO, Nelson Cavalcante e; WARDE JR., Walfrido Jorge; BAYEUX NETO, José Luiz (Orgs.). *Direito Marítimo e Portuário*: Novas Questões. São Paulo: Quartier Latin, 2013, p. 421-432

No que tange ao capítulo reservado à Ordem Econômica, estabelece-se que "a lei disporá sobre a ordenação dos transportes aéreo, aquático e terrestre, devendo, quanto à ordenação do transporte internacional, observar os acordos firmados pela União, atendido o princípio da reciprocidade" (art. 178), pontuando que especificamente no que tange à ordenação do transporte aquático: "a lei estabelecerá as condições em que o transporte de mercadorias na cabotagem e a navegação interior poderão ser feitos por embarcações estrangeiras" (art. 178, parágrafo único).

É interessante também destacar que, ao versar sobre sua política agrícola, estipulou-se que seu planejamento e execução se dariam na forma da lei com participação efetiva não só dos produtores e trabalhadores rurais, mas também dos setores de comercialização, de armazenamento e de transportes (art. 187). A inserção dos transportes é importante para pontuar que a Constituição afirma a relevância do setor para a política agrícola.

Além disso, a partir da Emenda Constitucional nº 90, de 15 de setembro de 2015, o transporte passou a ser reconhecido pela CF/88 como um direito social (art. 6º, *caput*), embora já constasse no capítulo referente à Ordem Social, no âmbito da saúde (art. 200, VII), da educação (art. 208, VII), da família, criança, adolescente, jovem e idoso (art. 227, §2º; art. 230, §2º), como forma de acessibilidade aos portadores de deficiência (art. 244).

## 5.2 O governo Fernando Collor e o desmonte dos ministérios

No início da década de 1990, ao término do governo de José Sarney (1985-1990), o debate desenvolvimentista era visto como sinônimo de atraso. O Estado era tido como ineficiente, inclusive em setores estratégicos, em contraponto a uma iniciativa privada que aparecia como representação do dinamismo e da eficiência. O momento era marcado politicamente pela posse de Fernando Collor – primeiro presidente eleito desde 1960 – a inflação superava os 80% ao mês e a economia encontrava-se estagnada. O discurso de Collor foi pautado em denunciar a corrupção, atender às camadas desfavorecidas da sociedade e promover reformas estruturais. No entanto, tais reformas romperam com o modelo brasileiro baseado em elevada intervenção estatal e proteção tarifária.[381]

Os planos econômicos Collor I e II não somente fracassaram em eliminar a inflação, como também resultaram em recessão e perda de credibilidade das instituições de poupança. Esse "processo de reformas" iniciado no governo Collor, teve continuidade no governo Itamar Franco (1992-1995), responsável por estabelecer as bases do programa de estabilização que marcou o governo Fernando Henrique Cardoso.[382]

O período denotou uma mudança do modelo de desenvolvimento que se inicia sobretudo na década de 1970, momento em que, conforme aduz André Ramos Tavares, houve um declínio da força do Estado para implementar suas decisões, que ganhou contornos ainda mais expressivos diante da chamada "globalização econômica" e da sua intensa mobilidade responsável por promover a força do capital internacional.[383]

No âmbito legislativo, por meio da Lei nº 8.031, de 12 de abril de 1990, cria-se o Programa Nacional de Desestatização (PND). Os seus objetivos fundamentais são a reordenação da posição estratégica estatal perante o domínio econômico, por meio de transferência à iniciativa

---

[381] COSTA, Gloria Maria Moraes da. O BNDES nos Anos 1987-1990. *Memórias do Desenvolvimento*, Rio de Janeiro, a. 5, n. 5, p. 61-106, 2016, p.74.

[382] CASTRO, Lavínia Barros. *Privatização, Abertura e Desindexação*: A primeira metade dos anos 90. In: *Economia Brasileira Contemporânea (1995-2014)*. São Paulo: Campos Elsevier. 2005. p.139-142.

[383] TAVARES, André Ramos, Facções privadas e política econômica não-democrática da ditadura brasileira, *Revista Brasileira de Estudos Constitucionais – RBEC*, Belo Horizonte, a. 9, n. 32, mai./ago. 2015, p. 1047-1066; Vide também: CASTRO, Lavínia Barros. Privatização, Abertura e Desindexação: A primeira metade dos anos 90. In: *Economia Brasileira Contemporânea (1995-2014)*. São Paulo: Campos Elsevier. 2005, p. 143. Para um aprofundamento nas questões da globalização e financeirização vide: SANTOS, C.R.S; SANFELICI, Daniel. Caminhos da produção financeirizada do espaço urbano: a versão brasileira como contraponto a um modelo. *Cidades* (Presidente Prudente), v. 12, p. 04-34, 2016, p. 7; BRAGA, José Carlos. Financeirização Global: o padrão sistêmico de riqueza do capitalismo contemporâneo. In: TAVARES e FIORI (Orgs.). *Poder e dinheiro*: uma economia política da globalização. Petrópolis, RJ: Vozes, 1997, p. 196; KRIPPNER, G. The financialization of the American economy. *Socio-economic Review*, Oxford, 3, 2005, p. 173-208; CHESNAIS, François. *A finança mundializada*: raízes sociais e políticas, configuração, consequências. São Paulo, Boitempo, 2005, p. 35-36; PAULANI, Leda Maria. Não há saída sem a reversão da financeirização. *Estud. av.*, São Paulo, v. 31, n. 89, p. 29-35, abr. 2017, p. 30-32; WILLIAMSON, J. What Washington Means by Policy Reform. In: WILLIAMSON, J. (Org.). *Latin American Adjustment*: How Much has Happened? Washington: Institute for International Economics, 1990, p. 7-8; VICENTE, Maximiliano Martin. *História e comunicação na ordem internacional*. São Paulo: Editora UNESP; São Paulo: Cultura Acadêmica, 2009, p. 127; FURTADO, Celso. A Reconstrução do Brasil. *Folha de São Paulo*, São Paulo, 13 jun. 1999. Disponível em: http://www1.folha.uol.com.br/fsp/dinheiro/fi13069914.htm. Acesso em 28 out. 2017.

privada de atividades ditas mal exploradas pelo poder público; a redução da dívida pública, de modo a concorrer para sanear as finanças do setor público, por meio de retomada dos investimentos nas empresas privatizadas; a contribuição para a modernização do parque industrial brasileiro, de modo a ampliar sua competitividade e reforçar a capacidade empresarial nos vários setores da economia; a limitação da concentração dos esforços da administração pública nas atividades em que a presença do Estado fosse fundamental para a consecução das prioridades nacionais; e a contribuição para que o mercado de capitais fosse fortalecido, por meio do acréscimo de ofertas de valores mobiliários e da democratização da propriedade do capital das empresas que seriam privatizadas.[384]

No âmbito da infraestrutura, Carlos Lessa ensina que nessa primeira etapa do neoliberalismo no país, no início da década de 1990, promoveu-se a desmontagem das instituições nacional-desenvolvimentistas que haviam sido postuladas pela Constituição de 1988. Com exceção da energia atômica e do urânio, diversas Emendas Constitucionais flexibilizaram os monopólios públicos e dissolveram vinculações tributárias que programavam a infraestrutura. Tinha-se como traço marcante desse período, para o autor, a hostilidade às instituições herdadas do antigo projeto nacional e o improviso de novas regras.[385]

A fiscalidade que havia sido submetida, para Lessa, à "prioridade absoluta" da política econômica da desmontagem da espiral preços-salários foi comprimida,[386] seja pelas práticas internas, seja pela

---

[384] BRASIL. Lei nº 8031, de 12 de abril de 1990; Revogada pela Lei 9491 de 1997

[385] LESSA, Carlos. Infraestrutura e Logística no Brasil. *In:* CARDOSO Jr.; José Celso (Org.). Desafios ao desenvolvimento Brasileiro: contribuições do Conselho de Orientação do IPEA, Brasília, IPEA, 2009, vol. 1, p. 91.

[386] Conforme Lessa: "Sucessivas tentativas de desativar a espiral preços-salários conduziram o sistema financeiro brasileiro a formas mais íntimas de articulação com o cenário internacional. Adotou-se o modelo monetário de metas de inflação, que hipertrofia o papel da taxa de juros no combate à alta de preços. O Brasil passou a praticar o mais elevado espectro de taxas de juros do planeta, em substituição à espiral preços-salários, que definia a moeda das empresas como 'poupança' financeira. Com o medíocre crescimento e com a destruição maciça de empregos qualificados, houve uma perda de capacidade de negociação dos sindicatos. O êxito na estabilização foi obtido à custa da estagnação econômica e de uma involução na repartição funcional de rendas. Em 1960, a participação dos salários na renda nacional era superior a 50%; hoje retrocedeu a 37%. O resultado não surpreende, pois a taxa de juros primária hiperelevada garante rendimentos financeiros crescentes. O cenário de estagnação reduz o poder de negociação dos sindicatos e o mercado de trabalho desarticulado permite substituir a espiral preços-salários pela relação consolidada juro real-preço. O epicentro empresarial brasileiro se deslocou de uma articulação Estado-empreiteiros para Banco Central-instituições do mercado de capitais. No cenário de paralisação, há dinamismo

sucessão de acordos com credores internacionais. Esse cenário gerou um reflexo sobre o investimento público imediato que vai desde a paralisação de obras já em curso ao congelamento de novos projetos.[387] Concomitantemente à abertura comercial que estava em andamento, houve uma completa devastação das cadeias produtivas e importantes elos foram dissolvidos, como a construção naval que "entrou em hibernação", a fabricação de material ferroviário, tanto de locomotivas, quanto de trilhos e vagões, que desapareceram, a indústria de material elétrico pesado que vertiginosamente recuou e o complexo empresarial da engenharia pesada, que foi devastado. Nas palavras de Lessa, esse processo faz parte de um sepultamento de um projeto nacional desenvolvimentista que considerou *reformar* como sinônimo de *demolir* e isso se manifestou com:

> A aquisição e a operação dos segmentos de infraestrutura energética e de transporte pelo setor privado que apareceram como uma nova "frente de negócios". Simultaneamente com a acumulação financeira, que preservou a remuneração positiva com juros elevados até para saldos de caixa e constituiu-se em uma "nova avenida" para a riqueza.[388]

Esse processo de demolição das instituições criadas pelo nacional-desenvolvimentismo afetou extremamente o setor dos transportes. Durante o governo Collor, conforme ensina Lima Neto, a política de redução do Estado foi seguida de forma tão extrema que comprometeu inclusive a capacidade de monitoramento dos transportes brasileiros.[389]

---

em alguns segmentos agroexportadores, assim como nos lucros de bancos e demais intermediários do mercado de capitais". Cf. LESSA, Carlos. Infraestrutura e Logística no Brasil. *In:* CARDOSO Jr.; José Celso (Org.). Desafios ao desenvolvimento Brasileiro: contribuições do Conselho de Orientação do IPEA, Brasília, IPEA, 2009, vol. 1, p. 91.

[387] LESSA, Carlos. Infraestrutura e Logística no Brasil. *In:* CARDOSO Jr.; José Celso (Org.). Desafios ao desenvolvimento Brasileiro: contribuições do Conselho de Orientação do IPEA, Brasília, IPEA, 2009, vol. 1, p. 91.

[388] LESSA, Carlos. Infraestrutura e Logística no Brasil. *In:* CARDOSO Jr.; José Celso (Org.). Desafios ao desenvolvimento Brasileiro: contribuições do Conselho de Orientação do IPEA, Brasília, IPEA, 2009, vol. 1, p. 92.

[389] LIMA NETO, O. *Transporte no Brasil*: história e reflexões. Brasília, DF: Empresa Brasileira de Planejamento de Transportes/GEIPOT. Recife: Editora Universitária da UFPE, 2001, p. 403. Aqui é interessante também a visão de Carlos Lessa que ao versar sobre a destruição da indústria nacional no período abertura brasileira ao Consenso de Washington aduz que "o presidente Fernando Collor sintetiza a posição ao denominar o anterior orgulho nacional – o carro feito no Brasil – como uma "carroça", em relação ao veículo do primeiro mundo". Cf. LESSA, Carlos. Infraestrutura e Logística no Brasil. *In:* CARDOSO Jr.; José Celso (Org.). Desafios ao desenvolvimento Brasileiro: contribuições do Conselho de Orientação do IPEA, : Contribuições do Conselho de Orientação do IPEA, Brasília, IPEA, 2009, vol. 1, p. 90.

Nesse sentido, Danilo Tavares afirma que esse novo programa focado na desestatização representa para os transportes no Brasil uma dispersão institucional. Para ele, esse movimento é o oposto do que ocorrera na década de 1970, momento em que houve um processo de centralização operacional e decisória, que se amparou em uma concepção de planejamento global de um sistema de viação integrador no Brasil.[390]

Além da mencionada lei que cria o Programa Nacional de Desestatização, com base nas Medidas Provisórias nº 150 e nº 151, de 15 de março de 1990, diversos órgãos e autarquias foram extintos ou incorporados por outros setores. Juntamente com os ministérios das Comunicações e das Minas e Energia, o Ministério dos Transportes foi extinto e foi criado em seu lugar o Ministério da Infraestrutura (Minfra). Também foram extintos os órgãos vinculados a esses ministérios, como a Portobras e a EBTU.[391] Já o GEIPOT passou a ser subordinado à Secretaria Nacional de Transportes (SNT) e embora ainda mantivesse a elaboração de estudos com um viés desenvolvimentista, como o PRODEST, que dava assessoria à Petrobrás no Gasoduto Brasil-Bolívia, e alguns estudos relacionados ao Mercosul, sobretudo aqueles referentes ao sistema hidroviário entre Paraná e Paraguai, o órgão passou a ajudar na desestruturação do Estado por meio de estudos sobre a desestatização dos transportes.[392] Nesse sentido, foram criadas no bojo

---

[390] SILVA, Danilo Tavares da. Desestatização da Infraestrutura Federal de Transportes e Financiamento Público. Alguns Pontos de Discussão. *In*: BERCOVICI, Gilberto; VALIM, Rafael. *Elementos de Direito da Infraestrutura*. São Paulo: Contracorrente, 2015, p. 269. Nesse ponto, faço uma ressalva. Embora tenha, de fato, havido na desestatização, um movimento inverso ao que ocorrera anteriormente. Não há que se destacar a década de 1970 como representação do processo de centralização do planejamento global dos transportes. O transporte é pensado de forma centralizada, conforme vimos no capítulo III do presente trabalho, desde 1934 com o Plano Geral de Viação Nacional.

[391] Gilberto Bercovici ensina que com à extinção da Portobrás, sucedeu-se uma tímida atuação dos Ministérios ligados à área. Afirma o autor que: "a falta de definição de políticas públicas para o setor é refletida pela inconstância verificada na estrutura burocrática a elas afeta. De 1990 a 1992, os portos estiveram sob a alçada do Ministério da Infraestrutura, entidade que viria a se transformar no Ministério dos Transportes e das Comunicações e, apenas no fim de 1992, desmembrada para que se constituísse o atual Ministério dos Transportes". Essa época, para Bercovici, configurava-se por uma completa descentralização, na qual cada empresa funcionada de acordo com seus próprios critérios de gestão, critérios esses muitas vezes determinados por influências políticas estaduais ou regionais. Vide BERCOVICI, Gilberto. O setor portuário, a Nova Lei dos Portos e a Consagração do "Estado Garantidor" no Brasil. *In*: SILVA FILHO, Nelson Cavalcante e; WARDE Jr., Walfrido Jorge; BAYEUX NETO, José Luiz (Orgs.). *Direito Marítimo e Portuário*: novas questões. São Paulo: Quartier Latin, 2013, p. 426-427.

[392] GOULARTI FILHO, Alcides. Estado, transportes e planejamento no Brasil: a atuação do GEIPOT na formulação de políticas públicas para os transportes. *G&DR*, Taubaté, v. 12, n. 3, set./dez. 2016, p. 249-254.

do grupo três comissões: a primeira era a Comissão para a Privatização de Serviços Ferroviários, que buscava privatizar a RFFSA, criada em 1957 por Juscelino; a segunda era a Comissão para a Desregulamentação do Sistema Hidroviário Interior; a terceira era a Comissão do Modelo Institucional para o Sistema Portuário.

Durante o governo de Itamar Franco surge, sob responsabilidade do Departamento de Concessões Rodoviárias do DNER, o Programa de Concessões Rodoviárias (PROCROFE), que tinha como foco a concessão ao setor privado de trechos rodoviários, como a ponte Rio-Niterói, a Rodovia União-Indústria e outras Rodovias nos Estados do Paraná, Santa Catarina, São Paulo, Rio Grande do Sul, Rio de Janeiro e Minas Gerais.[393] Com a proposta de retomar o planejamento, dissolveu-se o Minfra e foram recriados os três ministérios: Comunicações, Transportes e Minas e Energia. O GEIPOT após substancial queda no número de estudos, com relação à década de 1980, volta a se ajustar às demandas do Ministério dos Transportes. No entanto, no governo Fernando Henrique Cardoso, abandona-se essa retomada do planejamento e submete-se a política de transportes, mais do que nunca, aos interesses privados.

## 5.3 O governo Fernando Henrique Cardoso e a intensificação do impacto do neoliberalismo no setor dos transportes

No governo de Fernando Henrique Cardoso, houve um processo de redução do caráter diretivo do Estado em relação à economia, consubstanciado por meio do que se chamou de "Reforma do Estado". Engendrou-se a criação de novas entidades da administração pública, que, baseadas na estrutura norte-americana, passaram a se chamar agências e seriam independentes quando relacionadas à política governamental.[394] Nesse novo formato econômico, conforme pontua

---

[393] LIMA NETO, O. *Transporte no Brasil*: história e reflexões. Brasília, DF: Empresa Brasileira de Planejamento de Transportes/GEIPOT. Recife: Editora Universitária da UFPE, 2001, p. 428.
[394] MARQUES NETO, Floriano Azevedo. A nova regulação estatal e as agências independentes. *In*: SUNDFELD, Carlos Ari. *Direito Administrativo Econômico*. São Paulo: Malheiros, 2000. p. 72-96. Vide: Em termos macroeconômicos a inflação resistia à queda, sendo que nos primeiros 12 meses de plano real, ou seja, de julho de 1994 a junho de 1995, a variação medida pelo INPC, que era o índice de preços ao consumidor à época, foi de 33%. No início do ano de 1995, o real não era visto de forma positiva, receava-se a volta da inflação, a economia passava por um superaquecimento e o balanço de pagamentos por uma deterioração. De acordo com Fábio Giambiagi, esse cenário fez com que, em março de 1995, surgisse um movimento

Gilberto Bercovici, a regulação virou o "tema da moda", defendendo-se um "novo direito público da economia" mais adequado a esse novo formato em detrimento do "antiquado dirigismo da Constituição de 1988". Modificou-se o foco da atuação da administração pública dos controles de procedimentos para o controle de resultados, buscando um ideal de eficiência por meio de maior autonomia ao administrador público e da criação de órgãos independentes.[395][396]

Na infraestrutura dos transportes, o governo FHC promoveu um aprofundamento no processo de privatizações.[397] Nesse sentido, houve

---

de reação com as seguintes medidas: "Uma desvalorização controlada, da ordem de 6% em relação à taxa de câmbio da época, após o que o Banco Central passou a administrar um esquema de microdesvalorizações, através de movimentos ínfimos de uma banda cambial com piso e teto muito próximos; uma alta da taxa de juros nominal, que – expressa em termos mensais – passou de 3,3% em fevereiro para 4,3% em março, aumentando o custo de carregar divisas." Após tais medidas, os valores em reservas internacionais em 1995 fecharam em US$52 bilhões e a inflação cedeu por quatro anos consecutivos. Nesse contexto, Giambiagi aponta como motivos para a "salvação" do plano real: "A política monetária, pois sem os juros altos daquela época dificilmente ele teria escapado de sofrer o mesmo destino que os planos que o antecederam; e a situação do mercado financeiro internacional, pois se este não tivesse retornado à ampla liquidez e busca pela atratividade dos mercados emergentes, a política monetária per se provavelmente teria sido incapaz de assegurar o êxito do Plano." O Produto Interno Bruno teve mais de 3% de queda entre o primeiro e terceiro trimestre de 1995, atingindo nesse período queda de 9% nas indústrias. Em contraposição aos bons reflexos de baixa inflacionária durante os primeiros quatro anos de governo Fernando Henrique Cardoso, pôde-se constatar, de acordo com Giambiagi, um forte desequilíbrio externo e contornos de crise fiscal. (GIAMBIAGI, Fábio. Estabilização, Reformas e Desequilíbrios macroeconômicos: os anos FHC. Em: *Economia Brasileira Contemporânea (1995-2004)*. São Paulo: Campos Elsevier. 2005, p. 168-169 e 195).

[395] BERCOVICI, Gilberto. A Atuação do Estado Brasileiro no Domínio Econômico. Em: *Estado, Instituições e Democracia*: desenvolvimento. Volume 3. Brasília: Instituto de Pesquisa Econômica Aplicada – IPEA. 2010, p.486. Vide também: PEREIRA, L. C. B. *Reforma do Estado para a cidadania*: a reforma gerencial brasileira na perspectiva internacional. reimpr. São Paulo: Editora 34; Brasília: ENAP, 2002, p. 109-126.

[396] No âmbito das políticas sociais, Sônia Draibe focaliza a concepção, desenho e propostas de Fernando Henrique Cardoso, dentre 1996 e 1998, definindo como ambiciosa a definição da proposta do presidente, cuja apresentação, segundo ela, tomou contornos complexos. DRAIBE, Sônia. A Política Social no Período FHC e o Sistema de Proteção Social. *Tempo soc.*, São Paulo, v. 15, n. 2, p. 63-101, novembro de 2003. O mais relevante documento dessa 'proposta ambiciosa' destacada por Draibe foi aquele que denominado de "Uma estratégia de desenvolvimento nacional e exprimia opiniões e propostas decantadas há catorze meses de iniciado o governo, tendo como condições necessárias a consolidação e a garantia da estabilidade macroeconômica, a promoção da Reforma do Estado, da Administração, da Reforma Tributária e da Reestruturação dos Serviços Sociais Básicos, além de um reforço na participação do BNDES, das empresas estatais, da indústria automobilística e das áreas de habitação, saneamento e desenvolvimento urbano e da intensificação, formação e reciclagem profissional para gerar maior apoio aos programas de emprego e renda. Vide: BRASIL. *Uma Estratégia de Desenvolvimento Social*. Brasília: Presidência da República, 1996.

[397] SILVA, Danilo Tavares da. Desestatização da Infraestrutura Federal de Transportes e Financiamento Público. Alguns Pontos de Discussão. *In*: BERCOVICI, Gilberto; VALIM, Rafael. *Elementos de Direito da Infraestrutura*. São Paulo: Contracorrente, 2015, p. 270.

a concessão e privatização das ferrovias, estadualização e concessão das rodovias e a derrocada das operações portuárias. Além disso, nesse contexto, o GEIPOT passa a estruturar a privatização.[398]

Na esfera regulatória, além da nova lei do Programa Nacional de Desestatização (Lei nº 9491, de 9 de setembro de 1997), que atualiza o programa de desestatização criado no início da década, a Lei de Concessões (Lei nº 8987, de 13 de fevereiro de 1995) aprofunda a transmissão da infraestrutura à responsabilidade do poder privado. Nesse sentido, conforme afirmam Dalmo Marchetti e Tiago Ferreira, a lei de concessões foi o marco fundamental para a reforma setorial que seria realizada no setor dos transportes, pois "criou condições jurídicas para que concessionárias privadas passassem a operar serviços públicos". Em razão dessa "heterogeneidade setorial", cada segmento passou a exigir um marco regulatório específico, que seria responsável pela estrutura institucional-legal que passaria a delimitar seu funcionamento. O setor público manteria, assim, a responsabilidade pela formulação de políticas públicas e de regulação setorial, assim como parte dos direitos de exploração.[399]

O Programa Brasil em Ação foi criado em agosto de 1996 e tinha como princípio básico o enfrentamento dos problemas estruturais e sociais brasileiros, por meio de ações gerenciadas, em parceria com a iniciativa privada e uma efetiva garantia de investimento. Diante desse princípio, o programa buscou agrupar 42 empreendimentos, sendo eles 16 na área social e 26 na área de infraestrutura. Sua finalidade era a de redução dos custos econômicos, de modo a propiciar o aumento

---

[398] GOULARTI FILHO, Alcides. Estado, transportes e planejamento no Brasil: a atuação do GEIPOT na formulação de políticas públicas para os transportes. *G&DR*, Taubaté, v. 12, n. 3, set./dez. 2016, p. 252-253.

[399] Sobre as mudanças regulatórias da infraestrutura no período, Dalmo Marchetti e Tiago Ferreira trazem que: "Em um contexto de reformas, que visavam à criação de um modelo de desenvolvimento, o setor de infraestrutura passou por diversas mudanças, que, em última instância, objetivaram ampliar a participação do setor privado. Mais do que superar as restrições financeiras do setor público, esperavam-se ganhos de eficiência, que se refletiriam na melhoria da qualidade dos serviços prestados. Por envolver um setor estratégico, em uma indústria com diversas especificidades, o processo é complexo e exige novas estruturas institucionais – entre elas leis e agências reguladoras – essenciais para o sucesso da reforma." Cf. MARCHETTI, Dalmo; FERREIRA, Tiago. Situação Atual e Perspectivas da Infraestrutura de Transportes e da Logística no Brasil. *BNDES 60 Anos – Perspectivas Setoriais*, v. 2, n. Logística, 2012, p. 238-239.

da competitividade do setor produtivo, gerando assim "uma melhoria na qualidade de vida da população".[400]

No caso dos transportes, foram destinadas iniciativas setoriais sem uma preocupação mais específica com um planejamento global do setor. Nesse sentido, previu-se ao subsetor rodoviário a pavimentação da BR-174, sendo destinados para tal o montante de R$168 milhões do

---

[400] Dentre os setores abarcados pelo programa, tem-se a saúde com duas metas, sejam elas, o Projeto de Reforço à Reorganização do SUS (ReforSUS), que possuía como cotação de investimento o montante de R$437,3 milhões do Orçamento Geral da União, parcerias estaduais e recursos externos (BID e BIRD); e o Programa de Redução da Mortalidade Infantil, cujo valor a ser dispendido era de R$1,9 bilhão do Orçamento Geral da União. A habitação contava com três metas, que eram o Pró-Moradia, com expectativa de dispêndio de R$1,652 bilhão com recursos do FGTS e com contrapartidas dos estados, do Distrito Federal e dos municípios; o Programa Carta de Crédito, cujo investimento era cotado em R$4,9 bilhões do FGTS e da iniciativa privada; e o Programa Habitar Brasil, cujo dispêndio era cotado em R$1,084 bilhão do Orçamento Geral da União e de contrapartidas. Ao saneamento previam-se também duas metas: a primeira era o Pró-Saneamento, com dispêndio estimado em R$3,9 bilhões do FGTS e de contrapartidas estaduais, e a segunda era o Programa de Ação Social em Saneamento (PASS), cujo valor cotado era de R$1.071,3 milhões do Orçamento Geral da União, do Banco Interamericano de Desenvolvimento (BID) e de contrapartidas dos estados, do Distrito Federal e dos municípios. Para o emprego quatro metas foram previstas: a primeira era o Programa de Geração de Emprego e Renda (Proger), com dispêndio estipulado em R$2,2 bilhões do Fundo de Amparo ao Trabalhador (FAT); o Proemprego, que previa R$9 bilhões do FAT; o Programa de Crédito Produtivo Popular, cujo valor estipulado era de R$234 milhões do BNDES e R$250,4 milhões do Banco do Nordeste; e o Programa Nacional de Qualificação do Trabalhador (Planfor), que previa R$580 milhões do FAT. Um outro setor mencionado no programa, apenas com uma meta, foi o Hídrico, que deu vida ao que se chamou de Novo Modelo de Irrigação, para o qual foi destinado o montante de R$2,4 bilhões do Orçamento Geral da União, contrapartida dos estados e municípios, da iniciativa privada e recursos externos. No âmbito do turismo previu-se o Programa de Desenvolvimento do Turismo no Nordeste (Prodetur), que tinha como orçamento o valor de R$800 milhões do Orçamento Geral da União, do BID e de contrapartidas estaduais. Para a agricultura duas metas foram previstas: a primeira era o que o governo FHC chamou de Reforma Agrária, com a destinação de R$7 bilhões do Orçamento Geral da União, a segunda era o Programa Nacional de Fortalecimento da Agricultura Familiar (Pronaf), para o qual foram resguardados R$3 bilhões do FAT. No âmbito da educação previu-se o Programa de Valorização do Magistério, ao qual foi destinado o valor de R$823 milhões do Orçamento Geral da União; o Programa de Recursos Centralizados na Escola, que teve destinado o montante de R$518 milhões do Orçamento Geral da União e o Programa de Educação à Distância, ao qual foi destinado o total de R$76,2 milhões do Orçamento Geral da União. Ao setor das comunicações foram destinadas duas metas: o Teleporto que previa o investimento de R$887,8 milhões da iniciativa privada e da prefeitura do Rio; e o Programa de Recuperação e Ampliação do Sistema de Telecomunicações (Paste), ao qual eram destinados R$17,7 bilhões da Telebrás e da iniciativa privada. À energia teve-se como destaque o Projeto de Gás Natural de Urucu, ao qual foram destinados R$1,6 bilhão da Petrobrás, Gaspetro, Eletrobrás, Eletronorte, BNDES, Cigás e da iniciativa privada; a Linha de Transmissão de Tucuruí, que contou com o montante de R$236 milhões oriundos da Eletronorte e contrapartida do Governo do Estado do Pará; a conclusão de Xingó, que contou com o montante de R$227 milhões da Eletrobrás e o Sistema de Transmissão Associado a Xingó, que teve como orçamento mais R$230 milhões, também da Eletrobrás. (BRASIL. *Programa Brasil em Ação*. Brasília: Presidência da República, 1996, p. 4-15).

Orçamento Geral da União, da *Corporación Andina de Fomento* (CAF) e de contrapartidas estaduais; a recuperação da BR 364 e da BR 163, com o valor de R$60 milhões do Orçamento Geral da União; o programa de Recuperação Descentralizada de Rodovias, com um investimento de 720 milhões do Orçamento Geral da União e do BID; e a recuperação da Rodovia Fernão Dias, que contou com o montante de R$1,83 bilhão de recursos provenientes do Orçamento Geral da União, recursos externos e contrapartidas dos Estados de Minas Gerais e São Paulo.[401]

No âmbito ferroviário, destaca-se a inauguração da Ferronorte, que contou com o montante de R$1,3 bilhão do Orçamento Geral da União, do Governo do Estado de São Paulo e de empresas privadas. No subsetor portuário, foram destinados ao Porto de Suape R$172 milhões, oriundos do Orçamento Geral da União e do Governo do Estado de Pernambuco, ao Porto de Pecém totalizou-se o valor de R$220 milhões do Orçamento Geral da União e do Governo do Estado do Ceará. Pontua-se também a modernização dos portos de Sepetiba e de Santos, cujo valor direcionado foi de respectivamente R$351,4 milhões provenientes do Orçamento Geral da União e financiamento do BNDES e de empresas privadas para o primeiro e R$1,958 milhão do Orçamento Geral da União, da Codesp e de recursos externos (OECF – *Overseas Economic Corporation Fund*, do Japão), para o segundo.[402] No subsetor hidroviário, tem-se como destaque os R$24 milhões do Orçamento Geral da União e parceiros privados, destinados à Hidrovia do Madeira, os R$11 milhões do Orçamento Geral da União, da Valec e do Governo do Estado do Pará, para a Hidrovia do São Francisco, os R$222,4 milhões do Orçamento Geral da União para a Hidrovia Araguaia-Tocantins e os R$60 milhões do Orçamento Geral da União e do Governo do Estado de São Paulo para conclusão da Hidrovia Tietê/Paraná.[403]

Após o Plano Brasil em Ação, já no ano de 2001, o Ministério dos Transportes executou o que foi chamado de uma reforma administrativa do setor. Com a Lei nº 10.233, de 5 de junho de 2001, criou-se o Conselho Nacional de Integração de Políticas de Transportes, a Agência Nacional de Transportes Terrestres (ANTT), a Agência Nacional de Transportes Aquaviários (Antaq) e o Departamento Nacional de Infraestrutura de

---

[401] BRASIL. *Programa Brasil em Ação*. Brasília: Presidência da República, 1996, p. 16.
[402] Essa suposta preocupação do programa com a Modernização dos Portos vinha em linha com o aparelho legislativo do setor implantado com a Lei nº 8.630, de 25 de fevereiro de 1993.
[403] BRASIL. *Programa Brasil em Ação*. Brasília: Presidência da República, 1996, p. 17-21.

Transportes (Dnitt). Foram extintos a Comissão Federal de Transportes Ferroviários (Cofer) e o Departamento Nacional de Estradas de Rodagem (DNER).[404] O GEIPOT entrou em processo de liquidação com o Decreto nº 4.135, de 20 de fevereiro de 2002[405] e foi extinto pela Medida Provisória nº 427, de 9 de maio de 2008,[406] convertida na Lei nº 11.772, de 17 de setembro de 2008.

Concomitantemente a essa reforma administrativa surge o segundo programa que se propôs a "planejar" a economia nacional, o chamado Programa Avança Brasil que focava no avanço da consolidação do Plano Real, de modo a defender a moeda contra a especulação internacional, garantir o fim da inflação, trazer equilíbrio às contas públicas e aumentar a capacidade de poupança e de investimento. O foco do programa era fazer o país crescer de forma sustentada de modo que gerasse oportunidades de trabalho e explorasse ao máximo as possibilidades contidas nas condições internas e externas da nossa economia, duplicando as exportações e crescendo com base na agricultura, nos investimentos industriais, nos serviços modernos, no turismo e na construção civil. O programa buscava ainda desenvolver e consolidar a democracia na vida cotidiana de todos os brasileiros, promover os direitos civis, acabar com as discriminações, garantir a segurança dos cidadãos "numa guerra sem trégua contra toda forma de crime e de violência", avançar, sobretudo, na luta permanente contra a exclusão social, a fome, a pobreza e a desigualdade, realizando uma nova "revolução" nas políticas sociais e de transferência de renda e buscar uma sociedade mais igualitária, da qual se tenham erradicado a miséria e a fome.[407]

Dentre os assuntos disciplinados, dois se destacam aos transportes: os 'Eixos Nacionais de Integração e Desenvolvimento' e um capítulo setorial específico aos transportes. No primeiro, buscava-se a utilização da infraestrutura como forma de integração nacional, estabelecendo como prioridades trazer à prática uma estratégia de desenvolvimento regional com base nos eixos de integração e desenvolvimento e que articulassem o potencial econômico de cada região às dimensões sociais e ambientais; que aumentassem sistematicamente a eficiência

---

[404] BRASIL. Lei nº 10.233, de 5 de junho de 2001
[405] BRASIL. Decreto nº 4.135, de 20 de fevereiro de 2002
[406] BRASIL. Medida Provisória nº 427, de 9 de maio de 2008.
[407] BRASIL. *Programa Avança Brasil*. Brasília: Presidência da República, 2000, p. 3

da infraestrutura, em todas as etapas e setores, tida como essencial à competitividade da economia; consolidassem as reformas econômicas e institucionais do setor, tornando viável o acesso dos brasileiros às redes básicas de energia elétrica e telefonia, bem como a uma infraestrutura modernizada de transporte, saneamento e habitação.

Tinha-se o Estado apenas como um promotor de investimentos e projetos considerados relevantes e como controlador de serviços concedidos, estabelecendo um diálogo entre os governos da União, dos Estados e dos Municípios, dando condições regulatórias às agências já existentes. A infraestrutura era visualizada como espinha dorsal dos projetos de integração econômica e política, tendo como prioridade os projetos ligados ao Mercosul. Dentre os projetos de infraestrutura, o foco era dado à energia e aos transportes. No âmbito da energia privilegiava-se o acesso ao gás natural da Bolívia, a integração energética com a Argentina e o aproveitamento da eletricidade produzida na Venezuela. No setor dos transportes, buscava-se concluir a Rodovia do Mercosul e a tornar plena a operação da Hidrovia Tietê-Paraná, assim como desenvolver os portos do Cone Sul, por meio dos processos de modernização já em curso, permitindo aumentar as relações comerciais entre os países membros do bloco.[408] Nos transportes, ainda, havia metas gerais focadas na busca por desenvolver um amplo esforço de modernização institucional: a promoção do planejamento integrado da infraestrutura dos transportes, a continuação dos programas de descentralização da infraestrutura dos transportes, a restauração de 14 mil km de rodovias federais e a concessão ao setor privado de cerca de 5 mil km de rodovias federais.

Além das metas gerais para os transportes, o plano trouxe disposições para os modais individualmente. Ao modal rodoviário, previu-se uma divisão de responsabilidades com agentes privados, considerando programas estaduais de concessões no vulto de R$9 bilhões; reservando à União a competência para empreendimentos de expansão, recuperação e adequação da capacidade nas regiões Norte, Nordeste e Centro-Oeste, além de colocar-se como catalizador de obras urbanas, como o Rodoanel, em São Paulo. Ao modal ferroviário, o plano enfatizou as privatizações da RFFSA e da Fepasa, além de investimentos regionais como a Transnordestina, o trecho Unaí-Pirapora e a extensão da Ferronorte. Aos portos, previu-se uma modernização dos procedimentos e das

---

[408] BRASIL. *Programa Avança Brasil*. Brasília: Presidência da República, 2000, p. 36-39

instalações, em busca de um aumento da competitividade das operações, além da criação do programa de Harmonização das Atividades dos Agentes de Autoridade Portuária (PROHAGE), que teria a função de articular a modernização dos portos. Especulava-se com tais iniciativas o aumento dos investimentos no setor portuário de R$695 milhões entre 1995 e 1997 para R$2 bilhões nos três anos seguintes ao plano. Aos aeroportos previu-se uma suposta continuação nos investimentos tanto relativos aos aeroportos de cargas, quanto de passageiros, somando ao todo R$700 milhões de reais anuais, nos anos seguintes.

Os programas de Fernando Henrique Cardoso não foram bem-sucedidos. De acordo com Alcides Goularti Filho: "os planos como o Brasil em Ação (1996-1998) e o Avança Brasil (1999-2002) pouco contribuíram para reverter a situação caótica do sistema de transporte nacional". Aliado a isso têm-se fatores como o diminuto crescimento econômico no período de 1995 a 2002 (média de 2,31% ao ano), as privatizações, o endividamento externo (227 bilhões de dólares em 2002), além da especulação financeira e da incapacidade do Estado de planejar, que engessaram a economia brasileira tornando-a muito frágil frente às instabilidades do mercado financeiro internacional.[409] Conforme pontua, também, Carlos Lessa, os transportes de carga, que desde a segunda metade da década de 1940, como vimos, eram tributários do modal rodoviário, conviveram com uma qualidade degradada das rodovias. Os resultados dos dispêndios referenciados pelos programas acima e pelo novo formato institucionalmente descentralizado do setor não alcançaram o estimado de 0,6% do PIB que é necessário para restauração e manutenção viária. No governo de FHC esse montante só atingiu a marca de 0,3%. Essa submanutenção impulsionou a degradação exponencial das rodovias e impôs a elevação relativa e absoluta dos fretes, antecipando a necessidade de restauração onerosa. Nas metrópoles e centros urbanos a hiperpopulação mecânica automotora individual e coletiva pressiona e congestiona as malhas viárias.[410]

A tendência à degradação é ainda mais clara quando consideramos que embora o governo de FHC não tenha dispendido o suficiente

---

[409] GOULARTI FILHO, Alcides. Estado, transportes e planejamento no Brasil: a atuação do GEIPOT na formulação de políticas públicas para os transportes. *G&DR*, Taubaté, v. 12, n. 3, set./dez. 2016, p. 253.

[410] LESSA, Carlos. Infraestrutura e Logística no Brasil. *In*: CARDOSO Jr.; José Celso (Org.). *Desafios ao desenvolvimento Brasileiro*: contribuições do Conselho de Orientação do IPEA, Brasília, IPEA, 2009, vol. 1, p. 89.

na manutenção da malha viária, tanto o modal rodoviário, quanto o modal aeroviário permaneceram em expansão, ou seja, aumentou-se quantidade de estradas e do fluxo aeroviário e investiu-se a metade do necessário em manutenção e restauração.

Quadro 19 – Aportes humanos na configuração territorial dos modais rodoviário, ferroviário, hidroviário e aeroviário de 1996 a 2000

| Anos | Rodoviário (km² de estradas) | Ferroviário (km² de trilhos) | Hidroviário (número de embarcações de cabotagem/longo curso e outras) | Aeroviário (km voados – em 1.000 km) |
|---|---|---|---|---|
| 1996 | ... | 29.301 | 26.387 | 476.368 |
| 1997 | 1.658.677 | 29.746 | 28.973 | 488.152 |
| 1998 | ... | 29.213 | 27.410 | 575.218 |
| 1999 | 1.724.924 | 29.144 | 26.196 | 563.559 |
| 2000 | 1.724.929 | 29.283 | 25.771 | 564.979 |

Fonte: Quadro elaborado pelo autor a partir do confrontamento de dados obtidos a partir de EMPRESA BRASILEIRA DE PLANEJAMENTO DOS TRANSPORTES. *Anuário Estatístico dos Transportes de 2000*. Brasília: GEIPOT, 2001 para o modal ferroviário e hidroviário, do DAC ao modal aeroviário e do DNER ao modal rodoviário.

A gravidade desse cenário é ainda mais clara quando consideramos que no âmbito do transporte de pessoas, no ano 2000, o modal rodoviário já representava 97,7% do total de pessoas transportadas.

## Imagem 9 – Relação relativa de passageiros por modal de transporte de 1996 a 2000

| Anos | Passageiros transportados por tipo de transporte (números relativos %) | | | | |
|------|------------|------------|-------|------------|------------|
|      | Rodoviário | Ferroviário | Aéreo | Hidroviário | Metroviário |
| 1996 | 96,2%      | 1,1%       | 2,0%  | ...        | 0,6%       |
| 1997 | 96,3%      | 0,9%       | 2,1%  | ...        | 0,6%       |
| 1998 | 96,0%      | 0,8%       | 2,5%  | ...        | 0,6%       |
| 1999 | 96,2%      | 0,7%       | 2,4%  | ...        | 0,6%       |
| 2000 | 97,7%      | ...        | 2,3%  | ...        | ...        |

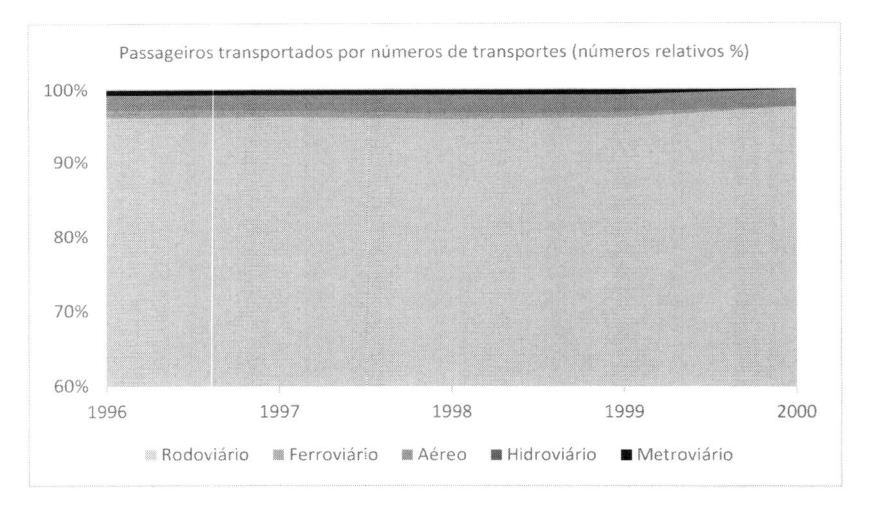

Fonte: Quadro elaborada pelo autor a partir do confrontamento de dados obtidos a partir de EMPRESA BRASILEIRA DE PLANEJAMENTO DOS TRANSPORTES. *Anuário Estatístico dos Transportes de 2000*. Brasília: GEIPOT, 2001 para o modal ferroviário e hidroviário, do DAC ao modal aeroviário e do DNER ao modal rodoviário, além do indicador de população que retirado de PIB, deflator implícito e população: INSTITUTO BRASILEIRO DE GEOGRAFIA E ESTATÍSTICA. *Estatísticas do século XX*, Rio de Janeiro: IBGE, 2006 e INSTITUTO BRASILEIRO DE GEOGRAFIA E ESTATÍSTICA. *Sistema de Contas Nacionais*. Brasil – Referência 2000. Base de dados (nota metodológica nº 3). Rio de Janeiro: IBGE, 2006.

Dentre os transportes de carga, mais uma vez, em que pese o investimento na manutenção e restauração da rede viária tenha sido a metade do necessário, com as concessões, todos os modais aumentaram a quantidade de carga transportada no período.

## Quadro 20 – Quantidade da carga transportada em toneladas-quilômetro, por modo

| Modo de transporte | 1996 | 1997 | 1998 | 1999 | 2000 |
|---|---|---|---|---|---|
| Aéreo | 2.036 | 1.709 | 2.173 | 2.244 | 2.432 |
| Hidroviário (1) | 71.310 | 77.402 | 90.444 | 94.770 | 103.390 |
| Dutoviário | 23.528 | 30.435 | 31.609 | 33.131 | 33.246 |
| Ferroviário | 128.976 | 138.724 | 142.446 | 140.817 | 155.590 |
| Rodoviário (1) | 396.060 | 421.131 | 445.795 | 447.353 | 451.370 |
| TOTAL | 621.910 | 669.401 | 712.467 | 718.315 | 746.028 |

Fonte: Quadro elaborado pelo autor a partir do confrontamento de dados obtidos a partir do EMPRESA BRASILEIRA DE PLANEJAMENTO DOS TRANSPORTES. *Anuário Estatístico dos Transportes de 2000*. Brasília: GEIPOT, 2001 para o modal ferroviário e hidroviário, do DAC ao modal aeroviário e do DNER ao modal rodoviário.

No que se refere à relação de passageiros por quilômetro, houve um brusco aclive do modal rodoviário, um brusco declive no modal ferroviário e uma manutenção no aumento do modal aeroviário. No que tange ao modal hidroviário, tem-se uma ausência de dados visto que nem o GEIPOT, nem o Ministério dos Transportes, nem posteriormente a ANTAQ fizeram esse levantamento. No modal rodoviário, como vimos, esse substancial aumento de passageiros em comparação ao período anterior é extremamente prejudicial à infraestrutura do setor, pois, além de não ter sido acompanhado por um aumento proporcional na extensão da malha, não contou com o investimento necessário em restauração e manutenção. No subsetor ferroviário, o fato de a malha ter se mantido e a densidade populacional ter diminuído induz afirmar que a malha existente foi subutilizada, pois, como vimos, não houve nenhuma política de transporte ferroviário focado em uma utilização desproporcional das ferrovias no transporte de carga, em comparação a outros períodos históricos, que justificasse esse declínio. No caso do transporte aéreo, como o aclive do número de passageiros e da extensão se mantém com relação ao período anterior analisado, não há mudanças circunstanciais, quando a análise se restringe aos critérios utilizados na pesquisa.

Imagem 10 – Quantidade de passageiros transportados
por quilômetro nos modais rodoviário, ferroviário,
aeroviário e hidroviário de 1996 a 2000

| Anos | Número absolutos (1.000.000 passageiros km) (1) | | | | |
|---|---|---|---|---|---|
| | Rodoviário | Ferroviário | Aéreo | Hidroviário | Metroviário |
| 1996 | 775.935 | 9.048 | 16.509 | 0 | 5.219 |
| 1997 | 807.218 | 7.876 | 17.573 | 0 | 5.174 |
| 1998 | 835.163 | 7.224 | 21.904 | 0 | 5.443 |
| 1999 | 850.210 | 6.528 | 21.651 | 0 | 5.546 |
| 2000 | 882.943 | Ausência de dados | 20.604 | 0 | Ausência de dados |

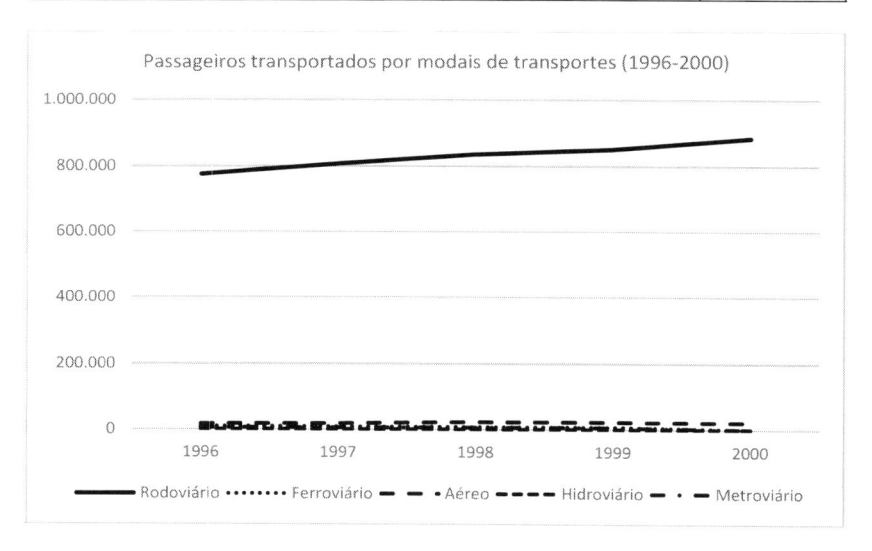

Fontes: Quadro elaborado pelo autor a partir do confrontamento de dados obtidos a partir do EMPRESA BRASILEIRA DE PLANEJAMENTO DOS TRANSPORTES. *Anuário Estatístico dos Transportes de 2000*. Brasília: GEIPOT, 2001 para o modal ferroviário e hidroviário, do DAC ao modal aeroviário e do DNER ao modal rodoviário.

Quando o período é visto de forma isolada, não é possível afirmar um aumento no número de passageiros, visto que o aumento da população brasileira, em números relativos, se dá na mesma proporção, já quando são considerados números acumulados, há um leve aclive.

Quadro 21 – Relação entre o aumento dos passageiros por quilômetro em todos os modais e o aumento da população brasileira de 1996 a 2000

| Anos | Todos os modais (1.000.000 passageiros/km) | População brasileira (mil habitantes) | Aumento relativo de passageiros/km | Aumento relativo de passageiros/km acumulado | Aumento relativo da população brasileira (mil habitantes) | Aumento relativo da população brasileira (mil habitantes) acumulado |
|---|---|---|---|---|---|---|
| 1996 | 806.711 | 157.070 | ... | ... | ... | ... |
| 1997 | 837.841 | 160.087 | 4% | 4% | 2% | 2% |
| 1998 | 869.734 | 163.386 | 4% | 8% | 2% | 4% |
| 1999 | 883.935 | 166.709 | 2% | 9% | 2% | 6% |
| 2000 | 903.547 | 169.799 | 2% | 12% | 2% | 8% |

Fontes: Quadro elaborado pelo autor a partir do confrontamento de dados obtidos a partir do EMPRESA BRASILEIRA DE PLANEJAMENTO DOS TRANSPORTES. *Anuário Estatístico dos Transportes de 2000*. Brasília: GEIPOT, 2001 para o modal ferroviário e hidroviário, do DAC ao modal aeroviário e do DNER ao modal rodoviário ao indicador de população que retirado de PIB, deflator implícito e população: INSTITUTO BRASILEIRO DE GEOGRAFIA E ESTATÍSTICA. *Estatísticas do século XX*, Rio de Janeiro: IBGE, 2006 e INSTITUTO BRASILEIRO DE GEOGRAFIA E ESTATÍSTICA. *Sistema de Contas Nacionais*. Brasil – Referência 2000. Base de dados (nota metodológica nº 3). Rio de Janeiro: IBGE, 2006.

Esse ambiente de degradação do setor dos transportes ocasionada pela renúncia a um projeto nacional de desenvolvimento, decorrente especialmente da condução do país ao processo de financeirização, desindustrializando-o, foi o cenário encontrado por Lula ao assumir o país.

## 5.4 Os reflexos do governo Lula na integração dos modais de transporte

Em 2003, ao assumir o governo, Lula se encontrava em uma conjuntura decorrente, de acordo com Eduardo Fagnani, de dois movimentos estruturais opostos: o primeiro que ganhou impulso na luta pela redemocratização do Brasil e desaguou na Constituição de 1988 que apontava o rumo da estruturação de políticas inspiradas no Estado de bem-estar; o segundo, dentre 1990 e 2002, apontava no sentido da desestruturação desse processo.[411] Sua ascensão ao poder que parecia representar a ascensão da esquerda ao poder, foi bruscamente seguida de processo de moderação, que o aproximou do centro político e abandonou bandeiras que historicamente apoiou, como a moratória da dívida externa.[412]

Embora seja verdade a proposição de Perry Anderson, ao versar sobre o governo de Lula, de que "ser mais popular no final do que no início de um prolongado período no poder é raro",[413] a popularidade de Lula só se consolida em decorrência de um plano de contradições, que o estabelece como um populista do agrado das massas e das elites. Para além do juízo que se faz do personagem, esse plano de contradições, de acordo com Alexandre de Freitas Barbosa, representa-se pela contraposição entre a retomada do crescimento econômico e o agravamento dos problemas de infraestrutura; dos avanços sociais em termos de redução da desigualdade de renda e ampliação de algumas políticas públicas; de um maior protagonismo do país em âmbito internacional, designando ao presidente o codinome internacional de "pai dos pobres"; de um enriquecimento do debate político por meio de uma aliança entre a direita e a esquerda, passando por todos os matizes intermediários; de um operário que cede aos apelos da bancada ruralista e que usa um boné do MST; de uma maior cooptação dos movimentos sociais concomitantemente às transformações de suas bandeiras em políticas concretas; de um slogan "país rico é país sem pobreza", que muito agradava a alta finança; da ofensiva midiática que atacava o presidente operário e limitava seu raio de ação; e por último, das manifestações que revelam o abismo entre as conquistas do governo e as desigualdades estruturais em termos de acesso às políticas sociais e aos direitos de cidadania.[414]

---

[411] FAGNANI, Eduardo. A política social do Governo Lula (2003-2010): perspectiva histórica. Texto para discussão. IE/UNICAMP, Campinas, n. 192, jun. 2011, Campinas, n. 192, jun. 2011, p. 2.

[412] GIAMBIAGI, Fábio. Estabilização, Reformas e Desequilíbrios macroeconômicos: os anos FHC. In: *Economia Brasileira Contemporânea (1995-2004)*. São Paulo, Campos Elsevier. 2005, p. 197-198.

[413] ANDERSON, Perry. O Brasil de Lula. *Novos estud. – CEBRAP*, São Paulo, n. 91, p. 23-52, nov. 2011, p. 23.

[414] BARBOSA, Alexandre de Freitas. "Era Lula", "Desenvolvimentismo" e as desigualdades estruturais. *Rev. Inst. Estud. Bras.*, São Paulo, n. 58, p. 135-136, jun. 2014. As opiniões contraditórias, também são ressaltadas pela análise de Pedro Cezar Dutra Fonseca, André Moreira Cunha, Julimar da Silva Bichara, que afirmam: "Atualmente se registra uma controvérsia sobre o desempenho da economia brasileira a partir do Governo Lula (2003-2010).

Esse cenário, conforme Leda Paulani, representa a transformação em regra de um estado de emergência econômico, que teve início na década de 1980, particularmente após a queda do estado de exceção jurídico da ditadura militar e que se manteve nos governos democráticos que assumiram o poder.[415] Essa transformação em regra se dá: "quando Lula assume e abraça com determinação inimaginável o receituário ortodoxo de política econômica".[416] Essa adequação ao

---

De um lado, vários economistas, e o próprio discurso oficial, enfatizam o que consideram ser altas taxas de crescimento, principalmente se forem levados como padrão de comparação os oito anos anteriores, do Governo Fernando Henrique Cardoso, e, mais recentemente, a crise financeira global que se apresentou de forma mais nítida a partir de 2008. Em decorrência, vários autores têm sugerido a interpretação de que estaria de volta o desenvolvimentismo brasileiro, ressaltando mudanças na condução da economia com relação aos governos das décadas de 1980 e 1990. (...) Outros, concordando com a guinada de rumo, mas de forma crítica ao lamentar o abandono da ortodoxia pelos ímpetos redistributivistas que o governo manifestaria, como se mostrará adiante, admitem as tendências desenvolvimentistas do governo Lula e as interpretam como uma forma de populismo, lembrando a antiga relação, tradicional nas análises sobre economia latino-americana, desenvolvimentismo, substituição de importações e populismo". Cf. FONSECA, Pedro Cezar Dutra; CUNHA, André Moreira; BICHARA, Julimar da Silva. O Brasil na Era Lula: retorno ao desenvolvimentismo? *Nova econ.*, Belo Horizonte, v. 23, n. 2, p. 403-428, ago. 2013.

[415] PAULANI, Leda Maria. Capitalismo financeiro e estado de emergência econômico no Brasil: o abandono da perspectiva do desenvolvimento. *In*: I COLÓQUIO DA SOCIEDADE LATINO AMERICANA DE ECONOMIA POLÍTICA E PENSAMENTO CRÍTICO, 2006, Santiago, 2006, p. 7

[416] PAULANI, Leda Maria. Capitalismo financeiro e estado de emergência econômico no Brasil: o abandono da perspectiva do desenvolvimento. *In*: I COLÓQUIO DA SOCIEDADE LATINO AMERICANA DE ECONOMIA POLÍTICA E PENSAMENTO CRÍTICO, 2006, Santiago, 2006, p. 16-17. Antes de assumir essa postura 'inimaginável' o partido havia divulgado um primeiro documento com o debate programático que seria instituído pelo seu governo. O documento que data de 2001 era denominado "Um outro Brasil é possível". Dentre suas principais propostas, constavam-se a: "Renegociação da dívida externa, limitação, na forma de um percentual-teto das receitas, da disponibilidade de recursos destinados ao pagamento de juros da dívida pública". Além disso, deve-se destacar o programa batizado de "A ruptura necessária", que foi aprovado pela máxima instância deliberativa do partido, em um encontro nacional em Olinda, no ano de 2001. Dentre as consequências desse programa, surgiu o documento que instituiu o projeto "Fome Zero", que dentre suas proposições previa a concessão de benefícios previdenciários aos trabalhadores do meio urbano que contribuíam ao INSS. A estimativa era um aumento da ordem de 2% do PIB na despesa de benefícios, decorrente da inclusão da massa de indivíduos na previdência. Essas medidas tenderiam a gerar um aumento no gasto público, assistencial e previdenciário, o que representaria, somando-se a outras propostas, uma variação na ordem dos 5% no PIB, tendo-se em consideração a situação à época. Essa constatação é relevante para o entendimento do mercado financeiro em 2002, e o "alívio", resultante do abandono dessa postura em 2003. Esse abandono de postura, que pode ser chamado de uma ruptura da ruptura, é evidenciado por Lea Vidigal Medeiros, a qual relembra que a opção do governo foi a preservação dos pilares macroeconômicos do governo de Fernando Henrique Cardoso, pautado em: "priorizar o controle da inflação pela manutenção de elevadas taxas de juros, câmbio apreciado e contração fiscal". MEDEIROS, Lea Vidigal. *Direito econômico e superação do subdesenvolvimento*: BNDES e planejamento. 2016, 331p. Dissertação (Mestrado em Direito) – Faculdade de Direito, Universidade de São Paulo, São Paulo, 2016, p. 246.

receituário ortodoxo se demonstra sobretudo pela elevação do superávit primário em 4,25%, acima dos 3,75% exigidos pelo Fundo Monetário Internacional (FMI); pelo aumento em 26,5% da taxa básica de juros que já era de 22%, o que é extremamente elevada; e por um brutal corte de liquidez, por meio de aumento compulsório dos bancos que tirou de circulação sem aviso prévio 10% dos meios de pagamento.[417] A autora aduz que tais medidas foram justificadas pelo PT ativando o discurso do descontrole monetário e do *default* externo. Sem essa escusa, para Paulani, não seria possível ao governo PT que foi eleito com a finalidade de mudar essa política, justificar tais medidas. Para fazê-las adotou-se o discurso de que seria algo passageiro e, quando fosse ultrapassada a emergência, adotar-se-ia finalmente um programa anti-neoliberal. Esse programa anti-neoliberal não chegou, ao invés disso o que se viu foi uma constante justificativa de que a permanência desse regime de emergência era necessária. No entanto, os custos de tal permanência foram altos.[418]

Bresser-Pereira foca a sua análise do período em verificar a herança macroeconômica que Lula assumiu ao manter o tripé estabelecido por FHC em 1999, assim, seu governo: "não logrou baixar substancialmente a taxa de juros, e, principalmente, não logrou neutralizar a tendência à sobreapreciação cíclica e crônica da taxa de câmbio que existe no Brasil".[419] Em que pese esse cenário de manutenção, Bresser-Pereira argumenta positivamente em relação ao governo de Lula tendo em vista seus: "altos índices de popularidade alcançados e a neutralização das

---

[417] PAULANI, Leda Maria. Capitalismo financeiro e estado de emergência econômico no Brasil: o abandono da perspectiva do desenvolvimento. *In*: I COLÓQUIO DA SOCIEDADE LATINO AMERICANA DE ECONOMIA POLÍTICA E PENSAMENTO CRÍTICO, 2006, Santiago, 2006, p. 17.

[418] Dentre eles Paulani pontua: a manutenção das taxas reais de juros mais elevadas do mundo; o pagamento de um serviço da dívida que chegava a 8% do PIB, a realização de um superavit primário que beirava os 5% do PIB; a transformação do sistema previdenciário brasileiro, acabando com o solidarismo intergeracional; a aprovação de uma lei de falência que coloca os interesses dos credores do sistema financeiro à frente dos interesses dos trabalhadores e dos interesses do Estado no gerenciamento das massas falidas; e a defesa despudorada da independência de direito do Banco Central. PAULANI, Leda Maria. Capitalismo financeiro e estado de emergência econômico no Brasil: o abandono da perspectiva do desenvolvimento. *In*: I COLÓQUIO DA SOCIEDADE LATINO AMERICANA DE ECONOMIA POLÍTICA E PENSAMENTO CRÍTICO, 2006, Santiago, 2006, p. 16; BRESSER-PEREIRA, Luiz Carlos. O governo Dilma frente ao "tripé macroeconômico" e à direita liberal e dependente. *Novos estud. – CEBRAP*, São Paulo, n. 95, p. 5-15, mar. 2013. p. 6-7.

[419] BRESSER-PEREIRA, Luiz Carlos. O governo Dilma frente ao "tripé macroeconômico" e à direita liberal e dependente. *Novos estud. – CEBRAP*, São Paulo, n. 95, p. 5-15, mar. 2013, p. 5-6.

críticas da direita conservadora". Essas popularidade e neutralização só se afirmam, pois, Lula: (i) quase dobrou a taxa de crescimento; (ii) diminuiu a desigualdade, o que melhorou o padrão de vida de milhões de brasileiros; e (iii) alcançou grande prestígio internacional.[420]

No âmbito da infraestrutura, segundo Carlos Lessa, a manutenção pelo governo Lula da "integração competitiva" que promoveu, desde os anos 1990, o desmonte nas salvaguardas que o sistema industrial brasileiro fornecia, reorganizou a pauta das importações no Brasil. No governo petista esse desmonte somou-se ao cenário internacional favorável às *commodities*, o que recolocou o Brasil em sua antiga posição primário-exportadora. Não se tratava, no entanto, de uma organização social no formato da República Velha, na qual o complexo cafeeiro era nacional, com a tecnologia com balizas no Instituto Agronômico de Campinas e com exportadores e financiadores nacionais. No cenário de Lula, de acordo com Lessa, tinha-se um complexo de soja no qual: "apenas o estabelecimento agrícola e o caminhoneiro são nacionais: equipamentos, fertilizantes, sementes são controlados por filiais estrangeiras; o grosso das exportações é feito por empresas transnacionais", o que se reproduz, também, na agroindústria açucareira e no complexo de produção de proteínas.[421]

Essa posição primário-exportadora mostra-se, conforme Lessa, contraditória, visto que os recursos nacionais são abundantes. Nesse sentido o autor destaca a abundância nacional de recursos hídricos, urânio, extensão territorial agricultável, disponibilidade de água, energia solar, o domínio da geração, transmissão e distribuição de energia elétrica.[422]

---

[420] BRESSER-PEREIRA, Luiz Carlos. O governo Dilma frente ao "tripé macroeconômico" e à direita liberal e dependente. *Novos estud. – CEBRAP*, São Paulo, n. 95, p. 5-15, mar. 2013, p. 6-7. O autor atribui à conjuntura internacional e ao aumento do mercado interno proporcionado pela elevação dos salários reais e à ampliação do crédito ao consumidor, o crescimento econômico registrado após 2006. Em geral, o presidente se deixou dominar pelo objetivo de controlar a inflação, recorrendo para tal, da apreciação cambial. Entretanto, ele ressalta que em dois específicos momentos de seu governo, Lula demonstrou independência: (i) quando o ministro Guido Mantega estabeleceu um imposto sobre as entradas de capital, rompendo com a ortodoxia que condenava qualquer controle de capital; e (ii) quando, diante da crise financeira global de 2008, realizou uma política contracíclica competente baixando impostos e ampliando substancialmente o crédito dos bancos públicos.

[421] LESSA, Carlos. Infraestrutura e Logística no Brasil. *In*: CARDOSO Jr.; José Celso (Org.). *Desafios ao desenvolvimento Brasileiro*: contribuições do Conselho de Orientação do IPEA, Brasília, IPEA, 2009, vol. 1, p. 93

[422] "Em matéria de hidroeletricidade, o país dispõe de recursos hídricos que permitem triplicar a atual capacidade instalada. O Brasil é a sexta reserva mundial de urânio e não há pesquisa em 60% do território nacional quanto a este minério. Carvão é escasso, mas a extensão territorial agricultável e as disponibilidades de água e de energia solar possibilitam multiplicar

Além disso, destaca-se a quantidade de petróleo projetada pelo pré-sal, somado ao conhecimento geológico, tecnológico e de exploração, que mesmo com as "lacunas industriais" criadas pelo neoliberalismo, poderia fazer o Brasil, com certa rapidez, reposicionar seus setores produtivos, tanto de equipamentos, quanto de serviços, a fim de fazer a exploração dos recursos.[423] Esse cenário fez com que Lessa afirmasse

---

biomassa como complemento da matriz energética. O Brasil domina a tecnologia de geração, de transmissão e de distribuição de energia elétrica e é um dos três países do mundo que detêm tecnologia própria de enriquecimento de urânio". (LESSA, Carlos. Infraestrutura e Logística no Brasil. In: CARDOSO Jr.; José Celso (Org.). *Desafios ao desenvolvimento Brasileiro*: contribuições do Conselho de Orientação do IPEA, Brasília, IPEA, 2009, vol. 1, p. 93).

[423] Sobre a questão petrolífera no governo Lula, traz Carlos Lessa que: "Em 2006, foi identificada uma grande reserva submarina de petróleo, abaixo da camada de sal fóssil. O pré-sal estende-se no fundo do Oceano Atlântico por uma faixa que vai do Espírito Santo até Santa Catarina. Esta faixa está a 300 km do litoral e seu perímetro é de 800 km por 200 km de largura. O pré-sal, em uma perspectiva cautelosa, teria 40 bilhões prováveis de barris nos blocos de Carioca, Tupi e Júpiter. Muitos estimam que as reservas – a partir de outros blocos– são superiores a 70 bilhões de barris, o que situaria o Brasil em nono lugar no ranking mundial de reservas de petróleo. Eufóricos, alguns chegam a imaginar a faixa como um único bloco. (...) O petróleo e o gás natural participaram com cerca de 43% do total da energia consumida no mundo, em 2005. Projeções do International Energy Outlook (EIA, 2004) apontam que esta predominância deverá se sustentar nas próximas décadas: suas projeções até 2025 sugerem que o crescimento do consumo de petróleo e de gás ficará entre 1,9% e 2,16% ao ano. As reservas mundiais de petróleo permitem inferir que, mantidos os níveis atuais de produção e de consumo, terão uma vida útil de 41 anos. Nos últimos vinte anos, o crescimento das reservas tem se dado, predominantemente, por reavaliação dos campos petrolíferos já existentes. Tudo indica que os custos de extração de petróleo serão crescentes, pela utilização de óleos pesados, areias betuminosas e extração, com maior profundidade e cada vez em zonas de mais difícil acesso. O pré-sal brasileiro não é de fácil acesso, pois está sob uma lâmina de água de dois mil metros, abaixo de uma camada de cinco mil metros de rochas e sal fóssil. Seu óleo, porém, é leve e permite uma adequada combinação com o petróleo pesado atualmente extraído. O custo de cada poço será de US$ 60 milhões. O pré-sal exigirá um significativo esforço de investimento para a economia brasileira. Dado que o país deve optar por não ser um exportador de óleo cru, é possível projetar por um período longo o aproveitamento dos campos já identificados. Se a produtividade do poço típico do pré-sal for de 20 mil barris/dia, o custo unitário de produção será inferior a US$ 30 o barril. A distribuição das reservas de petróleo do mundo é concentrada no Oriente Médio, que tem aumentado sua participação nos últimos vinte anos. Em 2006, eram 61,5% do total mundial (54,1%, em 1980). Os onze países da Organization of the Petroleum Exporting Countries (OPEC; em português: Organização dos Países Exportadores de Petróleo – OPEP) controlam 75% das reservas, tendência que tem sido acompanhada pela queda das reservas de economias importantes, como a dos EUA e a do Reino Unido. Alguns países exportadores vêm perdendo posição nas reservas, sendo notável o péssimo desempenho da Indonésia e do México. A complicada equação geopolítica completa-se tendo presente o fato de o continente norte-americano consumir 28,9% do petróleo do mundo, produzir 16,55%, e dispor de apenas 5% das reservas mundiais – importa 70% do petróleo que utiliza. Em 2006, se a economia norte-americana dispusesse, na sua plenitude, de toda a produção do Novo Mundo, permaneceria em déficit. As reservas europeias – sem computar a da Rússia – são 2% das do mundo, enquanto seu consumo é de 22,9%. China e Japão consomem 15% do petróleo do mundo, e suas reservas não chegam a 5%". (LESSA, Carlos. Infraestrutura e Logística no Brasil. In: CARDOSO Jr.; José Celso (Org.). *Desafios*

que: "Não é nenhuma profecia prognosticar que o Brasil, nos próximos anos, fará esforços no capítulo de infraestrutura de transporte e de energia".[424]

Dentre os esforços para o planejamento da infraestrutura, influentes ao setor dos transportes, podem ser destacados, durante o governo do petista, quatro programas o "Programa Brasil para Todos", a Política Nacional de Ordenamento Territorial (PNOT), o Programa de Aceleração do Crescimento (PAC); e o Plano Nacional de Logística e Transportes (PNLT).

### 5.4.1 Os transportes no PPA 2004-2007: Programa "Brasil para Todos"

Instaurado pela Lei nº 10.933 de 11 de agosto de 2004, o programa "Brasil para Todos" era voltado a 3 megaobjetivos: a inclusão social e a redução das desigualdades sociais;[425] (ii) o crescimento com geração de emprego e renda, ambientalmente sustentável e redutor das

---

ao desenvolvimento Brasileiro: contribuições do Conselho de Orientação do IPEA, Brasília, IPEA, 2009, vol. 1, p. 94-96).

[424] LESSA, Carlos. Infraestrutura e Logística no Brasil. In: CARDOSO Jr.; José Celso (Org.). Desafios ao desenvolvimento Brasileiro: contribuições do Conselho de Orientação do IPEA, Brasília, IPEA, 2009, vol. 1, p. 96.

[425] O primeiro mega objetivo tratava da Inclusão Social e Redução das Desigualdades Sociais, e congregava os seguintes desafios: combater a fome visando a sua erradicação e promover a segurança alimentar e nutricional, garantindo o caráter de inserção e cidadania; ampliar a transferência de renda para as famílias em situação de pobreza e aprimorar os seus mecanismos; promover o acesso universal, com qualidade e equidade à seguridade social (saúde, previdência e assistência); ampliar o nível e a qualidade da escolarização da população, promovendo o acesso universal à educação e ao patrimônio cultural do país; promover o aumento da oferta e a redução dos preços de bens e serviços de consumo popular; implementar o processo de reforma urbana, melhorar as condições de habitabilidade, acessibilidade e de mobilidade urbana, com ênfase na qualidade de vida e no meio-ambiente; reduzir a vulnerabilidade das crianças e de adolescentes em relação a todas as formas de violência, aprimorando os mecanismos de efetivação dos seus direitos sociais e culturais; promover a redução das desigualdades raciais, com ênfase na valorização cultural das etnias; promover a redução das desigualdades de gênero, com ênfase na valorização das diferentes identidades; ampliar o acesso à informação e ao conhecimento por meio das novas tecnologias, promovendo a inclusão digital e garantindo a formação crítica dos usuários Cf. BRASIL. Plano Plurianual (2004-2007). Brasília: Ministério do Planejamento, Orçamento e Gestão, 2003, p. 25-52.

desigualdades regionais;[426] e (iii) a promoção e expansão da cidadania e fortalecimento da democracia.[427]

Esses objetivos eram sintetizados pelo governo na finalidade de uma retomada do crescimento com geração de emprego, distribuição de renda e inclusão social, que levasse à justiça social e que alavancasse o desenvolvimento com a construção de espaços de planejamento democráticos. Isso viria por meio de uma recuperação da estabilidade e credibilidade interna e externa do país.[428] No âmbito dos transportes, estabelece-se como estratégia de longo prazo que baliza os megaobjetivos

---

[426] O segundo megaobjetivo abordado pela Lei é o: Crescimento com geração de trabalho, emprego e renda, ambientalmente sustentável e redutor das desigualdades sociais, ele dividiu-se nos seguintes desafios: alcançar o equilíbrio macroeconômico com a recuperação e sustentação do crescimento e distribuição da renda, geração de trabalho e emprego; ampliar as fontes de financiamento internas e democratizar o acesso ao crédito para o investimento, a produção e o consumo; ampliar a oferta de postos de trabalho, promover a informação e a formação profissional e regular o mercado de trabalho, com ênfase na redução da informalidade; implantar um efetivo processo de reforma agrária, recuperar os assentamentos existentes, fortalecer e consolidar a agricultura familiar e promover o desenvolvimento sustentável do meio rural, levando em consideração as condições edafoclimáticas nas diferentes regiões do país; coordenar e promover o investimento produtivo e a elevação da produtividade, com ênfase na redução da vulnerabilidade externa; ampliar, desconcentrar regionalmente e fortalecer as bases culturais, científicas e tecnológicas de sustentação do desenvolvimento, democratizando o seu acesso; impulsionar os investimentos em infraestrutura de forma coordenada e sustentável; reduzir as desigualdades regionais e intrarregionais com integração das múltiplas escalas espaciais (nacional, macrorregional, sub-regional e local), valorizando as identidades e diversidades culturais e estimulando a participação da sociedade no desenvolvimento local; melhorar a gestão e a qualidade ambiental e promover a conservação e uso sustentável dos recursos naturais, com ênfase na promoção da educação ambiental; ampliar a participação do País no mercado internacional preservando os interesses nacionais; incentivar e fortalecer as micro, pequenas e médias empresas com o desenvolvimento da capacidade empreendedora. Cf. BRASIL. *Plano Plurianual (2004-2007)*. Brasília: Ministério do Planejamento, Orçamento e Gestão, 2003, p. 53-86.

[427] Por fim, o terceiro mega objetivo, foi denominado como: Promoção e expansão da cidadania e fortalecimento da democracia, e foi dividido nos seguintes desafios: "fortalecer a cidadania com a garantia dos direitos humanos, respeitando a diversidade das relações humanas; garantir a integridade dos povos indígenas respeitando sua identidade cultural e organização econômica; valorizar a diversidade das expressões culturais nacionais e regionais; garantir a segurança pública com a implementação de políticas públicas descentralizadas e integradas; valorizar a identidade e preservar a integridade e a soberania nacionais; promover os valores e os interesses nacionais e intensificar o compromisso do Brasil com uma cultura de paz, solidariedade e de direitos humanos no cenário internacional; implementar uma nova gestão pública: ética, transparente, participativa, descentralizada, com controle social e orientada para o cidadão; combater a corrupção; democratizar os meios de comunicação social, valorizando os meios alternativos e a pluralidade de expressão. Cf. BRASIL. *Plano Plurianual (2004-2007)*. Brasília: Ministério do Planejamento, Orçamento e Gestão, 2003, p. 87-104.

[428] Diversos dos seus dispositivos foram incluídos pela Lei nº 11.318/ 2006. Dentre eles: a orientação estratégica do governo, os programas de governo, o órgão responsável pelo programa de governo e os programas sociais.

a redução do custo logístico, a exploração do uso multimodal em substituição da matriz predominantemente rodoviária, a abertura de sistemas de integração com países vizinhos e a melhoria da mobilidade urbana.[429] No primeiro megaobjetivo, o transporte aparece como um dos alvos de uma das diretrizes do combate à fome: "Combate ao desperdício na produção, armazenamento, transporte, comercialização e consumo de alimentos";[430] aparece também em duas das diretrizes da nova proposta de reforma urbana: "Mudança no padrão de circulação, acessibilidade, trânsito e transporte, com a valorização do transporte coletivo"; e a: "Democratização das concessões públicas de transporte coletivo".[431]

No segundo megaobjetivo, o transporte aparece em três das diretrizes abarcadas pela meta de impulsionamento dos investimentos em infraestrutura, de forma coordenada e sustentável: "Ampliação da malha rodoviária, ferroviária e aquaviária, estimulando o desenvolvimento de sistemas de transporte multimodal", o "Desenvolvimento do transporte marítimo de cabotagem e de longo curso, integrando-o à malha viária nacional;" e a "Viabilização de meios de transporte para áreas isoladas do País".[432]

O terceiro megaobjetivo não traz menções ao setor.

## 5.4.2 Os transportes na Política Nacional de Ordenamento Territorial (PNOT)

Em 20 de maio de 2003, por meio da Lei nº 10.683, em seu artigo 27, inciso XIII, alínea 'l', foi incumbida ao Ministério da Integração Nacional, juntamente com o Ministério da Defesa, a coordenação do processo de formulação da Política Nacional de Ordenamento Territorial (PNOT). De acordo com o relatório que forneceu subsídios para a sua instituição, a política surge em um contexto de, no âmbito político-institucional, desarticulação e dispersão da ação do Estado na gestão integrada do território, assim como dificuldades para o Estado na promoção da

---

[429] BRASIL. *Plano Plurianual (2004-2007)*. Brasília: Ministério do Planejamento, Orçamento e Gestão, 2003, p. 22.

[430] BRASIL. *Plano Plurianual (2004-2007)*. Brasília: Ministério do Planejamento, Orçamento e Gestão, 2003, p. 31

[431] BRASIL. *Plano Plurianual (2004-2007)*. Brasília: Ministério do Planejamento, Orçamento e Gestão, 2003, p. 44

[432] BRASIL. Plano Plurianual (2004-2007). Brasília: Ministério do Planejamento, Orçamento e Gestão, 2003, p. 74.

integração espacial dos fluxos econômicos; e de desarticulação entre as políticas setoriais com impacto territorial. No âmbito econômico, constava-se uma concentração espacial das atividades econômicas ao longo do litoral e nas áreas metropolitanas do país.[433]

Na esfera logística, mais diretamente vinculada ao presente trabalho, o relatório traz uma análise mais desdobrada, destacando a conjuntura que seria enfrentada pela política territorial a ser instituída. Pontua, nesse sentido, o relatório a dominação territorial exercida pelas grandes empresas que incorporam, submetem ou excluem os territórios de grupos sociais com menos poder; a oposição e a disparidade visualizadas entre a logística das grandes empresas com relação à produção familiar; a desigualdade na distribuição pelo território nacional da infraestrutura de transporte e armazenagem; a disparidade na distribuição no território nacional das redes de informação a longa distância, visto a concentração dos eixos centrais de tais mecanismos no litoral do país; a crescente discrepância espacial entre as regiões produtoras e consumidoras de energia de origem hidrelétrica; a baixa exploração da navegação hidroviária e costeira no território nacional; a insuficiência da infraestrutura logística orientada para integração continental; e a má distribuição da densidade rodoviária em cada uma das regiões do país.[434]

Frente a tal cenário logístico, a política institui como diretrizes de ação a integração das redes de infraestrutura econômica, de equipamentos e de serviços sociais urbanos, o apoio à reestruturação e redimensionamento da matriz de transporte visando integrar os mercados intra e inter-regionais e nacional e o apoio e diversificação da matriz energética e a expansão das redes, com a busca de atender às necessidades de desenvolvimento e melhor distribuição das atividades produtivas. A fim de cumprir com tais propostas, o relatório estabelece uma única estratégia no setor de logística: "Construir mecanismos de coordenação intra-governamental que incorporem os parâmetros definidos pela PNOT no planejamento e decisões de investimento em infra-estrutura."

---

[433] BRASIL. *Projeto "Elaboração de subsídios técnicos e documento-base para a definição da Política Nacional de Ordenação do Território – PNOT*. Brasília: Ministério da Integração Nacional, 2006, p. 12.

[434] BRASIL. *Projeto "Elaboração de subsídios técnicos e documento-base para a definição da Política Nacional de Ordenação do Território – PNOT*. Brasília: Ministério da Integração Nacional, 2006, p. 191.

No que tange especificamente aos transportes, o PNOT destaca o processo de descentralização e de desmonte passados pelo setor na década de 1990, e se coloca como uma alternativa para reestruturação da infraestrutura do setor.[435] O documento destaca duas características centrais do transporte brasileiro, naquele período: a predominância absoluta do subsetor rodoviário e enorme disparidade da qualidade dos transportes em âmbito regional.[436] Nesse sentido, o relatório traz uma interessante síntese sobre a qualidade dos transportes, sobretudo no aspecto da densidade em cada uma das regiões do país:

> *No Sudeste*, as redes são densas, constituídas por vias asfaltadas, algumas com pista dupla, sobretudo no estado de São Paulo e nos eixos que o ligam aos seus vizinhos. *No Nordeste*, as malhas estão razoavelmente completas, manifestando um progresso acentuado em relação à situação de vinte anos atrás, mas são densas apenas nas regiões litorâneas. Contudo, em vastas zonas do sertão, são muito esparsas. *No Centro-Oeste*, a situação é mais contrastante entre os arredores das capitais (Brasília, Goiânia, Campo Grande e Cuiabá), cercados por redes relativamente densas (embora compostas em parte por vias não asfaltadas), e as regiões periféricas, onde dominam as vias sem asfalto. *Na Amazônia*, as redes se resumem a alguns eixos – como a grande estrada Transamazônica construída nos anos 1970 – e são totalmente ausentes no norte e ocidente da Amazônia, a montante de Manaus. A qualidade das estradas reforça esse contraste: as regiões onde a malha rodoviária é mais densa correspondem às vias mais largas e com melhor manutenção, o que permite um tráfego mais intenso e rápido, especialmente nas vias de pista dupla.[437] (destaque nosso)

---

[435] BRASIL. Projeto *"Elaboração de subsídios técnicos e documento-base para a definição da Política Nacional de Ordenação do Território – PNOT*. Brasília: Ministério da Integração Nacional, 2006, p. 29

[436] "O sistema de transporte brasileiro apresenta duas características notáveis. A primeira é a predominância absoluta da estrada, que representava, ao final dos anos 1990, mais de 65% do tráfego, enquanto as ferrovias cobriam apenas 21% (contra 37% nos Estados Unidos e 57% no Canadá), as hidrovias 12%, e as tubulações (gasodutos e oleodutos) 4%. A segunda é a configuração da rede rodoviária, marcada pelas enormes disparidades que existem entre as regiões." BRASIL. *Projeto "Elaboração de subsídios técnicos e documento-base para a definição da Política Nacional de Ordenação do Território – PNOT*. Brasília: Ministério da Integração Nacional, 2006, p. 48

[437] BRASIL. Projeto *"Elaboração de subsídios técnicos e documento-base para a definição da Política Nacional de Ordenação do Território – PNOT*. Brasília: Ministério da Integração Nacional, 2006, p. 49

Em seguida, o documento traz uma relevante análise que define o transporte como um setor-chave para o ordenamento do território:

> Em relação às atividades que não contribuem ao uso do território pela área que ocupam, mas pela capilaridade que proporcionam, a matriz de transporte é obviamente um setor-chave. A sua alteração não visa apenas um maior equilíbrio entre os vários modos de transporte (no momento, perigosamente centrados no rodoviário), mas pode constituir-se numa potente alavanca na melhoria da acessibilidade e da inclusão das áreas mais periféricas do território nacional.[438]

O documento reconhece uma característica reticular aos transportes e visualiza a necessidade de montar uma malha mais equitativa que não seja focada apenas no abastecimento das zonas centrais:

> Em uma época cada vez mais reticular, repensar as redes de transporte de pessoas, mercadorias, energia e informação, montando uma malha menos voltada para o abastecimento do centro e mais eqüitativa, será sem dúvida uma das alavancas mais poderosas para distribuir melhor o desenvolvimento no país.[439]

No subsetor rodoviário, a política destaca que a principal problemática está no excesso de ofertas que leva à uma concorrência predatória, o desbalanceamento dos fluxos e o obsoletismo da frota.[440] No modal ferroviário, o PNOT destaca a segmentação da malha, que inviabiliza a sua interligação aos portos, as diferenças de bitola e o fato

---

[438] BRASIL. *Projeto "Elaboração de subsídios técnicos e documento-base para a definição da Política Nacional de Ordenação do Território – PNOT*. Brasília: Ministério da Integração Nacional, 2006, p. 55

[439] BRASIL. *Projeto "Elaboração de subsídios técnicos e documento-base para a definição da Política Nacional de Ordenação do Território – PNOT*. Brasília: Ministério da Integração Nacional, 2006, p. 56-57

[440] "Um dos maiores problemas do transporte rodoviário é o excesso de oferta, que reduz a receita por tonelada transportada, de tal sorte, que a concorrência predatória levou ao fechamento de empresas tradicionais e de grande porte. O desbalanceamento dos fluxos, a falta de informação quanto ao verdadeiro custo do transporte (considerando custos fixos e variáveis), tem sido a principal causa da redução e do aviltamento dos fretes que, freqüentemente, não chegam a remunerar os custos variáveis. A baixa rentabilidade do setor decorre também do obsoletismo da frota, cuja idade média é estimada em 14 anos, ou seja, o dobro da idade desejada. Por sua vez, o baixo valor do frete médio rodoviário tem sido um dos maiores impedimentos ao pleno desenvolvimento dos modais ferroviário e de cabotagem". BRASIL. *Projeto Elaboração de subsídios técnicos e documento-base para a definição da Política Nacional de Ordenação do Território – PNOT*. Brasília: Ministério da Integração Nacional, 2006, p. 71

de que sua estrutura de custos demanda grandes e regulares volumes de tráfego, que inviabilizam seu alcance ao interior menos povoado.[441] O modal fluvial é limitado ao transporte da carga geral de produção regional e para a circulação de população de baixa renda, especialmente na Amazônia.[442] O modal aeroviário, de acordo com a política, é altamente concentrado nas capitais estaduais, o que é problemático

---

[441] "É pequena, a participação da ferrovia na matriz de transportes brasileira: em 2000, apenas 20,86% da carga total transportada no país e em 2004, 23,9%. Problemas do transporte ferroviário residem: na malha segmentada, visando apenas ligar a área produtora ao porto; nas diferenças de bitola; na insuficiência e armazenagem e áreas de alimentação retro-portuárias; nos terminais de transbordo e na má qualidade da frota de cabotagem. A estrutura de custos da ferrovia requer grandes e regulares volumes de tráfego, ou seja, economia de escala. A expansão da agroindústria depende da superação desses problemas, que resultaram em perda de 13% das safras de grãos entre 1997-2003, calculando-se o custo logístico doméstico em 12,1% do PIB, dos quais 7% correspondem ao transporte." BRASIL. *Projeto Elaboração de subsídios técnicos e documento-base para a definição da Política Nacional de Ordenação do Território – PNOT*. Brasília: Ministério da Integração Nacional, 2006, p. 72

[442] "O modal fluvial é usado apenas para o transporte da carga geral da produção regional e a circulação de população de baixa renda, particularmente na Amazônia. Conexões no continente se fazem, sobretudo pela hidrovia do Paraguai; trocas tradicionais entre os terminais Corumbá que exportam ferro, manganês granulado e gado, em menor proporção, e importam trigo da Argentina. A inovação nesta circulação é a exportação de soja por terminais de Cáceres e Ladario para a Bolívia, Paraguai e Argentina. A Bacia do Tietê–Paraná tem características específicas que expressam o desenvolvimento do centro-sul do Brasil, particularmente de São Paulo. Os terminais do estado são todos privativos. A soja em grãos, seguida do farelo e óleo de soja, dominam totalmente a circulação fluvial. A origem da soja são os terminais de Goiás (dois privativos e um público) e do Paraguai (um privativo e dois públicos). Trata-se, portanto de uma especialização. O avanço territorial da soja é flagrante à medida que se avança para o norte do país. A soja está presente na circulação juntamente com a carga geral que caracteriza a circulação histórica das áreas menos desenvolvidas. Somente na Amazônia Ocidental uma outra inovação marca a circulação fluvial: o petróleo. Na Hidrovia do São Francisco, a soja é recebida em Juazeiro (Bahia) juntamente com milho e casca de cereais. Na Hidrovia do Madeira, a circulação é diversificada: Porto Velho envia soja em grãos para Itacoatiara, de onde recebe fertilizantes e carga geral para Manaus, que lhe retorna granel líquido e Gás Liquefeito de Petróleo (GLP). Na Hidrovia do Solimões, domina o transporte de petróleo e GLP de Coari para Manaus. Até Santarém, na Bacia do Amazonas, essa diversificação é registrada. As demais bacias mantêm o transporte não especializado de carga em geral, que caracteriza todo o transporte fluvial das áreas menos desenvolvidas. Tanto na Amazônia Oriental, que envolve Santarém, Belém e Macapá, quanto na Bacia do Tocantins-Araguaia, à exceção do calcário oriundo de Luciara (Mato Grosso), vale registrar a ausência de dados, talvez pelos embargos decorrentes da questão ambiental. É na Hidrovia do Parnaíba, no Nordeste, que o domínio da carga geral e produtos diversos alcança o predomínio total. Pequenas exceções a esse quadro, revelando diversificação de carga, são: a) Hidrovia do Guamá-Capim (Pará), onde há transporte de caulim para Barcarena, e de madeira e seixos para Belém; b) Hidrovia do Jacuí/Taquari/Lagoa dos Patos, que transporta carvão, óleo de soja, lascas de madeira, milho e sorgo, certamente pela proximidade de Porto Alegre." BRASIL. *Projeto Elaboração de subsídios técnicos e documento-base para a definição da Política Nacional de Ordenação do Território – PNOT*. Brasília: Ministério da Integração Nacional, 2006, p.73

pois devido à extensão territorial brasileira, tanto esse modal, quanto o modal fluvial, deveriam ser privilegiados.[443]

A problemática acima levantada, de acordo com o PNOT, é decorrente de um abandono da infraestrutura dos transportes ocorrido durante os anos de passagem do Estado investidor à privatização, sobretudo na década de 1990, resultando na péssima qualidade das rodovias e no esquecimento das ferrovias durante o surto rodoviário. A redescoberta destas, de acordo com a política, por questões, dentre outras, de soberania econômica, ocorreu em 1997 a partir da concessão de trechos à iniciativa privada. As concessionárias em parceria com empresas logísticas teriam passado a investir em terminais intermodais, que conferiram agilidade para as rodovias, ferrovias ou hidrovias. Dessa forma a política propõe um redimensionamento da matriz de modo a gerar um maior investimento em ferrovias, para aprofundar

---

[443] "A circulação aérea é fundamental no transporte de passageiros em função de negócios e de turismo. As redes aéreas mantêm um padrão altamente concentrado nas capitais estaduais. Dados do ano de 2004, relativos ao transporte de carga e passageiros nos aeroportos nacionais, indicam: i) A inclusão do transporte internacional em todos os aeroportos das capitais estaduais, com exceção de Vitória e Goiânia. Esta inovação parece estar ligada, sobretudo ao turismo, e também aos negócios. ii) A ampliação dos aeroportos e sua duplicação em São Paulo, Rio de Janeiro e Belo Horizonte. Os antigos aeroportos, sediados em zona urbana, permanecem atendendo aos vôos domésticos de trajetos mais curtos, sobretudo entre as três metrópoles citadas. É lícito acrescentar Campinas como um terceiro aeroporto da metrópole paulista. iii) São Paulo possui o maior aeroporto, quanto ao número de passageiros transportados (26 milhões, em 2004), seguido do Rio de Janeiro (11 milhões) e Brasília (10 milhões). iv) Quanto ao transporte de cargas, a hierarquia é muito diversa: Guarulhos mantém a primeira posição, seguido de Campinas, afirmando a força de São Paulo. No entanto, Manaus desponta após São Paulo, seguido do Rio de Janeiro, Salvador e Brasília. O turismo internacional é sem dúvida um fator de intensificação da circulação de passageiros, patente no volume registrado em Salvador, Fortaleza e Natal. Salvador desponta como importante nó de circulação aérea, não só de passageiros e como também de carga. As viagens de negócios são mais elevadas, sobretudo, em São Paulo, onde o transporte internacional de passageiros em Guarulhos é maior do que o doméstico. Já no Rio de Janeiro, revelando menor dinâmica, mesmo no Aeroporto do Galeão, o número de passageiros domésticos supera o dos internacionais. As conexões com a América do Sul continuam fracas. Para viajar do Rio de Janeiro até Guaiaquil, na costa do Equador, por exemplo, é necessário ir a Santiago ou Buenos Aires, permanecer horas no aeroporto, aguardando uma conexão para Guaiaquil. Fluxos existem na parte central da América do Sul, tanto ferroviários como rodoviários, sendo o fluxo aeroviário o mais intenso. Somente entre Buenos Aires e Santiago que se configura uma malha efetiva. Nas conexões aéreas, o Brasil, que já tem fluxos intensos com Buenos Aires, tem intensificado firmemente os fluxos com Santiago. No mais, tratam-se de redes com interconexões ou corredores isolados, como mostra o cartograma 45. A extensão territorial e a tropicalidade do Brasil deveriam atribuir à circulação pelos caudais fluviais e por via aérea um papel de destaque, mas não é que acontece. Essas vias de circulação não têm expressão significativa. As articulações com a América do Sul são ainda embrionárias". BRASIL. *Projeto Elaboração de subsídios técnicos e documento-base para a definição da Política Nacional de Ordenação do Território – PNOT*. Brasília: Ministério da Integração Nacional, 2006, p. 73-75.

esse processo de produtividade, sobretudo no transporte de carga, mas reconhece problemas geográficos e sociais decorrentes dessa expansão:

a geopolítica das redes ferroviárias, associada às exportações, segue, grosso modo, o padrão histórico de conexão da área produtora ao porto, compondo o que se convencionou chamar de bacia urbana, a qual atende, contudo, áreas produtoras muito mais amplas. Na disputa pelo transporte de cargas, as concessionárias estendem redes pelo interior, criando extensas hinterlândias, que constituem verdadeiros territórios logísticos de escoamento corporativados. Em outras palavras, a expansão ferroviária é funcional às exportações, e seus corredores não trazem grande benefício à inclusão social. Utilizando-se do investimento contido nos equipamentos e vias construídas pelo Estado, o setor privado só tem inovado em expedientes capazes de agilizar o escoamento da produção para o exterior. Ademais, as redes estão muito mais presentes no Centro-Sul do que no Nordeste e na Amazônia.[444]

Após o PNOT, ainda com relação ao planejamento é relevante o PPA 2008-2011 ("Desenvolvimento com inclusão social e educação de qualidade"). Sobre esse plano, aduz Lea Vidigal Medeiros que sua elaboração se deu em um contexto de reativação do crescimento econômico, na busca de expansão do emprego e da renda.[445] Foi ele apresentado como um alargamento da estratégia do PPA anterior, adicionando-se ao objetivo de integração da massa da população, por meio do consumo, novos componentes que estabelece como essenciais ao desenvolvimento do país,[446] tendo como ênfase: "a expansão dos investimentos em infraestrutura a cargo do Programa de Aceleração do Crescimento (PAC), a melhoria da educação inscrita no Plano de Desenvolvimento da Educação (PDE) e a articulação das políticas sociais pela chamada Agenda Social".[447]

---

[444] BRASIL. *Projeto Elaboração de subsídios técnicos e documento-base para a definição da Política Nacional de Ordenação do Território – PNOT*. Brasília: Ministério da Integração Nacional, 2006, p. 81-83.

[445] MEDEIROS, Lea Vidigal. *Direito econômico e superação do subdesenvolvimento*: BNDES e planejamento. 2016, 331p. Dissertação (Mestrado em Direito) – Faculdade de Direito, Universidade de São Paulo, São Paulo, 2016, p. 249.

[446] MEDEIROS, Lea Vidigal. *Direito econômico e superação do subdesenvolvimento*: BNDES e planejamento. 2016, 331p. Dissertação (Mestrado em Direito) – Faculdade de Direito, Universidade de São Paulo, São Paulo, 2016, p. 249-250.

[447] MEDEIROS, Lea Vidigal. *Direito econômico e superação do subdesenvolvimento*: BNDES e planejamento. 2016, 331p. Dissertação (Mestrado em Direito) – Faculdade de Direito, Universidade de São Paulo, São Paulo, 2016, p. 250-251.

Esse contexto de expansão, no âmbito dos transportes, pode ser representado pelas ambiciosas prospecções e metas do PAC.

### 5.4.3 Os transportes no Programa de Aceleração do Crescimento (PAC)

O Programa de Aceleração do Crescimento (PAC) foi criado no ano de 2007 com a finalidade de retomar o planejamento e a execução de grandes obras de infraestrutura social, urbana, logística e energética do Brasil, de modo a contribuir para seu desenvolvimento acelerado e sustentável.[448]

O programa tinha a premissa de que a expansão do investimento na infraestrutura é uma condição para a aceleração do desenvolvimento sustentável, do aumento da produtividade e da superação dos desequilíbrios regionais e das desigualdades sociais.[449] Estabelecem-se por meio do programa cinco direcionamentos para alcançar essa expansão: (i) planejamento estratégico de médio e longo prazos; (ii) fortalecimento da regulação e da competitividade; (iii) instrumentos financeiros adequados ao investimento de longo prazo; (iv) parcerias entre o setor público e o investimento privado; e (v) articulação entre os entes federativos.[450] Tais direcionamentos eram focalizados em projetos de infraestrutura compostos em três eixos: (i) a infraestrutura logística; (ii) a infraestrutura energética; e (iii) a infraestrutura social e urbana.[451] Para que fossem selecionados os projetos de tais eixos, quatro eram os critérios: (i) forte potencial para gerar retorno econômico e social; (ii) sinergia entre os projetos; (iii) recuperação de infraestrutura existente; e (iv) conclusão de projetos em andamento.[452]

Dentre os anos de 2007 e 2010, eram previstos de investimentos consolidados de infraestrutura o total de 503,9 bilhões de reais. Destes, 58,3 bilhões para o setor de logística, divididos em 13,4 bilhões em 2007

---

[448] BRASIL. *Programa de Aceleração do Crescimento*. Brasília: Ministério da Indústria, Comércio Exterior e Serviços, 2007, p.1.
[449] BRASIL. *Programa de Aceleração do Crescimento*. Brasília: Ministério da Indústria, Comércio Exterior e Serviços, 2007, p. 3.
[450] BRASIL. *Programa de Aceleração do Crescimento*. Brasília: Ministério da Indústria, Comércio Exterior e Serviços, 2007, p.2.
[451] BRASIL. *Programa de Aceleração do Crescimento*. Brasília: Ministério da Indústria, Comércio Exterior e Serviços, 2007, p. 4.
[452] BRASIL. *Programa de Aceleração do Crescimento*. Brasília: Ministério da Indústria, Comércio Exterior e Serviços, 2007, p. 5.

e 44,9 bilhões entre 2008 e 2010; 274,8 bilhões para a infraestrutura energética, divididas em 55 bilhões em 2007 e 219,8 bilhões entre 2008 e 2010; e 170,8 bilhões para a infraestrutura social e urbana, divididos em 43,6 bilhões em 2007 e 127,2 bilhões entre 2008 e 2010.[453]

No que se refere à gestão e ao monitoramento do PAC, criou-se o Comitê Gestor do Plano de Aceleração do Crescimento (CGPAC), composto pelo Ministério do Planejamento, Orçamento e Gestão (MPOG), e Ministério da Fazenda e a Casa Civil. Tinham-se como membros do grupo executivo também o MPOG por meio do SOF e do SPI, o Ministério da Fazenda por meio do STN e do SEP e a Casa Civil por meio do SAM.[454]

O PAC em tese previa uma divisão proporcionalmente isonômica para as regiões do país. No âmbito da infraestrutura logística eram destinados 6,3 bilhões de reais ao Norte, 7,4 bilhões de reais ao Nordeste, 7,9 bilhões de reais ao Sudeste, 4,5 bilhões de reais ao Sul e 3,8 bilhões de reais ao Centro-Oeste. Na infraestrutura energética foram direcionados 32,7 bilhões de reais ao Norte, 29,3 bilhões de reais ao Nordeste, 80,8 bilhões de reais ao Sudeste, 18,7 bilhões de reais ao Sul e 11,6 bilhões de reais ao Centro-Oeste. Na infraestrutura social e urbana foram destinados 11,9 bilhões de reais ao Norte, 43, 7 bilhões de reais ao Nordeste, 41,8 bilhões de reais ao Sudeste, 14,3 bilhões de reais ao Sul e 8,7 bilhões de reais ao Centro-Oeste. Previram-se também valores para o Brasil como um todo, na infraestrutura logística tais valores eram de 28,4 bilhões de reais, na infraestrutura energética 101,7 bilhões de reais, já na social e urbana o montante alcançava 50,4 bilhões de reais.[455]

Embora sejam relevantes a infraestrutura energética, assim como a social e urbana, destacamos os investimentos na infraestrutura logística, pois são os mais relevantes aos transportes.

Dividiu-se a infraestrutura logística no PAC em rodoviária, ferroviária, portuária, hidroviária e aeroportuária.[456] Três foram os instrumentos públicos definidos para incentivar o investimento nesse tipo

---

[453] BRASIL. *Programa de Aceleração do Crescimento*. Brasília: Ministério da Indústria, Comércio Exterior e Serviços, 2007, p. 6.

[454] BRASIL. *Programa de Aceleração do Crescimento*. Brasília: Ministério da Indústria, Comércio Exterior e Serviços, 2007, p. 6.

[455] BRASIL. *Programa de Aceleração do Crescimento*. Brasília: Ministério da Indústria, Comércio Exterior e Serviços, 2007, p. 6.

[456] BRASIL. *Programa de Aceleração do Crescimento*. Brasília: Ministério da Indústria, Comércio Exterior e Serviços, 2007, p 9.

de infraestrutura: (i) o estabelecimento de marcos regulatórios mais fortalecidos, com a ampliação da parceria com a iniciativa privada e a garantia de uma tarifa módica e um serviço sustentável; (ii) a participação da iniciativa privada nos investimentos, através de concessão simples, concessão patrocinada (PPP) e concessão administrativa; e (iii) linhas de financiamento e oportunidades de investimento adequadas.

No que se refere à previsão de investimentos, diferentemente do Plano Geral de Viação Nacional, do Plano de Metas de Juscelino Kubitschek, ou do Plano Trienal de João Goulart, aqui sim há uma discrepância nos investimentos às rodovias, em detrimento dos demais modais. Para as primeiras foram destinadas 33,4 bilhões de reais entre os anos de 2007 a 2010, divididos em 8,1 bilhões de reais em 2007 e 25,3 bilhões de reais entre 2008 e 2010. Para as ferrovias foram destinados entre 2007 e 2010 o montante de 7,9 bilhões de reais, divididos em 1,7 bilhão de reais em 2007 e 6,2 bilhões de reais dentre 2008 e 2010. Para os portos foram reservados 2,7 bilhões de reais, sendo 600 milhões de reais em 2007 e 2,1 bilhões de reais dentre 2008 e 2010. Aos aeroportos foram 3,0 bilhões de reais, sendo 900 milhões de reais em 2007 e 2,1 bilhões de reais dentre 2008 e 2010. À marinha mercante o valor foi um pouco mais substantivo, totalizando o montante de 10,6 bilhões de reais no período de 2007 a 2010, sendo 1,8 bilhões de reais em 2007 e 8,8 bilhões de reais dentre 2008 e 2010. As fontes para tais investimentos, na esfera pública, foram a OGU Fiscal, com o montante de 33 bilhões de reais e o BNDES com o total de 17 bilhões de reais,[457] além do investimento privado.

Dentre as metas para os transportes previa-se por subsetor, às rodovias, a recuperação de 32.000 km, a adequação ou duplicação de 3.214 km e a construção de 6.876 km. No que se refere às ferrovias, previu-se a construção de 2.518 km, sendo 211 km a encargo dos investimentos públicos e 2.307 dos investimentos privados. Para o subsetor hidroviário previu-se a construção de 79 portos e uma eclusa. No subsetor aeroportuário, estipulou-se a criação de 20 aeroportos.[458] Tais projetos possuíam quatro objetivos principais, que foram elaborados com a finalidade de superar os limites estruturais e ampliar a cobertura geográfica da infraestrutura dos transportes: o primeiro era o aumento

---

[457] BRASIL. *Programa de Aceleração do Crescimento*. Brasília: Ministério da Indústria, Comércio Exterior e Serviços, 2007, p 11.
[458] BRASIL. *Programa de Aceleração do Crescimento*. Brasília: Ministério da Indústria, Comércio Exterior e Serviços, 2007, p.12.

da eficiência produtiva nas áreas consolidadas; o segundo era a indução ao desenvolvimento nas áreas de expansão agrícola e mineral; o terceiro era a redução das desigualdades regionais em áreas deprimidas; e o quarto era a integração Regional Sul-Americana.[459]

Dentre as principais previsões do programa, tinha-se no Centro-Oeste um foco, no modal rodoviário, nas obras da BR 242 – MT, da BR 158 – MT, da BR 364 – MT, da BR 163-364 – MT, da BR 070 – GO, da BR 060 – GO, da BR 153 – GO e da BR 158 – MS – SP. Já no modal ferroviário tiveram-se como foco as obras na Ferrovia Rondonópolis – MT e na Ferrovia Norte – Sul – GO. No modal hidroviário destacou-se a dragagem da Hidrovia Paraná-Paraguai.[460] No modal aeroviário previu-se a complementação da reforma do Terminal de Passageiros do Aeroporto de Cuiabá, a ampliação da capacidade para 11 milhões de passageiros por ano no Aeroporto de Brasília e a ampliação da capacidade para 2,1 milhões de passageiros por ano no Aeroporto de Goiania.[461]

Dentre as ligações intermodais, destaca-se a busca pela integração da Ferrovia Norte-Sul – FCA ao Porto de Santos, por meio da sua ligação com a BR-060 – GO e a integração das BR's – 163 – 364 – MT, com a Ferrovia Ferronorte até o Porto de Santos e com a Ferroanel até o Porto de Itaguaí-RJ.[462]

Na região Norte destacam-se no modal rodoviário as obras na BR-364-AC, na BR-319-AM, na BR-163-MT-PA, na BR-230-PA e na BR-156-AP. No modal ferroviário destaca-se a obra na Ferrovia Norte-Sul – TO. No subsetor hidroviário têm-se como destaque as obras nos Terminas Hidroviários na Amazônia – AM-PA e na Eclusa de Tucunuí – PA, assim como o Porto de Vila do Conde-PA.[463] No modal aeroviário, teve-se a previsão de ampliação da capacidade do Aeroporto de Boa Vista para 330 mil passageiros por ano e a ampliação da capacidade do Aeroporto de Macapá para 700 mil passageiros por ano.[464]

---

[459] BRASIL. *Programa de Aceleração do Crescimento*. Brasília: Ministério da Indústria, Comércio Exterior e Serviços, 2007, p. 14.
[460] BRASIL. *Programa de Aceleração do Crescimento*. Brasília: Ministério da Indústria, Comércio Exterior e Serviços, 2007, p. 23-24.
[461] BRASIL. *Programa de Aceleração do Crescimento*. Brasília: Ministério da Indústria, Comércio Exterior e Serviços, 2007, p 34.
[462] BRASIL. *Programa de Aceleração do Crescimento*. Brasília: Ministério da Indústria, Comércio Exterior e Serviços, 2007, p. 23-24.
[463] BRASIL. *Programa de Aceleração do Crescimento*. Brasília: Ministério da Indústria, Comércio Exterior e Serviços, 2007, p.15-16.
[464] BRASIL. *Programa de Aceleração do Crescimento*. Brasília: Ministério da Indústria, Comércio Exterior e Serviços, 2007, p. 30.

Dentre as ligações intermodais, tem-se a obra de integração da BR-319 à Hidrovia do Rio Amazonas alcançando o Porto de Manaus, a integração da BR-163 à Hidrovia do Rio Amazonas, passando pelo Porto de Santarém, a integração da Ferrovia Norte-Sul à Estrada de Ferro Carajás e à Hidrovia do Tocantins, passando pela Eclusa de Tucuruí e a integração da BR-230 às Hidrovias na Amazônia e a Hidrovia do Tocantins.[465]

No Nordeste previram-se no subsetor rodoviário obras na BR-135-PI-BA-MG, na BR-230-BB, na BR-101-Nordeste, uma PPP na BR-116-324-BA e a construção de uma ponte na BR-116-BA. No subsetor ferroviário, as obras na Ferrovia Nova Transnordestina, no Contorno Ferroviário de São Félix – BA e na Variante Ferroviária Camaçari – Aratu – BA. Nos portos teve-se a dragagem e berços no Porto de Itaqui-MA, as melhorias no Terminal Salineiro de Areia Branca-RN e no acesso ao Porto de Suape-PE.[466] No modal aeroportuário, teve-se a previsão de ampliação e reforço do pátio e da pista do Aeroporto de Parnaíba, a construção do Terminal de Cargas e da Torre de Controle do Aeroporto de Fortaleza-CE, a ampliação da capacidade para 860 mil passageiros por ano no Aeroporto de João Pessoa-PB, a construção do Aeroporto de São Gonçalo do Amarante em Natal-RN, a construção de 4 Pontes de Embarque no Aeroporto de Recife-PE e a readequação do acesso ao Aeroporto de Salvador-BA.[467]

Como esforço de interligação dos modais destacaram-se as obras no subsetor hidroviário, ferroviário e rodoviário. Dentre elas, a integração da Hidrovia do Rio São Francisco – BR-242, o Porto de Juazeiro e Porto de Aratu, a integração da BR-135 à Ferrovia Transnordestina (Eliseu Martins), a integração da Ferrovia Transnordestina ao Porto de Suape e ao Porto de Pecém, a integração da BR-101-Nordeste à Ferrovia Transnordestina, a dragagem e derrocagem da Hidrovia São Francisco junto ao acesso ferroviário ao Porto de Juazeiro – BA, as obras na BR-135-MA que dá acesso ao Porto de Itaqui, na BR-222-CE, que dá acesso ao Porto de Pecém e na Via Expressa que dá acesso ao Porto de Salvador – BA.[468]

---

[465] BRASIL. *Programa de Aceleração do Crescimento*. Brasília: Ministério da Indústria, Comércio Exterior e Serviços, 2007, p. 23-24.
[466] BRASIL. *Programa de Aceleração do Crescimento*. Brasília: Ministério da Indústria, Comércio Exterior e Serviços, 2007, p. 16-17.
[467] BRASIL. *Programa de Aceleração do Crescimento*. Brasília: Ministério da Indústria, Comércio Exterior e Serviços, 2007, p. 31.
[468] BRASIL. *Programa de Aceleração do Crescimento*. Brasília: Ministério da Indústria, Comércio Exterior e Serviços, 2007, p. 19.

No Sudeste, ao modal rodoviário foram destinadas as obras na BR-153-165-MG, na BR-050-MG, na BR-265-MG, no Trecho Sul do Rodoanel-SP, na BR-262-MG, na BR-101-ES, incluindo o contorno de Vitória, o Arco Rodoviário-RJ, a BR-381-MG, a BR-040-MG e a BR-135-PI-BA-MG. No âmbito do modal ferroviário, destacam-se as obras no contorno ferroviário de Araraquara-SP, no Tramo Norte da Ferroanel-SP e a adequação da Linha Férrea Barra Mansa-RJ. No modal hidroviário a dragagem e perimetrais do Porto de Santos-SP, a dragagem do Porto de Itaguaí-RJ e a contenção do Cais em Vitória-ES.[469] No modal aeroviário, previu-se a construção do novo Terminal de Cargas no Aeroporto de Vitória-ES, a ampliação da capacidade para 2,1 milhões de passageiros por ano, no mesmo aeroporto, a recuperação e revitalização dos sistemas de pistas e do Terminal de Cargas do Aeroporto Tom Jobim-RJ, a ampliação da capacidade para 8,5 milhões de passageiros por ano no Aeroporto Santos Dumont-RJ, a reforma e modernização do Terminal de Passageiros e Construção da Torre de Controle no Aeroporto de Congonhas-SP, a implantação, adequação, ampliação e revitalização do sistema de pátios e pistas do Aeroporto de Guarulhos-SP, a ampliação da capacidade para 12 milhões de passageiros por ano no mesmo aeroporto e a ampliação do estacionamento de veículos para 700 vagas no Aeroporto de Confins, em Belo Horizonte.[470]

No que tange às ligações intermodais, destacam-se as obras de integração do Trecho Sul do Rodoanel ao Porto de Santos-SP, a integração da Brasil Ferrovias ao Porto de Santos-SP e Porto de Itaguaí-RJ através do Tramo Norte da Ferroanel-SP e a integração do Arco Rodoviário-RJ ao Porto de Itaguaí-RJ.[471]

Por fim, na Região Sul, no âmbito do modal rodoviário tem-se as obras na BR-280-SC, na BR-282-SC, na BR-158-RS, na BR-392-RS, na BR-153-PR, na BR 116-PR de adequação ao contorno Leste Curitiba, na BR-470-SC, na BR-101-Sul-SC-RS, na BR-116-RS, na BR-386-RS e na segunda Ponte Internacional de Foz do Iguaçu-PR. No modal ferroviário, destacam-se as obras no contorno ferroviário de Joinville-SP, no contorno ferroviário de São Francisco do Sul-SC e no contorno ferroviário do Oeste do Paraná-PR. Nos portos, têm-se a previsão de

---

[469] BRASIL. *Programa de Aceleração do Crescimento*. Brasília: Ministério da Indústria, Comércio Exterior e Serviços, 2007, p. 17-18.

[470] BRASIL. *Programa de Aceleração do Crescimento*. Brasília: Ministério da Indústria, Comércio Exterior e Serviços, 2007, p. 32.

[471] BRASIL. *Programa de Aceleração do Crescimento*. Brasília: Ministério da Indústria, Comércio Exterior e Serviços, 2007, p. 20.

obras dos Berços do Porto de Paranaguá-PR, nos Berços do Porto de São Francisco do Sul-SC, no Porto de Itajaí-SC e os molhes e dragagem no Porto de Rio Grande-RS.[472]. No modal aeroviário, a ampliação da pista de pouso e a ampliação do Terminal de Cargas em mais de 5.000 m² no Aeroporto de Curitiba-PR, a ampliação da capacidade para 2,7 milhões de passageiros por ano no Aeroporto de Florianópolis-SC e a implantação do novo complexo logístico e a ampliação da pista de pouso e decolagem do Aeroporto de Porto Alegre-RS.[473]

Como esforços de ligações intermodais, têm-se a integração da Ferroeste – ALL ao Porto de Paranaguá através do corredor ferroviário do Oeste do Paraná, a integração da BR-280 ao Porto de São Francisco do Sul-SC e a integração das BR's 392-116 ao Porto de Rio Grande-RS.[474]

Além dessas obras, o PAC estimou um investimento de 3,8 bilhões de reais no que foi denominado de Programas Especiais, que ocorreriam por meio de concessões. No total constavam-se 2.601 km nesse regime, formados por 321,6 km de obras na BR-153 (divisa MG-SP e SP-PR), 412,7 km na BR-116 (divisa SC-RS), 200,4 km na BR-393 (divisa MG-RJ, na entrada da BR-116, altura da Via Dutra), 320,1 km na BR-101 (divisa ES-RJ e na Ponte Rio Niteroi), 401,6 km na BR-116 (entre São Paulo e Curitiba), 562,1 km na BR-381 (entre Belo Horizonte e São Paulo) e 382,3 km nas BRs-116-376-101 (entre Curitiba e Florianópolis).[475]

Autores como Márcio Rogério Silveira[476] e Alessandra dos Santos Júlio[477] afirmam que o programa avançou, pois buscou corrigir a escassez dos investimentos públicos da década de 1990, que comprometeu a fluidez, na medida em que gerou zonas de viscosidade. Segundo os autores, o descompasso entre a oferta de serviços de infraestrutura e a demanda reprimida no período atingiu sobretudo a malha ferroviária e

---

[472] BRASIL. *Programa de Aceleração do Crescimento*. Brasília: Ministério da Indústria, Comércio Exterior e Serviços, 2007, p. 21.

[473] BRASIL. *Programa de Aceleração do Crescimento*. Brasília: Ministério da Indústria, Comércio Exterior e Serviços, 2007, p. 21.

[474] BRASIL. *Programa de Aceleração do Crescimento*. Brasília: Ministério da Indústria, Comércio Exterior e Serviços, 2007, p 22.

[475] BRASIL. *Programa de Aceleração do Crescimento*. Brasília: Ministério da Indústria, Comércio Exterior e Serviços, 2007, p. 25.

[476] SILVEIRA, Márcio Rogério. Logística, sistemas de movimento, fluxos econômicos e interações espaciais no território paulista: uma abordagem para a geografia dos transportes e circulação. *Revista Scripta Nova*, Barcelona, v. XIII, n. 283, p. 01-22, 2009.

[477] SILVEIRA, Márcio Rogério. JÚLIO, Alessandra dos Santos. Os investimentos em transportes do Programa de Aceleração do Crescimento (PAC) e o efeito multiplicador brasileiro a partir do governo Lula da Silva. *Journal of Transport Literature*; 3 vol. 7, n. 4, p. 199-224, Oct. 2013.

hidroviária. É interessante na análise do PAC também a visão de Carlos Lessa, de que o programa "encadernou diversos projetos, alguns já envelhecidos na prateleira, procrastinado que foram pelo superávit fiscal e pelos juros primários hiperelevados". No que tange aos seus resultados até o ano de 2008, Lessa afirma que embora algum andamento tenha sido dado, sua execução orçamentária passava por atrasos. Além disso, o autor aponta que as obras programadas pelo PAC possuíam diversas barreiras para a sua concretude, como a ambientalista.[478]

Em números, o período dentre 2002 e 2008, em que pese o enorme aumento de diplomas legislativos inserindo todos os tipos de modais avaliados no Plano Nacional de Viação, trazendo complexos planos de desenvolvimento da infraestrutura, representou apenas um levíssimo aumento no aporte humano para a configuração territorial no modal rodoviário, que centraliza mais de 90% dos transportes no país e um levíssimo aumento no modal ferroviário, porém, traz um aumento mais significativo nos modais hidroviário e aeroviário.

Quadro 22 – Aportes humanos na configuração territorial dos modais rodoviário, ferroviário, hidroviário e aeroviário de 2002 a 2008

| Anos | Rodoviário (km² de estradas) | Ferroviário (km² de trilhos) | Hidroviário (número de embarcações de cabotagem/longo curso e outras) | Aeroviário (km voados – em 1.000 km) |
|---|---|---|---|---|
| 2002 | 1.748.268 | ... | 30.472 | 547.603 |
| 2003 | 1.738.990 | ... | 29.947 | 471.256 |
| 2004 | 1.751.862 | 28.874 | 29.367 | 484.498 |
| 2005 | 1.741.500 | 28.977 | 31.252 | 518.315 |
| 2006 | 1.741.736 | 29.013 | 31.998 | 524.282 |
| 2007 | 1.741.648 | 28.607 | 32.923 | 582.436 |
| 2008 | 1.765.278 | 30.784 | 43.907 | 634.195 |

Fontes: Elaborada pelo autor com base em dados da CNT, DNIT, ANTT, CBTU, CENTRAL, CPTM, TRENSURB, EFCJ, EFMRN e EFJ.

---

[478] LESSA, Carlos. Infraestrutura e Logística no Brasil. In: CARDOSO Jr.; José Celso (Org.). *Desafios ao desenvolvimento Brasileiro*: contribuições do Conselho de Orientação do IPEA, Brasília, IPEA, 2009, vol. 1, p. 96. Vide sobre o tema: MASCARENHAS, Fábio. Desenvolvimento, Infraestrutura e Sustentabilidade: Os Reflexos Ambientais da Condição Periférica. *Revista Raízes Jurídicas*, 2017; CABRAL, Mário André Machado. MASCARENHAS, Fábio. Meio ambiente, constituição e direito econômico: Argumentos econômicos versus proteção animal. *Revista Brasileira de Direito Animal*, v. 13, p. 77-89, 2018.

Destaca-se, aqui, que a partir desse período, com a extinção do GEIPOT e a disseminação de outros órgãos no setor dos transportes, não se manteve um padrão nos dados relativos ao setor. Sendo assim, apenas foi possível avaliar de forma unificada, seguindo o padrão que havíamos estipulado, a dimensão da configuração territorial de Milton Santos, não mais as relações sociais.

Feito esse adendo, falaremos do processo que levou à extinção do GEIPOT no governo de Lula.

### 5.4.4 A extinção do GEIPOT

Dentre as diversas contradições que marcaram o governo de Lula, no setor dos transportes, uma passa desapercebida: a extinção do GEIPOT.

Criado, como já pontuamos, na década de 1960, o GEIPOT teve um papel ativo na coordenação e desenvolvimento de estudos que subsidiavam o planejamento do setor. Tornado secundário na década de 1990, a partir da adoção de premissas neoliberais, o GEIPOT tem sua eficiência questionada junto a outros mecanismos estatais que buscavam o planejamento do setor, como o DNER – que posteriormente se torna o DNIT – a PORTOBRÁS e a Empresa Brasileira de Transportes Urbanos (EBTU).

A EBTU foi criada por meio da Lei nº 6.261 de 14 de novembro de 1975, com o fim de coordenar a implantação da Política Nacional dos Transportes Urbanos. Após sua criação, depois de diversos debates, houve um processo de absorção pela EBTU da diretoria dos transportes urbanos do GEIPOT, como Decreto nº 93.079, de 6 de agosto de 1986. Antes desse processo de absorção, devido à qualidade dos trabalhos que o GEIPOT realizava, seus projetos em geral ganhavam o aval da EBTU, que financiava a sua implantação. Porém, após esse processo, houve um contínuo esvaziamento do GEIPOT. Assim, boa parte dos estudos de planejamento do setor, de curto, médio ou longo prazos, deixaram de ser atribuídos ao grupo.[479]

Além de representar um órgão relevante ao planejamento e ao desenvolvimento de estudos técnicos do setor, o GEIPOT em diversas ocasiões também emitia opiniões contrárias a projetos de transportes

---

[479] ARAÚJO, Silvio Roberto França. *A Contribuição do GEIPOT ao planejamento dos transportes no Brasil*. 2013, 150p. Dissertação. (Mestrado em Engenharia Civil) – Centro de Tecnologia e Geociências, Universidade Federal de Pernambuco, Recife, 2013, p. 115.

que não fossem economicamente viáveis, ou mesmo que não fossem prioritários. Nesse sentido, vale a menção a construção da Ferrovia Norte-Sul com mais de 1500km de extensão em seu projeto, responsável por ligar Açailândia, no Maranhão, a Anápolis, em Goiás. O projeto possuía forte apoio do governo Sarney, que o considerava altamente prioritário e medida essencial para redução das desigualdades regionais e escoamento da produção da região Norte do Brasil. No entanto, chamado a dar um parecer sobre o assunto, o GEIPOT o classificou em penúltimo lugar em sua lista de prioridades, resultado que não foi do agrado da Presidência. Esse fato gerou um desgaste do órgão pelos seus próprios méritos. Um outro exemplo que demonstra o GEIPOT em confronto direto com a elite política foi na construção da Ferrovia da Produção, conhecida popularmente como FERROESTE, que seria responsável por interligar o Porto de Paranaguá a Guaíra no Paraná, alcançando Miranda no Mato Grosso do Sul até Assunção no Paraguai. Tal obra, embora altamente desejada por comissões de empresários e pelo Ministério dos Transportes, no Governo de José Sarney, recebeu parecer negativo do GEIPOT e, em seguida, teve financiamento recusado pelo Banco Mundial.[480]

Após tais afrontas, por meio do Decreto nº 97.455, de 15 de janeiro 1989, o governo propôs a dissolução, dentre outros órgãos, do GEIPOT e da EBTU. No entanto, três meses depois, por meio do Decreto Legislativo nº 3, de 05 de abril de 1989, revogou-se parcialmente o Decreto nº 97.455/1989, inclusive os dispositivos que propunham a extinção desses órgãos. Em 1991, porém, por meio do Decreto nº 230 de 15 de outubro de 1991, foi extinta a EBTU, que, conforme havíamos mencionado, incorpora uma grande parcela dos funcionários do GEIPOT.

Depois da extinção da EBTU, o GEIPOT resistiu por mais cerca de uma década, já com a sua relevância enfraquecida. O GEIPOT entrou em processo de liquidação por meio do Decreto nº 4.135, de 20 de fevereiro de 2002, com um prazo de 180 dias para sua execução, que foi seguidamente prorrogado por iguais períodos.[481] Após esse longo período para

---

[480] PRADO, Lafayette. *Transporte e corrupção*: um desafio à cidadania. Rio de Janeiro: Topbooks Editora, 1997; ARAÚJO, Silvio Roberto França. *A Contribuição do GEIPOT ao planejamento dos transportes no Brasil*. 2013, 150p. Dissertação. (Mestrado em Engenharia Civil) – Centro de Tecnologia e Geociências, Universidade Federal de Pernambuco, Recife, 2013, p. 122.

[481] O caminho que leva a essa liquidação perpassa pelo Projeto de Lei nº 1.615 de 1999. Nele, no bojo das reformas administrativas do Estado, trazidas pelo governo de Fernando Henrique Cardoso, dispunha-se sobre sobre a criação da Agência Nacional de Transportes,

a liquidação, a sua efetiva extinção só ocorreu 06 anos depois, já durante o governo Lula, por meio da Lei nº 11.772 de 17 de setembro de 2008, após a conversão da Medida Provisória nº 427, de 09 de maio de 2008. Destaca-se o fato de que, conforme o artigo 62 da Constituição Federal, uma medida provisória tem como requisitos a urgência e a relevância. Assim, basicamente, considerou o governo petista urgente e relevante a extinção do grupo mais efetivo para a coordenação e planejamento do setor dos transportes que o Brasil já possuiu.

### 5.4.5 O Plano Nacional de Logística e Transportes (PNLT)

O Plano Nacional de Logística e Transportes (PNLT) foi criado em 2009 com a proposta de melhorar questões estruturais do sistema nacional de transporte e de logística, assim como redirecionar as políticas, programas e projetos de investimento nas áreas. Para tanto, estabeleceu alguns fundamentos, como a racionalização da atividade logística nas diversas regiões brasileiras, com ordenamento do território a partir das potencialidades de produção e consumo; o fomento à multimodalidade, com aproveitamento maximizado das vantagens de cada modal de transporte, valorizando as estruturas e redes atuais; a promoção de ganhos socioambientais, com a utilização das vantagens microrregionais e com redução dos impactos na emissão de poluentes; a busca permanente do desenvolvimento econômico regional, com geração de empregos e de riqueza; e o aumento da competitividade das empresas e das regiões, onde o transporte evolui de uma condição periférica para se constituir em elemento fundamental de manutenção da competitividade sustentada no longo prazo.[482]

O programa divide em quatro grandes eixos a descrição e caracterização de seus projetos, buscando um aumento na eficiência produtiva em áreas já desenvolvidas; a indução ao desenvolvimento de áreas de expansão de fronteira agrícola e mineral; a redução das desigualdades regionais nas áreas menos favorecidas (ou deprimidas – como propõe o plano); e a integração regional sul-americana:

---

do Departamento Nacional de Infra-Estrutura de Transportes, da reestruturação do setor federal de transportes, e dá outras providências.

[482] BRASIL. *Programa Nacional de Logística e Transportes*. Brasília: Ministério dos Transportes, Portos e Aviação Civil, 2009, p. 45.

AEP – Aumento da eficiência produtiva em áreas consolidadas: projetos voltados a incrementar a eficiência do abastecimento de insumos e do escoamento da produção em áreas que ostentam maior grau de consolidação e de desenvolvimento em sua estrutura produtiva. São, na sua maioria, projetos de aumento de capacidade de infraestrutura viária (duplicações e faixas adicionais), dragagem de vias de acesso portuário, eliminação de conflitos entre ferrovias e zonas urbanas (contornos, passagens de nível etc.).
IDF – Indução ao desenvolvimento de áreas de expansão de fronteira agrícola e mineral: projetos para catalisar processos de expansão do desenvolvimento em novas áreas de fronteira agrícola, em especial no Centro-Oeste e em regiões de exploração de riquezas minerais. Tais projetos compreendem a pavimentação ou reconstrução de rodovias, além da implantação de novos eixos ferroviários e corredores hidroviários.
RDR – Redução de desigualdades regionais em áreas deprimidas: projetos para desenvolvimento em regiões que hoje apresentam indicadores econômicos e sociais abaixo dos valores médios nacionais, de forma a reduzir as desigualdades em relação a outras áreas do País. Tratam de implantação ou melhoramentos na infraestrutura viária, bem como de recapacitação de portos, com vistas a viabilizar atividades econômicas potenciais que dependem dessa infraestrutura para sua concretização.
IRS – Integração regional sul-americana: projetos para reforçar e consolidar o processo de integração da infraestrutura na América do Sul, possibilitando trocas comerciais, intercâmbio cultural e social entre o Brasil e seus vizinhos. Tratam de implantação ou melhoramentos na infraestrutura viária, em regiões próximas à fronteira, com destaque para a construção de pontes internacionais.[483]

Tais diretrizes têm como premissas a diversidade espacial brasileira de produção econômica, na busca por uma maior vantagem competitiva e valor agregado. Essa busca, de acordo com o plano, dependia sobretudo de dois fatores: transformações intrínsecas na cadeia produtiva, em termos de produtos, processos e escalas; e uma diferenciação nos transportes de modo a diminuir o custo do mercado interno e externo. Essas buscas enfatizavam esforços em três áreas específicas: as áreas onde os recursos naturais são abundantes e requisitados pelo país e externamente, as áreas onde os recursos não naturais criaram um núcleo de maior intensidade tecnológica e as áreas deprimidas onde

---

[483] BRASIL. *Programa Nacional de Logística e Transportes*. Brasília: Ministério dos Transportes, Portos e Aviação Civil, 2009, p. 47-48.

nenhum desses fatores ocorre, nas quais os transportes pode servir como um indutor.[484]

Especificamente em relação à diversificação nos serviços de transportes, são enfatizados pelo plano como destinos das políticas públicas a fronteira agrícola, a fronteira mineral e as Capitais e áreas metropolitanas.[485]

Além disso, o plano pontua algumas questões a serem avaliadas na implantação de um novo paradigma para a logística e os transportes, como a tendência à concentração espacial econômica,[486] a inserção na economia global,[487] a necessidade de novos requisitos

---

[484] BRASIL. *Programa Nacional de Logística e Transportes*. Brasília: Ministério dos Transportes, Portos e Aviação Civil, 2009, p. 48-49.

[485] "A fronteira agrícola, que conseguiu alavancar os seus níveis de PIB *per capita* tendo a produção de grãos e de carnes como base econômica; de modo geral enquadram-se nesse perfil os municípios do Centro-Oeste; A fronteira mineral, como ilustra o Sudeste do Pará, onde está a Província Mineral de Carajás; Capitais e áreas metropolitanas, em quase todas as Unidades da Federação, onde foram instalados serviços administrativos e de lugar central de maior nível hierárquico para o atendimento de uma área de mercado expandida, além da industrialização, de maior ou menor expressão tecnológica". Cf. BRASIL. *Programa Nacional de Logística e Transportes*. Brasília: Ministério dos Transportes, Portos e Aviação Civil, 2009, p. 49-50.

[486] "se o País conseguir consolidar as reformas econômicas e institucionais em andamento, ocorrerão novos ciclos de expansão na economia brasileira, intensivos em ciência e tecnologia na geração de diferentes produtos, processos e técnicas de gestão, que comporão uma economia cada vez mais exposta à competição externa. Os novos padrões de localização dos projetos de investimentos, que darão sustentação a esses ciclos de expansão, identificam que as vantagens relativas das regiões para atraí-los dependerão, relativamente, cada vez menos da disponibilidade de recursos naturais ou de mão-de-obra não qualificada em abundância (fatores locacionais tradicionais) e cada vez mais da existência de trabalhadores qualificados em permanente processo de renovação de conhecimentos, centros de pesquisa, recursos humanos especializados, ambiente cultural etc. (fatores locacionais não tradicionais). Ao se desconcentrarem nacionalmente, as atividades econômicas industriais se concentraram regionalmente em alguns poucos centros urbanos de cada macrorregião. Dada a atual geografia de distribuição espacial desses fatores não tradicionais entre as regiões brasileiras, há fortes sinalizações de que poderá ocorrer uma reconcentração espacial no Sul e no Sudeste do País, pressionando logísticas de transportes mais sofisticadas e ágeis nesses centros." BRASIL. *Programa Nacional de Logística e Transportes*. Brasília: Ministério dos Transportes, Portos e Aviação Civil, 2009, p. 49.

[487] "na perspectiva dos agentes institucionais, o atual ciclo expansionista caracteriza-se por uma maior aceleração dos investimentos (3,5% ao ano) e, principalmente, por uma orientação para o mercado externo, tanto pelo crescimento das exportações (6,0% ao ano), como também pelo crescimento das importações (6,9% ao ano). É digno de nota que a abertura comercial – medida pela soma das exportações e importações como porcentagem do PIB – se eleva constantemente no horizonte até 2031, partindo dos atuais 30% para quase 50% do PIB. Assim, constata-se uma tendência de destinação de uma parcela significativa dos ganhos de rendimento nesta fase para a aquisição de bens importados. De fato, o desenvolvimento relativamente baixo da indústria de bens de capital e da indústria de bens de consumo durável de alto conteúdo tecnológico na matriz produtiva nacional contribui para um redirecionamento das pressões de demanda para o mercado internacional. Embora os

tecnológicos,[488] a sustentabilidade ambiental[489] e a integração da América Latina.[490]

Frente a esses objetivos e premissas, o plano tinha como abrangência o atendimento de demandas socioeconomicamente diversificadas, de forma vinculada ao planejamento territorial, que congregue como fator preponderante de redução de disparidades e a indução ao crescimento, buscando novos ciclos de expansão econômica, inseridos na dinâmica do comércio mundial; respeitando o meio ambiente e concretizando alianças continentais de modo a alcançar uma integração sulamericana.

Em que pese a existência de tais iniciativas, ao fim do governo Lula, o cenário da infraestrutura, sobretudo energética e dos transportes, conforme Carlos Lessa, era meritória, porém insuficiente. No ano de 2008, o autor afirmou que para que o Brasil retornasse a uma trajetória

---

setores de alta tecnologia se destaquem ao longo deste ciclo, esses resultados apontam que há espaço para um crescimento mais acentuado da produção nacional nas indústrias de base de conhecimento, embora as pressões de exportação e importação continuem altas, pressionando a eficiência das infraestruturas de portos e seus acessos" BRASIL. *Programa Nacional de Logística e Transportes*. Brasília: Ministério dos Transportes, Portos e Aviação Civil, 2009, p. 49.

[488] "as tendências econômicas mundiais de diminuição de estoques, evolução tecnológica nos processos produtivos com agregação de valor, globalização de empresas, ampliando escalas e novos produtos a partir de matérias primas básicas, trazem repercussão na concepção dos sistemas de transportes, com adoção de logísticas integradas porta a porta, transportes de cabotagem e marítimo de alta capacidade, e transformação tecnológica de combustíveis em função de restrições energéticas e ambientais. Essas transformações exigem integração interna e externa das cadeias produtivas e maior eficiência governamental na viabilização de infraestruturas de transportes, em termos de ampliação de investimentos, regulações institucionais, políticas públicas e adequações na matriz de transportes brasileira em termos modais e de combustíveis." BRASIL. *Programa Nacional de Logística e Transportes*. Brasília: Ministério dos Transportes, Portos e Aviação Civil, 2009, p. 49-50.

[489] "as tendências econômicas mundiais de diminuição de estoques, evolução tecnológica nos processos produtivos com agregação de valor, globalização de empresas, ampliando escalas e novos produtos a partir de matérias primas básicas, trazem repercussão na concepção dos sistemas de transportes, com adoção de logísticas integradas porta a porta, transportes de cabotagem e marítimo de alta capacidade, e transformação tecnológica de combustíveis em função de restrições energéticas e ambientais. Essas transformações exigem integração interna e externa das cadeias produtivas e maior eficiência governamental na viabilização de infraestruturas de transportes, em termos de ampliação de investimentos, regulações institucionais, políticas públicas e adequações na matriz de transportes brasileira em termos modais e de combustíveis." BRASIL. *Programa Nacional de Logística e Transportes*. Brasília: Ministério dos Transportes, Portos e Aviação Civil, 2009, p. 49-50.

[490] "as alianças econômicas do MERCOSUL e acordos bilaterais com países latinoamericanos, aonde as relações comerciais vêm se ampliando, colocam exigências na integração da infraestrutura do Brasil com a dos outros países do continente, tanto por fatores econômicos, como também pela necessidade de defesa das fronteiras face às ameaças de contrabando de armas e narcotráfico. A Iniciativa para Integração da Infraestrutura Regional Sul-Americana (IIRSA) é uma resposta efetiva a essa questão." BRASIL. *Programa Nacional de Logística e Transportes*. Brasília: Ministério dos Transportes, Portos e Aviação Civil, 2009, p. 50.

firme de expansão, que ultrapassasse os 5% do PIB ao ano, seria necessário reestabelecer a taxa de investimento macroeconômica brasileira ao patamar de 25% do PIB. Naquele momento, porém, o Banco Central empurrava a taxa de juros para além da taxa da Turquia, o que colocava o Brasil na condição de maior taxa de juros primários do mundo. Nesse cenário caberia ali, para Lessa, questionar:

> qual é o projeto nacional brasileiro? Persiste o neoliberal? O PAC é introdutório a um futuro projeto nacional? Há uma surda saturação brasileira com a mediocridade da economia e a precariedade nos serviços públicos essenciais: saúde, educação e segurança. A questão do emprego domina as ansiedades do jovem brasileiro, para o qual a fuga para o exterior é cada vez mais considerada atraente. A tolerância a "apagões" tende a diminuir.[491]

As respostas às perguntas de Lessa, como o futuro nos mostrou, não foram as mais favoráveis. Persistiu o neoliberalismo, também com Dilma Rousseff, e o PAC não foi introdutório a um projeto nacional. Ao setor dos transportes, tributário dessa continua manutenção do desmonte estatal, foi projetado um Sistema Nacional de Viação que mantém a relação de vias abarcadas com os parâmetros do III PNV de 1973, consolidando, também nos transportes, a herança desse período. É nesse cenário que passaremos aqui à análise da Lei nº 12.379, de 06 de janeiro de 2011 que traz a atual proposta de um Sistema Nacional de Viação (SNV), precedida de um breve panorama conjuntural.

## 5.5 O governo Dilma Rousseff, a manutenção da financeirização e o Sistema Nacional de Viação

Nosso objetivo ao analisar o governo de Dilma Rousseff é modesto e precisa ser bem delimitado. Não buscaremos compreender os motivos que levaram ao *impeachment* sofrido pela presidente, ou elaborar uma análise mais detalhada do cenário político, econômico ou regulatório da sua presidência.[492] Buscaremos, aqui, apenas, contextualizar qual era a

---

[491] LESSA, Carlos. Infraestrutura e Logística no Brasil. *In*: CARDOSO Jr.; José Celso (Org.). *Desafios ao desenvolvimento Brasileiro*: contribuições do Conselho de Orientação do IPEA, Brasília, IPEA, 2009, vol. 1, p. 96.

[492] Caso esse seja o objetivo do leitor, vide: CARNEIRO, Ricardo. Navegando a contravento: Uma reflexão sobre o experimento desenvolvimentista do governo Dilma Rousseff. *In*: BALTAR, Paulo; SARTI, Fernando (Org.). *Para além da política econômica*. São Paulo: Editora

conjuntura política quando publicada a Lei nº 12.379, de 06 de janeiro de 2011 que institui o novo Sistema Nacional de Viação.

A eleição de Dilma Rousseff se deu em grande medida pelo apoio de Lula na campanha eleitoral, pautada em uma expectativa de continuação, endossada pela própria presidente. A herança macroeconômica deixada por Lula não era digna de muitas expectativas. Conforme destaca Luiz Carlos Bresser-Pereira, havia naquele momento uma taxa de juros elevada, e uma taxa de câmbio altamente sobreapreciada. Esse cenário era agravado pelo fato de que o país não contava com o alto preço das *commodities* que havia tanto beneficiado seu antecessor. O panorama internacional também não era favorável em 2011: a economia norte-americana não se recuperava de forma satisfatória da crise de 2008 e o velho continente passava pela crise do euro. Consequentemente, os países desenvolvidos ou apresentavam taxas de crescimento diminutas, ou até mesmo negativas, reduzindo, assim, a demanda pelos produtos brasileiros.[493]

Assim como fizera Lula, a presidente, desde o início de seu governo, propôs rever a política do tripé macroeconômico. Em discurso realizado em abril de 2012 ela afirmou que para se desenvolver o Brasil necessitaria: "equacionar as três amarras do país: taxa de juros alta, câmbio e impostos altos". Porém, conforme pontua Pedro Paulo Zalauth Bastos, o que se viu foi que a política econômica implantada pelo primeiro governo de Dilma Rousseff, que buscava estabelecer uma "nova matriz econômica", limitava-se a desonerações tributárias e crédito subsidiado, desvalorização cambial, protecionismo industrial seletivo e concessões de serviços públicos para a iniciativa privada.[494]

---

Unesp Digital, 2018; CARVALHO, Laura. *Valsa brasileira*: do boom ao caos econômico. São Paulo: Todavia, 2018; PAULANI, Leda. Desenvolvimentismo, planejamento e investimento público nos cinco mil dias do lulismo. *In*: MARINGONI, Gilberto; MEDEIROS, Juliano (Org.). *Cinco mil dias*: o Brasil na era do lulismo. São Paulo: Boitempo / Fundação Lauro Campos, 2017; SINGER, Paul. *O lulismo em crise: um quebra-cabeça do período Dilma (2011-2016)*. São Paulo: Companhia das Letras, 2018.

[493] BRESSER-PEREIRA, Luiz Carlos. O governo Dilma frente ao "tripé macroeconômico" e à direita liberal e dependente. *Novos estud. – CEBRAP*, São Paulo, n. 95, Mar. 2013, p. 5 e 7.

[494] BASTOS, Pedro Paulo Zahluth. Ascensão e crise do governo Dilma Rousseff e o golpe de 2016: poder estrutural, contradição e ideologia. *Rev. econ. contemp.*, Rio de Janeiro, v. 21, n. 2, ago. 2017. Aqui, é relevante também a visão de Bresser-Pereira que busca explicar como essa postura de Dilma reflete na manutenção da condição permanente brasileira de crise e desindustrialização, para isso ele reflete, sobretudo, sobre a falta de apoio por parte da sociedade civil e o peso da herança da direita liberal: "Por quê? Essencialmente porque não tem o apoio na sociedade civil brasileira necessário para realizar essa mudança – no qual o peso de uma direita liberal e dependente é muito grande. O que se conseguiu, depois de

Em números, o IBGE faz um levantamento, utilizando-se de fatores como o PIB, o consumo das famílias, o consumo do governo, a formação bruta de capital fixo e as exportações líquidas, de 1999 a 2014:

Quadro 23 – Taxas de crescimento médias anuais
do PIB real (1999-2014 – em percentual)

| Ano | PIB | Consumo da Famílias | Consumo do Governo | Formação Bruta de Capital Fixo | Exportações líquidas* |
|---|---|---|---|---|---|
| 1999-2002 | 2,1 | 1,7 | 2,2 | -2,1 | 13,2 |
| 2003-2006 | 3,5 | 3,2 | 2,5 | 4,3 | 0,6 |
| 2007-2010 | 4,6 | 5,8 | 3,9 | 10,0 | -12,8 |
| 2011-2014 | 2,1 | 3,1 | 2,2 | 1,8 | -2,5 |
| 1999-2014 | 3,1 | 3,4 | 2,6 | 3,1 | -0,1 |

Fonte: INSTITUTO BRASILEIRO DE GEOGRAFIA E ESTATÍSTICA. Contas Trimestrais. Série encadeada a preços constantes de 1995. Rio de Janeiro: IBGE.

André Nassif, em seu artigo sobre 'as armadilhas do tripé da política macroeconômica brasileira', ao tentar estabelecer pressupostos

---

dez anos de crítica, foi o apoio da sociedade para a redução das absurdas taxas de juros defendidas pela ortodoxia econômica. Já em relação à taxa de câmbio, o que se logrou foi colocar o problema na agenda nacional. Mas não foi possível persuadir a sociedade quanto à necessidade e possibilidade de se adotar uma política de taxa de câmbio que faça com que o real flutue não mais em torno do equilíbrio corrente mas do equilíbrio industrial, porque os cidadãos têm dificuldade em compreender o papel da taxa de câmbio no desenvolvimento econômico, e porque a hegemonia da ortodoxia liberal é ainda muito grande, apesar da desmoralização causada pela crise financeira global de 2008. A ortodoxia naturalmente rejeita o diagnóstico novo-desenvolvimentista para o baixo crescimento do país, que o explica pela alta taxa de juros e a taxa de câmbio sobreapreciada. Em seu lugar continua afirmando que o problema do Brasil seria a baixa poupança, e, naturalmente, a falta das reformas institucionais liberalizantes 'mágicas' que permitiriam tornar os mercados mais livres e todo o sistema econômico mais eficiente. Não perderei tempo em relação a esta segunda tolice. Quanto ao nível de poupança, no Brasil, de fato, ele é baixo, mas, de acordo com a lógica keynesiana, para que ele aumente é preciso que antes aumente o investimento, o que depende de duas providências: primeiro, que a taxa de juros seja moderada e a taxa de câmbio seja tornada competitiva, localizada no nível do equilíbrio industrial, porque as empresas só investem quando há oportunidades de investimentos lucrativos para os empresários - algo que se reduz à medida que se aprecia a taxa de câmbio e sobem os juros; segundo, que o Estado realize uma poupança pública positiva, em vez de apenas alcançar um superávit primário. Ora, não obstante o avanço realizado nos primeiros dois anos do governo Dilma, a taxa de juros real ainda continua alta quando comparada com a dos demais países. E a taxa de câmbio continua substancialmente sobreapreciada, muito distante do equilíbrio industrial de R$2,75". BRESSER-PEREIRA, Luiz Carlos. O governo Dilma frente ao "tripé macroeconômico" e à direita liberal e dependente. *Novos estud. – CEBRAP*, São Paulo, n. 95, mar. 2013, p. 10.

para responder se, no futuro, o tripé macroeconômico traria algum resultado, elabora uma análise do primeiro mandato do governo Dilma Rousseff, verificando se esses números representariam uma "herança maldita" para seus sucessores. Para tanto, ele contesta os motivos de um crescimento tão abaixo do governo Lula, utilizando como parâmetro o Quadro acima exposta do IBGE. Ele inicia a análise afirmando que as políticas anticíclicas implementadas pelo Brasil, tanto fiscais quanto monetárias, tornaram a recessão brasileira "relativamente suave". Utiliza como dado nesse sentido o pequeno declínio do PIB naquele ano, 0,2%. Além disso, ressalta o elevado crescimento no ano de 2010, 7,6%, último ano do segundo mandato do governo Lula. Diante disso, a questão inicial seria questionar se o crescimento de 4,6% entre 2007 e 2010 não se sustentou, visto que, entre 2011 e 2014, o PIB real brasileiro apresentou uma taxa de crescimento média anual de apenas 2,1%.[495]

Leda Paulani ao versar sobre o primeiro mandato do governo de Dilma Rousseff pontua que houve um erro de leitura com relação ao *status quo* da crise internacional que fez com que o governo apostasse no investimento privado ao invés do investimento público como uma variável que seria capaz de reverter a desaceleração do crescimento e evitar a crise.[496] Pedro Paulo Zalauth Bastos afirma que o: "objetivo do governo Rousseff era imenso: eliminar o rentismo com a dívida pública como meio sistemático de acumulação de capital (uma forma essencial de ganhar dinheiro da burguesia brasileira desde o início da década de 1980) e, assim, forçar a ampliação do investimento produtivo e em infraestrutura".[497] Embora a proposta fosse de ampliação dos investimentos em infraestrutura, no ano de 2011, conforme diz Nelson Barbosa, o governo empreendeu uma reestruturação no planejamento e execução de seus investimentos em infraestrutura, o que provocou uma redução temporária nos desembolsos desses programas.[498] Houve

---

[495] NASSIF, André. As armadilhas do tripé da política macroeconômica brasileira. *Rev. Econ. Polit.*, São Paulo, v. 35, n. 3, setembro de 2015, p. 427; CAGNIN, Rafael Fagundes *et al.* A gestão macroeconômica do governo Dilma (2011 e 2012). *Novos estud. – CEBRAP*, São Paulo, n. 97, p. 169-185, Nov. 2013.
[496] PAULANI, Leda Maria. Não há saída sem a reversão da financeirização. *Estud. av.*, São Paulo, v. 31, n. 89, p. 29-35, abr.2017, p. 32.
[497] BASTOS, Pedro Paulo Zahluth. Ascensão e crise do governo Dilma Rousseff e o golpe de 2016: poder estrutural, contradição e ideologia. *Rev. econ. contemp.*, Rio de Janeiro, v. 21, n. 2, ago. 2017.
[498] BARBOSA, Nelson. Dez anos de política econômica. *In*: SADER, Emir. *10 anos de governos pós-neoliberais no Brasil: Lula e Dilma.* São Paulo, SP: Boitempo; Rio de Janeiro: FLACSO Brasil 2013, p. 85.

no primeiro governo de Dilma um amplo programa de concessões da infraestrutura com a finalidade de reduzir custos e aumentar a competitividade internacional do Brasil. Diante dessa abertura ampliou-se o programa de concessões de rodovias e ferrovias previstas pelo PAC, bem como foram incluídos portos e aeroportos no programa brasileiro de concessões[499]

Foi nesse cenário de diminuição da intervenção estatal na infraestrutura em que surge, paradoxalmente, por meio da Lei nº 12.379 de 06 de janeiro de 2011: a proposta de um Sistema Nacional de Viação.

### 5.5.1 Lei nº 12.379 de 06 de janeiro de 2011: O novo Sistema Nacional de Viação.

O SNV já nasceu com a composição, objetos e critérios para a implementação em consonância com a Constituição Federal de 1988 (art.1º), constituindo-se da infraestrutura física e operacional dos diversos modos de transporte de pessoas e bens, sob jurisdição dos diferentes entes da Federação, nos regimes público e privado (art. 2º),[500] compreendendo os subsistemas rodoviário, ferroviário, aquaviário e aeroviário (art. 2º, §2º).

De competência da União, tem-se o Sistema Federal de Viação (SFV), dividido no Subsistema Rodoviário Federal, que compreende todas as rodovias administradas direta ou indiretamente pela União (art. 12); no Subsistema Ferroviário Nacional, que é formado pelas: "ferrovias existentes ou planejadas, pertencentes aos grandes eixos de integração interestadual, interregional e internacional" (art. 20); no Subsistema Aquaviário Nacional, que é constituído pelas vias navegáveis, pelos portos marítimos e fluviais, pelas eclusas e outros dispositivos de transposição de nível, pelas interligações aquaviárias de bacias hidrográficas e pelas facilidades, instalações e estruturas destinadas à operação e à segurança da navegação aquaviária (art. 25, incisos I, II, III, IV e V); e no Subsistema Aeroviário Nacional, que é formado pelos aeródromos públicos que atendam ao tráfego aéreo civil, regular e alternativo, doméstico e internacional, no país ou que sejam estratégicos

---

[499] BARBOSA, Nelson. Dez anos de política econômica. *In*: SADER, Emir. *10 anos de governos pós-neoliberais no Brasil:* Lula e Dilma. São Paulo, SP: Boitempo; Rio de Janeiro: FLACSO Brasil 2013, p. 89.

[500] A inserção da parte final, que faz expressamente menção à aplicação aos regimes público e privado, foi trazida pela Lei nº 14.273, de 2021.

para a integração e a segurança nacional, pelo conjunto de aerovias, áreas terminais de tráfego aéreo e demais divisões do espaço aéreo brasileiro necessárias à operação regular e segura do tráfego aéreo; e pelo conjunto de facilidades, instalações e estruturas terrestres de proteção ao voo e auxílio à navegação aérea (art. 34, incisos I, II, III).

Essa divisão do SFV é realizada para cumprir com a sua responsabilidade de planejar, construir, manter, operar e explorar seus componentes, de forma direta ou por meio de concessões ou PPPs (art. 3º, incisos I, II, III, IV, art. 5º, art. 6º, incisos II, III), essa responsabilidade é de competência da União (art 6º, *caput*), exceto nos casos de delegação aos Estados, Distrito Federal e Municípios (art. 6º, §2º), além das hipóteses acima assinaladas. Seus objetivos são os de assegurar a unidade nacional e a integração regional, a garantia de uma malha viária estratégica, de modo a promover a segurança do território nacional, a promoção de uma integração física com os sistemas viários dos países que cercam o Brasil, o atendimento aos grandes fluxos de mercadorias em regime de eficiência, por meio de corredores estratégicos à exportação e ao abastecimento e o provimento de meios e facilidades para os transportes de passageiros e de cargas em âmbitos interestadual e internacional (art. 4º, incisos I, II, III, IV, V). Com exceção aos casos de concessões, a aplicação dos recursos financeiros do SFV será realizada pela União, qualquer que seja o regime de administração adotado (art. 7º, parágrafo único).

Embora o novo SNV tenha tido como uma de suas principais funções atualizar a estrutura regulatória do setor, que era, como vimos, regulado pela Lei nº 5.917/1973, todos os seus anexos que prescreveriam as obras e projetos de responsabilidade do sistema foram vetados, mantendo-se a vigência da lista do III PNV, ainda do período ditatorial, corroborando a máxima de Otto Mayer que aponta a transitoriedade dos regimes políticos frente à tendência à perenidade da burocracia.[501] Além dessa questão legislativa, que dificultaria a possibilidade de eficácia do SNV, com o total anacronismo da sua estrutura regulatória, o instável cenário político-econômico que sucedeu o processo de *impeachment* da presidente Dilma Rousseff, a intensificação do neoliberalismo, iniciado na década de 1990, a partir de 2016 com Michel Temer

---

[501] MAYER, Otto. *Deutsches Verwaltungsrecht*. Bd. 2. Leipzig, 1896 *apud* REBOLLO, Luís Martín. *Constitución, Derecho Administrativo y Estado Autonómico*. Ed. Asamblea Regional de Cantabria, 1989, p. 68.

e, posteriormente, a pandemia da Covid-19 dão contornos ainda mais desafiadores ao setor dos transportes.

Como vimos, diversas são as problemáticas específicas a serem enfrentados pelo setor, como questões de cunho técnico e tecnológico, a escolha de um determinado modal para os fins mais adequados, a ausência de financiamento em determinados momentos históricos, a inadequada extinção de órgãos, institutos, grupos e demais instituições que promoveram o desenvolvimento do setor, dentre muitas outras questões especificamente aplicáveis aos transportes. Porém, atualmente, há dois grandes desafios estruturais que devem ser enfrentados sob pena de não haver condições conjunturais para o desenvolvimento integrado do setor dos transportes, de modo geral, ou para mais especificamente para uma política que compreenda o planejamento dos diversos modais de forma integrada: a reversão do processo de desestruturação do setor dos transportes iniciado especialmente na década de 1990 e a inserção da política integrada do setor em um projeto de país, que tenha como objetivo o desenvolvimento nacional.

### 5.5.2 Cenário atual, desafios estruturais e prospecções: a Política Nacional dos Transportes, o Planejamento Integrado de Transportes e o Plano Nacional de Logística.

Atualmente, o planejamento integrado do setor é realizado especialmente por meio do que o Ministério da Infraestrutura denominou como "Planejamento Integrado de Transportes", instituído via Portaria nº 123, de 21 de agosto de 2020, como um dos instrumentos de implementação da chamada Política Nacional dos Transportes, estabelecida com a Portaria nº 235, de 28 de março de 2018. Esse mecanismo de planejamento integrado: "contempla os subsistemas federais rodoviário, ferroviário, aquaviário e aeroviário, e as ligações viárias e logísticas entre esses subsistemas e desses com os sistemas de viação dos Estados, do Distrito Federal e dos Municípios" (art. 1º). Foi proposto para um período de 30 anos, sendo atualizado a cada quatro anos, cuja composição comporta um encadeamento por planos. Divide-se no nível estratégico, no qual se localiza o Plano Nacional de Logística (PNL); e no nível tático, com os diversos planos setoriais, assim como o chamado Plano Geral de Parcerias, congregando-se ao Plano Geral de Ações Públicas.[502]

Dessa forma, a visão estratégica do setor tem como documento essencial o PNL – ou PNL 2035 – que foi aprovado pela Resolução GM/MINFRA nº 6, de 15 de outubro de 2021. No anexo dessa resolução, traz-se o plano que apresenta como objetivo: "sistematizar e integrar todo o ciclo de planejamento de transportes em nível federal".[503] Propõe-se, assim, que o PNL forneça uma análise da logística brasileira, em âmbito nacional, assim como uma avaliação de aderência aos objetivos estratégicos à Política Nacional de Transportes, de modo a identificar as principais necessidades e oportunidades que desenvolvam a rede de transportes no país. Os componentes desse plano serviriam de insumo para a elaboração dos planos setoriais, que são divididos em quatro: o Plano Setorial Terrestre; o Plano Setorial Portuário; o Plano Setorial Hidroviário; e o Plano Aeroviário Nacional. Dessa forma, esses planos desdobram o plano estratégico de modo a atingirem os mencionados subsistemas, assim como novas necessidades que viessem a surgir. A partir desses planos, apresentar-se-iam as indicações de pré-viabilidade das respectivas infraestruturas, destacando aquelas que comporiam os Planos Setoriais de Parcerias, via Concessões, PPPs assim como outras modalidades de outorgas específicas.[504]

Estes últimos – os Planos Setoriais de Parcerias – serviriam de base para o Plano Geral de Parcerias, que possui como premissa a intermodalidade para a composição do projeto integrado que buscaria maximizar o potencial de eficiência da rede. É nesse Plano Geral de

---

[502] Além disso, cabe, complementarmente, a leitura de alguns dispositivos relevantes para a atual configuração do setor, como o Plano Integrado de Planejamento de Longo Prazo da Infraestrutura instituído pelo Decreto nº 10.526, de 20 de outubro de 2020; a Estratégia Federal de Desenvolvimento para o Brasil instituída pelo Decreto nº 10.531, de 26 de outubro de 2020; a Resolução CEG Nº 6/2021, de 15 de outubro de 2021, publicado no Boletim de Gestão de Pessoas, Edição 10.15, Ano 5; assim como a Portaria nº 792, de 1º de julho de 2021, que aprova o Guia de Orientações para o Planejamento Tático Federal de Transportes. BRASIL. *Planejamento Integrado de Transportes*. Ministério da Infraestrutura, 2018.

[503] Argumenta-se no documento que seria ele o primeiro, desde a Proclamação da República brasileira, a apresentar cenários futuros integrando todos os modos de transporte, seja no transporte de bens, ou de pessoas. No entanto, embora o documento traga expressamente um 'Breve Histórico do Planejamento dos Transportes no Brasil', no sentido de justificar a afirmação, inclusive com um esforço de reconstrução tecnológica dos planos de transportes anteriores à República – o que é digno de nota – fica evidente que não condiz a realidade, tendo em vista os diversos planos mencionados no presente livro, que fizeram essa função. BRASIL. *Plano Nacional de Logística (2035)*. Ministério da Infraestrutura, 2021, p. 9.

[504] BRASIL. *Plano Nacional de Logística (2035)*. Ministério da Infraestrutura, 2021, p. 11.

Parcerias, por sua vez, que o encadeamento lógico do plano indica para o ponto chave que não pode passar despercebido na presente análise como elemento fundamental para a compreensão do cenário atual do planejamento integrado, sob a perspectiva do direito econômico. Isso pois, conforme o PNL 2035:

> As infraestruturas que não fizerem parte do Plano Geral de Parcerias, comporão um grupo de ativos a serem mantidos e desenvolvidos diretamente pelo Poder Público e, em conjunto com as iniciativas estratégicas destinadas ao aperfeiçoamento das práticas setoriais, constituirão o Plano Geral de Ações Públicas.[505]

Aqui, fica claro que o plano relega ao Estado um papel de subsidiariedade na política dos transportes, na medida em que só ficariam sob direção estatal – por meio do Plano Geral de Ações Públicas – aquelas infraestruturas que não fizessem parte do Plano Geral de Parcerias, que deriva dos Planos Setoriais de Parcerias, que são realizados, conforme mencionamos, por concessões, PPPs e outras modalidades de outorgas específicas.

É importante ressaltar que o plano não é inteiramente original – e nem se propõe a ser – isso pois ele deriva em grande parte do PNL 2025, que foi criado em 2018. Tecnicamente, trata-se de um plano com relevante grau de complexidade, que não ignora a necessidade do planejamento integrado, sendo o "Planejamento e a Integração Nacional" um de seus princípios,[506] não se pode também avaliar sua eficácia, tendo em vista o curto período de sua implantação; o que se pode afirmar é que o PNL 2035 diverge em um ponto fulcral dos planos que historicamente demonstraram-se efetivos na integração dos modais: o papel do Estado. É nesse aspecto em que é possível visualizarmos o significativo descolamento entre o cenário atual e a resolução de alguns desafios estruturais do setor. Isso pois, os maiores desafios que devem ser enfrentados pelo setor dos transportes no Brasil são desafios de Estado, em que se pressupõe um papel ativo deste. Historicamente, como vimos, os momentos de maior desenvolvimento no setor, em termos de planejamento e integração, foram aqueles em que havia articulação entre um plano específico para os transportes e um projeto de país. Portanto, para que se possa pensar prospectivamente no desenvolvimento integrado dos transportes, é imprescindível que estejam presentes, dentre

---

[505] BRASIL. *Plano Nacional de Logística (2035)*. Ministério da Infraestrutura, 2021, p. 11-13.
[506] BRASIL. *Plano Nacional de Logística (2035)*. Ministério da Infraestrutura, 2021, p. 21.

outras, duas grandes condições estruturais: (i) a reversão do processo de desestruturação do setor, que se iniciou, especialmente, na década de 1990 e foi aprofundado a partir de 2016; e (ii) a inserção da política integrada do setor em um projeto de país, que tenha como finalidade o desenvolvimento nacional. Essa política integrada do setor deve, necessariamente, conjugar as potencialidades de cada modal e congregar geograficamente as regiões mais afastadas do Brasil, criando condições de desenvolvimento produtivo e de acessibilidade humana aos locais com menor desenvolvimento econômico e social.

No que se refere ao primeiro ponto: dado o avanço do processo de desestruturação do setor, tendo em vista a postura absenteísta do Estado a partir da década de 1990, é crucial levarmos em consideração que sendo o transporte um setor chave para a soberania econômica, o seu planejamento futuro precisa comportar um formato de integração que conduza e impulsione o desenvolvimento endógeno da economia brasileira.[507] Esse é o motivo central pelo qual inclusive os instrumentos setoriais de planejamento precisam se adequar ao Sistema Nacional de Viação de forma alinhada aos princípios constitucionais que preservam o mercado interno como parte da soberania econômica, o que endossa o descolamento do cenário contemporâneo do setor ao que a Constituição objetiva em termos de desenvolvimento nacional: a superação do subdesenvolvimento.

No que tange ao segundo ponto: na análise histórica dos transportes, os maiores momentos de democratização territorialmente sustentável do acesso aos transportes, de expansão da malha rodoviária e ferroviária e de aumento do fluxo absoluto e relativo dos modais hidroviário e ferroviário foram guiados pelo Plano de Metas, que avança substancialmente no financiamento dos transportes, na extensão da sua infraestrutura e na capacidade de transporte de cargas e de pessoas; pelos Planos Nacionais de Viação de 1964 e 1973, junto ao II PND, e parcialmente pelo Plano Trienal. Em contrapartida, a maior contenção nessa evolução se deu conforme avançou o processo de implantação no Brasil da ótica neoliberal e de sua manutenção; e da troca da perspectiva de um planejamento integrado de viés desenvolvimentista, seja sob a ótica nacionalista, seja internacionalista.

---

[507] Aqui, é interessante a visão de Bercovici e Costa que tem essa mesma percepção para o setor energético e do petróleo. BERCOVICI, Gilberto; COSTA, José Augusto Fontoura. *Nacionalização*: necessidade e possibilidades. São Paulo: Editora Contracorrente, 2021, p. 17-18.

## CAPÍTULO 6

# CONCLUSÃO

Este livro propôs analisar o planejamento integrado dos transportes no Brasil, em quatro dimensões de análise: a dimensão histórica, dogmática, da eficácia social e prospectiva. Frente a essas dimensões, estabeleceram-se quatro questionamentos que se colocaram como problematização do trabalho. O primeiro buscou responder qual é o histórico de iniciativas que levou à atual estruturação do planejamento integrado dos transportes no Brasil, com o Sistema Nacional de Viação (Dimensão Histórica). O segundo buscou visualizar de que forma o direito se colocou como fator de inteligibilidade e transformação desse planejamento integrado a partir da década de 1930 (Dimensão Dogmática). O terceiro indagou tanto a eficácia histórica do planejamento integrado dos transportes como parcela do processo de integração nacional, quanto o motivo pelo qual, mesmo com o histórico de instrumentos globais, regionais e setoriais de planejamento brasileiros, ainda não é possível verificar eficiência no setor de transportes. (Dimensão da Eficácia Social). O quarto buscou entender como a discussão do planejamento integrado dos transportes deveria se inserir na atual conjuntura político-econômica (Dimensão Prospectiva).

Na dimensão histórica, viu-se que a compreensão da lógica dos transportes no país seguiu o sentido da nossa colonização, que representou um direcionamento do organismo colonial para o mercado externo, sobretudo no fornecimento de produtos tropicais e metais preciosos para a Europa, com base em, principalmente, lavoura, monocultura e trabalho escravo. Os transportes e o sistema de comunicações nesse momento exercem considerável influência para a formação do país e acompanhavam a progressão do povoamento, instalando-se primeiramente no litoral e penetrando progressivamente o interior, por meio de núcleos razoavelmente próximos ao mar. Suas vias se iniciaram nessa mesma direção e posteriormente ganharam sentido inverso, partindo dos mesmos núcleos já constituídos no interior e irradiando-se à saída mais cômoda ao litoral. Circunstância essa ocasionada por fatores geográficos como as grandes distâncias, os obstáculos opostos ao trânsito no território, o relevo acidentado, as coberturas florestais, a linha costeira mal endentada, os rios acidentados e com traçados problemáticos. Nesse cenário, eram exceções altamente fragmentadas as vias que tinham eficácia na busca por articulação entre o litoral e o interior. Não havia qualquer visão sistemática em nível amplo, apenas pequenos sistemas autônomos formados pelos extremos do interior e do litoral, cujos núcleos eram parcialmente ligados entre si e as irradiações perpassavam por toda costa brasileira, do Norte ao Sul.

Essa ausência de intersecção só passa a ser questionada a partir do século XIX, com o advento de alguns instrumentos que raciocinavam os modais ferroviário e hidroviário, que, embora não tenham tido uma eficácia prática, representaram um avanço na compreensão dos transportes de forma sistematizada. O primeiro deles, o Plano Rebelo (1838), previu a construção de estradas reais; o Plano Moraes (1869) representou um esboço de integração com portos interiores; o Plano Queiroz (1874) passou a pensar a organização da rede ferroviária; o Plano Rebouças (1874) visualizava o Brasil interligado como um triângulo, cujos vértices eram no Rio Amazonas, no litoral e na fronteira; o Plano Bicalho (1881) e o Plano Bulhões (1882) pensavam concomitantemente o desenvolvimento das ferrovias e da navegação fluvial; e o Plano Geral de Viação (1886) baseava-se na construção de novas ferrovias e na navegação fluvial.

Já na República Velha, o Plano da Comissão de Viação Geral (1890) buscava uma integração entre o modal ferroviário e a navegação fluvial; o Plano de Viação Férrea (1912) objetivava integrar a região do Amazonas com ferrovias; já o Plano Catrambi (1926) e o Plano Schnoor (1927) passaram a pensar a expansão da rede rodoviária. Essa alteração de dinâmica a este modal se dá com a premissa de que o sistema de transportes anterior se mostrou inadequado no momento que o Brasil se orientou ao desenvolvimento das forças produtivas, voltado ao mercado interno nacional como principal fronteira de expansão. Ali, já havia uma malha de caminhos que eram adequados à tração animal, o que forneceu a capilaridade requerida para uma economia pautada na exportação.

Porém, um novo modelo de desenvolvimento demandava a integração das regiões do país por linhas-tronco que praticassem fretes razoáveis e permitissem a disponibilização do mercado nacional como um todo, para as nascentes indústrias nacionais. Esse foi o cenário que permeava a discussão entre os defensores das rodovias e das ferrovias. Esse processo de escolha do modal que teria prevalência no sistema de transporte foi pendular dentre a década de 1920 e 1940. Na década de 1920, conforme expusemos, prevaleceu o modal rodoviário. Com o Plano Geral de Viação Nacional (PGVN) houve a instalação de uma lógica férreo-rodofluvial e também rnarítima. Após a Segunda Guerra Mundial, por fatores de desgaste da frota ferroviária e alto custo para reinstalação, direcionou-se às rodovias.

Em termos dogmáticos, o período circunscrito entre 1838, momento em que surgiu o primeiro plano do setor, e o ano de 1930, momento final da República Velha, apenas três diplomas jurídicos podem ser destacados. O primeiro deles é a Constituição de 1891, na qual apenas havia duas menções ao termo transporte e seus similares, que se referiam à vedação dos Estados e União de criar impostos de trânsito pelo território de um Estado, ou na passagem de um para outro, ou então sobre produtos de outros Estados da República ou estrangeiros, bem como sobre os veículos da terra e água que os transportassem (Art. 11). E ao direito da União e dos Estados de legislarem sobre a viação férrea e navegação interior, cuja regulação se daria por lei federal (Art. 13), resguardando aos navios de nacionais a exclusividade da cabotagem (Art. 13, parágrafo único). O segundo é o Decreto nº 4.859 de 08 de junho de 1903, que estabeleceu um regime especial para a execução de obras de melhoramentos de portos. O terceiro foi o Tratado de Petrópolis assinado por Brasil e Bolívia em 17 de novembro de 1903, que estabelecia a obrigação de construir uma estrada de Ferro (Madeira-Mamoré), a fim de compensar a Bolívia a cessão da área na qual hoje se encontra o Estado do Acre.

No período entre 1930 e 1955, com o objetivo da internalização dos centros decisórios, o Estado tomou a frente e se colocou como principal realizador das obras públicas, por meio da estatização da contratação das obras de construção pesada, dentre elas: a infraestrutura energética, os serviços urbanos, e, também, o setor de transportes. Nesse período além do mencionado PGVN, destacam-se o Plano Rodoviário Nacional (1944) e o Plano Nacional de Viação (1946), que consubstanciam essa alteração de dinâmica decorrente da deterioração das ferrovias nacionais com a segunda grande guerra.

Nesse momento, em âmbito dogmático, para o setor dos transportes, a Constituição de 1934 estendeu a vedação à criação de impostos para o trânsito trazida pela constituição anterior para além dos Estados e União, atingindo a partir daí o Distrito Federal e os Municípios (Art. 17). Versou-se também dos transportes no capítulo II, referente ao Poder Legislativo, no que tange à composição da Câmara dos Deputados, especificamente no que dizia respeito aos "deputados das profissões", que, para fins de eleições, se davam por meio de sufrágio indireto das associações profissionais e seriam divididos em quatro grupos de representação: lavoura e pecuária; indústria; comércio e transportes; profissões liberais e funcionários públicos (Art. 23, §3º). Além disso, desde esta constituição, a indústria de transportes passou a ser vista como especialmente relevante para a segurança nacional. Isso pode ser afirmado, pois, em seu título VI – "Da Segurança Nacional", a Constituição deixa explicita, além das atividades industriais relevantes à proteção das fronteiras, subordinadas à audiência e predomínio do Conselho Superior da Segurança Nacional, a indústria de transportes (Art. 166), além da previsão da competência privativa da União para o PGVN (artigo 5º, inciso IX).

Naquele mesmo ano, destacou-se o Decreto nº 24.642, de 10 de julho de 1934, que disciplina o regime jurídico das minas, o Decreto nº 24.643, de 10 de julho de 1934, que traz o regime jurídico das águas, relevantes ao setor de transportes por representarem um novo paradigma jurídico à proteção e exploração do espaço territorial; o Decreto nº 24.497, de 29 de junho de 1934, que disciplina o PGVN em âmbito infraconstitucional. No ano de 1936, destacou-se a Lei nº 175, de 7 de janeiro de 1936, relevante para a configuração territorial em âmbito regional por prever um plano de obras emergenciais sobretudo para os Estados do Norte e do Nordeste, o que pode ser considerado um dos embriões para a lógica constitucionalizada em 1946, que prevê uma nova forma de visualizar a questão regional, da qual os transportes não podem ser dissociados. Além da Lei nº 284, de 28 de outubro de 1936, que cria o Conselho Federal do Serviço Público Civil, embrião do DASP.

Na Constituição de 1937 destacou-se a competência privativa da União para legislar sobre as comunicações e transportes internacionais ou interestaduais, seja por via férrea, aquática, aérea ou rodoviária (art. 16, XI). Além disso, consubstanciando a alta centralização do período, a Constituição passa a trazer o território nacional como uma unidade do ponto de vista alfandegário, econômico e comercial, vedando os Estados e municípios a cobrarem tributos interestaduais, intermunicipais, de viação ou de transporte, que tivessem o condão de gravar ou perturbar a livre circulação de pessoas ou veículos (Art. 25). Além disso, no capítulo referente ao Conselho da Economia Nacional, a Constituição destaca uma seção específica para os transportes (Art 57, parágrafo único, 'b'), definindo, dentre suas atribuições, a organização por iniciativa própria ou proposta do governo de inquéritos sobre as condições do trabalho, da agricultura, da indústria, do comércio, dos transportes e do crédito com a finalidade de incrementar, coordenar e aperfeiçoar a produção nacional (art. 61, 'd').

Na década de 1940 destacou-se como mudança institucional o Decreto-lei nº 5.982, de 10 de novembro de 1943, que cria Conselho Nacional de Política Industrial e Comercial – CNPIC, o Decreto nº 12.747, de 30 de junho de 1943, que cria a comissão responsável por elaborar o Plano Rodoviário Nacional, aprovado pelo Decreto nº 15.093, de 20 de março de 1944; o Decreto-lei nº 6.476, de 8 de maio de 1944, que cria o Conselho de Segurança Nacional, como órgão complementar à Comissão de Planejamento Econômico, além da Lei Constitucional nº 9, de 28 de fevereiro de 1945, que dá as atribuições ao Conselho de Economia Nacional, criado pelo artigo 61 da Constituição de 1937; e o Decreto-Lei nº 8.463, de 27 de Dezembro de 1945, que reorganiza o Departamento Nacional de Estradas de Rodagem e cria o Fundo Rodoviário Nacional.

No que refere aos transportes, a Constituição de 1946 é mais sucinta que a de 1937, porém, há um retorno à lógica da Constituição de 1934 no que se refere ao planejamento do setor. No rol de competências da União, a carta destaca a necessidade de: "estabelecer o plano nacional de viação" (Art. 5º, X). Além disso, a constituição aduz, em seu título referente à ordem econômica e social, sobre a navegação de cabotagem, com finalidade ao transporte de mercadorias, ser competência privativa dos navios nacionais, exceto em caso de necessidade pública (art. 155). Vale destacar, também, que no Ato das Disposições Constitucionais Transitórias, há uma menção à necessidade de conclusão da rodovia Rio-Nordeste em dois anos (art. 32, ADCT).

Após essa constituição, visualizou-se como lógica institucional importante para a análise setorial da infraestrutura a Lei nº 154, de 25 de novembro de 1947, que dispôs sobre o Imposto de Renda, modificado pela Lei nº 1.474, de 26 de novembro de 1951; a Lei nº 1.102, de 18 de maio de 1950, que trouxe o Plano Salte; a Lei nº 1518, de 24 de dezembro de 1951, que financiou o programa de reaparelhamento de portos, sistemas de transportes, aumento à capacidade de armazenamento, frigoríficos e matadouros, elevação do potencial de energia elétrica e desenvolvimento da indústria de base e agricultura; a Lei nº 1628, de 18 de junho de 1952, que cria o Banco Nacional de Desenvolvimento Econômico; a Lei nº 2.308, de 31 de agosto de 1954, que institui o Fundo Federal de Eletrificação, cria o imposto único sobre energia elétrica e altera a legislação do imposto de consumo; a Lei nº 2.698, de 22 de dezembro de 1955, que institui o Fundo de Pavimentação, responsável por destinar ao BNDE 30% da receita da diferença entre o preço dos combustíveis e lubrificantes derivados de petróleo fabricados no Brasil e o preço dos mesmos itens importados.

Em seguida, no período dentre 1955 e 1964, momento em que verificou-se mais facilmente uma divisão de tarefas entre o Estado e as empresas privadas no que tange à contratação e realização das obras de infraestrutura, sobretudo por meio de capital nacional, destacaram-se ao setor de transportes quatro institutos: (i) o Plano de Metas (1955-1960), que reservou sete de suas metas ao setor; (ii) o Grupo Executivo de Coordenação dos Transportes – GET (1961), que aumentou a representatividade institucional da política de transportes brasileira; o Conselho Nacional dos Transportes – CNT (1961), que nasceu com propostas desenvolvimentistas e foi integrado ao discurso da segurança nacional após o golpe de 1964; e o Plano Trienal (1962) que vislumbra direcionamentos e dispêndios específicos à cada um dos modais.

Nesse período, destaca-se para a dimensão dogmática a inclusão trazida pelo artigo 20 da Lei nº 2975, de 27 de janeiro de 1956, referente ao Imposto Único sobre Combustíveis e Lubrificantes Líquidos e Gasosos, que aprovou a título provisório um Plano Ferroviário Nacional e um Plano Rodoviário Nacional, que foram incluídos no Plano de Metas; o Decreto nº 47.225, de 12 de novembro de 1959, que deu diretrizes a Costeira e Lyoid para a busca de maior participação da bandeira brasileira no transporte de longo curso; o Decreto nº 51.201, de 17 de agosto de 1961, que criou o Grupo Executivo de Transportes; o Decreto nº 430, de 28 de dezembro de 1961, que criou o Conselho Nacional dos Transportes; e a Lei Delegada nº 1, de 25 de setembro de 1962, que estabeleceu o Plano Trienal.

Em termos de eficácia social, visualizando o binômio de configuração territorial e relações sociais de Milton Santos, tem-se que o período do governo de Kubitschek representou um crescimento do aporte humano para a configuração territorial nos modais rodoviário, ferroviário e aeroviário, já no modal hidroviário teve-se um declive. Partindo de um recorte de números absolutos dentre os anos de 1952 e 1960, pode-se constatar que, entre 1954 e 1955, houve um salto no número de quilômetros quadrados de estradas que se manteve até o final do governo de Kubitschek. Nas ferrovias, teve-se um levíssimo aumento no número de trilhos construídos, sendo que a diferença entre os anos de 1952 e 1960 é pouco maior de 1000 km. No que tange ao fluxo de embarcações nos portos brasileiros, tem-se um declive de mais de 4000 embarcações que se inicia no ano de 1958, já no governo de Juscelino. No que se refere ao fluxo aeroviário, teve-se um aumento constante no período avaliado.

No que tange aos transportes de cargas, considerando as mercadorias transportadas por tipo de transportes em uma escala de 1.000.000 de toneladas por quilômetro, tem-se no período circunscrito entre 1953 e 1960 um aumento em todos os modais, com exceção ao modal aéreo que se manteve inalterado.

No que se refere às relações sociais, mirou-se no período de 1953 a 1960 um aclive considerando a relação de passageiros por transportes, por quilômetro, exatamente nos mesmos modais em que houve um aclive na extensão territorial, ou seja, o crescimento é coeso e não tende à superlotação em nenhum dos modais. Destaca-se nesse sentido que assim como ocorreu na extensão da malha, o maior aumento na relação de passageiros por quilômetro também se deu no modal rodoviário.

Esse aumento é real quando contrastamos ao aumento da população brasileira no período. Tem-se nesse sentido que, considerando o período de 1953 a 1960, houve um aumento relativo de passageiros por quilômetro de 54%, enquanto a população nacional cresceu 22%.

Em termos relativos (percentuais), notou-se que o aumento da participação do modal rodoviário é constante e se inicia antes mesmo do governo de Kubitschek, o que corrobora a hipótese de que não houve aqui uma nova escolha política rodoviarista em detrimento dos demais modais, apenas uma consubstanciação da lógica pós segunda-guerra que trouxe de volta em decorrência da deterioração ferroviária, o modal rodoviário.

Em suma, durante o governo de Kubistchek, pode-se constatar da análise documental do Plano de Metas, tanto no transporte de cargas, quanto no de passageiros, um aprofundamento nos investimentos em todos os modais e a real conclusão de grande parte do que fora planejado. Pode-se também verificar por conta da análise estatística, além do que já foi mencionado, que não houve uma precedência pelo modal rodoviário em detrimento do ferroviário, como normalmente é afirmado. Há sim uma manutenção da lógica instaurada sobretudo pelos planos de 1944 e 1946, decorrente dos efeitos da 2ª Guerra Mundial. O período pode ser visto como referência em termos de planejamento dos transportes.

Durante o governo de João Goulart, houve um aumento no aporte humano para a configuração territorial apenas no modal rodoviário. Em contrapartida, teve-se uma diminuição nos números absolutos no modal ferroviário, hidroviário e aeroviário. Vale notar, todavia, que embora apenas o transporte rodoviário tenha presenciado um aumento de extensão, ao considerar as mercadorias transportadas por tipo de transportes, tem-se no período circunscrito entre 1961 e 1964 um aumento nos modais rodoviário e ferroviário, uma diminuição do modal hidroviário e uma manutenção no modal aeroviário. Assim, destaca-se aqui que, embora tenha havido uma diminuição na extensão dos transportes ferroviários, houve um aumento na quantidade de mercadorias transportadas pelo subsetor, que passa de 13.700 t/km em 1961 para 15.900 t/km em 1964.

No que tange ao transporte de passageiros, presenciou-se um aumento na relação de passageiros transportados por quilômetro no modal rodoviário, ferroviário e hidroviário, apenas constatando-se um declive no modal aeroviário, o que leva à tendência de superlotação e degradação da infraestrutura do modal ferroviário e hidroviário, pois o aumento das relações sociais não foi acompanhado de forma adequada de um aporte humano na configuração territorial. Esse aumento é real quando contrastamos ao aumento da população brasileira no período. Tem-se nesse sentido que, considerando o período de 1961 a 1964, houve um aumento relativo de passageiros por quilômetro de 35%, enquanto a população nacional cresceu 9%. Além disso, nota-se que o aumento da participação do subsetor rodoviário, a exemplo do governo de Kubitschek, se mantém constante, com a participação do modal rodoviário variando de 77,4% em 1961, a 83,2% em 1964.

A partir de 1964, com a ditadura civil-militar brasileira, constata-se um rompimento no processo democrático, e um foco, sobretudo com o PAEG, em controle inflacionário, deixando a esmo qualquer mecanismo de distribuição. Há uma ruptura com o projeto desenvolvimentista implantado no país nos 34 anos anteriores e um abandono das reformas de base trazidas pelo Plano Trienal. No entanto, dado o custo político que seria gerado caso a política industrial fosse completamente abandonada, a ortodoxia econômica instaurada pelo regime foi cotejada com instrumentos sobretudo globais e setoriais – não regionais – de planejamento, que tiveram um resultado positivo no setor dos transportes.

Durante os governos militares (1964-1985), oito instrumentos sintetizam a política dos transportes em âmbito nacional. Além do mencionado PAEG, que influência indiretamente o setor dos transportes, o II Plano Nacional de Viação (1964), o Grupo de Estudos para a Integração da Política de Transportes (1965), posteriormente transformado em Empresa Brasileira de Planejamento dos Transportes (1969), o Ministério dos Transportes (1969), o Programa de Integração Nacional (1971), o I Plano Nacional de Desenvolvimento (1972), o III Plano Nacional de Viação (1973) e o II Plano Nacional de Desenvolvimento (1974).

Na Constituição de 1967, mantém-se a competência da União para o estabelecimento de um plano nacional de viação (art. 8º, inciso X) e para explorar, diretamente, ou por meio de concessão, a navegação aérea (art. 8º, inciso XV, 'c') e as vias de transportes entre portos marítimos e fronteiras nacionais, ou que transpassem os limites de um Estado, ou de um território (art. 8º, inciso XV, 'd'). Além disso, no que tange ao capítulo referente ao Sistema Tributário Nacional, veda-se à União, Estados, Distrito Federal e Municípios o estabelecimento de limitações ao tráfego, no território nacional, de pessoas ou mercadorias, por meio de tributos interestaduais ou intermunicipais, exceto o pedágio para atender ao custo de vias de transporte (art. 20, II). Porém, é resguardada à União a competência para instituir serviços de transporte e de comunicação, exceto os de natureza estritamente municipal (art. 22, VII).

Um outro ponto importante é a inserção do transporte na seção referente à segurança nacional, estabelecendo-se como competência do Conselho de Segurança Nacional a concessão de terras, a abertura de vias de transportes e a instalação de meios de comunicação (art. 91, II, 'a'), além da construção de pontes, estradas internacionais e campos de pouso (art. 91, II, 'b') nas áreas indispensáveis à segurança nacional.

Já na Emenda Constitucional nº 01 de 1969, a principal alteração em relação à Constituição de 1967, no que tange aos transportes, é o estabelecimento, no capítulo referente aos direitos e garantias individuais, de uma ressalva extrafiscal que se faz à tarifa alfandegária e a de transporte (art. 156, §29) e no capítulo referente à ordem econômica e social de um parágrafo que excetua os navios de pesca da competência privativa da União para a navegação de cabotagem (art 173, §2º).[508]

Em termos de eficácia social, durante o período circunscrito entre 1965 e 1972, momento de vigência do PAEG, do II PNV, da criação e transformação do GEIPOT, da criação do Ministério dos Transportes, do PIN e do I PND, houve um aumento substancial na quantidade em quilômetros das estradas, do fluxo hidroviário e aeroviário brasileiro,

---

[508] Em âmbito infraconstitucional viu-se que foram relevantes direta ou indiretamente aos transportes a Lei nº 4.592, de 29 de dezembro de 1964 que aprovou o Plano Nacional de Viação; o Decreto nº 4563, de 11 de dezembro de 1964, que instituiu o Conselho Nacional dos Transportes; o Decreto nº 57.003, de 11 de outubro de 1965 que criou o GEIPOT e o Fundo de Pesquisa de Transportes; o Decreto nº 61.590, de 23 de outubro de 1967, que criou o Programa Estratégico de Desenvolvimento; o Decreto-Lei nº 516, de 7 de abril de 1969, que transformou o GEIPOT em Empresa Brasileira de Planejamento dos Transportes, o Decreto-lei nº 512, de 21 de março de 1969 que regulou a Política Nacional de Viação Rodoviária e fixou diretrizes para a reorganização do Departamento Nacional de Estradas de Rodagem; a Lei Complementar nº 7, de 7 de setembro de 1970 que criou Programa de Integração Social e a Lei Complementar nº 8, de 3 de dezembro de 1970 que criou Programa de Formação do Patrimônio do Servidor Público, relevantes aos transportes por questões de destinação financeira; o Decreto-Lei nº 1.106, de 16 de julho de 1970, que surgiu com a finalidade a promover uma maior integração das regiões compreendidas nas áreas de atuação da SUDAM e da SUDENE, à economia nacional trazendo o Programa de Integração Nacional (PIN); a Lei nº 5.727, de 4 de novembro de 1971 que estipulou o I Plano Nacional de Desenvolvimento; o Decreto-lei nº 1.243, de 30 de outubro de 1972, que prescreveu o montante financeiro destinado ao PIN; O Decreto nº 71.353, de 9 de novembro de 1972, que criou o Sistema Nacional de Planejamento, o que concentrou os recursos e decisões sobre planejamento na esfera federal e influenciou em âmbito financeiro as políticas de transportes; a Lei nº 5.917, de 10 de setembro de 1973 que aprovou o III Plano Nacional de Viação, que posteriormente foi alterado para a inserção de itens referentes à cada um dos modais em seu rol descritivo. Ainda no período ditatorial e no governo Sarney previu-se para criação de rodovias no bojo do plano a Lei nº 6.406, de 21 de março de 1977, a Lei nº 6. 504, de 13 de dezembro de 1977, a Lei nº 6.555, de 22 de agosto de 1978, a Lei nº 6.648, de 16 de maio de 1979, a Lei nº 6.776, de 30 de abril de 1980, a Lei nº 6.933, de 13 de julho de 1980, a Lei nº 6.976, de 14 de dezembro de 1981, a Lei nº 7.003, de 24 de junho de 1982, a Lei nº 7.581, de 24 de dezembro de 1986. Para a criação de ferrovias surgiram a Lei nº 6.346, de 6 de julho de 1976, a Lei nº 6.574, de 30 de setembro de 1978 e a Lei nº 7.436, de 20 de dezembro de 1985. Para a criação de portos a Lei nº 6.346, de 6 de julho de 1976, a Lei nº 6.574, de 30 de setembro de 1978 e a Lei nº 7.436, de 20 de dezembro de 1985. Para estipular a construção de portos foram criadas a Lei nº 6.630, de 16 de abril de 1979 e Lei nº 6671, de 4 de julho de 1979. Para a criação de hidrovias, foi prevista a Lei nº 6.630, de 16 de abril de 1979. Não há referências de legislações que instituíram alterações posteriores ao plano, no que tange ao subsetor aeroviário; além do III PNV e de suas adições, destacaram-se no período a Lei nº 6.151, de 4 de dezembro de 1974, que criou o II Plano Nacional de Desenvolvimento; a Lei 6.261 de 14 de novembro de 1975 que adicionou ao II PNV os sistemas metropolitanos e municipais dos transportes urbanos; a Lei nº 7.486, de 6 de junho de 1986, que trouxe o I Plano de Desenvolvimento da Nova República, um dos responsáveis a iniciar o racional do processo de privatizações que se aprofundaria na década de 1990; o Decreto-lei nº 2283, de 27 de fevereiro de 1986, que instituiu o Plano Cruzado, além do Decreto-lei nº 2284, de 10 de março de 1986 que trouxe um acréscimo no decreto anterior, na busca pelo controle da inflação. Regulações relevantes para compreensão dos aspectos conjunturais que delinearam o desmonte dos transportes na década seguinte.

com uma diminuição na quantidade de trilhos construídos ao subsetor ferroviário.

No que tange ao transporte de cargas, tem-se um aumento em todos os modais, com destaque ao modal rodoviário, que mais do que dobra sua produtividade, e o modal aéreo, que mais do que triplica. Frente a análise da configuração territorial, visualizou-se no período dentre 1965 e 1972 um aumento nas relações sociais, considerando a relação de passageiros, por transportes, por quilômetro, nos modais rodoviário e aeroviário, cujas configurações territoriais também aumentaram; um declive na relação de passageiros por transporte no modal ferroviário, acompanhando o declive da configuração territorial; e um declive no subsetor hidroviário, que contrasta ao fluxo de embarcações, o que explica-se pela prevalência da utilização do modal nos transportes de carga, trazidas nos planos da época já mencionados.

Esse aumento das relações sociais foi real quando contrastamos ao aumento da população brasileira no período. Tem-se nesse sentido que considerando o período de 1965 a 1972, houve um aumento relativo de passageiros por quilômetro de 87%, enquanto a população nacional cresceu 19%. Em termos relativos (percentuais), nota-se um aumento constante na participação do modal rodoviário e um declive nos demais modais, atingindo o subsetor hidroviário um montante irrisório abaixo de 0,1%.

Já no período circunscrito entre 1973 e 1985, momento de criação sobretudo do III Plano Nacional de Viação e do II PND, houve um aumento do aporte humano para a configuração territorial nos modais rodoviário, hidroviário e aeroviário. Já no que concerne ao modal ferroviário, houve uma diminuição na quantidade absoluta em quilômetros quadrados de trilhos construídos. Em contraste a esse declive no modal ferroviário, teve-se, em número de passageiros por quilômetro, um aumento em todos os modais. Assim, nos modais rodoviário, aeroviário e hidroviário teve-se uma proporção coesa no aumento das relações sociais à configuração territorial. Em contrapartida, no modal ferroviário, o aumento da extensão territorial não acompanhou a evolução da população por quilômetro. Esse aumento foi real quando contrastamos ao aumento da população brasileira no período. Teve-se nesse sentido que, considerando o período de 1973 a 1985, houve um aumento relativo de passageiros por quilômetro de 120%, enquanto a população nacional cresceu 28%. No que tange à distribuição por modais, permaneceu constante o panorama em relação ao período de 1965 a

1972, anteriormente analisado, com levíssima redução da prevalência do modal rodoviário e no modal aeroviário, levíssimo aclive no modal ferroviário e manutenção da irrisória participação do modal hidroviário. No que tange aos transportes de cargas, tem-se no período, assim como ocorrera no período entre 1965 e 1972, um aumento em todos os modais. No que tange ao formato da migração, centraliza-se ainda mais no modal rodoviário que, ao todo, no final do período, constava com 94,9% do total da migração dos transportes.

Esse processo de aumento da configuração territorial e democratização das relações sociais, pelo qual passava a infraestrutura dos transportes, vista em sua totalidade, teve na Constituição de 1988 um aporte ideológico para sua manutenção nas bases desenvolvimentistas.

No que tange ao planejamento, viu-se que como agente normativo e regulador da atividade econômica, o Estado passaria a exercer, na forma da lei, as funções de fiscalização, incentivo e planejamento, sendo este determinante para o setor público e indicativo para o setor privado (art. 174). Além disso, vimos que a Constituição delegou competência à União para elaborar e executar planos nacionais e regionais de ordenação do território e de desenvolvimento econômico e social (art. 21, IX), ressalvando que os Estados poderiam instituir por meio de lei complementar as regiões metropolitanas e aglomerações urbanas (art. 25, §3º), e que aos Municípios competiam a promoção, no que lhe coubessem, da adequação do ordenamento territorial, por meio de planejamento e ocupação do solo urbano (art. 30, VII). Cuidou ela também dos planos plurianuais e sua execução (art. 48, II, IV e IX), centralizou a competência no legislativo federal para os planos nacionais, regionais e setoriais (art. 58, §2º, VI, 165, §9º, 166) e impediu sua delegação (art. 68, §1º, III), determinou instrumentos de controle (art. 74, I) e orçamentários (art. 165, I, §1, §5, i, ii, §7, 167, I, II), definiu planos, competências e limitações de planos diretores (art. 182), da política agrícola (art. 187), da reforma agrária (art. 188) e do financiamento de programas (art. 239).

Ainda, verificou-se a visão sistêmica e integradora do setor de transportes, que determinou a competência da União para o estabelecimento de princípios e diretrizes do Sistema Nacional de Viação (artigo 21, XXI da Constituição de 1988 e Lei nº 12.379, de 06 de janeiro de 2011), assim como legislar sobre trânsito e transporte (artigo 22, IX e XI da Constituição de 1988). No que tange ao capítulo reservado à Ordem Econômica, em seu artigo 178, a Constituição endossou a competência federal. Ou ainda, seja na esfera de competência do Poder Legislativo, ou do Poder Executivo, os transportes, visto a sua relevância para a política econômica nacional, foram centralizados pela Constituição Federal de 1988 nas mãos da União (art. 21, XII).

A partir daí, vimos que embora a ideologia da Constituição tenha sido desenvolvimentista, a ideologia neoliberal naquele período se tornava hegemônica. Nesse sentido, trouxemos a nova configuração nacional dos transportes, após o advento do neoliberalismo e a adequação do governo brasileiro às políticas de austeridade decorrentes do processo de financeirização. Nesse momento, ressaltaram-se dois programas: (i) o Programa Brasil em Ação (1996); o Programa Avança Brasil (2000).

Em âmbito jurídico, destacaram-se dentre 1990 e 2002 a Lei nº 8.031, de 12 de abril de 1990, que criou o Programa Nacional de Desestatização (PND); o desmonte dos ministérios e a extinção de órgãos e autarquias com as Medidas Provisórias nº 150 e nº 151 de 15 de março de 1990; a Lei nº 8.987, de 13 de fevereiro de 1995, que trouxe o regime jurídico das concessões; a Lei nº 9.491, de 9 de setembro de 1997, com o novo regime jurídico do PND; a Lei Complementar n.º 101, de 4 de maio de 2000, nova Lei de Responsabilidade Fiscal; a Lei 10.233, de 5 de junho de 2001, que criou o Conselho Nacional de Integração de Políticas de Transportes, a Agência Nacional de Transportes Terrestres (ANTT), a Agência Nacional de Transportes Aquaviários (Antaq) e o Departamento Nacional de Infraestrutura de Transportes (Dnitt), extinguindo a Comissão Federal de Transportes Ferroviários (Cofer) e o Departamento Nacional de Estradas de Rodagem (DNER); e o Decreto nº 4.135, de 20 de fevereiro de 2002, que colocou o GEIPOT em processo de liquidação.[509]

Os transportes de carga, que desde a segunda metade da década de 1940 eram tributários do modal rodoviário, conviveram com uma qualidade degradada das rodovias, que acumularam uma submanutenção. Os resultados dos dispêndios referenciados pelos programas do período e pelo novo formato institucionalmente descentralizado do setor não alcançaram o estimado de 0,6% do PIB, que seria necessário para restauração e manutenção viária. No governo de FHC, esse

---

[509] Além da Lei nº 9.078, de 11 de julho de 1995; da Lei nº 9.830, de 2 de setembro de 1999; da Lei nº 10.030, de 20 de outubro de 2000; da Lei nº 10.031, de 20 de outubro de 2000; da Lei nº 10.540, de 1 de outubro de 2002; da Lei nº 10.606, de 19 de dezembro de 2002, que inseriram mais rodovias na lista do vigente PNV de 1973. Destaca-se que não houve a inserção de nenhuma ferrovia, hidrovia ou aerovia

montante só atingiu a marca de 0,3%. Essa submanutenção impulsionou a degradação exponencial das rodovias e impôs a elevação relativa e absoluta dos fretes, antecipando a necessidade de restauração onerosa. Nas metrópoles e centros urbanos, a hiperpopulação mecânica automotora individual e coletiva pressionou e congestionou as malhas viárias.

A tendência à degradação é ainda mais clara quando consideramos que embora o governo de FHC não tenha dispendido o suficiente na manutenção da malha viária, tanto o modal rodoviário, quanto o modal aeroviário, permaneceram em expansão, ou seja, aumentou-se a quantidade de estradas e do fluxo aeroviário e investiu-se a metade do necessário em manutenção e restauração. A gravidade desse cenário é ainda mais clara quando consideramos que, no âmbito do transporte de pessoas, no ano 2000, o modal rodoviário já representava 97,7% do total de pessoas transportadas. Dentre os transportes de carga, mais uma vez, em que pese o investimento na manutenção e restauração da rede viária tenha sido a metade do necessário, com as concessões, todos os modais aumentaram a quantidade de carga transportada no período.

Em números, em comparação com o período de 1973 a 1985, o período manteve a constante de crescimento do aporte humano para a configuração territorial, com um leve aumento no modal rodoviário, não demonstrou acréscimo no modal ferroviário, trouxe um declínio significativo no modal hidroviário e manteve a crescente do modal aeroviário.

Frente a análise da configuração territorial, visualizou-se no período dentre 1996 e 2000, considerando a relação de passageiros, por transportes, por quilômetro, um brusco aclive nas relações sociais do modal rodoviário e um brusco declive no modal ferroviário, além de uma manutenção no aclive do modal aeroviário. No que tange ao modal hidroviário, teve-se uma ausência de dados visto que nem o GEIPOT, nem o Ministério dos Transportes, nem posteriormente a ANTAQ fizeram esse levantamento.

No âmbito do modal rodoviário, houve um substancial aumento de passageiros neste período em comparação ao período anterior, o que foi extremamente prejudicial à infraestrutura do setor, pois foi acompanhado apenas por um leve aumento, como vimos, da extensão da malha rodoviária. No âmbito ferroviário, o fato de a malha ter se mantido e a densidade populacional ter diminuído induz afirmar que a malha existente foi subutilizada, pois como vimos na análise conjuntural não houve nenhuma política de transporte ferroviário focado em uma utilização desproporcional das ferrovias no transporte de carga, em comparação a outros períodos históricos, que justificasse esse declínio. No âmbito do transporte aéreo, como o aclive do número de passageiros e da extensão se mantém com relação ao período anterior analisado, não há mudanças circunstanciais quando a análise se restringe aos critérios utilizados na pesquisa.

Quando o período é visto de forma isolada, não é possível afirmar um aumento no número de passageiros, visto que o aumento da população brasileira se deu na mesma proporção, quando foi considerado um parâmetro relativo, e um leve aclive, quando considerado o parâmetro acumulado.

No que tange à distribuição por modais, permaneceu constante o panorama em relação ao período de 1973 a 1985, anteriormente analisado, com aumento da prevalência do modal rodoviário, levíssimo aumento do modal aeroviário e um brusco declive do modal ferroviário, aqui já adicionado também o modal metroviário.

A partir de 2003, frente à antítese do governo petista que manteve o tripé macroeconômico neoliberal, ao mesmo tempo que aprofundou os investimentos sociais, pode-se destacar ao âmbito dos transportes quatro políticas: a Política Nacional de Ordenamento Territorial (2006); o Programa de Aceleração do Crescimento (2007); o Plano Nacional de Logística e Transportes (2009) e o Sistema Nacional de Viação (2011).

Nesse período, em âmbito jurídico, destacaram-se a Lei nº 10.683, de 28 de maio de 2003, que incumbiu ao Ministério da Integração Nacional, juntamente ao Ministério da Defesa, a coordenação do processo de formulação da Política Nacional de Ordenamento Territorial (PNOT), criado posteriormente, em 2006; a Lei nº 10.933, de 11 de agosto de 2004, que instaurou o PPA 2004-2007 (Programa Brasil para Todos), suplementado pela Lei nº 11.318, de 5 de julho de 2006; a Medida Provisória nº 427, de 9 de maio de 2008, convertida na Lei nº 11.772, de 17 de setembro de 2008, que extinguiu o GEIPOT; além de alguns diplomas legais que inseriram mais itens no Plano Nacional de Viação[510]

---

[510] Com referência às rodovias, criou-se a Lei nº 10.739, de 24 de setembro de 2003; a Lei nº 10.789, de 28 de novembro de 2004; a Lei nº 10.960, de 7 de outubro de 2004; a Lei nº 11.003, de 16 de dezembro de 2004; a Lei nº 11.122, de 31 de junho de 2005, a Lei nº 11.297, de 9 de maio de 2006, a Lei nº 11.314, de 3 de julho de 2006, a Lei nº 11.475, de 29 de maio de 2007, a Lei nº 11.482, de 31 de maio de 2007, a Lei nº 11.729, de 24 de junho de 2008; a Lei nº 11.731, de 26 de junho de 2008, a Lei nº 11.772, de 17 de setembro de 2008, a Lei nº 11.862, de 15 de dezembro de 2008, a Lei nº 11.879, de 19 de dezembro de 2008; a Lei nº 11.880, de 19 de dezembro de 2008; a Lei nº 11.911, de 31 de março de 2009 e a Lei nº 11.968, de 6 de

e, finalmente, a Lei nº 12.379, de 6 de janeiro de 2011, que instituiu o atual Sistema Nacional de Viação.

A partir desse período, com a extinção do GEIPOT e a disseminação dos órgãos regulamentadores nos transportes, não se manteve um padrão nos dados relativos ao setor. Sendo assim, apenas foi possível avaliar de forma unificada, seguindo o padrão que havíamos estipulado, a dimensão da configuração territorial de Milton Santos, não mais as relações sociais. Em que pese isso seja problemático em termos metodológicos para fins de comparação, traz-se no próprio problema uma conclusão: a dispersão dos órgãos de controle e a extinção grupo responsável por elaborar os estudos do setor dificultou a geração padronizada de dados. Isso pode ser constatado quando são comparados os antigos Anuários Estatísticos dos Transportes, elaborados pelo Ministério dos Transportes; e os anuários subsetoriais para os transportes terrestres, aeroviários e hidroviários.

Feito esse adendo, temos que, em números, o período dentre 2002 e 2008, em que pese o enorme aumento de diplomas legislativos inserindo todos os tipos de modais avaliados no Plano Nacional de Viação, trazendo complexos planos de desenvolvimento da infraestrutura, representou apenas um levíssimo aumento no aporte humano para a configuração territorial no modal rodoviário, que centraliza mais de 90% dos transportes no país, e um levíssimo aumento no modal ferroviário, representando um aumento mais significativo apenas nos modais hidroviário e aeroviário.

Tal fato corrobora duas ideias centrais. A primeira é que não se pode esperar mudanças estruturais substanciais no setor mantendo uma ideologia que preconiza austeridade. A segunda, decorrente da primeira, é que é insustentável o desenvolvimento da infraestrutura por meio da previsão de um plano econômico que não busque a endogeneização técnica em diálogo com a homogeneização social. Em termos comparativos, pode-se afirmar que o declínio do II PND se deu por

---

julho de 2009; com relação às ferrovias, trouxe-se a Lei nº 10680, de 23 de maio de 2003; a Medida Provisória nº 427, de 9 de maio de 2008; a Lei nº 11297, de 9 de maio de 2006; e a Lei nº 11.772, de 17 de setembro de 2008; com relação aos portos, a Medida Provisória nº 369, de 9 de maio de 2007, a Lei nº 11.297, de 9 de maio de 2006; a Lei nº 11.518, de 5 de setembro de 2007; a Lei nº 11.550, de 19 de novembro de 2007; a Medida Provisória nº 427, de 9 de maio de 2008; a Lei nº 9852, de 27 de outubro de 1999; a Lei nº 11701, de 18 de junho de 2008; a Lei nº 11772, de 17 de setembro de 2008; a Lei nº 12.058, de 13 de outubro de 2009; a Medida Provisória nº 513, de 26 de novembro de 2010; e a Lei nº 12.409, de 25 de maio de 2011; para a criação de hidrovias, tem-se a Lei nº 12.247, de 27 de maio de 2010.

mitigar o primeiro elemento em prol da hegemonia norte-americana e da inexistência do segundo elemento frente à conjuntura não democrática do período; já a não efetividade dos planos pós-2003 se dão por conta da antítese mencionada anteriormente, na qual o segundo elemento é respeitado, mas o primeiro não.

Frente a essa análise, é possível afirmar que a melhor maneira de se pensar os transportes no Brasil é por meio de um sistema nacional de viação que seja visualizado dentro de um projeto integrado de nação. Os maiores momentos de democratização territorialmente sustentável do acesso aos transportes, de expansão da malha rodoviária e ferroviária e de aumento do fluxo absoluto e relativo dos modais hidroviário e ferroviário foram guiados pelo Plano de Metas, que avança substancialmente no financiamento dos transportes, na extensão da sua infraestrutura, na capacidade de transporte de cargas e de pessoas, pelos Planos Nacionais de Viação de 1964 e 1973, junto ao II PND, e parcialmente pelo Plano Trienal. A maior contenção nessa evolução se deu conforme avançou o processo de instalação da ótica neoliberal e de sua manutenção; e da troca da perspectiva de um planejamento integrado de viés desenvolvimentista nacionalista ou internacionalista. Assim, para o planejamento dos transportes, é imprescindível a presença do Estado, sendo o absenteísmo deste, que é trazido de forma implicitamente subsidiária pelo PNL 2035, o principal descolamento entre a função que o setor dos transportes possui, frente ao que deveria possuir. Enquanto um cenário diverso parece distante, o setor dos transportes continuará sendo parte de um mecanismo que consolida o Brasil no modelo primário-exportador, no sentido da colonização, na periferia do sistema capitalista, ou, como diria Oswald de Andrade, no sistema de Babilônia do garção de costeletas – e continências.

# REFERÊNCIAS

ADOLPHO PINTO, Augusto. *História da viação pública de São Paulo*. 2. ed. São Paulo, Governo de São Paulo: Coleção Paulística, vol. II, 1977.

AGUIRRE, Basilia, SADDI, Fabiana. Uma alternativa de interpretação do II PND. *Revista de Economia Política*, v. 17, 1997.

ALMEIDA, Júlio Gomes de; BELLUZZO, Luiz Gonzaga. *Depois da queda*: a economia brasileira da crise da dívida aos impasses do real. Rio de Janeiro: Civilização Brasileira, 2002.

ANDERSON, Perry. O Brasil de Lula. *Novos estud. – CEBRAP*, São Paulo, n. 91, p. 23-52, nov. 2011.

ANDRADE, José Maria Arruda de. *Economicização do Direito Concorrencial*. São Paulo: Quartier Latin, 2014.

ANDRADE, José Maria Arruda de. Hermenêutica constitucional e a teoria estruturante do Direito. *Revista Brasileira de Estudos Constitucionais*, v. 7, p. 31-51, 2008.

ANDRADE, José Maria Arruda de. Hermenêutica da ordem econômica e constitucional e o aspecto constitutivo da concretização constitucional. *Revista Fórum de Direito Financeiro e Econômico*, v. 1, p. 249-268, 2012.

ARAÚJO, Silvio Roberto França. *A Contribuição do GEIPOT ao planejamento dos transportes no Brasil*. 2013, 150p. Dissertação. (Mestrado em Engenharia Civil) – Centro de Tecnologia e Geociências, Universidade Federal de Pernambuco, Recife, 2013.

AUGUSTO, Walter Marquezan. Forma jurídica, escravidão e ferrovias no Brasil do século XIX. *Revista Direito e Práxis*, Rio de Janeiro, 10 (2), p. 1-27, abr./jun. 2019.

AZEVEDO, Fernando de. *Um trem corre para o Oeste*: estudo sobre a Noroeste e seu papel no sistema de viação nacional. São Paulo: Livraria Martins Editora, 1950.

BARAT, Josef. *Evolução dos transportes no Brasil*. Rio de Janeiro: IBGE: IPEA, 1978.

BARAT, Josef. *Logística, transporte e desenvolvimento econômico*: a visão histórica. São Paulo: Editora CLA, 2007.

BARBOSA, Alexandre de Freitas. "Era Lula", "Desenvolvimentismo" e as desigualdades estruturais. *Rev. Inst. Estud. Bras.*, São Paulo, n. 58, p. 135-136, jun. 2014.

BARBOSA, Alexandre de Freitas; KOURY, Ana Paula. Rômulo Almeida e o Brasil desenvolvimentista (1946-1964): ensaio de reinterpretação. *Econ. soc.*, Campinas, v. 21, p. 1075-1113, dez. 2012.

BARRETO, Maria Luiza; ALMEIDA, Tereza. Presidentes do Banco Nacional de Desenvolvimento Econômico (BNDE), *Memórias do Desenvolvimento*. Rio de Janeiro, a. 3, n. 3, p. 9-40, 2009.

BASTIAN, Eduardo. O PAEG e o Plano Trienal: uma análise comparativa de suas políticas de estabilização de curto prazo. *Estud. Econ.* São Paulo, v. 43, n. 1, p. 139-166, jan./mar. 2013.

BASTOS, Humberto. *ABC dos transportes*. Rio de Janeiro: Ministério de Viação e Obras Públicas, 1955.

BASTOS, Pedro Paulo Zahluth. Ascensão e crise do projeto nacional-desenvolvimentista de Getúlio Vargas. *In*: BASTOS, Pedro Paulo Zahluth; FONSECA, Pedro Cezar Dutra. (Orgs.) *A Era Vargas*: desenvolvimentismo, economia e sociedade. São Paulo: Editora Unesp, 2011. p. 361-454.

BELLO, Enzo; BERCOVICI, Gilberto. LIMA, Martonio Mont'Alverne Barreto. O Fim das Ilusões Constitucionais de 1988? *Revista Direito e Práxis, Ahead of print*, Rio de Janeiro, 2018.

BELLUZZO, Luiz Gonzaga *et al*. Relatório da Comissão Mista Brasil-Estados Unidos. *Memórias do Desenvolvimento*. Rio de Janeiro, a. 2, n. 2, p. 277-397, 2008.

BENEVIDES, Maria Victória de Mesquita. *O Governo Kubitschek*: desenvolvimento econômico e estabilidade política –1956-1961. 3. ed. Rio de Janeiro: Paz e Terra, 1979.

BERCOVICI, Gilberto. A problemática da Constituição Dirigente: algumas considerações sobre o caso brasileiro. *Revista de Informação Legislativa*, [s. l.], n. 142, 1999.

BERCOVICI, Gilberto. *Desigualdades Regionais, Estado e Constituição*. São Paulo: Max Limonad, 2003.

BERCOVICI, Gilberto. *Constituição e Estado de Exceção Permanente*: Atualidade de Weimar. Rio de Janeiro: Azougue, 2004.

BERCOVICI, Gilberto. *Constituição e Política:* uma relação difícil. São Paulo: Lua Nova. n. 61, p. 5-24, 2004.

BERCOVICI, Gilberto; ANDRADE, José Maria Arruda de. MASSONETTO, Luís Fernando. Reforma do Estado, Prestação de Serviços Públicos, Contribuições Especiais e Federalismo. *Revista do Instituto de Pesquisas e Estudos*, v. 45, p. 171-193, 2006.

BERCOVICI, Gilberto, MASSONETTO, Luís Fernando. A Constituição Dirigente Invertida: A Blindagem da Constituição Financeira e a Agonia da Constituição Econômica. *Revista de Direito Mercantil Industrial, Econômico e Financeiro*, v. 45, p. 79-89, 2007.

BERCOVICI, Gilberto. Estado Intervencionista e Constituição Social no Brasil: o silêncio ensurdecer de um diálogo entre ausentes. *In*: SOUZA NETO, Cláudio Pereira de; Daniel Sarmento; Gustavo Binenbojm. (Org.). *Vinte Anos da Constituição Federal de 1988*. Rio de Janeiro: Lumen Juris, 2009. p. 725-738.

BERCOVICI, Gilberto. O ainda indispensável Direito Econômico. *In*: BENEVIDES, Maria Victoria de Mesquita; BERCOVICI, Gilberto; MELO, Claudineu de (Orgs.). *Direitos Humanos, Democracia e República: Homenagem a Fábio Konder Comparato*, São Paulo: Quartier Latin, 2009, p. 503-519.

BERCOVICI, Gilberto. A Atuação do Estado Brasileiro no Domínio Econômico. Em: *Estado, Instituições e Democracia: desenvolvimento*. Vol. 3. Brasília: Instituto de Pesquisa Econômica Aplicada – IPEA. 2010.

BERCOVICI, Gilberto. *Direito econômico do petróleo e dos recursos minerais*. São Paulo: Quartier Latin, 2011.

BERCOVICI, Gilberto. As Origens do Direito Econômico: Homenagem a Washington Peluso Albino de Souza, *Revista da Faculdade de Direito da UFMG*, Número Esp. em Memória do Prof. Washington Peluso, p. 253-263, 2013.

BERCOVICI, Gilberto; OCTAVIANI, Alessandro. Direito e Subdesenvolvimento: O Desafio Furtadiano. *In*: D'AGUIAR, Rosa Freire (Org.). *Celso Furtado e a dimensão cultural do desenvolvimento*. Rio de Janeiro: Centro Internacional Celso Furtado de Políticas para o Desenvolvimento, 2013.

BERCOVICI, Gilberto. O setor portuário, a nova Lei dos Portos e a consagração do "Estado Garantidor" no Brasil. *In*: SILVA FILHO, Nelson Cavalcante e; WARDE JR., Walfrido Jorge; BAYEUX NETO, José Luiz (Orgs.). *Direito Marítimo e Portuário*: novas questões. São Paulo: Quartier Latin, 2013. p. 421-432.

BERCOVICI, Gilberto. Reformas de base e superação do subdesenvolvimento. *Revista de Estudios Brasileños*, São Paulo, vol. 1, n.1, p. 97-112, 2014.

BERCOVICI, Gilberto. Infraestrutura e desenvolvimento. *In*: BERCOVICI, Gilberto; VALIM, Rafael. *Elementos de Direito da Infraestrutura*. São Paulo: Contracorrente, 2015

BERCOVICI, Gilberto. Codificação e ordem econômica liberal no Brasil do século XIX: um esboço. *Revista de Direito Civil Contemporâneo*. v.7. ano 3. p. 37-47, 2016.

BERCOVICI, Gilberto; COSTA, José Augusto Fontoura. *Nacionalização*: necessidade e possibilidades. São Paulo: Editora Contracorrente, 2021.

BIELSCHOWSKY, Ricardo. *Pensamento Econômico Brasileiro*: o ciclo ideológico do desenvolvimentismo. 4. ed. Rio de Janeiro: Contraponto, 2004.

BOURDIEU, Pierre. *O poder simbólico*. Trad. Fernando Tomaz. 2. ed. Rio de Janeiro: Bertrand Brasil, 1998.

BRAGA, José Carlos. Financeirização Global: o padrão sistêmico de riqueza do capitalismo contemporâneo. *In*: TAVARES e FIORI (Orgs.). *Poder e dinheiro*: uma economia política da globalização. Petrópolis, RJ: Vozes, 1997.

BRAUDEL, Fernand. *Escritos sobre a história*. Trad. Jacó Guinsburg e Tereza da Mota. 2. ed. São Paulo: Perspectiva, 2005.

BRESSER PEREIRA, Luiz Carlos. A Política Econômica Endógena. *Revista de Economia Política*. vol. 1, n. 1. 1982.

BRESSER-PEREIRA, Luiz Carlos. *Reforma do Estado para a cidadania*: a reforma gerencial brasileira na perspectiva internacional. São Paulo: Editora 34; Brasília: ENAP, 2002, p. 109-126.

BRESSER-PEREIRA, Luiz Carlos. O governo Dilma frente ao "tripé macroeconômico" e à direita liberal e dependente. *Novos estud. – CEBRAP*, São Paulo, n. 95, p. 5-15, mar. 2013.

BRITTO, José Gabriel de Lemos. *Pontos de partida para a história econômica do Brasil*. 3. ed. São Paulo: Editora Nacional, 1980.

BUARQUE DE HOLANDA. Sérgio. *Monções*. São Paulo. 3. ed. Brasiliense, 1990.

BUARQUE DE HOLANDA. Sérgio. *Raízes do Brasil*. São Paulo. Companhia das Letras, 2015.

BUCHANAN, James M. *Constitutional Economics*. Oxford: Basil Blackwell, 1991.

CABRAL DE MONCADA, Luís. *A Problemática Jurídica do Planejamento Económico*. Coimbra: Coimbra Editora, 1985.

CABRAL, Mário André Machado. *Estado, Concorrência e Economia*: convergência entre antitruste e pensamento econômico no Brasil. 2016, 291p. Tese (Doutorado em Direito Econômico, Financeiro e Tributário) – Faculdade de Direito, Universidade de São Paulo, São Paulo, 2016.

CABRAL, Mário André Machado; MASCARENHAS, Fábio. Meio ambiente, constituição e direito econômico: Argumentos econômicos versus proteção animal. *Revista Brasileira de Direito Animal*, Salvador, v. 13, p. 77-89, 2018.

CAGGIANO, Mônica Herman Salem. Direito Público Econômico: Fontes e Princípios na Constituição Brasileira de 1988. *In*: LEMBO, Claudio, 1934; CAGGIANO, Monica Herman Salem (Coord.). Direito *constitucional econômico*: uma releitura da constituição econômica brasileira de 1988. Barueri: Manole, 2007.

CAGNIN, Rafael Fagundes *et al*. A gestão macroeconômica do governo Dilma (2011 e 2012). *Novos estud. – CEBRAP*, São Paulo, nº 97, p. 169-185, nov. 2013.

CAMPOS, Pedro Henrique Pedreira. *"Estranhas Catedrais"*: as empreiteiras brasileiras e a ditadura civil-militar, 1964-1988. Niterói: EdUFF, 2014.

CANDIDO, Antonio, Prefácio. *In*: CRUZ COSTA, João. *Pequena história da República*, p. III, 3. ed., 1989

CANO, Wilson. Crise de 1929, soberania na política econômica e industrialização. *In*: BASTOS, Pedro Paulo Zahluth; FONSECA, Pedro Cezar Dutra. (Orgs.) *A Era Vargas*: desenvolvimentismo, economia e sociedade. São Paulo: Editora Unesp, 2012. p. 144-156.

CANOTILHO, José Joaquim Gomes. *Constituição dirigente e vinculação do legislador*. Coimbra: Coimbra Editora, 1982.

CARNEIRO, Ricardo. *Desenvolvimento em Crise*: a economia brasileira no último quarto do século XX. Campinas: Editora da UNICAMP, 2002.

CARNEIRO, Ricardo. Navegando a contravento: Uma reflexão sobre o experimento desenvolvimentista do governo Dilma Rousseff. *In*: BALTAR, Paulo; SARTI, Fernando (Org.). *Para além da política econômica*. São Paulo: Editora Unesp Digital, 2018.

CARVALHO, José Murilo de. *Os bestializados: O Rio de Janeiro e a República que não foi*. São Paulo: Companhia das Letras, 1997.

CARVALHO, Laura. *Valsa brasileira*: do boom ao caos econômico. São Paulo: Todavia, 2018.

CARVALHO, Osvaldo Ferraro de. *Ensaio sobre a problemática dos transportes*. Rio de Janeiro: Biblioteca do Exército, 1957.

CARVALHOSA, Modesto. *A ordem econômica na Constituição de 1969*. São Paulo: Revista dos Tribunais, 1972.

CARVALHOSA, Modesto. *Direito Econômico*. São Paulo, Revista dos Tribunais, 2013.

CASTRO CARREIRA, L. *História financeira e orçamentária do Império*: desde a sua fundação. Brasília: Senado Federal/Fundação Casa de Rui Barbosa, 1980.

CASTRO, Lavínia Barros. Privatização, Abertura e Desindexação: A primeira metade dos anos 90. *In*: *Economia Brasileira Contemporânea* (1995-2014). São Paulo: Campos Elsevier. 2005. p. 131-164.

CASTRO, Newton de. Estrutura, desempenho e perspectivas do transporte ferroviário de carga. *Pesquisa e Planejamento Econômico*. Brasília, v.32, n. 2, p.251-283, ago. 2002.

CASTRO, Antônio Barros de Castro de. SOUZA, Francisco Eduardo Pires de. *A Economia Brasileira em Marcha Forçada*. São Paulo: Paz e Terra, 1985.

CHESNAIS, François. *A finança mundializada*: raízes sociais e políticas, configuração, consequências. São Paulo, Boitempo, 2005.

CODATO, Adriano. *Estado Novo no Brasil*: um estudo da dinâmica das elites políticas regionais em contexto autoritário. Revista Dados. [S. l.], vol. 58, n. 2, p. 305-330, 2015.

COIMBRA, Créso. *Visão histórica e análise conceitual dos transportes no Brasil*. Brasília. Ministério dos Transportes, 1974.

COLISTETE, Renato Perim. O desenvolvimentismo cepalino: problemas teóricos e influências no Brasil. *Estud. av.*, São Paulo, v. 15, n. 41, p. 21-34, abril de 2001.

COMPARATO, Fábio Konder. Desenvolvimento Econômico e Solidariedade para Viver em Democracia. *In* HADDAD, Fernando (org.). *Desorganizando o Consenso*: Nove entrevistas com intelectuais à esquerda. Petrópolis: Vozes/Perseu Abramo, 1998.

COMPARATO, Fábio Konder. O indispensável direito econômico. *In*: COMPARATO, Fábio Konder. *Estudos e Pareceres de Direito Comercial*. São Paulo, 1978. p. 452-472.

COMPARATO, Fábio Konder. *O indispensável Direito Econômico*. Revista dos Tribunais, n. 353, mar. 1965.

CORRÊA. Oscar Dias. *A Constituição de 1988*: contribuição crítica. Rio de Janeiro: Forense Universitária. 1991.

COSTA, Emília Viotti da. *Da monarquia à república*: momentos decisivos. 6. ed. São Paulo: Fundação Editora da UNESP, 1999.

COSTA, Gloria Maria Moraes da. *O BNDES nos Anos 1987-1990*. Memórias do Desenvolvimento, Rio de Janeiro, a. 5, n. 5, p. 61-106, 2016.

CRUZ COSTA, João. *Pequena história da República*. São Paulo: Editora Brasiliense, 1988.

CRUZ, Rita. *Geografia do Sistema Portuário Brasileiro. In*: Qualidade Ambiental e Atividade Portuária no Brasil/Rio Grande. Material de treinamento: Ministério do Meio Ambiente e TSC Brasil, Rio Grande, 2006.

CRUZ, Rita de Cássia Ariza da. Os portos do mundo de hoje – Breve análise geográfica. *In*: LIMA, Luiz Cruz. (Org.). *Reestruturação socioespacial*: do espaço banal ao espaço da racionalidade técnica. São Paulo: Annablume, 2006

CUTRIM, Sérgio Sampaio. *Planejamento e Governança Portuária no Brasil*. 2017. 220p. Tese (Doutorado em Engenharia Naval e Oceânica) – Escola Politécnica da Universidade de São Paulo, São Paulo, 2017.

DELFIM NETTO, Antônio. *Análise do comportamento recente da economia brasileira*. Diretrizes de governo, MPCG, julho de 1967.

DELFIM NETTO, Antônio. *Onde Reside a Realidade Nacional*. O Estado de São Paulo, 18/04/68, 1968.

DINIZ, Eli. *Empresário, Estado e Capitalismo no Brasil*: 1930-1945. Rio de Janeiro: Paz e Terra, 1978.

DOMINGUES, Fabian Scholze; FONSECA, Pedro Dutra. Ignácio Rangel, a correção monetária e o PAEG: recontando a história. *Estud. Econ.*, São Paulo, v. 47, n. 2, p. 429-458, junho de 2017.

DRAIBE, Sônia. *Rumos e metamorfoses*: um estudo sobre a constituição do Estado e as alternativas da industrialização no Brasil (1930-1960). Rio de Janeiro: Paz e Terra,1985.

DRAIBE, Sônia. A Política Social no Período FHC e o Sistema de Proteção Social. *Tempo soc.*, São Paulo, v. 15, nº 2, p. 63-101, novembro de 2003.

DUARTE, Clarice Seixas. MASCARENHAS, Fábio Sampaio. Bildung Tupiniquim: A Constituição de Weimar e a disciplina constitucional da educação Brasileira. *In*: Gilberto Bercovici. (Org.). *Cem Anos da Constituição de Weimar* (1919-2019). São Paulo: Quartier Latin, 2019, v. 1, p. 273-298.

ELIAS, Norbert. *O processo civilizador*, vol. I, trad. De Ruy Jungmann. Rio de Janeiro, Zahar, 1994.

EMPRESA BRASILEIRA DE PLANEJAMENTO DOS TRANSPORTES. *Anuário Estatístico dos Transportes de 2000*. Brasília: GEIPOT, 2001.

EVANS, Peter *A tríplice aliança*: As multinacionais, as estatais e o capital nacional no desenvolvimento dependente brasileiro. 2. ed., Rio de Janeiro, Zahar, 1982, p. 37-44.

FAGNANI, Eduardo. A política social do Governo Lula (2003-2010): perspectiva histórica. *Texto para discussão*. IE/UNICAMP, Campinas, n. 192, jun. 2011.

FARIA, José Eduardo. *O Direito na Economia Globalizada*. São Paulo: Editora Malheiros. 2004.

FAUSTO, Boris. *História do Brasil*. São Paulo, Edusp, 1995.

FERNANDES, Florestan. *Brasil, em compasso de espera*. São Paulo: Hucitec, 1980.

FERRARI, Mivaldo Messias. *A expansão do sistema rodoviário e o declínio das ferrovias no Estado de São Paulo*. São Paulo, 1981, 226p. Tese (Doutorado em História Econômica) – Departamento de História da Faculdade de Filosofia, Letras e Ciências Humanas, Universidade de São Paulo, São Paulo, 1981.

FERRARO DE CARVALHO, O. *Ensaio sobre a problemática dos transportes*. Rio de Janeiro: Ministério da Guerra/Biblioteca do Exército, 1957.

FERREIRA NETO, F. *150 Anos de transporte no Brasil, 1822-1972*. Rio de Janeiro: Ministério dos Transportes, 1974.

FIORI, José Luís. O Cosmopolitismo de Cócoras. *Educ. Soc.* Campinas, v. 22, n. 77, p. 11-27, dez. 2001.

FONSECA, Edgard Fróes da. *Uma Política Nacional de Transportes*. Rio de Janeiro: Lito Tipo Guanabara, 1955.

FONSECA, João Bosco Leopoldino da. *Direito econômico*. 7. ed., rev. e atual. Rio de Janeiro: Forense, 2014.

FONSECA, Rafael Oliveira. A navegação de cabotagem de carga no brasil. *Mercator*, Fortaleza, v. 14, n. 1, p. 21-46, 2015.

FONSECA, Pedro Cezar Dutra; MONTEIRO, Sergio Marley Modesto. O Estado e suas razões: o II PND. *Rev. Econ. Polit.*, São Paulo, v. 28, n. 1, p. 28-46, mar. 2008.

FONSECA, Pedro Cezar Dutra. Instituições e Política Econômica: Crise e Crescimento do Brasil na Década de 1930. *In*: BASTOS, Pedro Paulo Zahluth; FONSECA, Pedro Cezar Dutra (orgs). *A Era Vargas*: Desenvolvimentismo, economia e sociedade. São Paulo: Editora Unesp, p. 159-178, 2012.

FONSECA, Pedro Cezar Dutra. Gênese e Precursores do Desenvolvimentismo no Brasil. *In*: BASTOS, Pedro Paulo Zahluth; FONSECA, Pedro Cezar Dutra (orgs). *Era Vargas*: Desenvolvimentismo, economia e sociedade. Editora Unesp. 2011.

FREIRE. Gilberto. *Casa Grande e Senzala*. 56. ed. São Paulo: Global Editora, 2003.

FRISCHMANN, Brett M. An economic theory of infrastructure and commons management. *Minnesota Law Review*. v. 89, p. 923, abr. 2005.

FROMM, Gary. *Transport investment and economic development*. Washington, D.C: The Brookings Institution, 1965.

FURTADO, Celso. *Formação econômica do Brasil*. São Paulo: Ed. Nacional, 1959.

FURTADO, Celso. *A pré-revolução brasileira*. Rio de Janeiro, Fundo de Cultura, 1962.

FURTADO, Celso. *Desenvolvimento e subdesenvolvimento*. 3. ed. Rio de Janeiro: Fundo de Cultura, 1965.

FURTADO, Celso. *Análise do "modelo" brasileiro*. 3. edição Rio de Janeiro: Civilização Brasileira, 1972a.

FURTADO, Celso. *A hegemonia dos Estados Unidos e o subdesenvolvimento da América Latina*. 3. ed. Rio de Janeiro: Civilização Brasileira, 1972b.

FURTADO, Celso. *O Mito do Desenvolvimento Econômico*. 3. ed. Rio de Janeiro: Paz e Terra, 1974.

FURTADO, Celso. *Prefácio a nova Economia Política*. 3.ed. Rio de Janeiro, Paz e Terra, 1977.

FURTADO. Celso. *Criatividade e dependência na civilização industrial*. Rio de Janeiro: Paz e Terra, 1978.

FURTADO, Celso. *Teoria e Política do Desenvolvimento Econômico*. São Paulo: Abril Cultural. 1983.

FURTADO, Celso. *O Brasil pós-milagre*. 5. ed. Rio de Janeiro: Paz e Terra, 1981.

FURTADO, Celso. *Brasil*: a construção interrompida. 2. ed. São Paulo: Paz e Terra, 1992.

FURTADO. Celso. *Los vientos del cambio*. Mexico. Ed. Fondo de Cultura Económica, 1993.

FURTADO, Celso. *O longo amanhecer*: reflexões sobre a formação do Brasil. São Paulo: Paz e Terra, 1999.

FURTADO, Celso. *A economia colonial do Brasil nos séculos XVI e XVII*. La economia colonial brasileña. México DF, Universidad de la Ciudad de México, 2003.

FURTADO, Celso. *Formação Econômica do Brasil*. São Paulo: Companhia das Letras, 2007.

FURTADO, Celso. *Desenvolvimento e subdesenvolvimento*. Rio de Janeiro: Contraponto. Centro Internacional Celso Furtado de Políticas para o Desenvolvimento, 2009.

FURTADO, Celso. *Obra autobiográfica*. São Paulo: Companhia das Letras, 2014.

FURTADO, Celso. A Reconstrução do Brasil. *Folha de São Paulo*, São Paulo, 13 jun. 1999. Disponível em: http://www1.folha.uol.com.br/fsp/dinheiro/fi13069914.htm. Acesso em: 28 out. 2017

GALVÃO, Olímpio. *Desenvolvimento dos transportes e integração regional no Brasil* – Uma perspectiva histórica. Planejamento e Políticas públicas – IPEA, Brasília, n. 13, jun. 1996.

GAROFALO FILHO, Emílio. *Câmbio, ouro e dívida externa*: de Figueiredo a FHC. Editora Saraiva. 2002

GIAMBIAGI, Fábio. Estabilização, Reformas e Desequilíbrios macroeconômicos: os anos FHC. *In*: *Economia Brasileira Contemporânea (1995-2004)*. [S. l.]: Campos Elsevier. 2005. p. 165-196.

GORDILHO, Osvaldo. *Os Transportes no Brasil*. Rio de Janeiro: Lito-Tipo Guanabara, 1956.

GOULARTI FILHO, Alcides. Estado, transportes e planejamento no Brasil: a atuação do GEIPOT na formulação de políticas públicas para os transportes. *G&DR*, [s. l.], v. 12, n. 3, p. 228-258, set./dez. 2016.

GOUVÊA, Gilda Figueiredo Portugal. *Burocracia e elites burocráticas no Brasil*: poder e lógica de ação. 1993. 318p. Tese (Doutorado em Ciências Sociais) – Instituto de Filosofia e Ciências Humanas da Universidade Estadual de Campinas, 1994.

GRAU, Eros. *Planejamento econômico e regra jurídica*. São Paulo: Ed. Revista dos Tribunais, 1978.

GRAU, Eros Roberto. *Elementos de Direito Econômico*. São Paulo: Revista dos Tribunais, 1981.

GRAU, Eros Roberto. *A Ordem Econômica na Constituição de 1988*: interpretação e crítica. 12. ed. São Paulo: Malheiros, 2007.

GRAU, Eros Roberto. *O direito posto e o direito pressuposto*. 7. ed. São Paulo: Malheiros, 2008.

GRAU, Eros. *A ordem econômica na Constituição de 1988*. 17. ed. São Paulo: Editora Malheiros, 2015.

GURRIERI, Adolfo. La economia política de Raúl Prebisch. *In*: Adolfo Gurrieri (Org.). *La obra de Prebisch en la Cepal*. México, Fondo de Cultura Económica, 1982

HABERMAS, Jürgen. *The theory of communicative action*. vol 1. Reason and the rationalizalion of society. Boston, Beacon Press, 1984.

HARVEY, David. *Los Límites del Capitalismo y la Teoría Marxista*. México: Fondo de Cultura Econômica, 1990.

HERMANN, Jennifer. Auge e Declínio do Modelo de Crescimento com Endividamento: O II PND e a Crise da Dívida Externa (1974-1984). *In*: VILLELA, André; GIAMBIAGI, Fábio; CASTRO, Lavínia Barros de; HERMANN, Jennifer. *Economia Brasileira Contemporânea (1945-2004)*. "Prêmio Jabuti 2005". Editora Elsevier. 2005.

HOCHMAN, Gilberto. "O Brasil não é só doença": o programa de saúde pública de Juscelino Kubitschek. *Hist. Cienc. Saúde-Manguinhos*, Rio de Janeiro, v. 16, supl. 1, p. 313-331, jul. 2009.

HERRERA, Carlos Miguel. Estado, Constitución y derechos sociales. *Revista Derecho del Estado*, n. 15, diciembre 2003.

HERRERA, Carlos Miguel. Estado, Constituição e Direitos sociais. *Revista da Faculdade de Direito da Universidade de São Paulo*. v. 102, 2007, p. 371-395.

HIRCHMAN, Albert. *La Estrategia del Desarollo Econômico*. México: Fondo de Cultura Econômica, 1973.

HOBSBAWM, Eric. *Sobre história*. São Paulo, Companhia das Letras, 1998.

IANNI, Octavio. *Estado e Planejamento Econômico no Brasil (1930-1970)*. 2. ed. São Paulo: Civilização Brasileira, 1977.

INSTITUTO BRASILEIRO DE GEOGRAFIA E ESTATÍSTICA. *Estatísticas históricas do Brasil*: séries econômicas, demográficas e sociais de 1550 a 1988. 2. ed. rev. e at. v. 3. Séries estatísticas retrospectivas. Rio de Janeiro: IBGE, 1990. Disponível em: https://biblioteca. ibge.gov.br/visualizacao/monografias/GEBIS%20-%20RJ/seriesestatisticasrestrospectivas/Volume%203_Estatisticas%20historicas%20do%20Brasil_series%20economicas_demograficas%20e%20sociais%20de%201550%20a%201988.pdf.

INSTITUTO BRASILEIRO DE GEOGRAFIA E ESTATÍSTICA. *Contas Trimestrais*. Série encadeada a preços constantes de 1995. Rio de Janeiro: IBGE.

INSTITUTO BRASILEIRO DE GEOGRAFIA E ESTATÍSTICA. *Estatísticas do século XX*. Rio de Janeiro: IBGE, 2006.

INSTITUTO BRASILEIRO DE GEOGRAFIA E ESTATÍSTICA. *Sistema de Contas Nacionais*. Brasil – Referência 2000. Base de dados (nota metodológica nº 3). Rio de Janeiro: IBGE, 2006.

KESSIDES, Christine. The Contributions of Infrastructure to Economic Development: A Review of Experience and Policy Implications. *World Bank Discussion Papers* n. 2013, p. 1-48, sept. 1993.

KOLARS, John; NYSTEN, John. *Human Geography*: Spatial Design in World Society. New York, Mc Graw-Hill, 1974.

KRIPPNER, G. The financialization of the American economy. *Socio-economic Review*, Oxford, 3, p. 173-208, 2005.

KUBITSCHEK, Juscelino. O. *Diretrizes Gerais do Plano Nacional de Desenvolvimento, 1956-1961*. Belo Horizonte: Livraria Oscar Nicolai, 1955.

LACERDA, Sander Magalhães. O transporte ferroviário de cargas. *In*: SÃO PAULO, Elizabeth Maria de; KALACHE FILHO, Jorge (Org.). *Banco Nacional de Desenvolvimento Econômico e Social 50 anos: histórias setoriais*. Rio de Janeiro: Dba, 2002. p. 349-363.

LAFER, Celso. *JK e o Programa de Metas (1956-61):* processo de planejamento e sistema político no Brasil. Rio de Janeiro: Editora FGV, 2002.

LAFER, Celso. O Planejamento no Brasil: observações sobre o Plano de Metas (1956-1961). *In*: LAFER, Betty Mindlin (org.). *Planejamento no Brasil*. 3. ed. São Paulo: Perspectiva, 1975. p. 29-50.

LESSA, Carlos. *Quinze Anos de Política Econômica*. Brasília: Editora Brasiliense, 1981.

LESSA, Carlos. *Estratégia de Desenvolvimento 1974-1976*: Sonho e Fracasso. Campinas: Editora Unicamp. 1998.

LESSA, Carlos. Infraestrutura e Logística no Brasil. *In*: CARDOSO Jr.; José Celso (Org.). *Desafios ao desenvolvimento Brasileiro*: contribuições do Conselho de Orientação do IPEA, Brasília, IPEA, vol. 1, p. 77-100, 2009.

LIMA NETO, O. *Transporte no Brasil*: história e reflexões. Brasília, DF: Empresa Brasileira de Planejamento de Transportes/GEIPOT. Recife: Editora Universitária da UFPE, 2001.

LEWIS, C. M. Railways and industrialization: Argentina and Brazil, 1870-1929. *In*: ABEL, C. e LEWIS, C. M. (Eds.) *Latin America, economic imperialism and the state*: the political economy of the external connection from independence to the present. Londres: The Atlantic Press, 1985.

LUÍS, Alessandro Octaviani. *Recursos genéticos e desenvolvimento: os desafios furtadiano e gramsciano*. 2008, 287p. Tese. (Doutorado em Direito Econômico e Financeiro) – Faculdade de Direito, Universidade de São Paulo, São Paulo: FDUSP, 2008, p. 48.

LUÍS, Alessandro Octaviani, Recursos Genéticos e Desenvolvimento: os desafios furtadiano e gramsciano. São Paulo: Saraiva, 2013.

MACARINI, José Pedro. A política econômica do governo Costa e Silva 1967-1969. R. *Econ. contemp.*, Rio de Janeiro, 10(3), p. 453-489, set./dez. 2006.

MACEDO, R. B. M. Plano trienal de desenvolvimento econômico e social (1963-1965). *In*: MINDLIN, B. (Org.). *Planejamento no Brasil*. 5. ed. São Paulo: Perspectiva, 2003.

MARCHETTI, Dalmo; FERREIRA, Tiago. *Situação atual e perspectivas da infraestrutura de transportes e da logística no Brasil. BNDES 60 Anos* – Perspectivas Setoriais, v.2, Logística, p. 235-270, 2012.

MARCOVITCH, Jacques. *Pioneiros e Empreendedores: a saga do desenvolvimento no Brasil*. 2. ed. São Paulo: Universidade de São Paulo, 2009.

MARQUES NETO, Floriano Azevedo. A nova regulação estatal e as agências independentes. *In*: SUNDFELD, Carlos Ari. *Direito Administrativo Econômico*. São Paulo: Malheiros, 2000. p. 72-96.

MARSHALL, Tim. *Planning major infrastructure: a critical analysis*. London: Routledge, 2013.

MARTINS, Luciano. *Pouvoir et développment économique*: formation et évolution des structures politiques au Brésil. Paris: Anthropos, 1976.

MARTINS, Luciano. *Estado capitalista e burocracia no Brasil pós-64*. 2. ed. Rio de Janeiro: Paz e Terra, 1985.

MARTNER, Ricardo; TROMBEN, Varinia. Opciones para enfrentar el sesgo anti-inversión públic. Instituto Latinoamericano y del Caribe de Planificación Económica y Social – ILPES. *Área de Políticas Presupuestarias y Gestión Pública*. Santiago de Chile, julio del 2005, p.11-17.

MARX, Karl. *O Capital*. Volume I. 2ª Edição, São Paulo. Editora Nova Cultura, 2011.

MARX, Karl. *O Capital*. Livro II. São Paulo: Boitempo Editorial, 2015.

MASCARENHAS, Fábio. Desenvolvimento, Infraestrutura e Sustentabilidade: Os Reflexos Ambientais da Condição Periférica. *Revista Raízes Jurídicas*, Curitiba, vol. 9, p. 145-172, 2017.

MASCARENHAS, Fábio. O Planejamento da Infraestrutura no Brasil e os Primórdios do Banco Nacional de Desenvolvimento Econômico. *Revista Brasileira De Infraestrutura - RBINF*, 2017.

MASCARENHAS, Fábio; RIBEIRO, Francielly. O Planejamento Econômico no Período Ditatorial Brasileiro: As Falsas Balizas de uma Aporia Desumanizada. *Revista Brasileira De Infraestrutura – RBINF*, v. 13, p. 31-52, 2018.

MASCARENHAS, Fábio Sampaio; MENEZES, Daniel Francisco Nagao. Financeirização, acumulação por espoliação e desigualdades sociais e regionais: a concentração de investimentos do BNDES no Governo Fernando Henrique Cardoso (1995-2002). *Direitos Fundamentais e Justiça*. Belo Horizonte, v. 14, n. 42, jan./jun. 2020.

MEDEIROS, Lea Vidigal. *Direito econômico e superação do subdesenvolvimento*: BNDES e planejamento. 2016, 331p. Dissertação (Mestrado em Direito) – Faculdade de Direito, Universidade de São Paulo, São Paulo, 2016.

MELLO, José Carlos. *Planejamento dos transportes*. São Paulo: McGrawHill do Brasil, 1975.

MELLO, João Manuel C. de. *O capitalismo tardio*. 3. ed. São Paulo, Brasiliense, 1984.

MORAES, Antônio C. R. *Bases da formação territorial do Brasil*. Geografares, Vitória, n. 2, p. 105-113, jun. 2001.

MOREIRA, Vital. *Economia e Constituição*: para o conceito de Constituição Econômica. Coimbra: Faculdade de Direito, 1974.

MORETZSOHN, J. *Aspectos continentais e domésticos dos transportes brasileiros*. Rio de Janeiro: Ministério dos Transportes, 1971.

MYRDAL, Gunnar. *Teoria Econômica e Regiões Subdesenvolvidas*. Rio de Janeiro: ISEB, 1960

NAKAMURA, André Luiz dos Santos. *Infraestrutura dos Transportes*. Curitiba: Juruá, 2019.

NASSIF, André. As armadilhas do tripé da política macroeconômica brasileira. *Rev. Econ. Polit.*, São Paulo, v. 35, n. 3, p. 426-443, setembro de 2015.

NIGRIELLO, Andreina. Planejamento de Transporte: instrumento para reorganização do espaço urbano. *Anais do Seminário FAU-USP*, 2012.

NOHARA, Irene Patrícia. Regulação da atividade econômica na dissolução das fronteiras entre público e privado. *Scientia Iuris (UEL)*, Londrina, v. 19, p. 29-46, 2015.

NOVAIS, Fernando. *Portugal e Brasil na crise do antigo sistema colonial (1777-1808)*. São Paulo: Hucitec, 1979.

NUNES. Ivanil. Acumulação de capitais e sistemas de transportes terrestres no Brasil. In: GOULARTI FILHO, Alcides; QUEIROZ, Paulo Roberto Cimó. *Transportes e formação regional contribuições à história dos transportes no Brasil*. [S. l.]: Editora UFGD, 2011. p. 11-20.

OCTAVIANI, Alessandro. *Recursos genéticos e desenvolvimento: os desafios furtadiano e gramsciano*. São Paulo: Saraiva, 2013.

OLIVEIRA, Francisco de. A economia brasileira: crítica à razão dualista. *Estudos CEBRAP 2*. São Paulo, 1972.

OLIVEIRA, Francisco de. Acumulação Monopolista, Estado e Urbanização: a nova qualidade do conflito de classes. *In*: MOISÉS; OLIVEIRA; MARTINEZ-ALIER; LIMA. *Contradições Urbanas e Movimentos Sociais*. Rio de Janeiro: Paz e Terra/CEDEC. 1977. p. 65-76

OLIVEIRA, Francisco de. *A navegação venturosa*: ensaios sobre Celso Furtado. São Paulo. Editora Boitempo, 2003.

OLIVEIRA, Francisco de. Crítica à Razão Dualista (1972). *In*: OLIVEIRA, Francisco de. *Crítica à Razão Dualista/O Ornitorrinco*. São Paulo: Boitempo, p. 25-119, 2003.

OLIVEIRA, Juscelino Kubitschek de. *Diretrizes do Plano Nacional de Desenvolvimento*. Belo Horizonte: Oscar Nicolai, 1955.

OLIVEIRA, Juscelino Kubitschek de. *Por que construí Brasília*. Brasília: Senado Federal, Conselho Editorial, 2000.

PATTO, Maria Helena Souza. Estado, ciência e política na Primeira República: a desqualificação dos pobres. *Estud. av.*, São Paulo , v. 13, n. 35, p. 167-198, abr. 1999.

PAULANI, Leda Maria. Capitalismo financeiro e estado de emergência econômico no Brasil: o abandono da perspectiva do desenvolvimento. *In*: I COLÓQUIO DA SOCIEDADE LATINO AMERICANA DE ECONOMIA POLÍTICA E PENSAMENTO CRÍTICO, 2006, Santiago, 2006.

PAULANI, Leda. *A inserção da economia brasileira no cenário mundial*: uma reflexão sobre a situação atual à luz da história. Boletim de Economia e Política Internacional (IPEA), n. 10, abr. 2012.

PAULANI, Leda. Desenvolvimentismo, planejamento e investimento público nos cinco mil dias do lulismo. *In*: MARINGONI, Gilberto; MEDEIROS, Juliano (Org.). *Cinco mil dias: o Brasil na era do lulismo*. São Paulo: Boitempo / Fundação Lauro Campos, 2017.

PAULANI, Leda Maria. Não há saída sem a reversão da financeirização. *Estud. av.*, São Paulo, v. 31, n. 89, p. 29-35, abr. 2017.

PEIXOTO, João Baptista. *Os transportes no atual desenvolvimento do Brasil*. Rio de Janeiro: Biblioteca do Exército, 1977

PERROUX, François. *L'Économie du XXe Siècle*. 4. ed. Grenoble: Presses Universitaires de Grenoble, 1991.

PINHEIRO, P.S. O proletariado industrial na Primeira República. *In*: Boris Fausto (Org.). *História geral da civilização brasileira*, v. 9, São Paulo: Difel, 1989, p. 146-149.

PINI, Giuseppe. La géographie des transports. *In*. Bally, A. S. *Les conceptos de La géographie humaine*. Masson: Paris Milan Barcelonr, 1995, p. 175-185.

PRADO, Lafayette. *Transporte e Corrupção*: um desafio à cidadania. Rio de Janeiro: Topbooks Editora, 1997.

PRADO JÚNIOR, Caio. *Formação do Brasil contemporâneo*: colônia. São Paulo: Companhia das Letras, 2011.

PREBISCH, Raul. *Capitalismo periférico*: crisis y transformación. Madrid: Medio Siglo, 1984.

PREBISCH, Raúl. O desenvolvimento econômico da América Latina e alguns de seus problemas principais (1949). *In:* Ricardo Bielschowsky (Org.). *Cinqüenta anos de pensamento na Cepal.* Rio de Janeiro, Record, 2000.

PROUDHON, Pierre-Joseph. *El Princípio Federativo,* XLIIIp, Madrid, Rústica, 1971.

RANGEL, Ignácio Mourão. *Milagre e anti-milagre.* Rio de Janeiro: Jorge Zahar, 1985.

RANGEL, Ignácio. *Dualidade básica da economia brasileira.* 2. ed. Instituto Ignácio Rangel. Textos Brasileiros de Economia, 1999.

RANGEL, Ignácio. O desenvolvimento econômico no Brasil. *In:* RANGEL, Ignácio. *Obras Reunidas.* v.1. Rio de Janeiro: Contraponto: Centro Internacional Celso Furtado de Políticas para o Desenvolvimento, 2002, p. 49-57.

REBOLLO, Luís Martín. Cons*titución, Derecho Administrativo y Estado Autonómico.* Ed. Asamblea Regional de Cantabria, 1989.

REICH, Norbert. *Mercado y Derecho.* Trad. Antoni Fonti.. Barcelona, Editorial Ariel S.A 1985.

REIS, Manoel de Andrade e Silva; MIGUEL, Priscila Laczynski de Souza. Panorama do transporte ferroviário no Brasil – Desafios e oportunidades. *Revista Mundo Logística,* Maringá, n. 47, a. VIII, jul./ago. 2015.

RESENDE, André Lara. Estabilização e reforma: 1964-1967. *In:* ABREU, Marcelo de Paiva (Org.). *A ordem do progresso:* cem anos de política econômica republicana: 1889-1989. Rio de janeiro: Campus, 1989.

RIBEIRO, Darcy. *Universidade para quê.* Editora UnB, 1986.

RICUPERO, Bernardo. Celso Furtado e o pensamento social brasileiro. *Estud. av.,* São Paulo, v. 19, n. 53, p. 371-377, 2005.

RITTER, Jay. *Géographie des transports.* Paris: Presses Universitaires de France, 1971.

RODRIGUEZ, Octávio. *Teoria do subdesenvolvimento da Cepal.* Rio de Janeiro, Forense, 1981

SALGADO, Rodrigo. De volta à Frankfurt: notas sobre a criação do zoneamento urbano. *Revista Culturas Jurídicas,* Rio de Janeiro, v. 4, n. 8, mai./ago., 2017.

SANCHEZ, Ricardo J. *Reti Infrastrutturali in America Latina. In:* CEPAL – Economic Commission for Latin America and the Caribbean. America Latina e Caribi Infrastrutture e Integrazione, Roma, 2008.

SANTOS, Milton. *A natureza do espaço:* técnica e tempo, razão e emoção 4. ed. São Paulo: Editora da Universidade de São Paulo, 2006.

SANTOS, C.R.S; SANFELICI, Daniel. Caminhos da produção financeirizada do espaço urbano: a versão brasileira como contraponto a um modelo. *Cidades* (Presidente Prudente), v. 12, p. 04-34, 2016.

SCHWARZ, Roberto. Nacional por subtração. *In:* SCHWARZ, Roberto. *Que horas são?* Ensaios. São Paulo: Companhia das Letras, 1987.

SILVA, Danilo Tavares da. Desestatização da infraestrutura federal de transportes e financiamento público. Alguns pontos de discussão. *In*: BERCOVICI, Gilberto; VALIM, Rafael. *Elementos de Direito da Infraestrutura*. São Paulo: Editora Contracorrente, 2015. p. 241-275.

SILVA, Maurício Joppert da. *Relatório do exercício de 1945/46*. Rio de Janeiro: Ministério de Viação e Obras Públicas, 1948.

SILVA, Moacir da. Expansão dos Transportes Interiores. Conselho Nacional de Geografia. *Revista Brasileira de Geografia*, Rio de Janeiro, v. 9, n. 3, p. 367-412, 1947.

SILVA, Moacir M. F. *Geografia dos Transportes no Brasil*. Rio de Janeiro: Fundação IBGE, 1949.

SILVA, Ricardo. Planejamento econômico e crise política: do esgotamento do plano de desenvolvimento ao malogro dos programas de estabilização. *Revista Sociologia Política*, Curitiba, n. 14, p. 77-101, jun. 2000.

SILVEIRA, Márcio Rogério. Logística, sistemas de movimento, fluxos econômicos e interações espaciais no território paulista: uma abordagem para a geografia dos transportes e circulação. *Revista Scripta Nova*, Barcelona, v. XIII, n. 283, p. 01-22, 2009.

SILVEIRA, Márcio Rogério; JÚLIO, Alessandra dos Santos. Os investimentos em transportes do Programa de Aceleração do Crescimento (PAC) e o efeito multiplicador brasileiro a partir do governo Lula da Silva. *Journal of Transport Literature*. vol. 7, n. 4, p. 199-224, out. 2013.

SIMONSEN, M. H.; CAMPOS, R. O. *A nova economia brasileira*. Rio de Janeiro: José Olympio, 1975.

SINGER, Paul. *O lulismo em crise: um quebra-cabeça do período Dilma (2011-2016)*. São Paulo: Companhia das Letras, 2018.

SOLA, Lourdes. *Idéias econômicas, decisões políticas*. São Paulo: Edusp. 1998.

SOUZA, Nelson Mello e. O planejamento econômico no Brasil: considerações críticas. *Rev. Adm. Pública*, Rio de Janeiro, v. 18, n. 4, p. 25-71, out./dez. 1984.

SOUZA, Washington Peluso Albino de. *Direito Econômico*. São Paulo: Saraiva, 1980.

SOUZA, Washington Peluso Albino de. *Teoria da Constituição Econômica*. Belo Horizonte: Del Rey, 2002.

SOUZA, Washington Peluso Albino de. *Primeiras linhas de Direito Econômico*. Belo Horizonte: Editora LTr, 2005.

SOUZA, Washington Peluso Albino de. *Primeiras Linhas de Direito Econômico*. 6. ed. São Paulo: LTr, 2017.

STEINMUELLER. W. Edward, Technological Infrastructure in Information Technology Industries. *In*: TEUBAL, M., FORAY, D., JUSTMAN, M., ZUSCOVITCH, E. (eds) *Technological Infrastructure Policy*. Economics of Science, Technology and Innovation, vol 7. Springer, Dordrecht, 1996.

SUNKEL, Osvaldo. Desenvolvimento, subdesenvolvimento, dependência, marginalização e desigualdades espaciais: por um enfoque totalizante. *In*: BIELSCHOWSKY, Ricardo (Org.). *Cinqüenta anos de pensamento na Cepal*. Rio de Janeiro: Record, 2000.

TAVARES, André Ramos. Facções privadas e política econômica não-democrática da ditadura brasileira. *Revista Brasileira de Estudos Constitucionais – RBEC*, Belo Horizonte, a. 9, n. 32, mai./ago. 2015, p. 1047-1066.

TAVARES, André Ramos. *Direito Constitucional Econômico*. 3. ed. São Paulo: Elsevier, 2011.

TAVARES, Maria da Conceição. *Acumulação de Capital e Industrialização no Brasil*. Campinas: Editora da UNICAMP. 1986.

TAVARES, Maria da Conceição *et al*. As origens do Banco Nacional de Desenvolvimento Econômico (BNDE) 1952-1955. *Memórias do Desenvolvimento*, Rio de Janeiro, a. 4, n. 4, p. 13-43, set. 2010.

TAVARES, Maria da Conceição *et al*. O BNDE no governo Castelo Branco: o desenvolvimento liberal. *Memórias do Desenvolvimento*, Rio de Janeiro, a. 4, n. 4, p. 111-132, set. 2010.

TAVARES, Maria da Conceição *et al*. O BNDE nos anos do "milagre" brasileiro. *Memórias do Desenvolvimento*, Rio de Janeiro, a. 4, n. 4, p. 133-157, set. 2010.

TAVARES, Maria da Conceição *et al*. O BNDE durante o II PND. *Memórias do Desenvolvimento*, Rio de Janeiro, a. 4, n. 4, set. 2010.

TAVARES, Maria da Conceição *et al*. O governo Figueiredo: o fim do desenvolvimento "à brasileira". *Memórias do Desenvolvimento*, Rio de Janeiro, a. 4, n. 4, p. 159-177, set. 2010.

TAVARES, Maria da Conceição *et al*. O Plano de Metas e o papel do BNDE. *Memórias do Desenvolvimento*, Rio de Janeiro, a. 4, n. 4, p. 45-88, set. 2010.

TÁVORA, Joaquim. *Uma política de desenvolvimento para o Brasil*. Rio de Janeiro: Livraria José Olympio, 1962.

TEIXEIRA, Rodrigo Alves. Capital e colonização: a constituição da periferia do sistema capitalista mundial. *Estud. Econ.*, São Paulo, v. 36, n. 3, p. 539-591, 2006.

TELLES JÚNIOR, Goffredo da Silva. *O direito quântico*. 5. ed., São Paulo, Max Limonad, 1980.

THORP, Rosemary. *Progress, poverty and exclusion*. An economic history of Latin America in the 20th century. Washington, IDB, 1998, p. 87-95.

TRAVASSOS, Mario. Nossa política de comunicações. O plano de viação nacional de 1934. *Cultura Política – Revista Mensal de Estudos Brasileiros*, Rio de Janeiro, a. I, n. 5, p. 44-51, jul. 1941.

UNITED NATIONS/CEPAL *Analysis and projection of eco-nomic development*, Part II: The economic development of Brazil. New York: Joint Group of BNDE and ECLA, 1956.

VALIM, Rafael. *Estado de Exceção*: a forma jurídica do neoliberalismo. São Paulo: Contracorrente, 2017.

VELHO, Octávio Guilherme. *Capitalismo autoritário e campesinato*: um estudo comparativo a partir da Fronteira em Movimento. Rio de Janeiro; São Paulo: Difel, 1976.

VENÂNCIO FILHO, Alberto. *A intervenção do Estado no domínio econômico*: o direito público econômico no Brasil. Rio de Janeiro: Renovar, 1998.

VICENTE, Maximiliano Martin. *História e comunicação na ordem internacional*. São Paulo: Editora UNESP; São Paulo: Cultura Acadêmica, 2009.

VILLARIM DE SIQUEIRA, T. *A política de transportes de carga no Brasil a partir da década de 50*. Recife: PIMES, 1989.

VIOTTI DA COSTA, Emília. Sobre as origens da República. *In*: *Da Monarquia à República. momentos decisivos*, 6. ed. São Paulo, Brasiliense, 1994. p. 266-320.

WARDE JÚNIOR, Walfrido Jorge; BERCOVICI, Gilberto; SIQUEIRA NETO, José Francisco. *Um plano para o salvamento do projeto nacional de infraestrutura*. São Paulo: Contracorrente, 2015.

WILLIAMSON, J. What Washington Means by Policy Reform. *In*: WILLIAMSON, J. (Org.). *Latin American Adjustment*: How Much has Happened? Washington: Institute for International Economics, 1990. p. 01-44.

## DOCUMENTOS PÚBLICOS

BRASIL. *Programa de Metas do Presidente Juscelino Kubitschek*. Rio de Janeiro: Presidência da República, 1958

BRASIL. *Plano Trienal de Desenvolvimento Econômico e Social (1963-1965)* – Síntese. Brasília: Presidência da República, 1962.

BRASIL. *Plano Nacional de Viação e Conselho Nacional de Transporte*. Rio de Janeiro: Comissão de Transportes, Comunicações e Obras Públicas, 1962.

BRASIL. *Plano Nacional de Viação de 1964*. Rio de Janeiro: Ministério dos Transportes, 1964.

BRASIL. *Programa de Ação Econômica do Governo*. Rio de Janeiro: Ministério do Planejamento – Documentos EPEA, n. 1, 1964.

BRASIL. *Programa de Ação Econômica do Governo*. Rio de Janeiro: Ministério do Planejamento – Documentos EPEA, n. 1, 1964.

BRASIL. *Programa de Ação Econômica do Governo*. Rio de Janeiro: Ministério do Planejamento – Documentos EPEA, n. 1, 1964.

BRASIL. *Anuário Estatístico dos Transportes*. Brasília: Empresa Brasileira de Planejamento dos Transportes, 1971.

BRASIL. *I Plano Nacional de Desenvolvimento*. Brasília: Secretaria do Planejamento, 1972.

BRASIL. *Planos de Viação*: evolução histórica (1808-1973) Rio de Janeiro: Ministério dos Transportes, 1974.

BRASIL. *II Plano Nacional de Desenvolvimento*. Brasília: Secretaria do Planejamento, 1975.

BRASIL. *Programa Brasil em Ação*. Brasília. Presidência da República, 1996.

BRASIL. *Programa Avança Brasil*. Brasília. Presidência da República, 2000.

BRASIL. *Plano Plurianual (2004-2007)*. Brasília: Ministério do Planejamento, Orçamento e Gestão, 2003.

BRASIL. *Projeto Elaboração de subsídios técnicos e documento-base para a definição da Política Nacional de Ordenação do Território – PNOT*. Brasília: Ministério da Integração Nacional, 2006.

BRASIL. *Programa de Aceleração do Crescimento*. Brasília: Ministério da Indústria, Comércio Exterior e Serviços, 2007

BRASIL. *Programa Nacional de Logística e Transportes*. Brasília: Ministério dos Transportes, Portos e Aviação Civil, 2009

BRASIL. *Mensagem ao Congresso Nacional de Arthur Costa e Silva*. Brasília: Imprensa Oficial, 1968. Disponível em: http://www.crl.edu/pt-br/brazil/presidential. Acesso em: jul. 2018.

BRASIL. *Planejamento Integrado de Transportes*. Ministério da Infraestrutura, 2018.

BRASIL. *Plano Nacional de Logística (2035)*. Ministério da Infraestrutura, 2021.

## MATÉRIAS JORNALÍSTICAS

FOLHA DE SÃO PAULO, p. 40, 19.12.1965. Disponível em: http://acervo.folha.com.br. Acesso em: ago. 2018.

FOLHA DE SÃO PAULO, p. 11, 27.10.1966. Disponível em: http://acervo.folha.com.br. Acesso em: ago. 2018.

FOLHA DE SÃO PAULO, p. 3, 09.04.1966. Disponível em: http://acervo.folha.com.br. Acesso em: ago. 2018.

FOLHA DE SÃO PAULO, p. 9, 09.06.1966. Disponível em: http://acervo.folha.com.br. Acesso em: ago. 2018.

FOLHA DE SÃO PAULO, p. 9, 13.02.1967. Disponível em: http://acervo.folha.com.br. Acesso em: jul. 2018.

FOLHA DE SÃO PAULO, p. 11, 20.03.1969. Disponível em: http://acervo.folha.com.br. Acesso em: jul. 2018.

## LEGISLAÇÃO

*Constituições*

BRASIL. Constituição Brasileira de 1824.

BRASIL. Constituição da República dos Estados Unidos do Brasil de 1891.

BRASIL. Constituição Federal de 1934

BRASIL. Constituição Federal de 1937

BRASIL. Constituição Federal de 1946

BRASIL. Constituição Federal de 1967

BRASIL. Constituição Federal de 1988

*Leis*

BRASIL. Lei nº 175, de 7 de janeiro de 1936

BRASIL. Lei nº 284, de 28 de outubro de 1936

BRASIL. Lei Constitucional nº 9, de 28 de fevereiro de 1945

BRASIL. Lei nº 154, de 25 de novembro de 1947

BRASIL. Lei nº 1102, de 18 de maio de 1950

BRASIL. Lei nº 1518, de 24 de dezembro de 1951

BRASIL. Lei nº 1474, de 26 de novembro de 1951

BRASIL. Lei nº 1628, de 18 de junho de 1952

BRASIL. Lei nº 2308, de 31 de agosto de 1954

BRASIL. Lei nº 2698, de 22 de dezembro de 1955

BRASIL. Lei nº 2975, de 27 de janeiro de 1956

BRASIL. Lei Delegada nº 1, de 25 de setembro de 1962

BRASIL. Lei nº 4239, de 27 de junho de 1963

BRASIL. Lei nº 4592, de 29 de dezembro de 1964

BRASIL. Lei nº 4869, de 1 de dezembro de 1965

BRASIL. Lei nº 5106, de 2 de setembro de 1966

BRASIL. Lei Complementar nº 7, de 7 de setembro de 1970

BRASIL. Lei Complementar nº 8, de 3 de dezembro de 1970

BRASIL. Lei Complementar nº 9, de 11 de dezembro de 1970

BRASIL. Lei nº 5727, de 4 de novembro de 1971

BRASIL. Lei nº 5917, de 10 de setembro de 1973

BRASIL. Lei nº 6151, de 4 de dezembro de 1974

BRASIL. Lei nº 6261, de 14 de novembro de 1975

BRASIL. Lei nº 6346, de 6 de julho de 1976

BRASIL. Lei nº 6504, de 13 de dezembro de 1977

BRASIL. Lei nº 6406, de 21 de março de 1977

BRASIL. Lei nº 6555, de 22 de agosto de 1978

BRASIL. Lei nº 6574, de 30 de setembro de 1978

BRASIL. Lei nº 6630, de 16 de abril de 1979

BRASIL. Lei nº 6648, de 16 de maio de 1979

BRASIL. Lei nº 6776, de 30 de abril de 1980

BRASIL. Lei nº 6933, de 13 de julho de 1980

BRASIL. Lei nº 6976, de 14 de dezembro de 1981

BRASIL. Lei nº 7003, de 24 de junho de 1982

BRASIL. Lei nº 7436, de 20 de dezembro de 1985

BRASIL. Lei nº 7450, de 23 de dezembro de 1985

BRASIL. Lei nº 7581, de 24 de dezembro de 1986

BRASIL. Lei nº 7486, de 6 de junho de 1986

BRASIL. Lei nº 8031, de 12 de abril de 1990

BRASIL. Lei nº 9078, de 11 de julho de 1995

BRASIL. Lei nº 8987, de 13 de fevereiro de 1995

BRASIL. Lei nº 9491, de 9 de setembro de 1997

BRASIL. Lei nº 9830, de 2 de setembro de 1999

BRASIL. Lei Complementar n.º 101, de 4 de maio de 2000

BRASIL. Lei nº 10030, de 20 de outubro de 2000

BRASIL. Lei nº 10031, de 20 de outubro de 2000

BRASIL. Lei nº 10233, de 5 de junho de 2001

BRASIL. Lei nº 10540, de 1 de outubro de 2002

BRASIL. Lei nº 10606, de 19 de dezembro de 2002

BRASIL. Lei nº 10739, de 24 de setembro de 2003

BRASIL. Lei nº 10680, de 23 de maio de 2003

BRASIL. Lei nº 10683, de 28 de maio de 2003

BRASIL. Lei nº 10789, de 28 de novembro de 2004

BRASIL. Lei nº 10960, de 7 de outubro de 2004

BRASIL. Lei nº 11003, de 16 de dezembro de 2004

BRASIL. Lei nº 10933, de 11 de agosto de 2004

BRASIL. Lei nº 11122, de 31 de junho de 2005

BRASIL. Lei nº 11297, de 9 de maio de 2006

BRASIL. Lei nº 11314, de 3 de julho de 2006

BRASIL. Lei nº 11318, de 5 de julho de 2006

BRASIL. Lei nº 11475, de 29 de maio de 2007

BRASIL. Lei nº 11482, de 31 de maio de 2007

BRASIL. Lei nº 11729, de 24 de junho de 2008

BRASIL. Lei nº 11731, de 26 de junho de 2008

BRASIL. Lei nº 11772, de 17 de setembro de 2008

BRASIL. Lei nº 11862, de 15 de dezembro de 2008

BRASIL. Lei nº 11879, de 19 de dezembro de 2008

BRASIL. Lei nº 11880, de 19 de dezembro de 2008

BRASIL. Lei nº 11911, de 31 de março de 2009

BRASIL. Lei nº 11968, de 6 de julho de 2009

BRASIL. Lei nº 12379, de 6 de janeiro de 2011

BRASIL. Lei nº 13311, de 11 de julho de 2016

BRASIL. Lei nº 9852, de 27 de outubro de 1999

BRASIL. Lei nº 6671, de 4 de julho de 1979

BRASIL. Lei nº 11518, de 5 de setembro de 2007

*Decreto-lei*

BRASIL. Decreto-lei nº 3182, de 9 de abril de 1941

BRASIL. Decreto-lei nº 1186, de 3 de abril de 1939

BRASIL. Decreto-lei nº 5982, de 10 de novembro de 1943

BRASIL. Decreto-lei nº 6476, de 8 de maio de 1944

BRASIL. Decreto-lei nº 8463, de 27 de dezembro de 1945

BRASIL. Decreto-lei nº 7666, de 22 de junho de 1945

BRASIL. Decreto-lei nº 221, de 28 de fevereiro de 1967

BRASIL. Decreto-lei nº 516, de 7 de abril de 1969

BRASIL. Decreto-lei nº 756, de 11 de agosto de 1969

BRASIL. Decreto-lei nº 512, de 21 de março de 1969

BRASIL. Decreto-lei nº 1106, de 16 de julho de 1970

BRASIL. Decreto-lei nº 1243, de 30 de outubro de 1972

BRASIL. Decreto-lei nº 1644, de 11 de dezembro de 1978

BRASIL. Decreto-lei nº 2134, de 26 de junho de 1984

BRASIL. Decreto-lei nº 2283, de 27 de fevereiro de 1986

BRASIL. Decreto-lei nº 2284, de 10 de março de 1986

BRASIL. Decreto-lei nº 2397, de 18 de novembro de 1987

*Decretos*

BRASIL. Decreto nº 4859, de 8 de junho de 1903

BRASIL. Decreto nº 24642, de 10 de julho de 1934

BRASIL. Decreto nº 24643, de 10 de julho de 1934

BRASIL. Decreto nº 24497, de 29 de junho de 1934

BRASIL. Decreto nº 24782, de 14 de julho de 1934

BRASIL. Decreto nº 12747, de 30 de junho de 1943

BRASIL. Decreto nº 15093, de 20 de março de 1944

BRASIL. Decreto nº 37686, de 2 de agosto de 1955

BRASIL. Decreto nº 47225, de 12 de novembro de 1959

BRASIL. Decreto nº 51201, de 17 de agosto de 1961

BRASIL. Decreto nº 430, de 28 de dezembro de 1961

BRASIL. Decreto nº 50740, de 7 de junho de 1961

BRASIL. Decreto nº 4563, de 11 de dezembro de 1964

BRASIL. Decreto nº 57003, de 11 de outubro de 1965

BRASIL. Decreto nº 61590, de 23 de outubro de 1967

BRASIL. Decreto nº 67527, de 11 de novembro de 1970

BRASIL. Decreto nº 71353, de 9 de novembro de 1972

BRASIL. Decreto nº 4135, de 20 de fevereiro de 2002

BRASIL. Decreto nº 4859, de 8 de junho de 1903

*Medidas Provisórias*

BRASIL. Medida Provisória nº 150, de 15 de março de 1990

BRASIL. Medida Provisória nº 151, de 15 de março de 1990

BRASIL. Medida Provisória nº 427, de 9 de maio de 2008

BRASIL. Medida Provisória nº 369, de 9 de maio de 2007

BRASIL. Medida Provisória nº 427, de 9 de maio de 2008

BRASIL. Medida Provisória nº 513, de 26 de novembro de 2010

*Portarias*

BRASIL. Portaria nº 168, de 19 de fevereiro de 1942

Esta obra foi composta em fonte Palatino Linotype, corpo 10
e impressa em papel Offset 75g (miolo) e Supremo 250g (capa)
pela Gráfica Formato.